LEÇONS SUR L'HISTOIRE DE LA PHILOSOPHIE

TOME 1

HEGEL
À LA MÊME LIBRAIRIE

Concept préliminaire de la philosophie de l'encyclopédie des sciences philosophiques en abrégé, introd., trad., notes et commentaires B. Bourgeois, 1994, 288 p.

Des manières de traiter scientifiquement du droit naturel, de sa place dans la philosophie pratique et de son rapport aux sciences positives du droit, trad. et notes B. Bourgeois, 1990, 128 p.

Écrits sur la religion (1822-1829), trad. J.-L. Georget et Ph. Grosos, 2001, 176 p.

Encyclopédie des sciences philosophiques en abrégé, présentation, trad. et notes B. Bourgeois, 2012, 620 p.

Encyclopédie des sciences philosophiques, 3 t., présentation, trad. et notes B. Bourgeois : t. 1, *La science de la logique*, 1986, 644 p. ; t. 2, *La philosophie de la nature*, 2004, 768 p. ; t. 3, *La philosophie de l'esprit*, 1988, 608 p.

Esthétique. Manuscrit de Victor Cousin, éd., introd. et notes A.-P. Olivier, 2005, 160 p.

Fragments de la période de Berne (1793-1796), introd. R. Legros, trad. R. Legros et F. Verstraeten, 1987, 112 p.

L'esprit du christianisme et son destin, précédé de *L'esprit du judaïsme*, introd., trad. et notes O. Depré, 2003, 256 p.

Leçons sur l'histoire de la philosophie, 8 t., trad. sous la direction de P. Garniron : *Introduction, bibliographie, philosophie orientale*, introd., trad. et notes G. Marmasse, 2004, 208 p. ; t. 2, *La philosophie grecque. Des sophistes aux socratiques*, 1990, 152 p. ; t. 3, *La philosophie grecque. Platon et Aristote*, 1972, 240 p. ; t. 4, *La philosophie grecque. Le dogmatisme et le scepticisme. Les néoplatoniciens*, 1975, 360 p. ; t. 2, *Le Moyen Âge. La philosophie au Moyen Âge*, avec la reconstitution du cours de 1825-1826 d'après le manuscrit de Griesheim, 1978, 242 p. ; t. 6, *La philosophie moderne. De Bacon aux « Lumières »*, avec la reconstitution du cours de 1825-1826, 1985, 578 p. ; t. 7, *La philosophie moderne. La dernière philosophie allemande*, 1991, 406 p.

Leçons sur la logique (1831), présentation J.-M. Lardic, trad. et notes J.-M. Buée et D. Wittmann, 2007, 208 p.

Leçons sur la philosophie de l'histoire, trad. J. Gibelin, 1979, 350 p.

Leçons sur la philosophie de la religion, II, *Les religions antiques, africaines et orientales La religion déterminée*, introd., trad. et notes de G. Marmasse, 2010, 480 p.

Leçons sur le droit naturel et la science de l'état. Heidelberg, semestre d'hiver 1817-1818, introd., trad. et notes J.-Ph. Deranty, 2002, 320 p.

Phénoménologie de l'esprit, introd., trad. et notes B. Bourgeois, 2006, 704 p.

Premiers écrits (Francfort 1797-1800). L'esprit du christianisme *et autres textes*, introd., trad. et notes O. Depré, préface R. Legros, 1997, 480 p.

Science de la logique, 3 t., introd., trad. et notes par B. Bourgeois : *Livre premier : L'être*, 2015, 632 p. ; *Livre second : L'essence*, 2016, 240 p. ; *Livre troisième : Le concept*, 2016, 336 p.

Textes pédagogiques, présentation et trad. B. Bourgeois, 1990, 168 p.

BIBLIOTHÈQUE DES TEXTES PHILOSOPHIQUES
Fondateur : Henri GOUHIER Directeur : Emmanuel CATTIN

G. W. F. HEGEL

LEÇONS SUR L'HISTOIRE DE LA PHILOSOPHIE

Tome 1

LA PHILOSOPHIE GRECQUE
Des origines à Anaxagore

Traduction, notes et commentaire critique de
Pierre GARNIRON

Nouvelle édition établie par
Julien FARGES

PARIS
LIBRAIRIE PHILOSOPHIQUE J. VRIN
6, Place de la Sorbonne, V[e]

2019

Imprimé en France

ISSN 0249-7972

ISBN 978-2-7116-2175-0

www.vrin.fr

PRÉSENTATION

Le présent volume propose une nouvelle édition du premier des sept tomes de la traduction française par Pierre Garniron des *Leçons sur l'histoire de la philosophie* de Hegel. Il représente comme tel l'aboutissement posthume d'un travail de révision systématique de la précédente édition, entrepris par le traducteur lui-même vers le milieu des années 90 alors que ce premier tome était déjà épuisé, mais dont la réalisation éditoriale ne commença à s'esquisser que durant le printemps et l'été 2002, dans le cadre d'un travail de mise en forme que nous avons pu débuter pour ainsi dire sous la direction du traducteur et en dialogue permanent avec lui. C'est à cette époque que furent fixés les principes qui nous ont guidé pour mener ce projet de réédition à son terme après le décès de Pierre Garniron, intervenu le 12 août 2007, alors que l'élaboration d'un tapuscrit devant rendre possible les premières épreuves de ce nouveau volume était encore inachevée.

Avant d'indiquer quels sont ces principes directeurs, il convient en effet d'indiquer que le matériau de cette nouvelle édition était tout à la fois fort riche et d'une exploitation malaisée puisqu'il était constitué par un ensemble assez considérable d'annotations, de corrections, d'insertions et de suggestions, accumulées par Pierre Garniron pendant une dizaine d'années en vue de la réédition de ce premier volume – le tout rédigé à la main dans les marges d'un tirage de l'édition originale, et comprenant nombre d'annotations « au deuxième degré », portant sur une couche précédente d'annotations. On peut néanmoins cerner les enjeux éditoriaux de ce travail foisonnant de relecture critique en donnant quelques précisions sur les deux directions principales dans lesquelles il s'est déployé.

C'est tout d'abord la traduction elle-même qui devait être retouchée, grevée qu'elle était à ses yeux par des insuffisances qui trahissaient un niveau de qualité inférieur à celui des autres tomes de la série, et en particulier des deux derniers, dont il faut rappeler qu'ils ont été édités respectivement quatorze et vingt ans après le premier et qu'ils sont par conséquent l'œuvre d'un traducteur autrement chevronné[1]. Ces insuffisances du premier volume concernaient moins, au demeurant, la restitution du sens global des analyses hégéliennes que celle de la conceptualité qui s'y trouve mise en œuvre, et en particulier de la conceptualité proprement spéculative. Par suite, la grande majorité des modifications apportées par Pierre Garniron à sa traduction inaugurale vont dans le sens d'une plus grande précision et d'une plus grande littéralité dans la transposition des tournures spéculatives qui émaillent le texte, non sans courir certes, à l'occasion, le risque d'une certaine lourdeur. Mais il faut concéder que l'enjeu est de taille : car si c'est assurément une tâche essentielle du traducteur de ces *Leçons* que de restituer aussi précisément que possible leur teneur spéculative, c'est que cette dernière témoigne de ce qu'il s'y agit bien d'une histoire *philosophique* de la philosophie. En d'autres termes, le texte de ces *Leçons* ne met pas le lecteur en présence d'un simple récit ou d'une simple exposition extérieure, par Hegel, de pensées autres que la sienne, mais, plus fondamentalement, d'une sorte de compénétration à la faveur de laquelle la philosophie spéculative hégélienne se rend elle-même intelligible dans l'acte par lequel elle se met au service du dévoilement de l'intelligibilité propre des philosophies passées, tout en se faisant par là même dénonciation critique du caractère abstrait de toute doctrine qui voudrait séparer la philosophie en acte de son histoire. Tel est, nous semble-t-il, l'esprit qui commande pour l'essentiel la révision dont procède la traduction procurée par cette deuxième édition.

Mais le travail de Pierre Garniron sur ce premier tome ne s'est pas limité à l'amélioration de la traduction : il s'est également porté, avec un même souci de précision, sur l'appareil de notes destiné à identifier et à clarifier les nombreuses références et citations qui ponctuent le discours hégélien. Or, comme le rappelait déjà l'avant-propos du traducteur à la première édition (que nous reproduisons ci-après), le texte de ces *Leçons* n'est pas, sous cette forme, de Hegel lui-même mais le résultat du travail éditorial de K. L. Michelet, si bien que traduire ces *Leçons*, c'est nécessairement traduire du même coup ce travail de Michelet. Il s'ensuit que deux types de

1. Voici, à titre indicatif, la chronologie de l'édition des *Leçons sur l'histoire de la philosophie* : tome 1, 1971 ; tome 2, 1971 (réimpression en 2007) ; tome 3, 1972 (réimpression en 2007) ; tome 4, 1975 ; tome 5, 1978 ; tome 6, 1985 ; tome 7, 1991. Comme on le voit, la relecture critique du premier tome est engagée par Garniron dans la foulée de l'édition du dernier, de sorte qu'avec la présente réédition, une continuité est rétablie, du point de vue de la qualité générale de la traduction, entre les deux termes extrêmes de ces *Leçons* – la rupture se situant désormais dans le passage du premier au deuxième tome.

références doivent inévitablement être distinguées : celles qui ont été introduites par Hegel lui-même dans son cours, et celles qui ont été identifiées et introduites ensuite par Michelet. Cette distinction, qui commandait déjà le système d'annotation de la première édition de ce volume, est évidemment reprise dans la présente réédition. Mais pour instructives qu'elles étaient en elles-mêmes, il a toutefois semblé à Pierre Garniron que, réduites à la seule mention des sources et des références de Hegel, ces notes tendaient à devenir de simples indications philologiques, étrangères à la portée philosophique de ces *Leçons* telle que nous venons de la rappeler à grands traits, et finalement d'une moindre utilité pour le lecteur. C'est la raison pour laquelle, systématisant et développant une pratique qui était déjà à l'œuvre dans quelques-unes des notes de la première édition, il a jugé qu'il fallait non seulement vérifier chacune des références indiquées par Hegel lui-même ou par Michelet, mais aussi et surtout citer *in extenso* et en français (si possible dans une traduction aisément disponible pour le lecteur contemporain, ou, à défaut, en proposant une traduction inédite) l'extrait concerné par chacune d'entre elles, et enfin y adjoindre, le cas échéant, un commentaire explicatif ou suggérant des mises en perspective avec des références complémentaires. Il importe donc, pour prévenir tout malentendu, de souligner que ces adjonctions ne prétendent pas constituer un commentaire philosophique des développements hégéliens. L'unique objectif de ce travail systématique sur les sources était plutôt pour Pierre Garniron, et paradoxalement peut-être, de soustraire ces *Leçons* hégéliennes à l'apparence d'un discours d'érudition en fournissant au lecteur les moyens d'entrer effectivement dans la substance du dialogue noué par Hegel, au fil de ces pages, avec la tradition philosophique.

Il n'est pas difficile de se représenter l'ampleur d'une telle entreprise d'augmentation des notes, qui, aux yeux de Pierre Garniron, était vraisemblablement appelée à devenir une norme pour la réédition successive de tous les volumes de sa traduction des *Leçons d'histoire de la philosophie*, mais dont il n'aura finalement pu faire bénéficier que ce premier tome – et encore dans ses deux premiers tiers seulement [2]. Reste que, indépendamment de la qualité et de l'intérêt de ces compléments, leur prise en compte a posé, d'un point de vue strictement éditorial, un double problème : car non

2. En effet, les notes manuscrites où Garniron rassemblait les matériaux de ses commentaires additionnels s'interrompent au moment où Hegel en vient à l'exposition de la philosophie de Mélissus d'Élée (cf. *infra*, p. 127 et n. 45). À partir de ce point, nous avons donc repris sans changement les notes de l'ancienne édition, en les soumettant seulement au nouveau système d'annotation dont les principes sont indiqués plus loin.

seulement ils ajoutent aux notes de Hegel et de Michelet une strate supplémentaire de méta-discours, mais avec leur fréquence et leur longueur, leur présentation en bas de page aurait assurément compromis la possibilité d'une lecture continue des développements hégéliens. Cette exigence impérieuse de lisibilité du texte de Hegel nous a donc conduit à rejeter en fin de volume les développements complémentaires du traducteur.

Voici donc les principes du nouveau système d'annotation qui a été retenu pour l'ensemble de ce volume :

– Les notes appelées par des chiffres sont les notes du texte original de l'édition Michelet; tandis que les notes de Michelet lui-même sont placées entre crochets (<>), les notes de Hegel ne comportent pas de crochets.

– Les notes appelées par des lettres sont des notes de traduction introduites par Pierre Garniron, ou des précisions de portée strictement locale.

– Les compléments et les commentaires du traducteur, qui constituent l'un des apports essentiels de cette nouvelle édition, sont placés en fin de volume, selon une numérotation qui correspond à celle des notes de bas de page sur lesquelles ils portent. Pour plus d'aisance dans leur repérage et leur situation, le plan général de ce premier tome a été reproduit dans cette section de compléments.

Il convient en outre d'ajouter trois précisions :

– Un astérisque signale, dans le cours des notes et des compléments du traducteur, les citations grecques introduites par Hegel et que Pierre Garniron a choisi de traduire afin de réduire la présence du texte grec dans les notes.

– À deux reprises, nous avons dû introduire au sein des commentaires du traducteur des précisions bibliographiques indispensables sous la forme de *nota bene* (*cf.* commentaires [34] de la section A et [45] de la section B); ces ajouts sont signalés par la mention <note de l'éditeur>.

– Une bibliographie présentant l'ensemble des ouvrages philosophiques et historiques cités ou mentionnés par Hegel dans ce premier tome a été établie et ajoutée après la section des compléments et commentaires du traducteur.

Nous souhaitons enfin, au terme de cette présentation, remercier Élodie Pinel pour sa contribution à la réalisation de ce volume : qu'il s'agisse de l'achèvement de la mise en forme et de l'harmonisation des commentaires du traducteur, de l'unification du nouveau système d'annotation ou de la bibliographie récapitulative, cette nouvelle édition lui doit certainement de pouvoir enfin voir le jour, après une gestation de près de vingt années.

Julien FARGES

AVANT-PROPOS DU TRADUCTEUR

Le présent volume est le premier des sept tomes de la traduction des *Vorlesungen über die Geschichte der Philosophie*. Ces sept tomes correspondent aux tomes 17, 18 et 19 de l'édition du Jubilée en vingt volumes des œuvres complètes de Hegel, par Hermann Glockner (chez Frommann, Stuttgart, 3e édition 1959, 4e édition 1965).

Toutefois cette traduction ne contient pas les leçons d'introduction ni celles qui traitent de la philosophie orientale (qui correspondent aux pages 19-184 du tome 17 de l'édition du Jubilée) : ces leçons sont en effet déjà traduites en français[1]. Cette édition du Jubilée étant la seule édition récente où nous pouvons actuellement trouver l'*Histoire de la Philosophie* de Hegel dans son ensemble, c'est donc celle-ci que nous proposons au public de langue française resté si longtemps à l'écart de cet aspect capital de la pensée hégélienne.

Le texte de cette édition des *Leçons sur l'Histoire de la Philosophie* est celui qui a été établi et publié en 1833 par l'auditeur et disciple de Hegel, Karl Ludwig Michelet[2]. On trouvera ci-après la traduction de son Avant-Propos, dans lequel il indique ses sources, ainsi que la manière dont il les a mises en œuvre pour composer un ensemble continu, un livre, et un livre qu'il a voulu authentiquement hégélien. Nous renvoyons donc le lecteur à ce texte, où Michelet explique notamment qu'il a intégré les notes d'auditeurs à un ensemble dont la base est avant tout constituée par des manuscrits de Hegel lui-même auxquels il a eu accès; la plupart de ces manuscrits sont aujourd'hui perdus.

1. G. W. F. Hegel, *Leçons sur l'histoire de la philosophie, Introduction : système et histoire de la philosophie*, trad. G. Marmasse, Paris, Vrin, 2004 [note de l'éditeur].

2. Michelet a publié une seconde édition dans les années 1840-1844. Sur ce point, voir ci-après la note d'H. Glockner à la fin de l'*Avant-Propos* de K. L. Michelet.

Cette première édition des *Leçons sur l'Histoire de la Philosophie* a fait l'objet de nombreuses critiques de la part des historiens de la philosophie, notamment de J. E. Erdmann, de Kuno Fischer, et plus près de nous, de J. Hoffmeister, qui fait une synthèse précise de toutes ces critiques dans l'*Avant-Propos* à sa nouvelle édition de l'*Introduction*, telle qu'elle a été publiée chez Meiner en 1940[3].

Hoffmeister se réfère avant tout à la découverte de nouvelles sources, constituées par des notes d'auditeurs plus nombreuses et souvent de meilleure qualité que celles utilisées par Michelet. D'où la série de ses critiques.

1) Comme on l'avait déjà fait à partir de la découverte des écrits de jeunesse de Hegel, la variété des notes prises en cours à Berlin par des auditeurs différents, en des semestres d'études différents (de nombreuses notes de cours sont datées à un jour près) a permis d'opposer la vie de la pensée hégélienne au système. Et ici, il s'agit moins du système que Hegel aurait voulu faire que de l'idée que s'en faisaient ses élèves et amis. Ils voulaient restituer, et donc constituer le système hégélien intégral. Ils étaient ainsi amenés à laisser dans l'ombre l'aspect évolutif de leurs sources pour les intégrer dans une cohérence systématique où s'estompait, où s'appauvrissait la parole du Maître, riche d'aperçus et de virtualités multiples. À la variété de la vie tendait à se substituer la rigidité dogmatique de la forme scolaire. Cette recherche de la systématicité intégrale s'explique en partie par la situation historique de l'école hégélienne, qui très tôt eut à défendre l'ensemble de l'héritage du Maître dans les luttes d'idées des années 30-40 : c'est ce que notent M. M. Nicolin et Pöggeler dans le texte qu'ils donnent en avant-propos à *l'Encyclopédie des Sciences Philosophiques en abrégé* (1830)[4], lorsqu'ils parlent de la première édition de cette Encyclopédie donnée après la mort de Hegel par les « Amis du défunt » (dont Michelet). Cette édition où, autour d'un noyau de la main de Hegel venaient s'ajouter toutes sortes de notes de cours et de manuscrits hégéliens plus anciens, n'est pas sans analogie avec notre texte des *Leçons sur l'Histoire de la Philosophie*.

2) À cette mise en question de la *perspective* philosophique de Michelet correspond la critique du *principe* de son travail de systématisation, de son

3. Cet *Avant-Propos* n'est pas reproduit dans la traduction Gibelin (Paris, Gallimard, 1954) ; il est très abrégé dans la réédition de l'Introduction par F. Nicolin (Meiner, 1959 et 1966).

4. Hegel, *Encyclopédie des Sciences Philosophiques en abrégé*, avant-propos de F. Nicolin et O. Pöggeler, trad. M. de Gandillac, Paris, Gallimard, 1970, p. 41.

« art d'emboîter les textes les uns dans les autres » : « l'assemblage extérieur ne devait pas être perceptible pour le lecteur, il fallait au contraire donner l'impression d'un tout qui serait né d'un seul jet de l'esprit de l'auteur »[5] : Michelet refuse ainsi au lecteur la connaissance des diverses sources en tant que telles, la possibilité d'une appréciation critique de chacune d'elles et surtout de la manière dont il en a fait effectivement usage.

3) Précisément, la connaissance à l'état isolé de plusieurs sources utilisées par Michelet, ainsi que de plusieurs autres qu'il n'a pas utilisées, a permis à J. Hoffmeister de reconnaître de façon précise les défaut réels du travail de Michelet :

a) Comme on peut s'y attendre, le premier défaut qu'il souligne est *l'hétérogénéité* plus ou moins importante des éléments mélangés. Il arrive que cette hétérogénéité concerne le contenu même des éléments assemblés ; mais surtout, certains développements voient leur sens altéré en étant détachés de leur contexte d'origine, de la démarche où il se situaient, de la « présentation » hégélienne dont ils faisaient partie. Cela tient avant tout au souci de Michelet d'éviter la répétition de contenus semblables qui se trouvent articulés à d'autres contenus qui ne figurent pas dans tous les documents dont il disposait. Les unités textuelles qu'il est ainsi amené à constituer et les divisions qu'il introduit sont souvent discutables.

b) Mais parfois, inversement, des contenus parallèles ne sont pas reconnus comme tels : leur juxtaposition peut ainsi prendre l'apparence de la continuation d'un même développement dont ils constitueraient les étapes.

c) Il faut noter enfin la question des nombreuses *traductions* de textes originaux (surtout grecs) qui se trouvent dans l'*Histoire de la Philosophie*. Michelet les tire soit des manuscrits hégéliens dont il disposait, soit des notes de cours qu'il a utilisées. Il est évident que sa méthode de composition ne permet pas de reproduire les variantes des traductions hégéliennes d'un même texte dans des cours différents, ni de savoir pourquoi il a choisi l'une plutôt que l'autre. De plus, Hoffmeister a pu montrer que dans certains cas, il corrige lui-même des traductions plus ou moins bien transcrites dans des notes de cours. On a remarqué aussi que les traductions qui sont suivies de mots grecs entre parenthèses sont souvent assez peu fidèles : Hegel a-t-il cité les mots grecs lui-même, ou bien sont-ils une adjonction philologique de Michelet à une traduction incertaine contenue dans les manuscrits qu'il utilisait et parfois corrigeait ? Seule la confrontation minutieuse des

5. Cf. *Avant-Propos* de K. L. Michelet, *infra*, p. 20.

diverses sources que nous possédons aujourd'hui est susceptible de le révéler. D'une façon générale, le recours exclusif aux traductions hégéliennes absolument authentiques n'aurait-il pas coupé court à maintes critiques visant les inexactitudes de l'*Histoire de la Philosophie* de Hegel ?

Cette vue générale des imperfections de l'édition Michelet jettera peut-être quelque lumière sur les difficultés que rencontrera le lecteur désireux de rejoindre dans ce texte l'authentique pensée hégélienne. Au reste, en dépit des erreurs signalées, il n'est pas niable que la substance de ce texte est foncièrement hégélienne : Hoffmeister reconnaît lui-même que Michelet n'y a pas introduit de développement de son cru. D'autre part, si l'on a souligné les aspects négatifs de la perspective de Michelet, il ne faut pas perdre de vue l'avantage qui était le sien : il avait longuement entendu la parole du Maître, c'est dans l'atmosphère encore vivante (1833) de l'enseignement hégélien qu'il a réalisé son travail. De plus, cette édition continuera de constituer une source essentielle pour toute édition ultérieure, puisqu'elle contient des textes provenant de manuscrits hégéliens aujourd'hui perdus[6].

En ce qui concerne notre manière de traduire le vocabulaire hégélien, nous nous bornerons ici à une indication très générale : nous nous sommes largement et librement inspiré des traductions françaises de Hegel déjà existantes, utilisant des mots qui ont pour ainsi dire acquis droit de cité dans le langage philosophique français, même s'ils ne sont pas absolument satisfaisants au point de vue de l'exactitude ou à celui de l'élégance. Cependant il nous a fallu tenir compte de la grande diversité des contextes auxquels nous avons eu affaire dans les 1500 pages de ces *Vorlesungen über die Geschichte der Philosophie*, et en particulier des mots (grecs notamment) dont tel ou tel mot allemand est la traduction; nous avons été amené ainsi à certaines innovations.

En ce qui concerne les majuscules pour la première lettre de certains mots philosophiques (l'Être, l'Un, l'Idée, etc.), nous avons tenté de rompre avec l'usage le plus courant dans les traductions françaises des textes hégéliens et surtout dans celles des philosophes grecs : nous les avons toutes supprimées en principe, conformément à l'esprit de la pensée hégélienne, et aussi pour éviter leur multiplication indéfinie. Nous avons pensé, par exemple, que le contexte permet de distinguer suffisamment l'emploi philosophique (hégélien, platonicien, etc.) du mot *idée*, de son emploi

6. Sur l'importance de ces textes, en eux-mêmes et pour l'élaboration de Michelet, voir ci-après son *Avant-Propos*.

banal en français (« j'ai une idée »). Naturellement, nous avons respecté les majuscules qui se trouvent dans les traductions que nous citons.

Le traducteur ne pourra qu'accueillir avec reconnaissance toutes remarques et critiques qui lui permettront d'améliorer son travail.

J'adresse mes remerciements à M. Pöggeler, Directeur du Hegel-Archiv à Bochum, ainsi qu'à ses collaborateurs, pour l'hospitalité qu'ils m'ont accordée l'automne dernier, me permettant ainsi d'entrer en contact avec les manuscrits des auditeurs des Leçons hégéliennes sur l'Histoire de la Philosophie.

Je voudrais enfin exprimer ici toute ma gratitude à M. Neureuter, agrégé d'allemand, assistant à la Faculté des Lettres de Toulouse, et à M. Becker, professeur au Gœthe Institut de Toulouse, dont l'aide amicale m'a été particulièrement précieuse pour résoudre les nombreux problèmes de traduction posés par ce texte.

Toulouse, le 13 Novembre 1970

Pierre GARNIRON

AVANT-PROPOS DE K. L. MICHELET

Ce qui incombe ici à l'éditeur est simplement de rendre compte de la méthode qu'il a suivie dans la rédaction de ces leçons hégéliennes sur l'histoire de la philosophie.

Hegel a fait en tout neuf fois des leçons consacrées à l'histoire de la philosophie, dans l'ensemble des universités où il a exercé : la première fois pendant l'hiver 1805-1806 à Iéna; les deux fois suivantes à Heidelberg, dans les semestres d'hiver 1816-1817 et 1817-1818; les six autres fois dans l'université de cette ville (Berlin) dans l'été 1819 et dans les semestres d'hiver 1820-1821, 1823-1824, 1825-1826, 1827-1828, 1829-1830. Il venait de commencer ses leçons d'hiver (parmi lesquelles l'histoire de la philosophie pour la dixième fois) le 10 novembre 1831, et il avait déjà fait avec la plus grande aisance deux heures de conférences sur l'histoire de la philosophie, quand la mort le surprit.

Parmi ces cours de différentes années qui sont en notre possession, seul le cahier in-4° d'Iéna est fait de sa main et presque entièrement stylisé par lui; il n'osait pas encore à cette époque-là laisser quelque chose à la liberté de l'exposé oral. À ce texte se rattache celui, plus court, d'un abrégé de l'histoire de la philosophie également in-4°, qui fut rédigé à Heidelberg et était destiné à recevoir de plus amples développements en cours; d'une langue dense et soigneusement élaborée, il contient en peu de mots les principaux moments qu'il importe de considérer dans chaque philosophe. Toutes les additions qu'il fit lors des répétitions ultérieures sont pour une part développées ou indiquées en marge du cahier d'Iéna ou de l'abrégé, et pour une autre consignées sur un grand nombre de feuillets isolés, dont la pensée est rarement stylisée, mais le plus souvent simplement jetée sur le papier sous forme d'esquisse. Ces feuillets sont d'une inestimable valeur parce qu'ils sont un document de la main de Hegel lui-même qui permet de confirmer les additions extrêmement riches de toutes les leçons des années postérieures. On voit toujours avec netteté ce que le libre exposé oral, tel qu'on le trouve dans les cahiers de notes prises en cours, a fait de ces esquisses, et on voit de même où et comment il fallait nécessairement rectifier cet exposé, ou plutôt l'image qui en est donnée dans les notes de cours.

En ce qui concerne ces cahiers de notes eux-mêmes, parmi les sources auxquelles j'ai emprunté des éléments pour la présente rédaction de l'histoire hégélienne de la philosophie, je dois souligner avant tout l'importance des documents suivants : 1) un cahier du cours de 1829-1830, et qui est du Docteur J. F. C. Kampe; 2) le cahier du capitaine von Griesheim, dont les notes sont de l'hiver 1825-1826; 3) mon propre cahier du semestre d'hiver 1823-1824, où je fus l'auditeur de ces leçons de Hegel. Je n'ai eu sous les yeux aucun cahier pris à Heidelberg, et quant à ceux pris à Iéna, le cahier personnel de Hegel permet certes d'y suppléer complètement. Mais la valeur de ce dernier cahier se trouve encore accrue du fait que Hegel y revient de plus en plus dans les leçons ultérieures de Berlin, comme cela ressort de leur examen, et que l'exposé qu'il en a tiré alors a été plus littéral que ce n'avait été le cas dans la période intermédiaire; il l'a sans aucun doute toujours apporté en chaire, de même que l'abrégé de Heidelberg.

En ce qui concerne les sources de l'*Introduction*, nous avons en particulier, outre les cahiers de notes, une des meilleures parties des manuscrits hégéliens, qui se présente pour une part in-4°, et pour une autre in-folio; elle a été composée presque exclusivement à Berlin – pour le reste à tout le moins à Heidelberg. L'introduction du cahier d'Iéna n'a jamais été utilisée ultérieurement par Hegel, et elle était en fait inutilisable en son détail par l'éditeur : la clarté, la solidité, la puissance de conviction étaient en effet surtout la caractéristique des Introductions ultérieures – (ce sont celles-ci qui dans toutes les leçons de Hegel ont toujours fait l'objet des plus grands remaniements). Plus de la moitié peut-être de cette introduction ainsi que l'avant-propos est dans une expression écrite et non pas simplement parlée, et pour le reste également, ainsi que pour l'introduction à la philosophie grecque, les esquisses atteignent à quelques exceptions près un degré d'exécution qui n'exige que peu de retouches. Plusieurs feuillets, notamment ce qui se trouve entre l'avant-propos et l'introduction, et aussi quelques passages du début de l'introduction elle-même, paraissent bien avoir été destinés aux yeux de Hegel, non pas à être exposés oralement, mais à être directement imprimés : du moins le style de la leçon y est-il totalement estompé.

À l'appui de l'exposé de la philosophie orientale qui a été tiré des cahiers de notes prises en cours s'ajoute une riche collection d'extraits recueillis dans les ouvrages anglais et français sur l'Orient en général;

Hegel apportait en chaire, munis de courtes notices marginales, ceux qui étaient appropriés à son cours, pour en tirer un libre exposé, en en faisant une traduction orale immédiate et en y insérant ses propres remarques et jugements.

Avec toutes ces sources, je me suis donc trouvé en présence de trois sortes de matériaux pour cette rédaction : 1) des périodes mûrement pensées, intégralement rédigées, souvent lourdes, dans la fermeté de style habituelle à Hegel; 2) des pensées entièrement improvisées en chaire, tant par la forme que par le contenu, dans le feu de l'exposé oral, – c'est souvent ce qu'il y a de plus génial et de plus profond – dont il n'est pas rare que l'on ne retrouve pas même la trace dans les esquisses et dont, en dehors de l'auteur des notes, la qualité interne (la meilleure autorité) est seule à garantir l'authenticité; 3) ce qui tient le milieu entre ces deux sources, – la matière consignée dans l'esquisse, dont la mise en forme a été laissée à l'exposition orale. À ce niveau la forme est rarement difficile, elle est même assez souvent belle. D'une façon générale ces leçons se distinguent par la pureté de la forme, qui révèle la sûreté avec laquelle la pensée était déjà clairement présente à l'esprit de l'auteur avant qu'il n'ait pris la parole, – sans doute parce qu'il n'est pas de leçons auxquelles il ne consacra une aussi longue étude, qui se poursuivit sans interruption tout au long de sa carrière universitaire; c'est aussi dans le cadre de cette activité et en référence à elle que, méditant une fois de plus les pensées de cette série des nobles esprits, il a pu conquérir son propre point de vue, nous fournissant ainsi la meilleure clef pour la compréhension de toute sa philosophie.

Ces trois éléments des leçons, au moins le premier par rapport aux deux derniers, pourront sans doute être facilement distingués par le lecteur. Cette différence d'expression est certes un mal, mais ce mal est inévitable; je n'avais ni la volonté – étant donné l'état de la forme qui vient d'être mentionné –, ni non plus le droit de procéder à une refonte complète de la phrase pour rapprocher le texte parlé du texte écrit. Et même dans le seul texte écrit apparaissent d'importantes différences de coloration. Car comme il existe des écrits en provenance de toutes les époques de la formation philosophique de Hegel, sa première terminologie (celle du cahier d'Iéna, que j'ai caractérisée ailleurs[1]) – comprise en elle-même d'une part et dans sa transition à la terminologie de la *Phénoménologie* d'autre part, – se trouve juxtaposée à la terminologie plus mûre des années postérieures. À l'égard du texte oral, je devais seulement me permettre de mettre en pratique les

1. Introduction aux traités philosophiques de Hegel, p. XLVI-L.

instructions de l'association, – stipulant de choisir la forme verbale susceptible de correspondre le mieux à la pensée et à l'esprit du défunt, – dans les cas particuliers où, sans sacrifier l'expression originale, on pouvait éviter des répétitions trop longues ou des phrases entièrement décousues par des raccourcissements ou de légers remaniements de phrases, les éléments utilisés pouvant appartenir au même cahier ou être tirés de semestres différents. D'autre part, c'est intentionnellement que je n'ai pas effacé les petites imperfections de style, les anomalies et les anacoluthes d'ailleurs bien connues de la manière d'écrire de Hegel. Car qui ne sait que les plus petites particules, quand elles sont placées à un endroit insolite, sont souvent susceptibles de produire les plus subtiles nuances de sens ? Si on n'a pas le droit d'éliminer à la légère chez un auteur ancien ses irrégularités caractéristiques, Hegel mérite certes pour le moins une égale considération.

Pour tirer les éléments susmentionnés de l'ensemble des cahiers et les composer, j'ai évité de prendre sans réserve pour base l'une ou l'autre de ces leçons, me contentant d'y insérer à l'endroit voulu les éléments qu'elle ne contient pas. La comparaison la plus soigneuse des textes dans leur intégralité montrait, – outre le fait que les différentes leçons contenaient beaucoup d'éléments qui se rencontrent seulement dans l'une ou dans quelques-unes d'entre elles – que dans ce qui est commun à toutes ou du moins à plusieurs, non seulement certains matériaux occupaient assez souvent une place différente, mais que même la manière d'envisager les questions était parfois différente et nouvelle (ce qui est lié, bien entendu, à ces changements de place). Quand la juxtaposition des textes était impossible en raison des répétitions, il ne me restait qu'à choisir le mode d'exposition que je préférais à tel autre. C'est ainsi que j'ai donné la préférence tantôt à l'une, tantôt à l'autre leçon : mais j'ai aussi repris de plusieurs d'entre elles, quand cela ne comportait pas de répétition. La tâche de l'éditeur consistait alors essentiellement dans l'art d'emboîter les textes les uns dans les autres, ce qui ne concernait pas seulement des éléments importants empruntés à différentes leçons, mais aussi, là où c'était nécessaire, des phrases isolées. Le fil conducteur pour résoudre ce problème était le suivant : seuls devaient être assemblés – et seulement de cette manière – les éléments qui pouvaient se juxtaposer sans altérations violentes; en même temps, l'assemblage extérieur ne devait pas être perceptible pour le lecteur, il fallait au contraire donner l'impression d'un tout qui serait né d'un seul jet de l'esprit de l'auteur. Outre la parenté interne des idées elles-mêmes, la seule clef qui m'ait toujours permis de me tirer d'embarras à cet égard a été plus spécialement leur forme plus ou moins abstraite ou concrète, leur développement plus ou moins grand. Car les changements de présentation de la même matière dans différentes leçons se révélaient fréquemment n'en être que des développements, des élargissements, des argumentations plus précises. J'ai donc mis sans hésiter, sans craindre de tomber dans des répétitions, de tels éléments à la suite des éléments correspondants d'autres leçons, les premiers donnant aux seconds leur amplification. À cet égard, j'ai dégagé pour mon compte la remarque générale suivante : très souvent, la leçon antérieure – notamment le cahier d'Iéna, sans parler de l'abrégé – présente le contenu de la question dans sa simplicité abstraite, tandis que la leçon postérieure en contient le développement. C'est pourquoi la succession des éléments d'une même matière a pu être assez fréquemment d'ordre chronologique, au cahier d'Iéna faisant suite une ou plusieurs autres leçons à titre de compléments; en ce sens, je peux certes considérer le cahier d'Iéna comme la base – mais seulement comme la base – ou pour ainsi dire le squelette auquel devait s'attacher la chair plus consistante de la richesse de pensée postérieure.

De la sorte, les présentes leçons ne sont identiques à aucun cours annuel particulier, et elles n'en sont pas moins l'expression la plus adéquate et la plus complète de l'esprit hégélien. Et comme il n'y a aucune leçon qu'il n'ait aussi souvent sinon prononcée, du moins remaniée et augmentée (ce dont les notes marginales et les feuillets intercalés fournissent la preuve la plus indubitable) ces leçons qui sont peut-être les plus mûries sont donc aussi celles qui mériteraient d'avoir le plus d'ampleur. Il les donnait d'ailleurs toujours en cinq heures hebdomadaires, et vers la fin il devait augmenter le nombre de ces heures plus que dans ses autres leçons, comme cela ressort en particulier de ses propres remarques manuscrites à la fin de son cahier.

Les citations en bas du texte sont de Hegel lui-même, à l'exception de celles qui sont imprimées en italique, et qu'il n'était assez souvent pas facile de trouver, beaucoup ne figurant pas dans les nombreux compendium savants et dans les histoires de la philosophie. Il n'est aucune assertion de philosophie citée par Hegel, aucun fait rapporté par lui que j'aie repris dans le texte sans retourner aux sources où Hegel a puisé : j'ai donc cru être en droit de ne pas les refuser au lecteur, même dans le cas où Hegel ne cite pas ses sources, pour lui permettre de vérifier et de contrôler les affirmations de l'auteur et de l'éditeur. Toutefois, pour éviter un luxe de citations, j'ai voulu me borner à celles qui me paraissaient avoir été sous les yeux de Hegel lui-même lors de la rédaction de son cahier.

Pour les citations faites par Hegel lui-même, j'ai toujours cru devoir substituer à l'édition bipontine de Platon à laquelle il renvoie, l'édition

Bekker, plus courante; je l'ai toutefois fait précéder de la pagination de Stephanus; d'une façon générale, j'ai préféré des éditions plus répandues et meilleures. Pour Aristote, j'ai introduit le mode de citation ordinaire par livres et chapitres, tandis que Hegel indique le plus souvent les pages de l'édition *in-folio* de Bâle. Il avait coutume de dire que l'étude d'Aristote avait été rendue plus facile à d'autres qu'à lui; il se l'était rendue pénible, disait-il, car il avait dû tirer de l'édition illisible de Bâle, sans traduction latine, le sens profond de la pensée d'Aristote. Il est pourtant le premier à avoir fait reconnaître à nouveau cette profondeur.

En ce qui concerne les citations littérales, leur traduction dans le cahier d'Iéna révèle une fraîcheur due à la première impression toujours présente, et qui ne saurait passer inaperçue du lecteur, – mais d'une façon générale c'est la rédaction entière de cette leçon en particulier qui révèle un fond d'érudition authentique, semblable à celle d'Aristote et bien éloignée du clinquant des recherches critiques modernes, que Hegel connaît sans ratifier leurs résultats. C'est en elles qu'il faut ranger entre autres l'idée confuse qui consiste à mettre en avant Anaximandre, à en souligner l'importance au point même d'en venir bientôt à le situer postérieurement à Héraclite, comme si la spéculation qu'il contenait était d'une maturité plus grande que celle-là même qui est contenue chez ce dernier; on ne trouvera certes pas ici une telle hyperérudition. Il en est de même quand Hegel ne réunit pas Héraclite avec les premiers Ioniens, le mettant au contraire à la suite des Pythagoriciens et des Éléates : il n'est pas alors au niveau de l'érudition de notre temps, qui ici encore n'a tranché que selon des rapports superficiels. En recourant à de nombreux passages qui ne sont pas cités dans les manuels ordinaires, il a au contraire jeté sur bien des systèmes philosophiques une lumière tout à fait nouvelle, ne se contentant pas d'en mettre en connexion les philosophèmes qui existaient jusqu'ici à l'état isolé, mais étant encore capable de les présenter dans leur nécessité au cours du développement historique de l'esprit philosophique.

On voit aussitôt par tout ce qui vient d'être dit que le caractère de cette leçon oscille entre celui d'un livre et celui d'une leçon; cela autorisait l'éditeur à mettre en note directement en bas du texte, comme les citations, bien des remarques marginales de Hegel qui s'écartaient par trop de ce texte pour pouvoir être mises entre parenthèses et qui méritaient cependant de ne pas être sacrifiées. Une telle oscillation n'est-elle pas le cas général quand des leçons sont destinées à l'impression par l'auteur lui-même ? Et Hegel lui-même n'a-t-il pas souhaité et même commencé de faire un livre avec ces leçons ? Son effort dans ce but apparaît avec netteté tout au long du cahier d'Iéna, dont il a fréquemment poli le texte avec le plus grand soin. Ce n'est qu'entre les mains de l'auteur lui-même que la leçon pouvait devenir tout à fait un livre, comme la philosophie du droit. Le lecteur devra se contenter de la forme présente de cette leçon puisque le destin n'a pas permis à l'auteur de mettre lui-même la main à cette tâche. Les contemporains et la postérité ne manqueront pas d'y reconnaître l'esprit et le mode de pensée hégéliens les plus authentiques, et la leçon pourra prendre place à côté des œuvres publiées par Hegel lui-même. Une grande partie des œuvres du vieil Aristote n'ont-elles pas vu le jour de la même manière que cette section des écrits de notre auteur, sans qu'il soit venu à l'idée de personne de douter de l'authenticité de leur contenu ? N'est-il pas plus que vraisemblable que la *Métaphysique* notamment est née de plusieurs éléments séparés, de traités, fragments, rédactions, éditions, leçons, qui n'en ont pas moins été fondus, l'esprit philosophique aidant, en un tout systématique, – que ce soit là l'œuvre d'Aristote lui-même ou d'un Péripatéticien postérieur ?

N'avons-nous pas encore plusieurs élaborations de ses cours sur l'éthique elle-même ? Et n'avons-nous pas peut-être même en Nicomaque et en Eudème les noms, qui nous auraient été conservés, de ceux qui ont pris en note et publié deux de ces cours ?

Mais parmi les traits qui gardent à cette histoire hégélienne de la philosophie son caractère de leçons, il y a la brièveté plus grande que l'auteur a dû observer vers la fin en raison du manque de temps. C'est ainsi qu'il entre déjà dans moins de détails dès après Aristote, dont la présentation, selon ses propres indications dans le cahier, le conduisait déjà à un peu plus de la moitié du semestre, – ce qui au total n'est pas si disproportionné qu'il pourrait sembler à première vue. Mais c'est en particulier la dernière période à partir de Kant qui se trouve traitée avec une très grande brièveté, surtout dans les leçons postérieures, où une introduction plus développée et la philosophie orientale avaient dès le début occupé un plus grand nombre d'heures. J'y ai vu un motif pour préparer après la publication complète de ces leçons et s'y rattachant, celle d'une histoire détaillée des derniers systèmes de philosophie en Allemagne, de Kant à Hegel.

Berlin, 28 avril 1833

MICHELET

Dans les années 1840-1844 parut une seconde édition du présent ouvrage, et dont la rédaction est également l'œuvre de K. L. Michelet. Son contenu textuel s'écarte en de nombreux endroits du texte de la première édition que nous reproduisons ici; l'étendue totale en a été considérablement réduite. *Cf.* Tome 1, page XI de mon avant-propos à l'édition du Jubilée.

Hermann GLOCKNER

G. W. F. HEGEL

LEÇONS SUR L'HISTOIRE DE LA PHILOSOPHIE

PREMIÈRE PARTIE

LA PHILOSOPHIE GRECQUE

INTRODUCTION

Grèce : à ce nom le cœur de l'homme cultivé d'Europe, et de nous Allemands en particulier, se sent en terre natale. Leur religion, l'au-delà, ce qui est plus lointain, les Européens l'ont reçu de plus loin, de l'Orient : de Syrie. Mais l'ici, le présent, la science et l'art, ce qui, satisfaisant notre vie spirituelle, lui confère à la fois dignité et ornement, cela, nous le savons, est sorti de Grèce directement ou indirectement, – indirectement par le détour des Romains. Cette dernière voie fut la première forme dans laquelle cette culture nous parvint, ce qui fut aussi le cas lorsqu'elle nous vint par l'Église jadis universelle, qui en tant que telle fait dériver son origine de Rome, et a conservé jusqu'à présent la langue même des Romains. Les sources de son enseignement ont été, à côté de l'Évangile latin, les Pères de l'Église. Notre droit lui aussi se fait gloire de tirer du droit romain sa plus parfaite direction. Il était nécessaire à la solidité germanique d'en passer par le dur service de l'Église et du droit qui nous sont venus de Rome, et d'être maintenue dans cette discipline. Par là seulement le caractère européen s'est assoupli et rendu apte à la liberté. L'humanité européenne en arriva ainsi à se trouver vraiment chez soi, à jeter les yeux sur le présent, et l'élément historique, apporté de l'étranger, a été abandonné. Alors l'homme a commencé à être dans sa patrie; pour jouir de cet état, on s'est tourné vers les Grecs. Laissons
à l'Église et à la jurisprudence | leur latin et leur romanité. Une science plus 188
haute et plus libre (la science philosophique), comme notre art dans sa libre beauté, ainsi que le goût et l'amour de ceux-ci, ont, nous le savons, leurs racines dans la vie grecque dont ils ont puisé l'esprit. S'il était permis d'avoir une nostalgie, ce serait pour un tel pays, pour une telle condition.

Mais ce qui fait que nous sommes en terre natale chez les Grecs, c'est que nous découvrons qu'ils ont fait de leur monde leur patrie; nous sommes liés par un esprit commun, celui de l'appartenance à la patrie. Dans la vie courante, nous nous trouvons bien chez les gens et dans les familles qui se sentent chez eux, qui trouvent leur contentement en eux-mêmes et non au-dehors, au-delà : – il en est ainsi chez les Grecs. Ils ont certes plus ou moins reçu les rudiments de leur religion, de leur culture, de leur consensus social, d'Asie, de Syrie et d'Égypte; mais ils ont effacé, transformé, élaboré, bouleversé ce que cette origine avait d'étranger, ils l'ont à ce point métamorphosé, que ce qu'ils en ont comme nous apprécié, reconnu et aimé, est essentiellement leur.

C'est pourquoi dans l'histoire de la vie grecque, on peut et on doit certes toujours revenir en arrière, mais on peut tout aussi bien se passer de ce retour, et rechercher à l'intérieur du monde, de la manière d'être des Grecs les commencements, la germination et le progrès de la science et de l'art jusqu'à leur floraison, et rechercher de même dans les seules limites de leur sphère la source de leur corruption. Car leur développement spirituel n'a besoin d'un élément reçu, d'un élément étranger, qu'à titre de matière dont le choc lui donne l'impulsion. Il se sont sus en cela des êtres libres et se sont comportés comme tels. La forme qu'ils ont donnée à cette base étrangère est ce souffle spirituel qui leur appartient en propre, – l'esprit de liberté et de beauté, qui d'un côté peut être considéré comme forme, mais qui, de l'autre, est précisément ce qui constitue l'élément substantiel supérieur.

Mais ce faisant ils ne se sont pas seulement créé eux-mêmes l'élément
189 substantiel | de leur culture (oubliant pour ainsi dire avec ingratitude son origine étrangère qu'ils ont repoussée à l'arrière-plan, – peut-être enfouie dans l'obscurité des mystères, obscurité qu'ils se sont dissimulée à eux-mêmes), ils n'ont pas seulement donné à leur existence le caractère de la terre natale : cette renaissance spirituelle – qui est proprement leur naissance – ils l'ont aussi honorée. Ils n'ont pas seulement été de ces hommes, qui ont usé et joui de ce qu'ils ont accompli et de ce qu'ils ont fait d'eux-mêmes; cette entière appartenance de leur existence à la terre natale, qui est le commencement et l'origine d'eux-mêmes, ils ont su qu'elle était chez eux, ils se la sont représentée avec joie et gratitude, – non pas *afin* de l'être, de l'avoir et d'en faire usage. Car justement leur esprit – en tant que né d'une renaissance spirituelle – consiste à avoir conscience de cela comme étant leur : α) à l'être et β) à savoir aussi que cela a pris naissance et a pris naissance chez eux. Ils se représentent leur existence séparée d'eux en tant qu'objet qui s'engendre pour lui-même et qui en tant que tel leur est échu en partage. Du fondement et de l'origine, ils savent qu'ils sont fondement et origine – mais chez eux. De tout ce qu'ils ont possédé et été, ils se sont donc fait une histoire. Ils ne se sont pas seulement représentés la naissance du monde, c'est-à-dire des dieux et des hommes, de la terre, du ciel, des vents, des montagnes, des fleuves, mais encore celle de tous les aspects de leur existence, – comment le feu leur a été apporté, ainsi que les sacrifices qui s'y rattachent, les semences, l'agriculture, l'olivier, le cheval,

le mariage, la propriété, les lois, les arts, le culte, les sciences, les villes, les lignées princières etc., – de tout cela, en des histoires empreintes de grâce, ils se sont représentés l'origine, la manière dont cela s'est fait chez eux. Sous cet aspect extérieur, ils ont vu tout cela naître historiquement chez eux comme leurs œuvres et leurs mérites.

C'est dans cette appartenance existante au pays elle-même, mais ensuite dans l'esprit de cette appartenance, dans cet esprit de l'être auprès-de-soi-même représenté, de l'être-auprès-de-soi-même dans son existence physique, civile, juridique, morale, politique, c'est dans ce
| caractère de la libre et belle historicité, de la Mnémosyne – (le fait que ce **190**
qu'ils sont est aussi chez eux comme Mnémosyne) – que se trouve aussi le germe de la liberté pensante, et par suite ce trait caractéristique que la philosophie est née chez eux.

De même que les Grecs sont auprès-de-soi chez eux, la philosophie est précisément cela : être auprès-de-soi chez elle, – que l'homme soit dans son esprit chez lui, vraiment en terre natale. Si d'ordinaire nous nous sentons en terre natale chez les Grecs, c'est particulièrement dans leur philosophie que nous devons nous trouver chez nous auprès d'eux, – mais non pas en tant qu'auprès d'eux, puisque la philosophie est précisément auprès de soi-même chez elle, et que nous avons affaire à la pensée, à ce qui nous est le plus propre, à ce qui est libre de toute particularité. Chez eux, le développement de la pensée est sorti de ses éléments primordiaux, il s'est épanoui ; et nous pouvons le considérer sans qu'il soit nécessaire d'en rechercher plus amplement les incitations extérieures. Pour concevoir la philosophie grecque, nous pouvons rester chez les Grecs eux-mêmes.

Mais il nous faut alors déterminer de plus près leur caractère et leur point de vue. Issus d'eux-mêmes, les Grecs n'en ont pas moins une présupposition. Celle-ci est historique. Appréhendée dans la pensée, c'est la substantialité orientale, qui est celle de l'unité du spirituel et du naturel. Cette substantialité est unité naturelle. Ne procéder que de soi, être dans soi,
| c'est l'autre extrême, celui de la subjectivité abstraite (le pur formalisme), **191**
quand elle est encore vide, ou plutôt qu'elle s'est rendue vide, – c'est le principe abstrait du monde moderne. Les Grecs se tiennent entre ces deux principes dans le beau milieu qui, étant à la fois naturel et spirituel, est milieu de la beauté, mais de telle manière que la spiritualité demeure le sujet dans sa suprématie déterminante. L'esprit, plongé dans la nature, est en unité substantielle avec elle ; et en tant qu'il est conscience, il est surtout intuition, – du démesuré en général ; il est en tant que conscience subjective formante certes, – mais démesurée. Les Grecs avaient pour base, leur essence, l'unité substantielle de la nature et de l'esprit ; et en ayant ainsi cette essence pour objet et en la sachant, – mais sans se perdre en cet objet,

où ils sont au contraire rentrés en eux-mêmes ils ne se sont pas retirés à l'extrême de la subjectivité formelle : dans l'un ils ont été en même temps auprès de soi, donc en tant que sujet libre qui a encore pour contenu, essence et substrat cette première unité, – en tant que sujet libre formant son objet à la beauté. Le stade de la conscience grecque est le stade de la beauté. Car la beauté est l'idéal, la pensée jaillie de l'esprit, mais où l'individualité spirituelle n'est pas encore pour soi en tant que subjectivité abstraite, pour qui il s'agit alors d'élaborer en elle-même son être-là pour en faire le monde intelligible. Au contraire cette subjectivité a encore en elle le mode naturel, sensible, mais ce mode naturel n'y a pas le même rang, la même dignité qu'en Orient, il n'a pas comme là-bas la prépondérance. À présent, c'est le principe du spirituel qui a le premier rang, et l'essence naturelle ne vaut plus pour soi dans ses configurations existantes, elle n'est plutôt que l'expression de l'esprit transparaissant, et est réduite à être seulement un moyen et un mode de l'existence de l'esprit. Mais l'esprit ne dispose pas encore de lui-même comme intermédiaire pour se représenter en lui même et pour fonder son monde sur cette représentation.

La moralité libre pouvait et devait donc trouver place ici, puisque la substance spirituelle de la liberté était la base de ses mœurs, de ses lois et de ses constitutions. Comme le moment de la nature y est encore contenu, la moralité de l'État est encore dans un mode empreint de naturalité. Les États sont de petits individus naturels qui ne pouvaient s'unir en un seul tout. L'universel n'est pas pour soi dans sa liberté, et ainsi le spirituel est encore borné. Dans le monde grec, la chose éternelle qui est en soi et pour soi est pleinement développée par la pensée, elle est portée à la conscience, mais de telle manière que la subjectivité se trouve encore face à elle dans une détermination contingente, parce qu'elle a encore relation essentielle à la naturalité.

192 | La force orientale sans mesure de la substance, l'esprit grec l'a réduite à la mesure, l'a enfermée dans des bornes étroites. Cet esprit est mesure, clarté, but, limitation des configurations, réduction de l'immense, ce qui est infiniment somptueux et riche, à la déterminité et à l'individualité. La richesse du monde grec ne consiste que dans une quantité infinie de singularités belles, aimables, remplies de grâce, – dans cette sérénité <présente> en toute existence. Ce qu'il y a de plus grand parmi les Grecs, ce sont les individualités : ces virtuoses de l'art, de la poésie, du chant, de la science, de la loyauté, de la vertu. Si face à la splendeur, à la sublimité, au colossal des imaginations orientales, des constructions d'art égyptiennes, de la richesse de l'Orient etc., les réalités sereines de la Grèce (beaux dieux, statues, temples), comme ses réalités sérieuses (institutions et actions), peuvent bien apparaître comme de faibles jeux d'enfants, c'est plus encore le cas de la pensée qui éclôt ici : elle enferme dans d'étroites bornes cette richesse des individualités, ainsi que la grandeur orientale, et les réduit aux dimensions de son âme simple, mais celle-ci devient alors en elle-même la source de la richesse d'un monde supérieur et idéal, le monde de la pensée.

« C'est de tes passions, ô homme » disait un Ancien, « que tu as tiré la matière de tes dieux », – de même que les Orientaux (les Indiens surtout) l'ont empruntée aux éléments naturels, aux forces, aux formes naturelles; – « c'est de la pensée », peut-on ajouter, « que tu tires l'élément et la matière pour Dieu ». Ici la pensée est le sol où Dieu prend naissance. Ce n'est pas la pensée commençante qui constitue la base à partir de laquelle il faut concevoir l'ensemble de la culture. Au contraire. Ainsi la pensée apparaît-elle tout à fait pauvre, extrêmement abstraite, et d'un maigre contenu par rapport à celui que l'élément oriental donne à son objet. Le commencement est lui-même, en tant que plus immédiat, commencement dans la forme de la naturalité, de l'immédiateté même. Il a ce trait en partage avec l'élément oriental lui-même. Mais du fait | qu'il réduit le contenu de **193**
l'Orient à des déterminations tout à fait pauvres, ces pensées méritent à peine, à nos yeux, d'être prises en considération, puisqu'elles ne sont pas encore présentes en tant que pensées et dans la forme et dans la détermination de la pensée, mais dans celle de la naturalité. Donc l'absolu est pensée, mais non en tant que pensée. Nous avons en effet toujours deux sortes de choses à distinguer : l'universel ou le concept, et la réalité de cet universel, puisque ce qui importe, c'est de savoir si la réalité est la pensée même, ou bien l'élément naturel. Or la réalité a en premier lieu encore la forme de l'immédiateté, et elle n'est la pensée qu'en soi : c'est la raison pour laquelle nous commençons l'étude des Grecs par la philosophie de la nature de l'école ionienne.

Quant à la situation historique extérieure de la Grèce en ce temps-là, ce commencement de la philosophie grecque intervient au VIe siècle avant la naissance du Christ, au temps de Cyrus, à l'époque de la ruine des républiques ioniennes d'Asie Mineure. Tandis que ce monde plein de beauté qui s'était élevé pour lui-même à un haut niveau de culture, tombait en ruine, la philosophie faisait son apparition. La liberté ionienne avait d'abord été mise en péril par Crésus et les Lydiens; ce n'est que plus tard que la domination perse la détruisit complètement, ce qui amena la plupart des habitants d'Ionie à chercher d'autres séjours et à fonder des colonies, particulièrement en Occident. En même temps que se produisait ce déclin des villes ioniennes, le reste de la Grèce avait cessé d'être sous la dépendance de ses anciennes maisons princières. Les Pélopides et les autres

souches royales, pour la plus grande part étrangères, avaient disparu. La Grèce avait multiplié les contacts avec l'extérieur, et d'autre part les Grecs étaient à la recherche d'un lien social en eux-mêmes. La vie patriarcale était révolue; dans maints États se faisait jour le besoin de déterminations et d'institutions légales, – le besoin de se donner des constitutions libres. Nous voyons entrer en scène maints individus qui n'étaient plus les souverains de
194 leurs concitoyens par leur | naissance, mais qui se distinguaient par le talent, l'imagination, la science, et étaient honorés comme tels. Ces individus sont entrés en divers rapports avec leurs concitoyens. Ils ont été des conseillers, – fréquemment d'ailleurs le bon conseil n'était pas suivi; d'autre part, ils ont été également haïs et méprisés par leurs concitoyens, – ces hommes se retiraient des affaires publiques. D'autres sont devenus par violence, bien que sans cruauté, les maîtres de leurs concitoyens, d'autres enfin ont été des législateurs de la liberté.

Parmi ces hommes que nous venons de caractériser se trouvent des gens qui à l'époque moderne ont été exclus de l'histoire de la philosophie : ceux qu'il est convenu d'appeler les Sept Sages. En tant qu'ils sont comptés pour des témoignages voisins de l'histoire de la philosophie, il est nécessaire, au seuil de la philosophie, de préciser brièvement ce qui les caractérise. Ils firent leur apparition dans les circonstances suivantes : les uns en prenant part à la lutte des cités ioniennes, les autres en émigrant, d'autres encore en étant des individus considérés en Grèce. Les noms des Sept sont diversement rapportés, ce sont d'ordinaire : Thalès, Solon, Périandre, Cléobule, Chilon, Bias, Pittacus. « Hermippe », dans Diogène Laërce[1], « en mentionne dix-sept, parmi lesquels des auteurs différents en choisissent diversement sept ». Selon Diogène Laërce, un auteur plus ancien déjà, « Dicéarque, en choisit seulement quatre qui se trouvent à l'unanimité des auteurs parmi les sept; Thalès, Bias, Pittacus et Solon »[2]. Sont encore nommés par ailleurs (dans Diogène Laërce) : Myson, Anacharsis, Acusilaos, Épiménide, Phérécyde etc. Selon Dicéarque, dans Diogène[3], « ils n'ont été ni des sages, ni des philosophes, mais des hommes
195 | et des législateurs avisés » – des hommes de génie. Ce jugement est devenu général, et peut être tenu pour juste. Ils se présentent dans la période de transition où les Grecs passent d'une condition patriarcale avec les rois à une condition légale ou violente. La gloire qui alla à la sagesse de ces hommes se fonde d'une part sur le fait qu'ils ont appréhendé l'essentiel

1. Libr. I, § 42.
2. <Libr. I, § 41.>
3. Libr. I, § 40.

pratique de la conscience, c'est-à-dire la conscience de la moralité universelle, en et pour soi, qu'ils l'ont exprimée sous forme de sentences morales et en partie sous forme de lois civiles, et qu'ils ont aussi donné à celles-ci réalité dans les États ; cette gloire vient en partie aussi de ce qu'ils ont exprimé des éléments théoriques dans des maximes pleines de sens. Quelques-unes de ces sentences pourraient ne pas être considérées simplement comme des pensées profondes et valables, mais comme philosophiques et spéculatives, en tant qu'une signification générale plus ample leur est attribuée, signification qui toutefois n'apparaît pas en elles avec évidence. Ces hommes n'avaient pas essentiellement pour but la science, l'activité philosophique ; et pour Thalès, cela signifie expressément qu'il ne s'est consacré à l'activité philosophique qu'à un âge avancé. Le domaine politique était l'objet le plus fréquent de leur activité. C'étaient des hommes pratiques, des hommes d'affaires, mais non pas au sens que ce mot a pris parmi nous, où l'activité pratique se consacre à une branche particulière de l'administration de l'État, au métier, à l'économie etc. Ils vivaient au contraire dans des États démocratiques, et avaient donc leur part du soin de l'administration générale et du gouvernement de l'État. Ils n'étaient pas non plus des hommes d'État comme ces grandes individualités grecques que furent Miltiade, Thémistocle, Périclès, Démosthène ; ils étaient des hommes d'État dans un temps où il y allait du salut, de l'établissement, de l'organisation et de l'institution complètes de la vie politique, – presque de sa fondation, et à tout le moins de la fondation d'états de choses légalement solides.

C'est ainsi qu'apparurent en particulier Thalès et Bias dans les | villes **196**
ioniennes. Selon Hérodote [4], qui parle de ces deux hommes, Thalès « dès avant l'assujettissement des Ioniens » (par Crésus à ce qu'il semble) « leur avait conseillé de constituer un conseil suprême (ἓν βουλευτήριον) à Téos, le centre des peuples », – donc un État fédératif avec une capitale fédérale, dans lequel « ils n'en demeureraient pas moins des peuples (δῆμοι) particuliers ». Ils ne suivirent pas ce conseil, ce qui entraîna leur isolement, leur affaiblissement, dont la conséquence fut leur défaite. Il a toujours été difficile aux Grecs de renoncer à leur individualité. Les Ioniens ne suivirent pas davantage « le conseil de Bias de Priène qui », plus tard – (alors qu'« Harpage », général de Cyrus, qui achevait « la soumission des Ioniens », … « les avaient mis en difficulté ») – au moment décisif, « alors qu'ils s'étaient rassemblés dans le Panionium, leur avait donné ce conseil des plus salutaires : ils devraient partir pour la Sardaigne sur une flotte

4. Libr. I, c. 169-171.

commune, pour y édifier un État ionien. Ils échapperaient ainsi à la servitude, seraient heureux et, tandis qu'ils habiteraient la plus grande île, ils se soumettraient les autres; si par contre ils demeuraient en Ionie, il ne voyait pas d'espoir pour leur liberté ». Hérodote lui aussi approuve ce conseil : « S'ils l'avaient suivi, ils seraient devenus les plus heureux des Grecs ». Pareille chose ne se produit que par force, et non pas volontairement.

C'est dans des situations semblables que nous voyons aussi les autres sages. Solon fut législateur à Athènes, et c'est surtout cela qui l'a rendu célèbre. Peu d'hommes ont eu la haute position que confère la gloire d'être devenu législateur. Cette gloire, seuls la partagent avec lui Moïse, Lycurgue, Zaleucus, Numa etc. Parmi les peuples germaniques on ne trouve pas d'individus qui aient cette gloire : être les législateurs de leurs
197 peuples. | De nos jours, il ne peut y avoir de législateur; les institutions légales, les rapports juridiques ont toujours, à l'époque moderne, une existence préalable. Il reste très peu à faire; c'est seulement une détermination plus poussée du détail, des déterminations secondaires très peu importantes qui peuvent encore être réalisées par un législateur, par les assemblées législatives. Il ne s'agit que du rassemblement, de la rédaction et de l'élaboration du détail. Et pourtant Solon et Lycurgue eux aussi n'ont rien fait d'autre que porter à la conscience (sous une forme différente) l'un l'esprit ionien, l'autre le caractère dorien qui leur étaient donnés, et qui n'étaient que ce qui existait en soi; ils n'ont fait que mettre fin au désordre sous son aspect momentané, et remédier à cette situation fâcheuse par des lois effectives.

Solon n'a d'ailleurs pas été un homme d'État parfait; c'est ce qui apparaît dans la suite de son histoire. Une constitution qui, de son vivant, permit à Pisistrate de s'ériger aussitôt en tyran, une constitution qui recélait si peu de vigueur, qui était si peu organique qu'elle ne pouvait prévoir son propre renversement, – et en s'opposant à quelle puissance? – suppose en son sein une lacune profonde. Cela peut paraître étrange; une constitution doit pouvoir résister à une telle attaque. Mais que fit au juste Pisistrate? La situation de ceux qu'il est convenu d'appeler des tyrans devient des plus claires si l'on considère le rapport de Solon à Pisistrate. Quand des constitutions et des lois en bonne et due forme devinrent nécessaires en Grèce, on vit alors surgir des législateurs et des dirigeants politiques qui imposèrent des lois au peuple, conformément auxquelles ils le gouvernèrent. La loi dans son universalité apparaît à l'individu comme une contrainte, en tant qu'il n'en pénètre pas le sens, qu'il ne la comprend pas; – elle apparaît ainsi

aujourd'hui encore. C'est d'abord le cas du peuple tout entier, pour n'être plus ensuite que celui de l'individu. Il est nécessaire de commencer par lui faire violence, jusqu'à ce qu'il en pénètre le sens, et que la loi devienne pour lui sa propre loi, cessant d'être quelque chose d'étranger. La plupart | des 198
législateurs et des organisateurs politiques prirent sur eux d'exercer cette violence sur le peuple, et d'en être les tyrans. Dans les États où ils ne le firent pas, d'autres individus durent s'en charger; c'est là une chose nécessaire.

Ainsi voyons-nous Solon, – à qui ses amis conseillaient de s'emparer du pouvoir, « car le peuple lui-même l'aurait vu avec faveur assumer la tyrannie » [5], – « la refuser, et chercher à faire obstacle à une telle éventualité quand Pisistrate devint à ses yeux suspect de s'en emparer. En effet lorsqu'il s'aperçut de l'intention de Pisistrate, il vint à l'assemblée du peuple avec une cuirasse et un bouclier », ce qui en ce temps-là déjà était inhabituel[6], et révéla au peuple le dessein de Pisistrate. Il dit : « Hommes d'Athènes je suis plus sage que quelques-uns et plus brave que d'autres; plus sage que ceux qui ne s'aperçoivent pas de l'imposture de Pisistrate, plus brave que ceux qui, tout en la voyant, se taisent par peur » [7]. « Comme il n'arrivait à rien, il quitta Athènes » [8]. Selon Diogène Laërce[9] Pisistrate aurait même écrit à Solon durant son absence une lettre pleine de déférence, que Diogène nous a conservée, pour l'inviter à revenir à Athènes et à vivre avec lui en citoyen libre : « Je ne suis pas le seul à m'être emparé de la tyrannie parmi les Grecs, ni non plus comme d'une chose à laquelle je n'avais pas droit; car je suis de la race de Codrus[a]. Je n'ai donc fait que reprendre ce que les Athéniens avaient juré de conserver à Codrus et à sa race, | mais qu'ils leur avaient enlevé. Je ne commets par ailleurs aucune 199
injustice envers les dieux et les hommes, mais, selon que tu as établi les lois pour les Athéniens, je veille (ἐπιτροπῶ) à ce qu'ils se comportent dans la vie civile (πολιτεύειν) »; (et il en fut de même de son fils Hippias). « Et un tel ordre de choses se maintient mieux ainsi que dans un gouvernement populaire. Car je ne permets à personne de commettre l'injustice

5. Diog. Laert., Libr. I, § 48.

6. <Thucydide (I, 6) rapporte ce fait en y voyant une différence entre les Grecs et les Barbares ; les Grecs, et en premier lieu parmi eux les Athéniens, déposaient les armes en temps de paix.>

7. Diog. Laert., I, 49.

8. <Diog. Laert., I, 50.>

9. Libr. I, § 53-54.

a. Codrus : roi légendaire héroïque d'Athènes.

(ὑβρίζειν), et comme tyran je ne retire pas pour moi d'autre avantage (πλεῖόν τι φέρομαι) que la considération et l'honneur, et les dons établis » (les revenus établis, τὰ ρητὰ γέρα), « tels qu'on en faisait l'offrande aux anciens rois. Chaque Athénien donne le dixième de ses revenus, non pour moi, mais pour les frais des repas sacrificiels publics, et aussi pour la république, et pour le cas de guerre. Je ne t'en veux pas d'avoir découvert mon projet. Car tu as agi ainsi par amour du peuple plus que par haine envers moi, et parce que tu ne savais pas encore comment je dirigerais le gouvernement. Car si tu avais connu ce gouvernement, il aurait eu ton agrément, et tu n'aurais pas fui » etc. Solon déclare dans sa réponse [10] qu'il « n'a pas de rancune personnelle contre Pisistrate, et qu'il faut bien appeler celui-ci le meilleur des tyrans. Mais revenir ne serait pas convenable pour lui. Ayant fait de l'égalité des droits l'essence de la constitution des Athéniens, et ayant lui-même refusé la tyrannie, il ne cautionnerait pas par son retour les actes de Pisistrate ».

La domination de Pisistrate habitua les Athéniens aux lois de Solon, et en fit des coutumes; si bien qu'une fois cette habitude prise, la domination souveraine devint superflue, et les fils de Pisistrate furent chassés d'Athènes; alors seulement la constitution solonienne put se maintenir par
200 elle-même. Solon avait donc certes fait les lois, mais faire de ces | institutions légales l'habitude, la coutume, la vie d'un peuple, c'est là une autre chose [b].

Ce qui avait séparé Solon et Pisistrate, nous le trouvons réuni chez Périandre à Corinthe et chez Pittacus à Mitylène.

10. <Diog. Laert., I, 66-67.>

b. Il devrait s'agir ici d'une interprétation de Hegel qui ne trouve pas d'appui dans les sources. C'est ainsi que dans la relation détaillée que l'on trouve chez Hérodote (*Histoires*, V, 55, 62-65) de l'expulsion des Pisistratides, la raison qui en est donnée n'est pas l'inutilité de la domination par suite de l'accoutumance progressive aux lois de Solon, mais le désir de mettre fin à l'oppression de la domination tyrannique. Ce que confirme aussi Thucydide (*Histoire de la guerre du Péloponnèse*) qui souligne la modération de la domination de Pisistrate et de ses fils (VI, 54), mais aussi le désir du peuple athénien qu'il soit mis fin à la tyrannie (VI, 53), qui devenait de plus en plus oppressive sous les Pisistratides, en particulier après l'assassinat d'Hipparque (le plus jeune), sous Hippias (l'aîné), par Harmodios et Aristogiton. Cette relation s'accorde ainsi avec les indications contenues dans la *Constitution d'Athènes* [ouvrage d'Aristote non encore entièrement connu de Hegel (chap. 14 et 16, 18 et 19)] ; Aristote est même en complète opposition à l'interprétation hégélienne (chap. 22) que les lois de Solon étaient tombées dans l'oubli durant l'époque de la tyrannie.

Cela peut suffire sur la vie extérieure des Sept Sages. Ils doivent aussi leur célébrité à la sagesse des sentences que l'on a conservées d'eux ; mais ces sentences nous apparaissent pour une part très superficielles et triviales. La raison en est que les propositions générales sont tout à fait familières à notre réflexion ; même dans les sentences de Salomon, bien des choses nous apparaissent superficielles et banales. Mais se représenter pour la première fois un universel de cette sorte dans la forme de l'universalité est autre chose. On attribue à Solon de nombreux distiques que nous possédons encore ; ils ont pour caractère d'exprimer sous forme de maximes des devoirs très généraux envers les Dieux, la famille et la patrie. Selon Diogène[11], Solon a dit : « les lois ressemblent à une toile d'araignée, les petits y sont pris, les grands les déchirent » ; ... « La parole est l'image de l'action » etc. De telles sentences ne relèvent pas de la philosophie, ce sont des réflexions générales, des expressions générales de devoirs et de maximes morales, des déterminations essentielles. Telles sont bien les sentences de leur sagesse : maintes d'entre elles sont insignifiantes, mais plus d'une apparaît plus insignifiante qu'elle ne l'est. Ainsi par exemple Chilon déclare : Porte-toi garant, les ennuis t'attendent (ἐγγύα, πάρα δ'ἄτα)[c]. D'un côté, c'est là une règle de vie, une règle de prudence tout à fait commune ; mais les Sceptiques ont donné à cette proposition une signification beaucoup plus élevée, beaucoup plus générale, que l'on peut aussi prêter à Chilon. Le sens en est : « Si tu attaches ton soi à une chose déterminée quelconque, tu tombes dans le malheur ». Les Sceptiques citaient ce passage lui-même, comme si le | Scepticisme y était contenu ; le 201
principe des Sceptiques est : il n'est rien de fini, de déterminé qui soit en soi et pour soi, ce n'est qu'une apparence, quelque chose de chancelant, et non de durable. Cléobule dit : μέτρον ἄριστον « la mesure est la meilleure des choses », un autre : μηδὲν ἄγαν « rien de trop » ; ceci comporte également un sens plus général. La mesure, le πέρας de Platon opposé à l'ἄπειρον, le déterminé est le meilleur, – ce qui se détermine soi-même opposé à l'indéterminé. Ainsi la mesure est-elle dans l'être la détermination suprême.

Une des sentences les plus célèbres est celle de Solon dans son entretien avec Crésus, qu'Hérodote[12], dans la manière qui lui est propre rapporte très en détail ; il en résulte que « personne ne doit être estimé heureux avant sa

11. Libr. I, § 58.>
12. <I, c. 30-33.>

c. Diogène Laërce, I, § 73, p. 114 : « Son apophtegme était :"Gage donné, malheur prochain" (ἀπεφθεγξατο, "ἐγγυά, πάρα δ'ἄτα") ».

mort ». Mais ce qui est remarquable dans ce récit, c'est qu'il nous fait connaître davantage la position de la réflexion (grecque) chez Solon et à son époque. Nous voyons la félicité y être présupposée comme le but suprême désirable, comme la destination de l'homme; avant la philosophie kantienne, la morale – comme eudémonisme – a été ainsi édifiée sur la détermination de la félicité. Dans les paroles de Solon, il y a une élévation au-dessus du sensible, de ce qui est agréable, de ce qui est jouissance pour le sentiment. Si nous demandons ce qu'est la félicité, quel en est le contenu pour la réflexion, nous voyons qu'elle signifie une satisfaction de l'individu, quel qu'en soit le mode, par des jouissances externes et internes (physiques et spirituelles) pour lesquelles les moyens sont à la disposition de l'homme. Mais il s'y trouve impliqué en outre qu'on ne doit pas se saisir de toute jouissance sensible immédiate, mais que la félicité contient une réflexion sur l'ensemble de notre condition; il n'y a pas seulement là le principe de la jouissance, du plaisir, c'est le tout qui est le principe, le fait singulier doit être mis au second plan. L'eudémonisme implique la félicité
202 comme condition pour toute la vie, il propose la totalité | de la jouissance. Cette totalité est quelque chose d'universel, une règle pour les jouissances singulières, qui prescrit de ne pas s'abandonner à ce qui est momentané, de réfréner les désirs, et d'avoir sous les yeux une norme universelle. Comparé à la philosophie indienne, l'eudémonisme s'y révèle opposé. Pour la première, c'est la libération de l'âme vis-à-vis du corporel qui est la destination de l'homme, afin que l'âme soit chez elle dans sa simplicité, – c'est là une complète abstraction. Chez les Grecs, c'est le contraire qui existe; il y a aussi satisfaction dans le présent, satisfaction concrète par rapport à l'environnement. Le degré de réflexion que nous voyons dans la félicité est à mi-chemin entre le simple désir et ce qui s'en distingue : le droit en tant que droit, et le devoir en tant que devoir. Dans la félicité, le contenu est jouissance, satisfaction du sujet, mais de manière universelle : la jouissance singulière a disparu; la forme de l'universalité s'y trouve déjà, mais l'universel ne se dégage pas encore pour lui-même. C'est ce qui ressort de l'entretien de Crésus avec Solon. L'homme en tant que pensant n'a pas seulement en vue la jouissance présente, mais aussi les moyens de la jouissance future. Crésus montre ces derniers à Solon, mais celui-ci refuse de répondre par l'affirmative à la question de Crésus. Car pour estimer quelqu'un heureux, il faudrait d'abord attendre sa mort, puisque notre condition jusqu'à la fin fait partie de la félicité et même la piété de notre mort, le fait qu'elle se trouve dans la détermination supérieure; – la vie de Crésus n'étant pas encore écoulée, Solon ne saurait pouvoir l'estimer

heureux. Et le cours de l'histoire de Crésus fournit ensuite la preuve qu'il n'y a pas d'état momentané qui mérite le nom de félicité[d]. Cette histoire édifiante caractérise tout à fait la position de la réflexion de ce temps-là.

Dans l'examen de la philosophie grecque nous avons | à distinguer trois **203**
périodes principales : 1) – de Thalès jusqu'à Aristote ; 2) – la philosophie grecque dans le monde romain ; 3) – la philosophie néoplatonicienne[e].

1) – Nous commençons par la pensée, mais par une pensée tout à fait abstraite, sous forme naturelle ou sensible ; nous avançons jusqu'à l'idée déterminée. Cette période présente le commencement de la pensée philosophante jusqu'à son développement et son perfectionnement en tant que totalité de la science en elle-même. C'est Aristote ; c'est la réunion de tous ceux qui ont précédé. Une telle réunion de tous les prédécesseurs se trouve déjà chez Platon, mais il ne l'a pas menée à son terme ; il n'est l'idée qu'en général. Les Néoplatoniciens ont été appelés éclectiques, et Platon a été lui aussi un conciliateur ; mais ils ne sont pas des éclectiques, ils avaient une intellection consciente de la nécessité et de la vérité de ces philosophies.

2) – L'idée concrète s'était fait jour ; cette idée fait son apparition à présent en tant qu'elle s'élabore, s'accomplit au sein d'oppositions. La deuxième période est la séparation de la science en systèmes particuliers. La représentation du monde dans sa totalité est traversée par un principe unilatéral ; chaque côté en tant qu'extrême opposé à l'autre, en étant élaboré en lui-même, devient la totalité. Ce sont les systèmes philosophiques du Stoïcisme et de l'Épicurisme ; le Scepticisme constitue le négatif opposé au dogmatisme de ces systèmes.

d. Cette allusion de Hegel au déroulement ultérieur de l'histoire se réfère à la suite immédiate d'Hérodote, où se trouve décrite la mort du fils unique de Crésus, et surtout à la conquête du royaume lydien par Cyrus, à la capture de Crésus par celui-ci et aux préparatifs de son exécution sur le bûcher, empêché seulement par une intervention d'Apollon (Hérodote, *Histoires*, I, 34-56, 71-87 ; trad. cit. p. 51-62 et p. 74-89).

e. Dans la première édition des *Leçons sur l'Histoire de la Philosophie* (édition du jubilé : voir ci-dessus « Avant-Propos du traducteur », p. 7), dont nous donnons la traduction, la philosophie grecque correspond aux tomes 17 (à partir de la page 184), 18 et 19 (pages 3 à 96). La première période de la philosophie grecque va du « commencement de la pensée philosophante » sous forme naturelle ou sensible (Thalès) jusqu'à son développement en tant que science totalisant en elle-même toutes les philosophies qui l'ont précédée (Aristote). « La deuxième période est la séparation en systèmes particuliers » dogmatiques dont l'opposition (Stoïcisme et Épicurisme) aboutit au Scepticisme. La troisième période est « la reprise des oppositions en un seul monde intellectuel, idéal, divin » : totalisation où toutefois manque la subjectivité (Néoplatonisme).

Les autres philosophies disparaissent.

3) – La troisième période est dès lors l'élément affirmatif, la reprise des oppositions en un seul monde intellectuel idéal, en un monde divin, – l'idée développée jusqu'à la totalité; la subjectivité, l'être-pour-soi infini fait défaut.

PREMIÈRE DIVISION

PREMIÈRE PÉRIODE DE THALÈS À ARISTOTE

Nous diviserons encore cette première période en trois sections :

1) – La première s'étend de Thalès à Anaxagore, – de la pensée abstraite qui est dans une déterminité immédiate, jusqu'à la pensée de la pensée qui se détermine elle-même. On commence ici par l'absolu, par le simple; les premières déterminations s'y montrent ensuite; et jusqu'à Anaxagore, ce sont des essais, des modes de détermination. Celui-ci a déterminé le vrai comme étant le νοῦς, la pensée motrice; la pensée n'est plus dans une déterminité, elle est la pensée se déterminant soi-même.

2) – La deuxième section comprend les Sophistes, Socrate et les Socratiques. Ici la pensée se déterminant soi-même est appréhendée comme présente, comme concrète en moi. C'est le principe de la subjectivité, bien que ce ne soit pas <celui> de la subjectivité infinie; – c'est le penser tout d'abord d'une part en tant que principe abstrait, et d'autre part en tant que subjectivité contingente.

3) – La troisième section est <constituée par> Platon et Aristote, – c'est la science grecque, où la pensée objective, l'idée prend la forme de la totalité. Chez Platon la pensée concrète, se déterminant en soi-même, est l'idée encore abstraite, qui n'est que dans la forme de l'universalité; chez Aristote, l'idée, en tant qu'elle est l'acte de se déterminer soi-même, a été appréhendée dans la détermination de son efficacité, de son activité.

CHAPITRE PREMIER

PREMIÈRE SECTION DE LA PREMIÈRE PÉRIODE DE THALÈS À ANAXAGORE

Comme nous ne possédons pour cette époque que des traditions et des fragments, nous pouvons parler ici des sources.

| 1) – La première source est Platon, qui mentionne fréquemment les **205**
anciens philosophes. Les philosophies qui ont fait leur apparition antérieurement dans leur indépendance respective ne sont pas si éloignées les unes des autres, dès lors que leur concept est saisi de façon plus déterminée en tant que Platon fait d'elles des moments concrets d'une seule idée, sa philosophie apparaît ainsi souvent comme un exposé plus développé de la doctrine des philosophes plus anciens, et s'attire le reproche de plagiat. Il dépensa beaucoup d'argent pour se procurer les écrits des anciens philosophes, et étant donné l'étude approfondie qu'il fit de ces philosophes, ses citations sont d'importance. Mais le maître qu'il est n'apparaît jamais lui-même dans ses écrits : ce sont toujours d'autres personnes qu'il présente dans ses dialogues en train de philosopher; c'est pourquoi il n'y a pas séparation dans ses exposés entre ce qui peut leur appartenir historiquement et les développements qu'il a lui-même donnés à leur pensée. C'est ainsi que la philosophie éléatique est présente dans le *Parménide*; mais l'ampleur des développements que reçoit cette doctrine est propre à Platon.

2) – Aristote est la source la plus abondante. Il a fait des anciens philosophes une étude délibérée et approfondie; au début de sa *Métaphysique* surtout (souvent ailleurs également) il en a traité historiquement et dans l'ordre. Il est autant philosophe qu'érudit; nous pouvons nous en rapporter à lui. Pour connaître la philosophie grecque, il n'y a rien de mieux à faire que de se mettre à l'étude du premier livre de sa *Métaphysique*. La sagacité qui se veut érudite peut bien parler contre Aristote et prétendre

qu'il n'a pas correctement compris Platon, on peut lui objecter qu'ayant été dans l'entourage de Platon lui-même, étant données la profondeur et la solidité de son esprit, il le connaît peut-être mieux que personne.

3) – Nous pouvons également penser à Cicéron dans le cas présent, bien qu'il soit déjà une source plus confuse, car il contient bien des informations; mais comme il manquait absolument d'esprit philosophique, il a su surtout considérer la philosophie d'une manière seulement historique. Il ne
206 semble pas avoir étudié les sources elles-mêmes, | il avoue même n'avoir pas compris Héraclite par exemple; et comme cette philosophie ancienne et profonde ne l'intéressait pas, il ne s'est pas donné la peine d'en faire une étude approfondie. Les informations qu'il donne se rapportent surtout à des philosophes plus récents : Stoïciens, Épicuriens, Nouvelle Académie, Péripatéticiens. Il voyait les Anciens par leur intermédiaire, et d'une façon générale par l'intermédiaire de la ratiocination, et non de la spéculation.

4) – Sextus Empiricus, un Sceptique postérieur, est intéressant pour ses *Hypotyposes Pyrrhonicæ* et son *Adversus Mathematicos.* En tant que Sceptique, d'une part il combat les philosophes dogmatiques, et d'autre part il cite en témoignage d'autres philosophes en faveur du Scepticisme (si bien que ce qui constitue la plus grande part de ses écrits, ce sont les thèses des autres philosophes) : c'est pourquoi il est devenu la source la plus féconde pour l'histoire de la philosophie ancienne. Il nous en a conservé de nombreux et précieux fragments.

5) – Diogène Laërce. Son livre (*De vitis etc. Philosophorum libri X, ed. Meibomius cum notis Menagii Amstelædami 1692*) est une importante compilation; il cite fréquemment ses références sans grande critique. On ne peut lui attribuer l'esprit philosophique. Il se complaît à raconter de mauvaises anecdotes superficielles. Il est important pour la vie des philosophes et ici et là pour les philosophèmes.

6) – Simplicius, un Grec postérieur de Cilicie vivant sous Justinien, au milieu du VIe siècle – c'est le plus savant et le plus sagace des commentateurs grecs d'Aristote. Plusieurs de ses œuvres ne sont pas encore publiées; nous lui devons des éléments dignes d'intérêt.

Je ne veux citer aucune autre source [a], on peut les trouver sans peine dans tout compendium. Dans le déroulement de la philosophie grecque, on avait coutume jadis de suivre l'ordre correspondant à la manière dont un

a. On trouvera la traduction française de la plupart des fragments des Antésocratiques dans Burnet, *L'Aurore de la philosophie grecque*, trad. fr. par A. Reymond, Paris, Payot, 1952. Voir surtout *Les Présocratiques*, éd. J.-P. Dumont, « Bibliothèque de la Pléiade », Paris, Gallimard, 1988.

enchaînement extérieur se manifestait selon la représentation commune : selon cet ordre un philosophe devait en avoir eu un autre pour maître ; – cet enchaînement devant pouvoir être mis en évidence à partir de Thalès d'une part, | et de Pythagore d'autre part. Mais cet enchaînement est pour une part **207**
lui-même imparfait, et il est d'autre part quelque chose d'extérieur. L'une des séries de sectes philosophiques et conjointement de philosophes que l'on comptait pour un même système, – et qui part de Thalès – se continue loin dans le temps et dans l'esprit, en demeurant séparée de l'autre. Mais en vérité aucune série ne se poursuit ainsi isolée (même si ces philosophes avaient formé une série par succession et par cet enchaînement extérieur entre maître et auditeur dont il a été question, ce qu'ils ne font pas) ; l'esprit comporte un ordre tout à fait différent. Ces séries, aussi bien par leur esprit que par leur contenu déterminé, empiètent les unes sur les autres.

C'est d'abord Thalès que nous rencontrons au sein du peuple ionien, auquel les Athéniens appartenaient ; – à moins que les Ioniens d'Asie Mineure n'aient tiré leur origine de ces derniers. La souche ionienne apparaît antérieurement dans le Péloponnèse, et paraît en avoir été repoussée ; mais nous ne savons pas quelles populations en faisaient partie, étant donné que les autres Ioniens et même les Athéniens abandonnèrent ce nom[1]. Selon Thucydide[2] les colonies ioniennes en Asie Mineure tiraient pour la plupart leur origine d'Athènes. La vie grecque dans sa plus grande intensité, nous la trouvons sur les côtes d'Asie Mineure et dans les îles grecques, et ensuite vers l'Ouest, dans l'Italie grecque (Grande Grèce) ; nous voyons naître parmi ces peuples, grâce à leur activité politique à l'intérieur et à leur commerce avec les peuples étrangers, une grande complexité et une grande diversité dans leurs relations, où s'atténue leur état borné, au-dessus duquel s'élève l'universel. Ces deux points : l'Ionie et la Grande Grèce, sont les deux lieux où se déroule cette première période de l'histoire de la philosophie, | avant qu'elle ne s'implante à la fin de cette **208**
période, pour y être chez elle, dans la Grèce proprement dite. Ces deux points étaient anciennement le siège du commerce, et celui de la culture ; la Grèce proprement dite, à cet égard, est plus tardive.

Il est à remarquer qu'il y a deux côtés, l'Est et l'Ouest, par où ces philosophes se distinguent, une partie comprend des hommes d'Asie Mineure, les autres sont des Occidentaux, des Italiens grecs.

1. Hérodote, I, 143.

2. Libr. I, cap. 2 : « tant et si bien que plus tard l'Attique étant jugée insuffisante, on envoya même des colonies en Ionie » ; cap. 12 : « les Athéniens colonisèrent l'Ionie et la plupart des îles ».

Géographiquement la philosophie se divise en philosophie ionienne et en philosophie italique; le caractère des philosophies (le contenu) participe du caractère de la différence géographique. L'Asie Mineure, et en partie aussi les îles, sont les pays de Thalès, d'Anaximandre, d'Anaximène, d'Héraclite, de Leucippe, de Démocrite, d'Anaxagore, de Diogène de Crète. De l'autre côté, on a des Italiens : Pythagore de Samos, mais qui vécut en Italie, Xénophane, Parménide, Zénon, Empédocle; parmi les Sophistes, de même, plusieurs vécurent en Italie[b]. Anaxagore est le premier à venir à Athènes; et ainsi, partant des deux extrêmes, la science se rassemble au centre, faisant d'Athènes son siège principal. C'est là la différence géographique; la deuxième différence est dans la présentation de la pensée. Chez les Orientaux, c'est un côté sensible, matériel qui domine; en Occident, la pensée est prépondérante, elle est prise pour principe dans la forme de la pensée. Chez les premiers philosophes mentionnés, tournés vers l'Orient, l'absolu est connu dans une détermination naturelle; c'est là-bas qu'il faut chercher la détermination réelle de l'absolu. Et c'est du côté de l'Italie que l'on trouvera la détermination idéale. On peut se contenter ici de ces déterminations. Empédocle, que nous trouvons en Sicile, est davantage un philosophe de la nature, tandis que Gorgias, le Sophiste de Sicile présente le côté idéal de la philosophie.

Plus précisément, nous avons à considérer ici : 1) les Ioniens : Thalès, Anaximandre, Anaximène; 2) Pythagore et ses disciples; 3) les Éléates : Xénophane, Parménide etc.; 4) Héraclite; 5) Empédocle, Leucippe et Démocrite; 6) Anaxagore.

209 | Dans cette philosophie également, il s'agit de trouver et de mettre en évidence la progression qu'elle comporte. Les premières déterminations, tout à fait abstraites, se trouvent chez Thalès et les autres Ioniens; ils ont saisi l'universel sous la forme d'une détermination naturelle : l'eau, l'air. La progression doit alors consister dans l'abandon de cette détermination naturelle simplement immédiate. C'est ce que nous rencontrons chez les Pythagoriciens; le nombre, disent-ils, est la substance, l'essence des choses. Le nombre n'est pas sensible, il n'est pas non plus la pensée pure, –

b. Cette division de la philosophie en une ligne ionienne (d'Asie mineure) et une ligne italique remonte jusqu'à l'Antiquité ; voir entre autres Diogène Laërce, *Vies et doctrines des philosophes illustres*, I, § 13-15, p. 73. À la différence de Hegel, Diogène Laërce continue ces deux lignes séparément jusqu'à Chrysippe et Théophraste et jusqu'à Épicure. Voir en outre le même schéma chez saint Augustin, *De civitate Dei*, VIII, 2 (dans *Œuvres de saint Augustin*, n°34, 5e série, *La Cité de Dieu*, VI-X, Paris, Institut d'Études Augustiniennes, 1996, p. 233). Pour la division chez les historiens modernes de la philosophie, voir entre autres Tennemann, *Geschichte der Philosophie*, t. 1, p. 49 *sq*., note de bas de page.

il est un sensible non-sensible. Le un est la forme de la détermination, mais il se dissocie déjà en 1, 2, 3 etc. ; la détermination de ce qui est en et pour soi revient ainsi au concret. C'est chez les Éléates que se produit dans sa pureté l'arrachement violent de la pensée hors de la forme sensible et de la forme du nombre ; – l'émergence de la pensée pure. Et à partir d'eux s'amorce le mouvement dialectique du penser qui nie le déterminé pour montrer que ce n'est pas le multiple qui est véritable, mais seulement l'un. Héraclite exprime l'absolu comme étant ce processus lui-même, – ce qui est chez les Éléates processus subjectif. Il est parvenu à la conscience objective ; l'absolu est ici ce qui meut, ce qui change. Empédocle, Leucippe et Démocrite repassent plutôt par contre dans l'autre extrême, ils reviennent au principe simple, matériel, en repos, – en sorte que le mouvement, le processus en serait différent, – ils reviennent au substrat du processus. Chez Anaxagore, c'est alors la pensée motrice, se déterminant soi-même, qui est reconnue comme l'essence ; c'est là un grand progrès.

A. *Philosophie des Ioniens*

C'est ici que se présente la philosophie ionienne la plus ancienne. Nous allons en traiter aussi brièvement que possible : et cela est d'autant plus facile que les idées en sont très abstraites, très pauvres. Les auteurs autres que Thalès, Anaximandre et Anaximène, n'entrent en ligne de
compte que d'un point de vue littéraire. | Nous n'avons qu'une demi- **210**
douzaine de passages pour toute l'ancienne philosophie ionienne ; c'est donc là une étude aisée. Il est vrai que c'est de son intérêt pour les Anciens que la science érudite tire le plus vanité ; mais c'est sur ce que l'on connaît le moins qu'on peut être le plus érudit.

1. *Thalès*

C'est seulement avec Thalès que nous commençons à proprement parler l'histoire de la philosophie. La vie de Thalès se situe au temps de l'assujetissement des villes ioniennes par Crésus ; la chute (Olympiade 58-1 ; 548 av. J.-C.) de celui-ci avait amené un semblant de libération, mais la plupart des villes avaient été soumises par les Perses. Thalès survécut encore de quelques années à cette catastrophe. C'est un Milésien, sa famille est donnée comme étant la famille phénicienne des Thélides[3]. Sa naissance se situe, selon les estimations les plus exactes, dans la première année de la 35e Olympiade (640 av. J.-C.)[4] ; selon Meiners, quelques Olympiades plus tard (38e Olympiade, 629 av. J.-C.).

3. <Diog. Laert., I, 22.>
4. <*Ibid.*, I, 37.>

Il vécut en qualité d'homme d'État d'une part chez Crésus, d'autre part à Milet. Hérodote le cite plusieurs fois. Il raconte[5] que selon les récits des Grecs, comme Crésus partait en campagne et était dans l'embarras pour franchir le fleuve Halys, Thalès, qui se trouvait avec l'armée, aurait dérivé ce fleuve au moyen d'un fossé en forme de demi-cercle qui contournait le camp par derrière, si bien que l'on put alors passer le fleuve à gué. On raconte encore à son sujet, concernant ses rapports avec sa patrie, qu'il avait empêché les Milésiens de s'allier à Crésus, au moment où il partait en
211 campagne contre Cyrus. Ainsi, alors que les autres États ioniens, | après la défaite de Crésus, furent soumis par les Perses, les Milésiens furent les seuls à ne pas être inquiétés[6].

Mais on raconte en outre qu'il s'est retiré de bonne heure des affaires publiques, ne se consacrant qu'à la science[7].

On raconte qu'il a fait des voyages en Phénicie, mais cela ne s'appuie que sur une tradition fragile[8]. Mais le fait qu'il ait été en Égypte[9] dans sa vieillesse ne semble pas douteux. Il doit y avoir appris surtout la géométrie[10]; toutefois il semble y avoir bien peu de vrai dans l'anecdote que Diogène[11] raconte d'après un certain Hiéronymus : Thalès aurait enseigné aux Égyptiens à mesurer la taille de leurs pyramides à partir de leur ombre, d'après la proportion qui existe entre la taille d'un homme et son ombre. Les données de la proportion sont : l'ombre d'un homme est à sa taille comme l'ombre de la pyramide est à sa hauteur. Si cela avait été quelque chose de nouveau pour les Égyptiens, ils auraient été très en retard en géométrie théorique. Hérodote[12] raconte d'autre part qu'il aurait prédit une éclipse de soleil qui se produisit précisément un jour de bataille entre les Mèdes et les Lydiens. On cite encore d'autres faits et anecdotes concernant ses connaissances et ses occupations astronomiques[13] : « En regardant vers le haut pour observer les étoiles, il serait tombé dans une fosse, et le peuple se serait moqué de lui : comment aurait-il pu connaître les choses célestes, lui
212 qui ne voyait même pas ce qu'il y avait à ses pieds ? » | Le peuple rit de

5. Libr. I, c. 75.
6. <Diog. Laert., I, 25.>
7. <Diog. Laert., I, 23.>
8. <Bruck. *Hist. crit. phil.*, t. I, p. 460.>
9. Plutarch., *De Plac. Philos.*, I, 3.
10. Diog. Laert., I, 24.
11. Libr. I, c. 27.
12. Libr. I, c. 74.
13. <Diog. Laert., I, 34.>

pareilles choses, il a l'avantage que les philosophes ne peuvent lui rendre la pareille. Les gens ne conçoivent pas que les philosophes se moquent d'eux, qui ne peuvent certes tomber dans une fosse pour la bonne raison qu'ils y sont une fois pour toutes, – parce qu'ils ne portent pas leurs regards vers ce qui est plus élevé. Thalès montra aussi qu'un sage, s'il le voulait, pouvait acquérir des richesses[14]. Plus important est le fait qu'il ait déterminé que l'année, en tant qu'année solaire, était de 365 jours[c]. Diogène[15] donne beaucoup d'importance à l'anecdote du trépied d'or (à attribuer au plus sage), anecdote dont il donne toutes les variantes : il aurait été remis à Thalès (ou à Bias) qui l'aurait donné à un autre, parcourant ainsi un cercle pour revenir à Thalès; celui-ci (ou Solon) aurait jugé qu'Apollon était le plus sage, et aurait envoyé le trépied à Didyme (ou à Delphes). Thalès mourut à 78 ou à 90 ans, dans la 58ᵉ Olympiade[116], selon Tennemann[17] Olympiade 59, 2 (543 av. J.-C.), au moment où Pythagore vint à Crotone; il assistait, à ce qu'on raconte[18], à un combat gymnique, et fut accablé par la chaleur et la soif.

En ce qui concerne sa *philosophie*, il apparaît donc, de l'avis de tous, comme le premier philosophe de la nature. Mais ce que nous en connaissons est peu de choses; et pourtant il semble que nous en connaissions la plus grande partie. Car le développement et la conscience philosophiques plus larges que ses thèses étaient susceptibles d'avoir, nous les voyons apparaître chez les penseurs postérieurs et lui être attribués. Bien que nombre de ses autres pensées aient été perdues, cela n'a été le cas d'aucune de ses pensées philosophiques spéculatives proprement dites. C'est ainsi par
exemple que selon | Hérodote[19], il aurait attribué la crue du Nil aux **213**
vents étésiens soufflant en sens inverse, et qui repoussent l'eau. De telles pensées ne sont pas philosophiques. Nous savons par la philosophie de quel nouveau progrès philosophique l'idée spéculative de Thalès était capable; mais, comme nous l'avons dit, ce progrès n'a pas existé. Les développements philosophiques ultérieurs <qu'elle comporte> constituent

14 <Diog. Laert., I, 26.>
15. Libr. I, § 27-33.
16. <Diog. Laert., I, 38.>
17. <Tome I, p. 414.>
18. Diog. Laert., I, 39.
19. <Herod., II, 20 ; Senec., *Quaest. Natural.*, IV, 2 ; Diog. Laert., I, 37.>

c. *Ibid.*, I, § 27, p. 83 : « On dit également que c'est lui qui découvrit les saisons de l'année et qui divisa celle-ci en trois cent soixante-cinq jours ».

une époque particulière chez les philosophes qui suivent, et qui se caractérisent précisément par cette déterminité; c'est pourquoi à proprement parler rien ne peut être perdu pour nous. La philosophie de Thalès n'apparaît pas comme un système élaboré, et cela non pas par manque de informations, mais parce que la première philosophie ne pouvait pas encore être un système.

Nous n'avons pas d'écrits de Thalès, et nous ne savons pas d'ailleurs s'il en a composé[d]. Diogène Laërce[20] parle de poèmes (200 vers) sur l'astronomie, de sentences diverses, par exemple : « Une opinion raisonnable ne se mesure pas au nombre des mots ».

Au sujet de ces philosophes anciens, il nous faut écouter Aristote, qui la plupart du temps parle d'eux collectivement. Nous trouvons dans le passage principal[21] : « Parmi les premiers philosophes, la plupart ont mis les principes de toutes choses uniquement dans quelque chose qui a le mode de la matière (ἐν ὕλης εἴδει) » (Aristote dénombre quatre causes premières : 1) l'essence et la forme, 2) la matière et le substrat, 3) la cause
214 du mouvement, 4) la fin[22]). | « Car ce dont tout étant est constitué, ce dont il naît comme un terme premier et dans quoi il s'abîme comme dans un terme dernier (εἰς ὃ στείρεται), ce qui comme substance (οὐσία) demeure toujours le même, et qui ne change que dans ses déterminations, tel est l'élément (στοιχεῖον) disent-ils, tel est le principe (ἀρχή) de tout étant ». C'est le Prius absolu. « C'est pourquoi ces philosophes estiment qu'aucune chose ne naît (οὔτε γίγνεσθαι οὐδέν) ni ne périt, parce que la même nature se conserve toujours ». Par exemple : « De même que nous disons aussi qu'absolument Socrate ni ne naît en devenant beau ou musicien, ni ne périt s'il perd ces qualités, car le sujet (τὸ ὑποκείμενον) Socrate demeure le même; et ainsi de tout le reste. Car il faut qu'il y ait une ou plusieurs natures d'où tout le reste naît, tandis qu'elle se conserve » (subsiste, ἐξ ὧν γίγνεται τἆλλα σωζωμένης ἐκείνης); – ce qui signifie que ses changements n'ont aucune vérité. « Quant au nombre et à la déterminité (εἶδος) d'un tel principe, tous ne l'indiquent pas de la même manière. Thalès, le chef de file de cette philosophie » (qui reconnaît quelque chose de matériel comme principe et substance de tout ce qui existe), « dit que c'est l'eau. C'est pourquoi il soutenait aussi (ἀπεφήνατο) que la terre était sur

20. Libr. I, § 23 et 34-35.
21. *Metaph.*, I, 3.
22. *Metaph.*, I, 3.

d. Diogène Laërce, I, § 23, p. 80 : « Selon certains, il ne laissa aucun ouvrage, car l'*Astronomie maritime* qu'on lui prête est, dit-on, de Phocos de Samos ».

l'eau (ἐφ' ὕδατος) », l'eau est donc l'ὑποκείμενον, le fondement. L'essence universelle semble avoir été pour lui, selon l'explication de Sénèque[23], non pas tant l'intérieur de la terre que ce qui l'entoure.

Considérer ces principes de plus près, suivant leur déterminité propre, | n'a aucun intérêt; leur seul intérêt est dans la question : dans quelle **215**
mesure est-ce bien de la philosophie de dire que le principe est l'eau ? Cela ne semble pas philosophique à nos yeux, mais physique; mais ce qui est matériel a une signification philosophique. Nous pourrions d'abord attendre des éclaircissements sur le point suivant : comment de tels principes peuvent-ils être développés, comment prouver que l'eau est bien la substance de tout, – de quelle manière les formes particulières peuvent-elles être déduites de ce principe ? Il faut cependant remarquer, à cet égard, que la connaissance que nous avons de Thalès se limite à celle de son principe : l'eau est le principe, le Dieu de tout; et de même, au sujet d'Anaximandre, d'Anaximène et de Diogène, notre savoir ne dépasse pas davantage celui de leurs principes.

Aristote indique de manière conjecturale (ἴσως <*peut-être*>) comment Thalès en est arrivé à cette idée de l'eau : « *Peut-être* Thalès a-t-il été amené à cette pensée en voyant que toute nourriture est humide, et que le chaud lui-même naît de celui-ci (l'humide), et que c'est là ce qui fait vivre le vivant. Mais ce dont quelque chose naît est le principe de tout. C'est pour cette raison qu'il adopta cette pensée, et aussi parce que toutes les semences ont une nature humide, et que l'eau est le principe de l'humide ».

« Il y en a aussi quelques-uns », poursuit Aristote, « qui pensent que les très anciens également, qui vécurent bien avant la génération présente et furent les premiers théologiens, ont ainsi considéré la nature. Ils ont fait de l'Océan et de Téthys les auteurs de tout ce qui naît et ont fait de l'eau appelée Styx par les poètes le serment des dieux (καὶ τὸν ὅρκον τῶν θεῶν ὕδωρ, τὴν καλουμένην ὑπ' αὐτῶν Στύγα τῶν ποιητῶν). Car le plus ancien est le plus vénérable, et le serment est le plus vénérable » [e]. On jure par ce qui est absolument ferme.

23. *Quaest. Natural.*, VI, 6 : « *totam terram subjecto judicat humore portari et innatare* ».

e. Faisant suite au texte de celle qui la précède, cette citation est elle aussi essentiellement fidèle ; *cf.* trad. cit., p. 14 : « D'après certains, les anciens cosmologistes aussi, bien antérieurs à la génération actuelle, et qui furent les premiers à traiter des dieux, se seraient figuré la Nature de la même manière. Effectivement, ils donnent l'Océan et Téthys comme auteurs de la génération du Monde, et ils disent que le serment des Dieux se fait par l'eau, à laquelle les poètes donnent le nom de Styx : ce qu'il y a de plus ancien est, en effet, ce qu'il y a de plus respectable et on jure par ce qu'il y a de plus respectable ».

1) – *L'essence en tant que sans forme.* C'est là le passage principal sur
216 le principe de Thalès. Il est essentiel de remarquer que | les circonstances alléguées par Aristote avec un « peut-être » qui auraient amené Thalès à faire de l'eau l'essence absolue de toutes choses, – ne le sont pas comme des raisons propres à Thalès, et qui plus est pas tellement comme des raisons; Aristote fait plutôt ce que nous appelons « faire voir dans la réalité effective » (à savoir que celle-ci correspond à la pensée), – ou encore « faire voir le caractère général de l'eau au contact de la réalité ». Les *auteurs postérieurs*, par exemple le Pseudo-Plutarque[24], ont pris ces données *comme des raisons de Thalès*, et cela positivement, non pas « peut-être ». Comme Tiedemann[25] en fait très bien la remarque, Plutarque a omis le « peut-être ». Ainsi Plutarque peut-il dire : « tout naît de l'eau et tout s'y résout, à ce que conjecture (στοχάζεται) Thalès α) parce que, de même que la semence de tout vivant, en tant qu'elle en est le principe, est humide, tout le reste a pareillement (εἰκός) son principe dans l'humide; β) parce que toutes les plantes tirent leur nourriture de l'eau, et portent ainsi des fruits, tandis que si elles en manquent, elles se dessèchent; γ) parce que même le feu du soleil et des étoiles, et le monde lui-même sont nourris par les évaporations de l'eau ». Aristote se contente de faire voir superficiellement que l'humide, du moins, se rencontre partout. En tant que Plutarque allègue tout cela plus positivement comme <autant> de raisons <pour affirmer> que l'eau est l'essence simple des choses, il importe d'examiner si les choses, dans la mesure où elles sont en tant qu'essence simple, sont eau.

α) Les animaux; l'animal, en tant qu'effectivement réel simple, ou en tant qu'essence de sa réalité effective, en tant que réalité effective non développée, est la semence de l'animal, – qui est certes de nature humide. β) À l'égard des plantes, on mentionne leur nourriture; l'eau peut être considérée à ce titre. Mais la nourriture est précisément l'être d'une chose en tant que substance sans forme qui ne sera individualisée que par l'individualité, en tant qu'en d'autres termes la chose reçoit donc forme;
217 – on a ici | l'absence objective de forme, comme l'animal est l'absence subjective de forme. γ) Faire naître le soleil, la lune et le monde entier d'évaporations qui sont pour ainsi dire analogues à la nourriture de la plante, correspond assurément davantage que la nôtre à la représentation des Anciens, qui ne laissaient pas encore le soleil et la lune accéder à cette autosubsistance, à cette existence.

24. *De placitis philosophorum*, I, 3.

25. <*Geist der spekulativen Philosophie*, t. I, p. 36.>

L'essence objective, la réalité effective doit être élevée dans le concept qui se réfléchit dans soi, elle doit être elle-même posée comme concept – (de même que pour la certitude sensible, chaque chose vaut dans sa singularité). C'est à cet effet que le commencement consiste en ce que le monde est posé en tant qu'eau, – laquelle est un universel simple, le fluide en général. Dans les prétendues raisons ci-dessus, elle a la forme de l'universel étant. Nous admettons cette efficacité universelle de l'eau, c'est pourquoi nous l'appelons aussi un élément; mais si nous la trouvons ainsi en tant qu'efficacité dans son universalité, nous la trouvons tout aussi bien comme n'étant pas cet effectivement réel sous tous les rapports, – nous trouvons encore d'autres éléments. L'eau n'a pas l'universalité sensible, mais bien une universalité spéculative. Mais pour qu'elle soit spéculative, il faut qu'elle soit concept, que le sensible soit supprimé. La fluidité, selon son concept, est vie, – c'est l'eau spéculative, l'eau posée selon un mode spirituel, et non pas comme s'offre la réalité effective sensible. La lutte s'introduit entre universalité sensible et universalité du concept. L'essence de la nature doit être déterminée, c'est-à-dire : la nature doit être exprimée en tant qu'essence simple de la pensée. L'essence simple est précisément ce qui est sans forme, cette eau est la contradiction du concept de l'universel (de ce qui est sans forme) et de son être. Car telle qu'elle est, elle entre dans la déterminité, dans la forme; c'est dans ce dernier état que nous l'avons à l'esprit. L'eau est déterminée vis-à-vis de la terre, de l'air, du feu, vis-à-vis des autres choses; mais vis-à-vis de ceux-ci elle est la déterminité de ce qui est sans forme, simple, – la terre est la ponctualité, l'air l'élément de tout changement, le feu ce qui change absolument dans soi. Mais en tant que concept elle disparaît | de l'intuition, elle n'est plus chose; comme dans le **218**
cas de l'oxygène, de l'hydrogène, on insiste sur le fait que cette chose ne cesse pas d'exister, – c'est la choséité indestructible du représenter, ou principe matériel. L'objet est α) scindé pour nous; β) en lui-même. Dans la forme, la chose cesse d'être ce qu'elle est comme chose sensible; et dans cette forme (si elle n'est pas superficielle comme ici), cette chose est l'universel du concept. La philosophie de la nature doit abandonner cette modalité sensible. Nous sommes habitués à l'idée que la matière n'est pas une chose sensible; elle est, elle a une existence objective, mais en tant que concept; la matière électrique, ou magnétique est sans forme, en opposition à la matière sensible.

L'ancienne tradition selon laquelle tout est engendré à partir de l'eau, et pour qui le serment est l'eau, – cette thèse conserve une signification spéculative. Le meilleur existe en tant que confirmation. Comme cela est connu, on se représentait les dieux jurant par le Styx. Me certifier moi-même en tant qu'objet, énoncer l'absolue certitude de moi-même en tant qu'objet, tel est le serment. Quand quelque chose ne peut être prouvé, c'est-à-dire quand le mode objectif fait défaut, – quand ma certitude n'est pas une vérité objective, ce quelque chose ne sert encore à rien. Dans le cas du paiement, la certitude c'est la quittance, les témoins; l'action existe sous forme d'objet, – c'est un acte que beaucoup ont vu. Mais si elle n'est pas sous forme d'objet, mais seulement de certitude, le serment doit exprimer que ma certitude est vérité absolue. L'essence de la pensée sous le mode objectif, l'être le plus intérieur, la vérité, la réalité, c'est l'eau. La conscience a sa vérité dans l'objet, cet objet, la vérité, est l'eau souterraine; j'exprime en quelque sorte cette pure certitude de moi-même en tant qu'objet, – Dieu, le pur penser, en tant qu'objet.

La thèse de Thalès dans sa simplicité α) est philosophie parce qu'en elle l'eau sensible n'est pas considérée dans sa particularité vis-à-vis d'autres éléments, d'autres choses naturelles, elle est considérée comme pensée,
219 dans laquelle toutes les choses effectivement réelles sont résolues | et contenues, – elle est donc saisie comme l'essence universelle; et elle est β) philosophie de la nature, parce que cet universel est déterminé comme du réel, – est donc l'absolu comme unité de la pensée et de l'être.

L'affirmation que l'eau est le principe est toute la philosophie de Thalès. Dans quelle mesure cette affirmation est-elle importante, est-elle spéculative ? Il nous faut pouvoir oublier que nous sommes habitués à un monde intellectuel riche et concret. Chez nous, l'enfant entend dire : « Il y a un seul Dieu, dans le ciel, qui est invisible ». De telles déterminations ne se rencontrent pas encore dans le cas présent; le monde intellectuel doit d'abord être construit; aucune unité pure n'existe. L'homme a devant lui la nature : l'eau, l'air, les étoiles, la voûte céleste; à cela se borne l'horizon de sa représentation. L'imagination a certes des dieux, mais leur contenu est naturel lui aussi : le soleil, la terre, la mer. Le reste (comme les représentations d'Homère) est quelque chose dont la pensée ne pouvait absolument pas se satisfaire. Dans un tel état d'inconscience quant à l'existence d'un monde intellectuel, il faut certes dire que c'était une grande hardiesse d'esprit de ne pas admettre cette plénitude de l'être-là du monde naturel, et de le réduire à une substance simple qui persévère comme telle. Énoncer ce qui ainsi persévère, ne naît ni ne périt (même les dieux ont une théogonie, ils sont actifs, divers, changeants), est hardi; cette essence, dit Thalès, est l'eau. Celle-ci s'offre facilement comme l'un, en raison de sa neutralité; en même temps, elle a une plus forte matérialité que l'air.

La thèse de Thalès affirmant que l'eau est l'absolu ou, pour parler comme les Anciens, est le principe, cette thèse est philosophique, la philosophie commence avec elle, car avec elle on prend conscience que l'essence, ce qui est véritable, ce qui est seulement en et pour soi est un. Il

s'introduit ici une séparation d'avec ce qui existe dans notre perception sensible, d'avec cet étant immédiat, – un recul par rapport à lui. Les Grecs
| avaient considéré le soleil, les montagnes, les fleuves etc., comme des 220
puissances indépendantes, ils les avaient vénérées comme des dieux, les élevant par l'imagination au rang de ce qui est actif, en mouvement, conscient, voulant. Cela constitue pour nous la représentation de simple culture imaginative, – infinie, universelle, et production de formes vivantes, sans unité simple. Avec la thèse de Thalès, cette sauvage fantaisie homérique, infiniment colorée, est dès lors apaisée, – cet éparpillement en une multitude infinie de principes, toute cette représentation pour laquelle un objet particulier est quelque chose de véritable qui subsiste pour lui-même, est une puissance autosubsistante qui est pour elle-même, et qui s'exerce sur d'autres choses, toute cette représentation est supprimée ; et par là il est posé que ce qui est, est seulement un universel, l'étant en soi et pour soi universel, – c'est l'intuition simple dénuée de fantaisie, la pensée qu'un seul étant est. Cet universel se trouve aussitôt en rapport avec le particulier, avec le phénomène, avec l'existence du monde.

Le premier rapport impliqué dans ce qui vient d'être dit est que l'existence particulière n'a pas d'autosubsistance, n'est rien de véritable en soi et pour soi, mais seulement quelque chose d'accidentel, une modification. Mais le rapport affirmatif est que de l'un tout le reste procède, que l'un demeure ce faisant la substance de tout le reste, que c'est seulement par une détermination contingente et extérieure que naît l'existence particulière; selon ce même rapport toute existence particulière est passagère, c'est-à-dire perd la forme du particulier pour redevenir universelle, pour redevenir eau. Ce qui est philosophique c'est l'affirmation que l'un est ce qui est véritable. Cette séparation de l'absolu et du fini est donc entreprise ; mais il ne faut pas la prendre en ce sens qu'au-delà il y a l'un et ici le monde fini, comme c'est souvent le cas dans la représentation commune de Dieu : on attribue alors au monde une solidité, – on se représente souvent deux sortes d'effectivités, un monde sensible et un monde suprasensible d'égale dignité. La manière de voir philosophique est que l'un seulement est ce qui est véritablement effectif; effectif doit être pris ici dans sa signification
élevée, – | dans la vie courante ce mot est employé indistinctement 221
pour tout.

En second lieu le principe a chez les anciens philosophes une forme déterminée, qui est tout d'abord physique. On voit bien que l'eau est un élément, un moment en toute chose en général, une puissance physiquement universelle; mais il reste que l'eau n'en est pas moins une existence particulière comme toute autre réalité naturelle. Nous avons conscience – le besoin d'unité y pousse – de reconnaître un universel pour les choses particulières; mais l'eau est également une chose particulière. Là est le défaut; ce qui doit être principe véritable ne doit pas avoir une forme unilatérale, particulière, la différence doit au contraire être elle-même de nature universelle. La forme doit être totalité de la forme; telles sont l'activité et la conscience de soi supérieures du principe spirituel : le travail de la forme s'y est élevé jusqu'à faire de celle-ci : forme absolue, – le principe du spirituel. C'est là ce qui est le plus profond, et donc le plus tardif. Des principes comme ceux des Anciens sont des formes particulières, et c'est là qu'apparaît aussitôt leur aspect défectueux. Le passage de l'universel au particulier apparaît tout de suite comme un point essentiel, et il prend la détermination de l'activité; c'est ce dont le besoin se fait alors sentir.

2) Dès lors que nous donnons la première place à cet élément indifférent, la question qui se pose immédiatement est celle de la détermination de ce terme premier. Dire que l'absolu est quelque chose qui se détermine soi-même est déjà une affirmation plus concrète; la prochaine étape consiste alors à voir seulement ce qu'il en est de la détermination en général.

Ce qui manque à l'eau de Thalès, c'est la *forme.* Comment celle-ci y est-elle posée ? On rapporte (et Aristote le dit, mais non pas directement au sujet de Thalès) la manière dont les formes particulières auraient tiré leur origine de l'eau : un tel passage se ferait par *condensation* et *raréfaction*
222 (πυκνότητι καὶ μανότητι)[26]; | mieux : densité et rareté, intensité plus grande ou plus petite. Selon une indication plus précise de ce processus, l'eau raréfiée devient air, l'air raréfié éther igné, l'eau condensée devient boue, et ensuite terre. Cette eau raréfiée ou air est l'évaporation de la première eau, l'éther l'évaporation de l'air, la terre et la boue la sédimentation de l'eau.

Le premier moment est la scission simple, la forme selon les côtés de son opposition; dans le concept ces côtés sont universels. Le deuxième moment est le changement sensible, non le concept; la scission se manifeste alors à la conscience.

26. Tennemann (I, p. 59) cite à ce propos : Arist., *De Gen. et Corrupt.*, I, 1, où il n'y a pas un mot de la condensation, ni de la raréfaction, ni de Thalès ; il cite en outre *De Coelo*, III, 5 où il est dit seulement que ceux qui admettent l'eau, ou l'air, ou quelque chose de plus subtil que l'eau et de plus grossier que l'air, déterminent la différence en termes de πυχνότης et de μανότης ; mais il n'y a pas un mot pour dire que ce serait Thalès qui aurait exprimé cette différence. Tiedemann (I, p. 38) cite encore d'autres autorités. Ce sont seulement des auteurs postérieurs qui attribuent à Thalès cette distinction. (Voir Ritter, *Ionische Philosophie*, p. 15).

Ce que contient en premier lieu cette philosophie de la nature, c'est α) d'une façon générale la différence quantitative. La différence selon le concept n'a pas de signification physique (vérification dans la réalité effective), l'âme intérieure en fait toujours une autre chose sensible ; c'est pourquoi il ne faut pas attribuer non plus de signification sensible aux matières, c'est-à-dire aux déterminités. Les différences doivent précisément être appréhendées comme les différences universelles du concept. Que nous devions condenser ou raréfier l'identité sensible, c'est ce qu'ont expérimenté les modernes ; Lavoisier a fait une multitude d'expériences pour savoir si la terre se forme à partir de l'eau. L'oxygène et l'azote, c'est l'air, mais l'hydrogène l'est pareillement, mais nous ne l'y trouvons pas ; il y a mutation absolue de la forme, de la déterminité, – il y a une autre chose sensible ; c'est l'identité sensible qui est recherchée. Le principe ne doit pas être énoncé non plus comme chose sensible ; si je dis : l'essence est oxygène, l'exigence est que je le montre.

| β) Ce qui est essentiel dans la forme, c'est la différence quantitative 223
de la même essence. Il en est de même dans la philosophie moderne de la nature. Mais ce n'est pas là la différence en elle-même, la différence absolue, qui est différence à même l'essence : c'est la différence exprimée comme inessentielle, comme posée par autre chose. Quand quelque chose est posé comme indifférent, comme étant, sa différence procède d'une autre chose ; c'est ce qu'exprime une différence quantitative, et non une différence intérieure du concept.

Condensation et raréfaction de l'eau sont l'unique détermination formelle, constituant sa différence. Condensation et raréfaction sont des expressions extérieures de la différence absolue ; ce n'est pas la peine de s'y arrêter. Cette différence n'offre pas plus ample intérêt, elle est tout à fait indéterminée et inconsistante ; elle est insignifiante.

3) Ainsi exprimée sous ses deux aspects, la forme n'est pas en soi et pour soi-même. Le principe doit être l'unité non pas en tant qu'essence mais *en tant que forme, en tant que concept absolu*, comme quelque chose d'infini, de formateur, comme l'unité ; de même que le présent est unité simple du passé et de l'avenir, ou que le penser est forme simple. Ce qu'on trouve à ce sujet chez Aristote[27] c'est cette déclaration : « Selon ce qu'on raconte de lui, Thalès semble considérer l'âme comme quelque chose de moteur lorsqu'il dit de la pierre (l'aimant) qu'elle a une âme parce qu'elle meut le fer ».

27. *De anima*, I, 2 ; également cap. 5.

Diogène Laërce[28] ajoute l'ambre[29]. Cela est déformé au départ à tel point qu'il dit : « Thalès a aussi attribué une âme à l'inanimé » – il y aurait en celui-ci une chose telle que nous appelons l'âme. Mais ce n'est pas de cela
224 qu'il est | question, il s'agit de savoir comment Thalès a pensé la forme absolue, s'il a exprimé l'idée, à savoir que l'essence absolue est unité de l'essence simple et de la forme, – s'il a exprimé universellement l'âme. Diogène donne il est vrai par ailleurs cette citation de Thalès : « Le monde est animé et plein de démons »[30]; et Plutarque[31] : « Il a appelé Dieu l'intelligence du monde » (νοῦν τοῦ κοσμοῦ θεόν). Mais tous les Anciens à l'unanimité (et expressément Aristote) attribuent cette expression en premier lieu à Anaxagore; il est le premier à dire que le principe des choses est le νοῦς.

Ces indications supplémentaires d'ailleurs postérieures ne permettent pas d'admettre que Thalès ait saisi la forme dans l'absolu d'une manière plus déterminée; c'est au contraire ce que contredit le reste de l'histoire du développement philosophique.

Nous voyons que la forme paraît bien être posée au niveau de l'essence; mais cette unité n'est pas développée plus avant. Il vaut mieux dire que l'aimant a une âme que dire qu'il a la force d'attirer; la force est une sorte de propriété qui, séparable de la matière, est représentée à titre de prédicat, – l'âme par contre est ce mouvement de soi-même, identique à la nature de la matière. Pareille représentation, pareille idée se trouve isolée chez Thalès et n'a pas de relation étroite avec sa pensée absolue; cela n'a pas d'autre signification et ne détermine rien d'universel.

La philosophie de Thalès est en fait renfermée dans ces moments simples :

α) elle a concentré la nature dans une essence simple, c'est elle qui a effectué une telle abstraction; β) elle a instauré le concept de fondement; là, l'essence est en tant que simplicité sensible; ici, elle est en tant que simplicité du penser, en tant que principe, – c'est là le concept comme concept infini, rien de plus déterminé. L'essence de la pensée est essence réelle,
225 déterminée comme eau; | la pensée, le concept est dans l'eau seulement différence de quantité, le concept n'est pas dans l'objet.

28. Libr. I, 24.

29. Nous voyons que Thalès connaissait déjà l'électricité. Une autre explication est que l'electrum a été d'autre part un métal. Aldobrandini (*Ad Diog. Laërt.*, I, § 24) dit que c'est une pierre si hostile au poison qu'aussitôt qu'elle est en contact avec lui, elle siffle.

30. Libr. I, 27.

31. *De placit. philos.*, I, 7.

Telle est la signification déterminée et limitée de ce principe de Thalès. Nous ne serons pas plus avancés dans la détermination de la forme chez Thalès avec ce passage de Cicéron[32] : *Thales Milesium... aquam dixit esse initium rerum,* Deum *autem eam mentem, quae ex aqua cuncta fingeret.* Thalès peut bien avoir parlé de Dieu, mais qu'il l'ait compris comme étant le νοῦς qui a formé toutes choses à partir de l'eau, cela, Cicéron l'a ajouté[33]. À ceux pour qui il s'agit de trouver partout la représentation de la création du monde par Dieu, c'est là une grande délectation; et on discutera beaucoup pour savoir si Thalès doit être compté parmi ceux qui ont admis l'existence d'un Dieu. C'est ainsi que le théisme de Thalès est affirmé par Plouquet, et par Flatt; ou bien il serait athée, ou polythéiste, pour avoir dit que tout est plein de démons. Mais la question de savoir si Thalès a par ailleurs cru en Dieu ne nous concerne en rien ici où il n'est pas question de supposition, de croyance, de religion populaire. Il s'agit d'une seule chose : – la détermination philosophique de l'essence absolue. S'il avait parlé de Dieu comme du créateur de toutes choses à partir de l'eau dont nous avons parlé, nous n'en saurions pas pour autant davantage au sujet de cette essence; nous aurions parlé non philosophiquement de Thalès. Dieu est un mot vide sans son concept; et c'est pourquoi nous ne pouvons nous soucier que | du concept spéculatif. Le mot âme du monde est lui aussi inutile; l'être **226**
de cette âme n'est pas exprimé.

2. *Anaximandre*

C'était aussi un Milésien, ami de Thalès[34]. Son père s'appelait Praxiade. La naissance d'Anaximandre n'est pas déterminée avec exactitude; on la situe[35] Ol. 42, 3 (610 av. J.-C.), du fait que Diogène Laërce rapporte, d'après l'Athénien Apollodore, qu'« il était âgé de 64 ans à la 2e année de la 58e Olympiade (547 av. J.-C.), et qu'il est mort peu après », – c'est-à-dire vers le temps où Thalès mourut; si celui-ci est mort à 90 ans, il a dû avoir à peu près 28 ans de plus qu'Anaximandre. On raconte au sujet de ce dernier qu'il a vécu à Samos, auprès du tyran Polycrate, où étaient aussi

32. *De Nat. Deor.*, I, 10. Tiedemann (I, p. 42) exprime l'avis que le passage est peut-être corrompu, puisque Cicéron attribue aussi par la suite à Anaxagore : *primus omnium rerum descriptionem ... mentis infinitae vi ... confici voluit.*

33. <L'Épicurien à qui il fait dire cela – *fidenter... nihil tam verens, quam ne aliqua de re dubitare videretur* (c. 8) – avant et après ce passage parle assez niaisement d'autres philosophes – exposé qui n'est fait que pour trouver des ridicules. Aristote montrait une meilleure compréhension.>

34. Cicero, *Acad. Quaest.*, IV, 37 : *Thales, ... ex aqua constare omnia, ... Anaximandre populari et sodali suo non persuasit.*

35. <Tennemann, I, p. 413.>

réunis Pythagore et Anacréon[f]. On rapporte de lui qu'il a été le premier à mettre[36] ses pensées philosophiques par écrit; au sujet de la nature, des étoiles fixes, de la sphère, – et autres écrits; il a confectionné une sorte de carte géographique, représentant le pourtour (περίμετρον) de la terre et de la mer; il a fait encore d'autres découvertes mathématiques, par exemple celle d'un cadran solaire qu'il érigea à Lacédémone, ainsi que des instruments où étaient indiqués le cours du soleil et la détermination de l'équinoxe, et également une sphère céleste[337].

Ses idées philosophiques n'ont pas beaucoup d'ampleur, et ne parviennent pas à une forme déterminée. « Comme principe et élément, il posait l'infini » (l'indéterminé); « il ne le définissait ni comme l'air, ni
227 comme l'eau, ni comme aucune chose de ce genre » [38]. | Mais les déterminations de cet infini sont peu nombreuses : α) « Il est le principe de tout naître et de tout périr; de lui prennent naissance des mondes infinis (des dieux) qui à leur tour vont se perdre en lui ». C'est là un ton tout à fait oriental. « La raison qu'il donne pour définir le principe comme étant l'infini, c'est qu'il n'est pas possible à la génération poursuivant son cours de jamais manquer de matière »[39]; « il contient tout en lui (περιέχειν) et régit tout (κυβερνᾶν), et il est le divin, l'immortel et l'impérissable (καὶ τοῦτο εἶναι τὸ θεῖον ἀθάνατον γὰρ καὶ ἀνώλεθρον) » [40]. β) « C'est à partir de l'un lui-même qu'Anaximandre sépare les opposés qui sont contenus en lui » [41] comme Anaxagore : mais ce qui les distingue, c'est que pour Anaximandre, tout est à vrai dire déjà achevé dans l'un, mais est indéterminé (ἄπειρον), « ses parties changent, mais il est, lui-même immuable » [42]. γ) Il est dit : « Il est infini en grandeur » [43] non en nombre;

36. <Thémistius, dans Brucker (t. I, p. 478) : mais ce trait est encore attribué à d'autres penseurs, comme Phérécyde, qui est plus ancien qu'Anaximandre.>

37. Diog. Laert., II, 1-2.

38. Diog. Laert., II, 1.

39. Plutarch., *De Plac. Philos.*, I, 3 ; Cicero *de Natura Deorum* I, 10 : « *Anaximandri opinio est, nativos esse deos longis intervallis orientes occidentesque, eosque innumerabiles esse mundos* ».

40. Arist., *Phys.*, III, 4.

41. Arist., *Phys.*, I, 4.

42. Diog. Laert., II, 1.

43. Simplicius, *Ad Arist. Phys.*, I, 2, p. 5, b.

f. Diogène Laërce, II, § 2, p. 210 : « [il avait] atteint le sommet de sa carrière à peu près à l'époque où Polycrate était tyran à Samos » ; sur le règne de Polycrate à Samos, voir Hérodote, *Histoires*, III, 39-48 et 54-60 ; sur le séjour d'Anacréon à Samos, cf. *ibid.*, III, 121 et Stabos, *Geografica*, XIV, 1, 16, ainsi que les poésies d'Anacréon. Qu'Anaximandre ait vécu à la cour d'Anacréon est invraisemblable, ce dernier n'étant devenu tyran qu'après la mort d'Anaximandre.

c'est par là quAnaximandre se distingue d'Anaxagore, d'Empédocle et des autres atomistes, qui affirmaient la discontinuité absolue de l'infini, – tandis qu'Anaximandre affirme sa continuité absolue.

Citant divers auteurs, Aristote[44] parle aussi | d'un principe qui ne serait 228
ni l'eau ni l'air, mais « plus dense que l'air et plus subtil que l'eau ». De nombreux auteurs ont rapporté cette détermination à Anaximandre; il est possible qu'elle lui appartienne.

Le progrès qui résulte de la détermination du principe comme étant l'infini consiste dès lors en ceci : l'essence absolue n'est plus quelque chose de simple, mais de négatif, elle est une universalité, une négation du fini. Dire totalité infinie signifie davantage que si je dis : le principe est l'un ou le simple. En même temps, si on l'envisage par le côté matériel, Anaximandre supprime la singularité de l'eau prise pour élément. Son principe objectif ne semble pas matériel, on peut prendre cela en tant que pensée; mais il s'avère par ailleurs qu'il n'a pas eu en vue autre chose que la matière en général[45] la matière universelle. Plutarque fait grief à Anaximandre de « n'avoir pas dit ce qu'(τί) est son infini, s'il est air, eau ou terre ». Car alors que son principe est matériel, il lui enlève en même temps la qualité; « Or la matière ne peut exister et avoir réalité effective (εἶναι ἐνεργείᾳ) » qu'en tant qu'elle a une qualité. Mais la qualité est précisément cet aspect passager; la matière, en tant qu'infiniment déterminée, est ce mouvement de poser les déterminités, et qui fait que la scission en tant que nulle disparaisse. C'est en cela qu'il faut poser le véritable être infini, – et non dans l'absence négative de limite. Mais cette universalité, cette négativité du fini n'est que notre mouvement. Lors de la description de la matière comme infini, – il ne semble pas avoir dit que c'était là son l'infinité.

Il poursuivait en disant que du sein de l'infini se séparait l'homogène. L'indéterminé est ainsi un chaos dans lequel se trouvent pourtant déjà
le déterminé, la détermination, simplement mélangée. | La séparation 229
se produirait alors de telle manière qu'il s'y réaliserait la liaison de l'homogène qui se séparerait alors de l'hétérogène[46]. Ce sont toutefois là de pauvres déterminations, qui ne font que manifester le besoin de passer de l'indéterminé au déterminé; mais ici, ce passage ne se produit pas de façon satisfaisante.

En ce qui concerne la détermination plus précise de la manière dont l'infini, dans sa scission, détermine son opposé, il semble avoir eu

44. *Metaph.*, I, 8.
45. <Stob., *Ecl. Phys.*, c. 11.>
46. Simplicius, *Ad Phys. Arist.*, p. 6, b.

également en commun avec Thalès la détermination de la différence quantitative condensation-raréfaction. Les auteurs postérieurs caractérisent le processus de séparation à partir de l'infini comme une émergence : Anaximandre ferait naître l'homme d'un poisson[47], il le ferait émerger de l'eau sur la terre. L'idée d'émergence se rencontre aussi de nos jours. Cette émergence est une succession, une simple forme, grâce à laquelle on croit souvent dire quelque chose de brillant; mais aucune nécessité, aucune pensée n'y est contenue, – et bien moins encore un concept.

Stobée[48], dans des informations postérieures, attribue aussi à Anaximandre la détermination de la chaleur (dissolution de la forme) et du froid, qu'Aristote[49] attribue seulement à Parménide. En le tirant d'une œuvre perdue de Plutarque, Eusèbe[50] nous offre encore un échantillon de la cosmogonie d'Anaximandre. Ce texte obscur et qu'Eusèbe lui-même n'a sans doute pas bien compris dit à peu près ceci : « Du sein de l'infini se sont
230 séparés des sphères célestes infinies et des | mondes infinis; mais ils portent en eux leur corruption, parce qu'ils ne sont que par un processus constant de séparation ». L'infini étant l'essence, la séparation est position d'une différence, c'est-à-dire d'une détermination, en d'autres termes d'un fini. « La terre aurait la forme d'un cylindre dont la hauteur serait le tiers de sa largeur. Les deux principes fécondants de toute éternité, le chaud et le froid, se séparent dans la génération de cette terre; puis se serait formée une sphère de feu autour de l'air entourant la terre, comme l'écorce autour d'un arbre. C'est de l'éclatement de cette sphère, dont les morceaux ont été inclus dans des cercles, que seraient nés le soleil, la lune et les étoiles ». C'est pourquoi Anaximandre appelait les étoiles « des condensations de l'air en forme de roues et remplies de feu »[51].

Cette cosmogonie est aussi bonne que l'hypothèse géologique de l'écorce terrestre qui a éclaté, ou que l'explosion du soleil selon Buffon, qui à l'inverse part du soleil pour en faire naître les planètes comme des étincelles. Les Anciens faisaient entrer les astres dans notre atmosphère, tandis qu'au contraire nous les séparons de la terre, et que nous faisons plutôt du soleil l'essence et le lieu de naissance de la terre, tandis qu'à l'inverse les Anciens le faisaient plutôt surgir de la terre. Pour nous les étoiles sont au repos, tels les dieux bienheureux des Épicuriens, en dehors de toute relation plus étroite avec nous. Au cours du processus de naissance, le soleil, étant

47. <Plutarch., *Quaest. Convival.*, VIII, 8.>
48. <Stob., *Ecl. Phys.*, c. 24, p. 500.>
49. *Metaph.*, I, 5.
50. *De Praepar. Evang.*, I, 8 ; <Bruck., *Hist. Crit. phil.*, I, p. 487.>
51. Stob., *Ecl. Phys.*, cap. 25, 1, p. 520 : πιλήματα ἀέρος τροχοειδῆ, πυρὸς ἔμπλεα.

l'universel, descend, mais selon la nature il est ce qui vient après ; la terre est totalité, le soleil est un moment de l'abstraction.

3. *Anaximène*

Il reste encore Anaximène, qui apparaît entre la 55ᵉ et la 58ᵉ Olympiade (560-548 av. J.-C.); c'est également un Milésien, contemporain et ami
d'Anaximandre. Il n'y a pas grand chose de | remarquable à en dire, et on ne 231
sait de lui que fort peu de choses. Sans souci de la contradiction, Diogène Laërce[52] rapporte : « il serait né selon Apollodore dans la soixante-troisième Olympiade, et serait mort l'année de la prise de Sardes » (par Cyrus, Ol. 58). « Il s'est servi du dialecte ionien simple et sans raffinement » (Κέχρηταί τε γλώσσῃ Ἰάδι ἁπλῇ καὶ ἀπερίττῳ).

À la place de la matière indéterminée d'Anaximandre, il posait à nouveau un élément naturel déterminé (l'absolu sous une forme réelle), – au lieu de l'eau de Thalès, c'est l'air. Il trouva sans doute qu'un être sensible était nécessaire pour la matière; et l'air a en même temps l'avantage d'une plus grande absence de forme. Il est moins corps que l'eau; nous ne le voyons pas, nous sentons seulement son mouvement. « Tout sort de lui, et tout se résout en lui »[53]. Il lui donnait de même la détermination de l'infini[54]. En disant : « le principe est l'air *et* l'infini » [55]. Diogène Laërce s'exprime comme s'il y avait deux principes. Mais Simplicius[56] dit expressément, « que pour lui l'essence originaire était une nature une et infinie, comme pour Anaximandre ; non pas toutefois, comme pour celui-ci, une nature indéterminée, mais une nature déterminée, à savoir l'air » ; mais il semble s'être représenté cet air comme quelque chose qui est pourvu d'âme. Plutarque précise comment dans la représentation d'Anaximène, tout s'engendre à partir de l'air (que des auteurs postérieurs
appelleront éther) et se résout en lui : « Comme notre âme, qui est air, | tient 232
ensemble tout notre être (συγκρατεῖ), ainsi un esprit (πνεῦμα), un air maintient (περιέχειν) l'assemblage du monde entier; esprit et air sont synonymes ».

Anaximène met très bien en lumière la nature de son essence en considérant l'âme ; il marque pour ainsi dire la transition de la philosophie

52. <Libr. II, 3.>

53. Plutarch., *De Plac. Philos.*, I, 3.

54. Cicero, *De Natura Deorum*, I, 10 : « *Anaximenes aëra... statuit... esse, immensum, et infinitum, et semper in motu* ».

55. οὗτος ἀρχὴν ἀέρα εἶπε καὶ τὸ ἄπειρον. On peut cependant aussi réunir ἀρχὴν et ἄπειρον et les prendre pour sujet, avec ἀέρα pour prédicat de la proposition.

56. <*In Phys. Arist.*, p. 6, a.>

de la nature à la philosophie de la conscience, autrement dit l'abandon du mode objectif de l'essence originaire. La nature de cette essence originaire a été déterminée antérieurement d'une manière qui lui est étrangère, qui est négative pour la conscience; α) sa réalité, l'eau ou encore l'air, β) aussi bien que l'infini, est un au-delà de la conscience. Mais comme l'âme (ainsi que l'air) est ce milieu universel : une multitude de représentations, sans que cesse cette unité, cette continuité, – tout en étant leur disparition et leur apparition; elle est tout aussi active que passive, dissociant les représentations les unes des autres à partir de son unité, et les supprimant, et présente à soi-même dans son infinité, – elle a une signification négativement positive.

Cette nature de l'essence originaire est exprimée plus précisément, et non seulement par comparaison, par le disciple d'Anaximène – par Anaxagore.

Nous laissons là ces auteurs et passons à Pythagore. Pythagore était déjà un contemporain d'Anaximandre; mais la logique du développement du principe de la philosophie physique a exigé de traiter encore d'Anaximandre et d'Anaximène.

Comme Aristote le dit à leur sujet, ils ont donc, nous le voyons, placé l'essence originaire dans un mode de la matière : l'air et l'eau, et ensuite (si l'on peut ainsi déterminer la matière d'Anaximandre) dans une essence plus subtile que l'eau et plus grossière que l'air. C'est Héraclite, dont nous aurons à parler bientôt, qui l'a le premier déterminée comme étant le feu;
233 « mais aucun », comme le remarque Aristote[57], « n'a appelé la terre | un principe, parce qu'elle apparaît comme le plus composé des éléments » (διὰ τὴν μεγαλομέρειαν)[g]. Car elle paraît ressembler à un agrégat de nombreux êtres singuliers. L'eau par contre est cet un, ce transparent; elle présente l'unité avec soi sous une forme sensible, et il en est de même pour l'air, le feu, la matière etc. Le principe doit être un, il doit donc ainsi avoir aussi l'unité avec soi en soi-même; s'il montre de la diversité, comme la terre, il n'est plus un avec soi-même, mais multiple.

Voilà ce que nous avions à dire sur la philosophie des anciens Ioniens[58]. Ce qui fait la grandeur de ces pensées pauvres et abstraites c'est : α) de

57. *Metaph.*, I, 8.

58. On cite encore Phérécyde, le maître de Pythagore. Hermias, *In irrisione gentilium*, c. 12 (citant Fabricius, *Ad Sextus Emp. Hyp. Pyrrh.*, III, 4, 30). Diogène d'Apollonie, Hippasus et Archélaüs sont aussi désignés comme des philosophes ioniens ; nous ne connaissons que leurs noms, et qu'ils se rattachent à l'un ou à l'autre principe.

g. « en raison de la grossièreté de ses parties » (989 a).

saisir une substance universelle en toutes choses ; β) d'être sans image, non contaminées par des représentations de la sensibilité.

Les défauts de ces philosophies, nul ne les a mieux reconnus qu'Aristote. Dans son jugement sur ces trois manières de déterminer l'absolu, il fait deux sortes de remarques[59] : « Ceux qui placent le principe originaire dans la matière se trompent de diverses manières. α) Ils indiquent seulement les éléments du corporel, non pas ceux de l'incorporel, bien qu'il y ait aussi de l'incorporel ». Dans l'accueil de la nature, dont on donne l'essence, accueillir doit être une exigence intégrale, et ce qui s'y trouve devant nous devient digne d'être vu. C'est là une instance empirique. Aristote y oppose l'incorporel en tant que sorte de choses : selon lui le principe de ces philosophes est seulement matériel, l'absolu ne doit pas être déterminé de manière unilatérale. En d'autres termes, ils ne posent pas l'incorporalité, l'objet en tant que | concept, – le matériel opposé à **234**
l'immatériel. La matière est il est vrai elle-même immatérielle, – elle est cette réflexion dans la conscience ; mais, ils ne savent pas que ce qu'ils expriment est une essence de la conscience. Le premier défaut est donc que l'universel est exprimé sous une forme particulière.

β) La deuxième remarque que fait Aristote[60] est : « On voit par tout ce qui vient d'être dit que la cause (l'essence première) n'a été exprimée par eux que sous la forme de la matière (ἐν ὕλης εἴδει). Mais alors qu'ils continuaient dans ce sens, la chose même leur traça la voie, et les obligea à une recherche plus approfondie. En effet, que le naître et le disparaître viennent d'un principe unique ou de plusieurs, la question qui se pose est : par quoi cela arrive-t-il (διὰ τὶ τοῦτο συμβαίνει) et quelle en est la cause ? Car la substance (ce qui est au fondement, τὸ ὑποκείμενον) ne se fait pas changer elle-même ». On demande aussitôt le principe du changement. « De même que ce n'est ni le bois, ni l'airain eux-mêmes qui sont les causes de leurs changements, je dis que ce n'est pas le bois qui fait un lit, ni l'airain une statue, mais que quelque chose d'autre est cause du changement. Or rechercher cette autre chose, c'est rechercher l'autre principe qui, comme nous dirions, est le principe du mouvement »[61].

À partir de la matière comme telle, de l'eau comme ne se mouvant pas elle-même, le changement comme tel ne peut être conçu, dit Aristote ; et il ajoute que Thalès ainsi que les autres Ioniens n'ont déterminé l'essence

59. *Metaph.*, I, 8.

60. *Metaph.*, I, 3.

61. Cette critique est encore valable aujourd'hui, où l'absolu est représenté comme une substance rigide.

absolue que comme eau ou comme quelqu'autre principe sans forme. Aristote reproche expressément aux anciens philosophes de ne pas avoir recherché, de ne pas avoir énoncé le principe du mouvement. Il y a donc absence de moteur, en outre la fin manque entièrement; d'une façon générale la détermination de l'activité manque dans l'universel. Aristote déclare
235 dans l'autre passage : « Alors qu'ils cherchent | à donner la cause du naître et du disparaître, ils suppriment en fait la cause du mouvement. Ils ne mettent pas en évidence l'essence simple comme cause du mouvement[62]. En prenant pour principe[h] un corps simple (hormis la terre) ils ne conçoivent pas la génération et le changement réciproque d'un terme à partir de l'autre[i] : je veux dire l'eau, l'air, le feu » (chez Héraclite), « la terre »[j]. Ils ne connaissaient pas la nature de la génération. Condensation et raréfaction, en tant que différence quantitative, sont un redoublement de la forme, et non celle-ci dans sa simplicité. « Cette génération doit être posée en tant que séparation ou en tant que réunion ». Dès que nous parlons de génération, nous entrons dans cette opposition, « que l'un est antérieur, l'autre est postérieur » – non pas selon le temps, mais selon le concept. L'un est l'universel simple, l'autre le multiple, le singulier; on descend de l'universel au singulier par le particulier. Cette nature de la génération est le cours qu'ils ont adopté, – c'est le mouvement du concept comme mode objectif, la génération et la nature du mouvement dans l'être : le singulier est postérieur, – le concept, en lui-même retourné dans soi-même, le genre[k]. Universels sont l'eau, l'air, le feu. C'est le feu qui semble convenir le mieux pour cet élément; car il est le plus subtil. « Aussi ceux qui prirent le feu pour principe s'exprimèrent-ils, de la manière la plus conforme à cette nature de la génération » (de la connaissance, λόγῳ <à la pensée> qui consiste à avoir

62. <Alexander Aphrodisiensis ad h., 1.>

h. Aristote, *Métaphysique*, A, 8, 988b29-32, p. 36-37 : « De plus, ils adoptent sans examen, comme principe des êtres, n'importe quel corps simple, sauf la Terre, sans réfléchir sur le mode de production mutuelle des éléments, tels que le Feu, l'Eau, la Terre et l'Air ».

i. Aristote, *Métaphysique*, A, 8, 988b31-34, trad. cit., p. 37 : « Or ces éléments naissent les uns des autres, les uns par union, les autres par séparation, distinction qui est de la plus haute importance pour déterminer leur antériorité et leur postérité relatives ».

j. Ce texte et les citations suivantes sont tirés de *Métaphysique*, A, de 988b26 à 989a8, p. 36-37. Le mot λόγῳ dans la parenthèse (*cf.* page suivante) est pris de 989b2-3 : « aussi ceux qui posent le feu comme principe sont ceux qui *parleraient le plus conformément à cette pensée* (ὁμολογμένως τῷ λόγῳ τουτῷ) » (c'est nous qui soulignons).

k. Ce texte reprend brièvement, sur le mode hégélien, *Métaphysique*, A, 8, 988b34-989a2, t. I, p. 37 : « En effet, d'un côté, ce qui est le plus élémentaire semblerait bien être celui à partir duquel, en premier lieu, tous les autres corps sont produits par union, et cet élément devrait être le plus ténu et le plus subtil des corps ».

pris ce cours); « et les autres philosophes furent du même avis ». Car pourquoi aucun autre ne devait prendre la terre pour élément, comme c'est le cas de la représentation populaire ? Hésiode dit qu'elle a été la première réalité corporelle, tant est vieille et courante cette représentation. Ils n'ont donc pas pris « ce qui est postérieur selon le devenir pour ce qui est premier selon la nature »[1]. Le devenir est le premier cours indiqué, mais c'est le dernier seulement qui les a régis, | sans qu'ils le suprimassent à son tour; **236**
autrement dit sans reconnaître ce premier universel formel comme tel, ni le troisième terme, la totalité en tant que l'essence, – l'unité de la matière et de la forme.

Aristote[63] dit que ces philosophes ont davantage conçu le principe fondamental comme matière, comme étant, et les modernes davantage comme genre. L'essence, l'absolu, n'est pas saisi comme ce qui se détermine; il n'est qu'abstraction morte.

Nous pouvons suivre ces trois moments :
α) l'essence primitive est eau; β) infini d'Anaximandre, description du mouvement, apparition et retour simples dans les côtés simples et universels de la forme, la condensation et la raréfaction; γ) l'air, comparé à l'âme.

Il est nécessaire que le côté de la réalité – ici l'eau – devienne concept; et que de même les moments de la scission, la condensation et la raréfaction, ne soient pas opposés selon le concept. Cette transition à Pythagore, consistant à ce que le côté de la réalité est posé comme idéel, est l'arrachement de la pensée au sensible, la séparation de l'intelligible et du réel.

63. <*Metaph.*, I, 6 ; III, 3.>

1. Ce texte reprend, en abrégeant, *Métaphysique*, A, 8, 989a2-18, t. I, p. 36-37 : « Aussi ceux qui posent le Feu comme principe se rangeraient-ils le plus volontiers à cette manière de voir. Tous les autres philosophes reconnaissent de même que tel doit être le caractère de l'élément des corps ; du moins, aucun de ceux qui, plus tard, admirent un élément unique, ne regarda la Terre comme élément, évidemment à cause de la grossièreté de ses parties. Mais chacun des trois autres éléments a trouvé des défenseurs : pour les uns, l'élément c'est le Feu, pour d'autres, l'Eau, pour d'autres, l'Air. Pourquoi donc, après tout, n'ont-ils pas pris aussi la Terre, à l'exemple de la plupart des hommes ? On dit, en effet, d'ordinaire, que tout est Terre, et Hésiode lui-même assure que la Terre a été engendrée le premier parmi les corps : tant est vieille et populaire cette croyance ! À cet égard, donc, ni ceux qui font l'élément premier plus dense que l'Air et plus subtil que l'Eau ne sauraient être dans la vérité. Mais, d'un autre côté, s'il est vrai que le postérieur selon la génération est antérieur en nature, et si le composé et le mélange, est postérieur selon la génération, c'est le contraire de ce que nous avons dit qui sera vrai : l'Eau sera antérieure à l'Air, et la Terre à l'Eau ».

B. *Pythagore et les pythagoriciens*

Les informations que nous avons concernant sa vie sont déformées par bien des légendes postérieures. Les Néopythagoriciens postérieurs ont donné de lui de nombreuses et importantes biographies, qui sont particulièrement prolixes sur la confrérie pythagoricienne; mais on doit se garder d'accorder une valeur historique à ces développements.

La vie de Pythagore se manifeste tout d'abord à nous dans l'histoire par l'intermédiaire du mode de représentation des premiers siècles après Jésus-Christ, plus ou moins dans le goût des récits qui nous sont faits de la vie du Christ, c'est-à-dire sur le terrain de la réalité commune et non pas dans un monde poétique; c'est un mélange de fables pleines d'aventures
237 merveilleuses, | un composé bâtard de représentations orientales et occidentales. À la supériorité de son génie et de son genre de vie, et qu'il a introduits chez ses disciples, on a rattaché ce trait : on le fait apparaître comme un homme avec qui les choses ne suivaient pas leur cours normal, comme un homme merveilleux, un familier d'êtres supérieurs. Toutes les représentations des magiciens, où le naturel se mêle au non naturel, tout le bric-à-brac des mystères cher à l'imagination trouble et misérable, à l'extravagance des têtes folles, s'est attaché à sa personne.

Les corruptions que subit sa philosophie sont à la mesure de celles de sa biographie (la manière dont Platon la reçut est toute différente); tout ce que l'humeur sombre et l'allégorisme des chrétiens a pu imaginer s'y est attaché. L'emploi des nombres pour exprimer l'idée a été fréquent; cela a en un sens l'apparence de la profondeur, car l'affirmation qu'il y a dans les nombres une autre signification que celle qui s'y trouve immédiatement, résulte aussitôt de leur nature – (un est deux, et trois fait quatre : table de multiplication magique); mais combien y a-t-il là, nul ne le sait, ni celui qui l'énonce, ni celui qui cherche à le comprendre. Plus les pensées deviennent confuses, plus elles paraissent profondes; le principal est que se trouve épargné ce qui est précisément le plus essentiel, mais aussi le plus difficile – s'exprimer en concepts déterminés. C'est pourquoi sa philosophie également (étant donné ce qu'ici déjà, dans les informations la concernant, est reporté sur elle) peut ainsi apparaître comme une chimère tout aussi obscure, tout aussi incertaine, production d'esprits troubles et faibles.

Par bonheur, en ce qui concerne sa philosophie, nous en connaissons surtout le côté spéculatif théorique par Aristote et Sextus Empiricus, qui s'en sont beaucoup préoccupés. Les Pythagoriciens postérieurs ont eu beau dénigrer Aristote pour son exposé, il est au-dessus d'un tel décri, dont il n'y a pas à tenir compte.

Dans les temps qui ont suivi, une foule d'écrits faussement attribués | à 238
Pythagore a été mise en circulation. Diogène Laërce[1] cite de nombreux écrits de lui, et d'autres qui lui ont été faussement attribués dans l'intention de leur donner de l'autorité. Mais d'abord, nous n'avons aucun écrit de Pythagore; ensuite, il est douteux qu'il ait existé des écrits de Pythagore. Nous en avons des citations, de maigres fragments, qui toutefois ne sont pas de Pythagore, mais des Pythagoriciens. Les développements, les significations qui appartiennent aux anciens Pythagoriciens, et ceux qui appartiennent aux nouveaux ne peuvent être distingués avec certitude. Chez Pythagore et les Pythagoriciens plus anciens, les déterminations n'ont pas encore acquis le développement concret qu'elles auront plus tard.

En ce qui concerne la *vie*[2] de Pythagore, il fut florissant, selon Diogène Laërce[3], vers la 60e Olympiade (540 av. J.-C.). On place ordinairement sa naissance dans la 49e ou dans la 50e Olympiade (584 av. J.-C.); c'est Larcher qui la fait remonter le plus haut, dès la 43e Olympiade (43, 1, c'est-à-dire 608 av. J.-C.)[4]. Il est donc un contemporain de Thalès et d'Anaximandre. Si la naissance de Thalès tombe dans la 38e Olympiade, et celle de Pythagore dans la 43e, Pythagore n'est que de 21 ans plus jeune que Thalès. Par rapport à Anaximandre (Ol. 42, 3), soit il n'en est séparé que de quelques années, soit celui-ci est de 26 ans son aîné. Anaximène est d'environ 20-25 ans plus jeune que Pythagore. La patrie de celui-ci est l'île de Samos, il fait donc partie lui aussi des Grecs d'Asie Mineure[a], où nous avons vu jusqu'ici le siège de la philosophie. Pythagore est mentionné par Hérodote[5] comme étant le fils de Mnésarque, chez qui Zamolxis aurait servi comme esclave à Samos. Zamolxis serait devenu libre, aurait acquis
des richesses, serait devenu | prince des Gètes et aurait prétendu que lui et 239
les siens ne mourraient pas. Il aurait construit une habitation souterraine où il aurait échappé à la vue de ses sujets, et serait réapparu quatre années plus tard[6]. Mais Hérodote pense que Zamolxis était sans doute beaucoup plus ancien que Pythagore.

1. Libr. VIII, § 6-7.
2. <Diog. Laert., VIII, 1-3.>
3. Libr. VIII, § 45.
4. <Tennemann, I, p. 413-414.>
5. Libr. IV, c. 94-96.
6. *Cf.* Malchus, *De Vita Pythagorae*, § 14-15 et Rittershus, *ad h., 1.*

a. Diogène Laërce, VIII, § 1, p. 939 (cité dans le complément à la note 2 de cette section) qui donne deux sources, par ouï-dire différent, affirmant l'origine samienne de Pythagore.

Il passa sa jeunesse à la cour de Polycrate; sous la domination de celui-ci, Samos était parvenue à cette époque non seulement à la richesse, mais aussi à la culture et aux arts; elle possédait durant cette période brillante une flotte de cent navires[7]. Son père Mnésarque était un artiste (un tailleur de pierre), mais des informations divergentes (également en ce qui concerne sa patrie) disent que sa famille serait d'origine tyrienne, et ne serait venue à Samos qu'après la naissance de Pythagore. Quoi qu'il en soit, comme il a passé sa jeunesse à Samos, il s'est intégré à ce pays, il est de Samos.

On rapporte qu'il a eu pour maître Phérécyde, un Syrien, non pas de Syrie, mais de l'île de Syros, une des Cyclades. En puisant de l'eau d'une source, il aurait su qu'un tremblement de terre devait se produire dans les trois jours; il aurait aussi prédit qu'un bateau allant à pleines voiles sombrerait, et il aurait sombré en un clin d'œil. En ce qui concerne ce Phérécyde, Théopompe rapporte qu'il aurait été le premier à s'adresser aux Grecs par écrit au sujet de la nature et des dieux (*sic*)[8]. La même chose a été dite précédemment d'Anaximandre; ce devait être de la prose. De ce qui est rapporté à ce sujet par ailleurs, il ressort que c'était une théogonie, dont les premiers mots nous ont été conservés : « Jupiter, le temps et la terre étaient
240 uns »; il a également désigné l'amour comme | étant le premier moteur de cette unité [9]. La suite nous est inconnue, et cela est sans grand intérêt, – ce n'est pas une grande perte. Divers genres de mort sont indiqués à son sujet. Certains disent qu'il s'est suicidé, d'autres qu'il est mort de la maladie pédiculaire[10].

Pythagore voyagea de bonne heure sur le continent, en Asie Mineure, où il aurait fait la connaissance de Thalès. De là, il voyagea ensuite en Phénicie et en Égypte[11]. Les Grecs d'Asie Mineure entretenaient de multiples relations commerciales et politiques avec ces deux pays; on raconte qu'il aurait été recommandé au roi Amasis par Polycrate. Amasis attirait de nombreux Grecs dans son pays; il avait des troupes et des colonies grecques[12]. Les récits de voyages plus lointains qu'aurait faits Pythagore à l'intérieur de l'Asie, chez les magiciens perses et chez les Indiens, paraissent tout à fait légendaires. Les voyages étaient un moyen de culture,

7. <Herodotus, III, 39.>
8. Diog. Laert., I, 116.
9. Diog. Laert., I, 119.
10. <Diog. Laert., I, 118.>
11. <Jamblichus, *De Vita Pyth.*, c. III, § 13-14.>
12. <Herodotus, II, 154.>

comme aujourd'hui. Comme il voyageait dans une intention scientifique, on raconte qu'il s'était fait initier à presque tous les mystères des Grecs et des Barbares; il aurait de même été admis dans l'ordre ou la caste des prêtres égyptiens.

Ces mystères que nous trouvons chez les Grecs, et qui ont été considérés comme recélant une grande sagesse, paraissent avoir été, au sein de la religion, dans le rapport de la doctrine au culte. Le culte consistait uniquement en sacrifices et en jeux solennels. Mais nous ne voyons dans tout cela aucune place laissée à la représentation, à une prise de conscience de ces représentations; elles se conservaient sous forme de traditions dans les chants. Mais l'enseignement lui-même, où la doctrine est portée à l'état de
représentation actuelle, | semble avoir été réservé aux mystères; toutefois **241**
on y faisait appel non seulement à la représentation, comme dans notre prédication, – mais aussi au corps, – ; il était donné à l'homme partant de la dispersion dans tout ce qui l'entoure, de se représenter dans sa propre personne l'abandon de la conscience sensible aussi bien que la purification et la sanctification du corps. Mais dans tout cela, il n'est évidemment pas question de philosophèmes. Le fait pour ces mystères[13] de ne pas avoir été un secret, nous le connaissons aussi chez les francs-maçons, qui n'ont rien de remarquable par les connaissances, par les sciences, – et moins encore par la philosophie.

Ses relations avec la caste sacerdotale égyptienne eurent sur Pythagore l'influence la plus grande, non par la profonde sagesse spéculative qu'il aurait puisée là, mais par l'idée qu'il s'y fit de la réalisation de la conscience morale, de l'accomplissement effectif de l'existence morale [b] de l'homme[14], il s'agissait de donner réalité effective à la moralité [c], – plan qu'il exécuta par la suite et qui est un fait tout aussi intéressant que sa philosophie spéculative. De même que les prêtres constituaient une espèce

13. On ne devait pas en parler, seulement parce que c'était quelque chose de sacré. Hérodote dit souvent expressément qu'il ne veut pas parler des divinités et des mystères égyptiens, dans la mesure où ce sont des choses sacrées. Il en savait encore davantage mais il n'était pas saint d'en parler.

14. L'individu devait particulièrement prendre garde d'être un homme digne, au dedans et au dehors, – d'être une œuvre d'art morale.

b. Nous traduisons ici *sittlich, Sittlichkeit* par moral, *moralité*, comme on le fait couramment. Quand Hegel emploiera ces termes en les opposant à *moralisch, Moralität*, nous les rendrons par : *réellement moral* ou *moral-réel* et *moralité-réelle*. Nous traduirons en principe toujours *moralisch* et *Moralität* par : *abstraitement-moral* ou *moral abstrait* et *moralité-abstraite*.

c. *Idem*.

particulière d'ordre pour lequel ils étaient formés, il s'était donné pour règle quelque chose de spécifique, à travers la vie morale tout entière qu'il menait. Pythagore a incontestablement rapporté d'Égypte l'image d'un ordre, d'une vie commune stable vouée à la culture scientifique et morale, et qui durait la vie entière.

On considérait en ce temps-là l'Égypte comme un « pays hautement cultivé », et elle l'était comparée à la Grèce. C'est ce qui apparaît déjà dans la différence de castes; celle-ci présuppose entre les hommes une division
242 des grandes branches d'activité, – une division | des domaines techniques,
scientifiques, religieux etc. Il ne faut pas d'ailleurs chercher chez les Égyptiens de grandes connaissances scientifiques, ni croire que Pythagore y soit allé chercher sa science[15].

Pythagore séjourna longtemps en Égypte; puis il retourna à Samos. Mais il retrouva sa patrie dans une situation politique qui s'était troublée dans l'intervalle, et la quitta bientôt à nouveau. Polycrate avait banni de Samos, sans faire là acte de tyrannie[16], de nombreux citoyens, qui avaient cherché et trouvé du secours chez les Lacédémoniens, et allumé une guerre civile[17]. Primitivement les Spartiates accordaient cette aide; car on leur devait d'une façon générale de supprimer la domination d'un seul et le retour du pouvoir public au peuple. Plus tard, ils firent le contraire, ils supprimèrent des démocraties et établirent des aristocraties. La famille de Pythagore était nécessairement mêlée à cette situation désagréable, et un tel état de guerre civile n'était pas pour plaire à Pythagore, qui ne prenait plus aucun intérêt à la vie politique et voyait dans cette situation un terrain défavorable pour ses plans. Il voyagea en Grèce, et de là se rendit en Italie : dans la partie inférieure de celle-ci s'étaient établies des colonies grecques issues de différentes populations, et qui étaient venues là pour des motifs différents; elles florissaient en un grand nombre de villes commerçantes, puissantes, riches par leur peuple et leurs possessions multiples.

Il s'établit à Crotone, et fit son entrée dans la vie publique de façon indépendante et pour lui-même; – cette apparition n'est ni celle d'un homme d'État, ni celle d'un guerrier, ni celle d'un législateur politique du
243 peuple en ce qui concerne ses rapports extérieurs; – c'est celle | d'un maître

15. *Cf.* Aristot., *Metaph.*, I, 1; Malchus [autre nom de Porphyre] *De Vita Pyth.*, § 6; Jamblichus, *De Vita Pyth.*, c. XXIX, § 158.

16. Diog. Laert., VIII, 3.

17. <Herodotus, III, 45-47.>

public, d'un instituteur du peuple[d]; avec cette détermination d'être un maître dont l'enseignement ne se contente pas de la simple conviction, mais institue encore toute la vie morale des individus. Il peut être considéré comme le premier instituteur du peuple. Il est le premier, dit-on, à s'être donné le nom de φιλόσοφος au lieu de celui de σοφός[18]; et on appelle cela de la modestie, comme s'il avait voulu exprimer par là qu'il ne possédait pas la sagesse mais tendait seulement vers elle comme vers un but inaccessible[19]. Mais σοφός signifiait en même temps un homme sage qui est aussi un homme pratique, non seulement pour lui-même, – pour cela il n'est pas besoin de sagesse, tout homme honnête, moral fait ce qui est conforme à sa condition, ainsi ce que le terme φιλόσοφος comporte de particulier, c'est l'opposition à la participation au domaine pratique, c'est-à-dire aux affaires publiques, – ce n'est pas l'amour de la sagesse comme de quelque chose que l'on chercherait à posséder, il n'y a là aucun désir inassouvi. Φιλόσοφος signifie : celui qui a un rapport à la sagesse en tant qu'objet; ce rapport est penser et non seulement être, – il s'agit de s'occuper de la sagesse également sur le plan de la pensée. Celui qui aime le vin (φίλοινος) doit être distingué de celui qui est plein de vin, d'un ivrogne. Φίλοινος ne désigne-t-il qu'une aspiration vaine à boire du vin ?

Ce que Pythagore a organisé et effectué en Italie nous est davantage rapporté par des panégyristes postérieurs que par des historiens. Il y a ainsi une histoire de Pythagore par Malchus où sont racontées des choses étranges. Chez les Néoplatoniciens, le contraste est frappant entre la profondeur de leurs vues et la croyance aux miracles que l'on trouve chez eux. Si les biographes postérieurs de Pythagore racontent déjà antérieurement une foule de miracles, ils en accumulent davantage encore à l'occasion de
son apparition en Italie. Il | semble qu'ils se soient efforcés de l'opposer au **244**
Christ, comme ils firent plus tard avec Apollonius de Tyane. Les miracles qu'ils lui attribuent dans leurs récits sont en partie du même goût que ceux du Nouveau Testament et semblent en être une forme améliorée; et pour une part ils sont tout à fait insipides. Par exemple, son apparition en Italie est selon eux d'emblée marquée par un miracle. Voici quel en est le style :

18. <Diog. Laert., VIII, 8 ; Jamblichus, c. VIII, § 44; c. XII, § 58.>
19. <Diog. Laert., I, 12.>

d. Cette appréciation contredit la tradition transmise par Diogène Laërce : « et là il donna des lois aux Italiotes, ce qui lui valut une grande estime, tout comme à ses disciples qui, au nombre de trois cents environ, administraient au mieux les affaires de la cité : de la sorte, le régime était à peu près un gouvernement des meilleurs » (VIII, § 3, p. 942).

comme il débarquait près de Crotone dans le golfe de Tarente, il aurait rencontré sur le chemin de la ville des pêcheurs qui n'avaient rien pris. Il leur aurait ordonné de jeter à nouveau leur filet, leur prédisant le nombre de poissons qui s'y trouveraient. Les pêcheurs, étonnés de cette prédiction, lui auraient promis en retour, si elle s'accomplissait, de faire tout ce qu'il exigerait. La prédiction s'étant accomplie, Pythagore aurait alors exigé qu'ils rejetassent dans la mer les poissons vivants; car les Pythagoriciens ne mangeaient pas de viande. On raconte encore, – autre miracle qui se serait produit à cette occasion – qu'aucun poisson ne creva durant le dénombrement, alors qu'ils étaient hors de l'eau[20].

La même niaiserie apparaît dans les histoires accumulées dont ses biographes remplissent sa vie. Il fit ensuite, selon eux, une telle impression générale sur les esprits des Italiens que toutes les villes auraient corrigé leurs mœurs débauchées et corrompues, et que les tyrans se seraient démis eux-mêmes de leur pouvoir, ou auraient été chassés[21]. Mais là encore, ces auteurs commettent de telles inexactitudes historiques qu'ils en sont par exemple à faire de Charondas et de Zaleukos des disciples de Pythagore, alors qu'ils vécurent longtemps avant lui; de même c'est à lui et à son action
245 qu'ils attribuent l'éviction et la mort du tyran Phalaris | etc.[22]. Indépendamment de ces légendes, ce qui demeure vérité historique c'est l'importance de l'action qu'il a accomplie, la fondation d'une école ou plutôt d'une sorte d'ordre, et la puissante influence de celui-ci sur la plupart des États italo-grecs, ou plutôt leur domination par cet ordre, domination qui s'est très longtemps maintenue.

C'était, raconte-t-on, un homme très beau, à l'allure majestueuse, qui dès l'abord tout à la fois captivait et imposait le respect[23]. À cette dignité naturelle, à ces manières nobles, à son maintien réfléchi, il joignait encore des particularités extérieures qui le faisaient apparaître comme un être à part et mystérieux, telles sa mise (il portait un vêtement de lin blanc[24]), – et son abstention de certains aliments[25]. À ces aspects extérieurs de sa personnalité[26] s'ajoutait une grande éloquence et de profondes lumières qu'il se

20. <Porphyrius, *De Vita Pyth.*, § 25; Jamblichus, *De Vita Pyth.*, c. VIII, § 36.>
21. Porphyrius, § 21-22; Jamblichus, c. VII, § 33-34.
22. <Jamblichus, c. XXXII, § 220-222.>
23. <Diog. Laert., VIII, 11 ; Porphyrius, § 18-20; Jamblichus, c. II, § 9-10.>
24. <Menagius et Casaubonus, *Ad Diog. Laërt.*, VIII, § 19.>
25. <Jamblichus, c. XXIV, § 108-109.>
26. La personnalité particulière, comme l'extérieur vestimentaire dans la mise et les choses du même genre ont moins d'importance à l'époque moderne. On se laisse déterminer par l'habitude commune (la mode), parce qu'en soi et pour soi, il est extérieur, indifférent de

mit à communiquer sans se limiter à ses seuls amis, car il cherche à exercer une action générale sur la formation publique, tant à l'égard des idées que de la manière de vivre et de la moralité dans leur ensemble. Il ne se contenta pas d'instruire ses amis, il les réunit en une vie particulière, afin de les former à des rôles particuliers, à l'habileté dans les affaires et à la moralité. L'institut, | en se développant, devint une confrérie qui embrassait la 246
totalité de la vie. Pythagore lui-même était une œuvre d'art élaborée, une nature plastique pleine de dignité.

Sur l'organisation de sa société, nous avons des descriptions d'auteurs postérieurs, en particulier celles des Néoplatoniciens; ils sont très prolixes dans la description des lois. La société avait dans l'ensemble le caractère d'un ordre sacerdotal ou monacal des temps modernes. Celui qui voulait être admis subissait un examen relatif à sa formation et comportant des exercices prouvant son obéissance. On s'informait de sa conduite, de ses inclinations[27] et de ses affaires. On avait introduit dans la confrérie une vie entièrement réglée, où le vêtement, la nourriture, les occupations, le sommeil, le lever etc. se trouvaient déterminés; il y avait un travail défini pour chaque heure.

Les membres étaient soumis à une éducation particulière. On établissait à cet égard une différence entre les admis. Ils se divisaient en exotériques et en ésotériques. Ces derniers étaient initiés au plus haut degré de la science[28], et comme les plans politiques n'étaient pas absents de l'ordre, ils avaient aussi une activité politique[29]. Les premiers subissaient un noviciat de 5 ans. Chacun devait remettre ses biens à l'ordre, mais ils lui étaient rendus s'il se retirait. Durant ce temps d'étude, le silence était de rigueur (ἐχεμυθία, le devoir de réprimer le bavardage)[30]; c'est là, peut-on dire d'une façon générale, une condition essentielle à toute formation. Il faut commencer par pouvoir appréhender les pensées d'autrui; c'est la renonciation aux représentations propres et c'est là la condition générale pour apprendre, pour étudier. On a coutume | de dire que l'entendement se forme 247
par les questions, les objections et les réponses etc.; mais en réalité l'entendement n'est pas formé par cet exercice, mais façonné extérieurement. Au cours de la formation l'intériorité de l'homme s'élargit, s'acquiert; en se

ne pas avoir de volonté propre en ce domaine ; on abandonne cet élément contingent à la contingence, et on se contente de suivre cette manifestation extérieure de la rationalité en tant qu'elle existe dans l'extérieur – égalité, universalité.

27. <Jamblichus, c. XVII, § 71-72.>

28. <Porphyrius, § 37; Jamblichus, c. XVIII, § 80-82.>

29. <Jamblichus, c. XXVIII, § 150.>

30. <Jamblichus, c. XVII, § 72-74; c. XX, § 94-95; Diog. Laert., VIII, 10.>

contenant, en gardant le silence, ses pensées, la vivacité de son esprit n'en sont pas appauvries. Il apprend plutôt ainsi la capacité de comprendre, il prend conscience du peu de valeur des idées qui lui viennent, de ses objections; – au fur et à mesure que s'accroît cette prise de conscience, il se défait de l'habitude d'avoir de telles pensées.

Ce qu'on a surtout rapporté au sujet de Pythagore, c'est cette séparation entre ceux qui sont en cours de préparation et les initiés, et aussi ce silence : cela semble assurément indiquer que ces deux obligations ont été plus formelles que d'autres dans sa société et qu'elles ont dépassé ce qu'exige la réalité en question, et qu'elle produit d'elle-même dans le détail sans une loi spéciale ni une stipulation générale. Mais sur ce point également il est important de remarquer que Pythagore a été le premier maître en Grèce, en d'autres termes le premier qui ait introduit en Grèce l'enseignement des sciences. Ni Thalès, qui est antérieur à lui, ni son contemporain Anaximandre n'ont enseigné scientifiquement; ils faisaient part de leurs idées à leurs amis. Il n'existait aucune science, il n'y avait ni philosophie, ni mathématique, ni jurisprudence, ni aucune autre science; ce qui existait en fait de science, – c'étaient des propositions et des connaissances isolées. Ce qui était enseigné, c'était le maniement des armes, des philosophèmes, la musique, à chanter Homère ou Hésiode, les chants du trépied etc. ou d'autres arts; ce qui est inculqué d'une toute autre manière. Pythagore doit être considéré comme le premier maître universel. Et si on racontait que Pythagore a introduit l'enseignement des sciences chez un peuple inculte scientifiquement, mais sans stupidité (mais plutôt extrêmement
248 éveillé, naturellement cultivé et bavard, | comme étaient les Grecs), les circonstances extérieures de cet enseignement qui devraient immanquablement être données seraient les suivantes : α) – Parmi ceux qui n'avaient encore aucune idée de la manière dont on s'y prend pour enseigner une science, Pythagore aurait fait la différence suivante : ceux qui n'en étaient qu'au tout début auraient été exclus des matières communiquées à ceux qui étaient déjà plus avancés; et, β) – tous ces débutants devraient renoncer à la manière non-scientifique de traiter ces questions (leur bavardage), et devraient en premier lieu recevoir la science.

Mais du fait de cette organisation, pour une part la chose apparaissait plus formelle, pour une autre elle devait être rendue telle : c'est ce qui était également rendu nécessaire par son caractère inhabituel; ce qu'exigeait déjà le fait que les auditeurs de Pythagore non seulement étaient en grand nombre, mais menaient aussi d'une façon générale une vie commune, – le grand nombre rend alors nécessaires une forme et un ordre déterminés.

Or cette vie commune ne concernait pas seulement l'instruction, mais aussi la formation de l'homme pratique; et ceci n'apparaît pas immédiatement ici comme habileté, comme exercice visant une capacité qui jouera son rôle dans l'élément non-libre, objectif de l'homme. C'est l'élément moral, actif qui apparaît ici : est formel tout ce qui s'y rapporte, ou plutôt cela est formel dans la mesure où on le pense consciemment dans ce rapport; car est formel quelque chose d'universel qui pour l'individu est superficiel ou opposé. Mais cela apparaît tel aussi à celui qui compare l'universel et le singulier, et qui réfléchit consciemment sur eux; mais cette différence disparaît pour celui qui vit dans ce formel, qui est pour lui coutume.

On possède enfin des descriptions exactes et détaillées du mode de vie extérieur que les Pythagoriciens observaient dans leur communauté, leurs exercices etc.; mais à ce sujet, nous devons beaucoup aux représentations des auteurs postérieurs. Tout d'abord, on nous rapporte qu'ils se signalaient
par un vêtement semblable, – | de lin blanc, comme Pythagore[31]. Ils avaient 249
un ordre du jour très précis. Le matin, tout de suite après le lever, il leur était imposé de se remettre en mémoire l'histoire du jour précédent, car ce qu'il faut faire durant le jour est en étroit rapport avec ce qui a été fait la veille[32]. La véritable formation n'est pas d'orienter autant son attention sur soi-même, de s'occuper de soi-même comme individu, – c'est là vanité; elle est de s'oublier, de s'absorber dans la chose, dans l'universel, – elle est oubli de soi-même. Ils devaient aussi apprendre par cœur des textes d'Homère et d'Hésiode. Le matin, et fréquemment aussi durant le jour, ils s'occupaient de musique, une des principales matières de l'enseignement et de la culture grecs en général. De même, des exercices gymniques de lutte, de course, de jet, et d'autres du même genre étaient établis chez eux de façon régulière[33]. Ils prenaient leurs repas en commun, et là encore ils présentaient des particularités; mais à ce sujet également les informations sont divergentes. Le miel et le pain sont donnés comme leurs mets principaux, et l'eau comme leur première et même leur seule boisson. Ils devaient également s'abstenir entièrement des aliments carnés, ce qui est en connexion avec la migration des âmes; ils faisaient aussi une distinction parmi les aliments végétaux : ils proscrivaient les fèves[34]. Ce mépris des fèves a provoqué bien des railleries à leur égard; lors de la destruction

31. <Jamblichus, c. XXI, § 100.>
32. <Jamblichus, c. XXIX, § 165; Diog. Laert., VIII, 22.>
33. <Porphyrius, § 32-33; Jamblichus, c. XXIX, § 163-164; c. XX, § 96; c. XXI, § 97.>
34. <Diog. Laert., VIII, 19, 24; Porphyrius, § 34; Jamblichus, c. XXIV, § 107.>

subséquente de leur confrérie politique, plusieurs Pythagoriciens, étant poursuivis, se seraient fait tuer plutôt que de détériorer un champ de fèves[35].

250 | Deux circonstances sont à noter : α) la fréquente réflexion sur soi-même, dont on faisait un devoir (déjà mentionnée comme activité matinale, c'était pareillement une activité du soir : examiner si ce qui avait été fait le jour durant était juste ou non)[36] – anxiété dangereuse et inutile (la réflexion est nécessaire davantage sur la chose elle-même) <qui> prive de liberté, tout comme tout ce qui se rapporte au <domaine> moral devient formel; β) de multiples réunions dans les temples, des sacrifices, un grand nombre d'usages religieux, – avoir une vie religieuse sérieuse. <Nous traiterons> par la suite de l'ensemble du domaine pratique.

L'ordre, la formation morale proprement dite elle-même, le commerce concret des hommes ne subsistèrent cependant pas longtemps. Dès le vivant de Pythagore le destin de sa confrérie s'est, semble-t-il, accompli. Elle trouva des ennemis qui la détruisirent de façon violente. Elle avait, dit-on, suscité l'envie. Elle fut accusée d'avoir encore d'autres pensées que celles qu'elle affirmait (*arrière-pensée*[e]); cette connexion d'un affirmé et d'un non-affirmé a son essence dans le fait que cette confrérie n'appartenait pas entièrement à la cité, mais encore à une autre réalité. C'est dans cette catastrophe que Pythagore lui-même aurait trouvé la mort, dans la 69e Olymp. (504 av. J.-C.)[37], durant un soulèvement populaire contre ces aristocrates. Les conditions de sa mort sont incertaines : elle aurait eu lieu soit à Crotone, soit à Métapont, ou encore dans une guerre des Syracusains avec les Agrigentins, – ou les fèves lui auraient donné la mort[38]. Au demeurant, l'union de l'école pythagoricienne et l'amitié de ses membres se conserveront encore par la suite, mais non pas dans les formes d'une confrérie. L'histoire de la Grande Grèce nous est d'ailleurs moins
251 connue; toutefois nous rencontrerons encore à l'époque de Platon | des Pythagoriciens à la tête de certains États, ou se manifestant comme force politique[39].

La société pythagoricienne, – non seulement ordre sacerdotal volontaire, institution d'enseignement et de culture, mais aussi communauté de vie durable, – avec la séparation qu'elle impliquait, n'avait aucune

35. <Diog. Laert., VIII, 39.>
36. <Porphyrius, § 40.>
37. <Tennemann, I, p. 414.>
38. <Diog. Laert., VIII, 39-40; Jamblichus, c. XXXV, § 248-264; Porphyrius, § 54-59.>
39. <Platon, *Timaeus*, p. 20, ed. Steph. (p. 8, ed. Bekk).>

e. En français dans le texte.

connexion avec la vie politique publique et <la vie> religieuse grecques, et ne pouvait donc être de longue durée dans la vie grecque. En Égypte, en Asie, la séparation et l'influence des prêtres sont chez elles, mais la libre Grèce ne pouvait admettre l'existence de cette séparation orientale en castes. La liberté est ici le principe de la vie politique, avec cette restriction qu'elle n'est pas déterminée en tant que principe des rapports de droit, des rapports privés. Chez nous, l'individu est libre parce qu'il est égal devant la loi ; la coutume, le rapport politique, l'opinion peuvent subsister pour leur compte et doivent même, dans des états organiques, avoir de la diversité. Dans la Grèce démocratique par contre la coutume, le mode de vie extérieur devaient eux aussi se maintenir dans une certaine égalité. Ces sphères plus larges devaient conserver l'empreinte du sceau de l'égalité. Cette exception que constituaient les Pythagoriciens, qui ne pouvaient se décider en libres citoyens, et étaient sous la dépendance des plans, des fins d'une association, n'avait donc aucune place en Grèce. Le lien de la culture pythagoricienne a subsisté il est vrai jusque dans des temps postérieurs, mais l'aspect extérieur du Pythagorisme devait disparaître.

Il est vrai que la conservation des mystères appartenait aux Eumolpides, qu'un culte particulier appartenait à des familles naturelles, – mais non pas en tant que caste déterminée au sens politique : il sont des hommes *politiques*[f], des citoyens comme les autres ; il en allait de même des prêtres et des prêtresses, – de tous ceux qui avaient la charge des sacrifices, qui étaient en d'autres temps chefs, princes, héros. Cette séparation du domaine religieux n'était pas encore, comme chez les Chrétiens,
| poussée à cette extrémité. Sans la culture pythagoricienne, les Grecs **252**
n'étaient pas unilatéraux, – <ils étaient> des hommes *politiques*. Ils avaient une vie politique commune. Personne alors ne peut réussir en ayant des principes particuliers, même des secrets, des différences dans le mode de vie extérieur et dans le vêtement ; il y a bien plutôt une manière ouverte de s'accorder et de se distinguer qui tient à la communauté de principes et de mode de vie. Quelque chose était-il bon ou non pour le bien commun, c'était là l'objet d'un débat collectif ouvert avec eux. Les Grecs sont au-delà de ces pratiques : habillement particulier, habitudes fixes en matière de toilette, de lever matinal, exercices musicaux, séparation entre aliments purs et impurs. Chez Pythagore, une telle forme particulière de conduite était naturelle, parce qu'avec lui, pour la toute première fois en Grèce, un maître avait en vue une totalité embrassant l'homme et la vie dans leur

f. C'est-à-dire : des hommes qui se caractérisent par leur appartenance à la *polis*, à la libre cité : « *politische Männer* ».

entier, un nouveau principe par le moyen de la formation de l'intelligence et du cœur, de la volonté. Mais c'est là d'une part l'affaire de l'individu particulier, de sa liberté singulière, sans but commun, et d'autre part, cela existe en tant que possibilité universelle pour chacun et coutume universelle.

On situe l'âge de Pythagore entre 80 et 104 ans[40]; il y a beaucoup de contestations à ce sujet.

La chose importante pour nous c'est la *philosophie pythagoricienne*, non pas tant celle de Pythagore que celle des Pythagoriciens. Ainsi parlent Aristote et Sextus; la comparaison de ce qu'on donne pour la doctrine pythagoricienne fait apparaître d'emblée toutes sortes de divergences et de différences, comme nous le verrons. Il est fait reproche à Platon d'avoir altéré la philosophie de Pythagore par la reprise d'éléments pythagoriciens dans la sienne; mais la force de la philosophie pythagoricienne est dans la poursuite constante de son élaboration, – elle n'est pas quelque chose que l'on peut maintenir dans son premier état.

253 | Il faut remarquer tout d'abord, à ce sujet, qu'il est assurément nécessaire de distinguer d'une façon générale la philosophie de Pythagore lui-même et le niveau de formation et de développement qu'elle a atteint par la suite chez ses successeurs. Cela est en partie historique. On cite un grand nombre de ceux-ci, qui ont introduit telle ou telle détermination : par exemple Alcméon, Philolaüs. De nombreux autres exposés se font remarquer par leur simplicité, leur caractère peu formé, en contraste avec la formation plus poussée où la pensée apparaît dans sa force et dans une plus grande détermination. Nous n'avons toutefois pas besoin d'entrer plus avant dans l'étude de l'aspect historique de cette différence, et nous pouvons nous contenter de considérer la philosophie pythagoricienne en général. Il faut également en séparer ce qui appartient manifestement aux Néoplatoniciens et aux Néopythagoriciens; nous avons à cet effet des sources qui sont antérieures à cette période, – ce sont les exposés détaillés que nous trouvons chez Aristote et chez Sextus.

La philosophie pythagoricienne fait la transition entre la philosophie réalistique et la philosophie intellectuelle. L'essence, le principe, disaient les Ioniens, est quelque chose de déterminé matériellement. La détermination qui suit immédiatement est, α) que l'absolu ne doit pas être saisi sous forme naturelle, mais dans une détermination de la pensée; β) les déterminations doivent maintenant être posées, – ce qui vient en premier est ce qui

40. <Anonymus de vitae Pythagorae (apud Photium), § 2.>

est totalement indéterminé (ἄπειρον). Ce sont ces deux choses qu'a réalisées la philosophie pythagoricienne.

1) L'élément ancien, – la thèse principale de la philosophie pythagoricienne est donc, dans sa simplicité, « que le *nombre* est l'essence de toutes les choses, et que l'organisation de l'univers en général dans ses déterminations est un système harmonieux de nombres et de leurs rapports »[41]. Ce qui nous paraît dès l'abord étonnant, c'est la hardiesse d'un tel propos qui renverse ainsi d'un coup tout ce qui passe pour étant ou pour essentiel (pour vrai) aux yeux de la représentation, qui anéantit l'essence sensible | et la fait essence de la pensée. L'essence est exprimée **254**
comme non-sensible; ainsi quelque chose de tout à fait hétérogène au sensible, à la représentation ordinaire, est élevé à la substance et à l'être véritable, et exprimé comme tel.

Mais par là même se trouve posée la nécessité du mouvement du penser : quel sens faut-il donner à la proposition : qu'est-ce que le nombre ? – c'est-à-dire en quel sens faut-il tout aussi bien faire du nombre lui-même le concept que présenter le mouvement de son unité avec l'étant ? Car cette unité n'est pas immédiatement une à nos yeux, et le nombre ne nous apparaît pas davantage en tant que concept. Le sens et la démonstration, c'est le fait que nous comprenons le mouvement de la chose même; la compréhension n'est pas un mouvement contingent en dehors de la chose, – à notre usage.

Ce principe a beau avoir pour nous quelque chose de bizarre et de désespéré, il n'en implique pas moins que le nombre est ce qui n'est pas simplement sensible; il a aussitôt pour conséquence la détermination, les différences universelles, les oppositions universelles. C'est ce dont les Anciens ont eu très nettement conscience. Aristote[42] relève que Platon « a indiqué que l'élément mathématique des choses se trouve en dehors de ce qui est simplement sensible et des idées, est entre les deux. Il diffère du sensible en ce qu'il est » (le nombre) « infini » (un non-sensible) « et immobile » (immuable). « Ce qui le différencie des idées, c'est le fait que le nombre contient la multiplicité, et que pour cette raison l'un peut être semblable et égal à l'autre; quant à l'idée » (l'universel, le genre),

41. Arist., *Metaph.*, I, 5, *passim*.

42. Arist., *Metaph.*, I, 6 : « De plus, outre les choses sensibles et les Idées, Platon admet qu'il existe les choses mathématiques, qui sont des réalités intermédiaires différentes, d'une part des objets sensibles, en ce qu'elles sont éternelles et immobiles et, d'autre part des Idées, en ce qu'elles sont une pluralité d'exemplaires semblables, tandis que l'Idée est en elle-même une réalité une, individuelle et singulière ».

« chacune pour soi n'est qu'une seule réalité », – mais le nombre est répétable. Le nombre n'est donc pas sensible, mais il n'est pas encore non plus la pensée.

255 | Dans la vie de Pythagore par Malchus (nom de Porphyre), cette conception est rapportée de façon encore plus précise[43] : « Pythagore exposait la philosophie d'une manière propre à libérer la pensée de ses chaînes. Sans la pensée, on ne peut rien connaître, on ne peut rien savoir de vrai. La pensée entend et voit tout en elle-même; le reste (le sensible) est perclus et aveugle. Pour atteindre son but, Pythagore se sert de l'élément mathématique, parce qu'il se trouve au milieu entre le sensible et la pensée » (l'universel, le *supra*-sensible), « comme forme d'exercice préparatoire pour accéder à ce qui est en et pour soi ». Plus loin, Malchus cite un passage d'un auteur antérieur (Moderatus)[44] : « Ne pouvant exprimer clairement l'absolu et les premiers principes par le moyen de la pensée, les Pythagoriciens songèrent aux nombres, au mathématique, qui permet d'indiquer facilement les déterminations »; par exemple l'unité, l'égalité, le principe en tant qu'un, – l'inégalité en tant que dualité. « Ce mode d'enseignement par le nombre (parce que c'était la première philosophie) s'est éteint en raison de l'énigme qu'il contient. Platon, Speusippe, Aristote etc., en ont ensuite ravi les fruits aux Pythagoriciens, grâce à une facile application », – en prenant cette disposition peu coûteuse de mettre des déterminations de la pensée à la place du nombre. Il y a dans ces passages une parfaite conscience de ce qu'est le nombre.

Le caractère énigmatique de la détermination par le nombre est la chose principale. Il nous faut distinguer α) la pensée pure, le concept comme concept; β) ensuite la réalité et la transition en elle. Les nombres arithmétiques 1, 2, 3 etc. correspondent à des déterminations de la pensée. Mais le nombre est α) une pensée qui a l'un pour élément et pour principe. L'un
256 est une catégorie de l'être qualitatif, et plus précisément | de l'être-pour-soi, de l'identique à soi au point d'exclure de soi tout le reste, – il est déterminé pour soi, indifférent vis-à-vis d'autre chose; et les déterminations subséquentes ne sont que des compositions, des répétitions de l'un, où l'élément de l'un ne perd pas sa fermeté et demeure quelque chose d'extérieur. Le nombre est la continuité la plus morte, la continuité privée de concept, indifférente, dénuée d'opposition. Nous comptons 1, 2, et ajoutons un à chaque unité, – ce n'est qu'une progression (et un assemblage) extérieure, indifférente, qui est sans nécessité, – où doit-elle être interrompue ? – et

43. <§ 46-47.>

44. <*De Vita Pyth.*, § 48, 53.>

sans rapport. Le nombre n'est donc pas immédiatement concept, – il est l'extrême de la pensée, du concept dans sa plus grande extériorité, dans le mode du quantitatif, de la différence indifférente. L'un est une pensée universelle, mais, en tant qu'exclusif, il est la pensée s'aliénant soi-même; il contient par là β) la détermination de l'extériorité de l'intuition, et comporte dans soi, dans cette mesure (comme les schèmes de Kant), aussi bien le principe de la pensée qu'encore celui de la matérialité, – c'est la détermination du sensible. C'est là ce qui est ferme, extérieur à soi; le un et toutes les formes, 2, 3 etc. sont donc affectées de cette extériorité intérieure. Il est commencement de la pensée, mais c'est le pire mode de celle-ci; ce n'est pas encore la pensée, l'universel pour soi. Pour que quelque chose ait la forme du concept il doit en lui-même, en tant que déterminé, se rapporter immédiatement à son contraire, – un concept est ce mouvement simple. Positif et négatif par exemple se rapportent chacun immédiatement à leur opposé. Tel n'est pas le cas du nombre; il est déterminé, mais sans opposition, il est indifférent. C'est par contre dans la pensée, dans le concept que l'on a l'unité, l'idéalité des différences, – la négation de ce qui est autosubsistant est alors la détermination principale. Par contre dans le nombre trois par exemple, il y a toujours trois singuliers, chacun étant indépendant; c'est là le caractère défectueux, énigmatique du nombre, – ce sont seulement trois éléments qui signifieront une pensée. La pensée doit se mettre en relief; il y a | une multitude de rapports possibles, mais qui 257
demeurent cependant entièrement indéterminés, arbitraires et contingents.

Or ce n'est pas dans ce mode indifférent que les Pythagoriciens ont pris les nombres, mais en tant que concept. « Que quelque chose d'incorporel doive être principe, c'est ce que démontrent les Pythagoriciens »[45]. Mais ce dont ils ont fait l'essence primitive ou concept absolu sont les nombres. Ce qui les a amenés à cette idée ressort plus clairement de ce qu'en dit Aristote[46] : « Ils ont en effet cru voir dans les nombres beaucoup plus d'analogies avec ce qui est et ce qui se produit, que dans le feu, l'eau et la terre; parce que la justice est une certaine propriété des nombres » (τοιονδὶ πάθος), à savoir quelque chose d'immatériel, de non-sensible, de même « l'âme, l'entendement en est une (τοιονδὶ), le temps en est une autre, et ainsi de suite. Comme ils ont vu en outre dans les nombres les propriétés et les rapports de ce qui est harmonieux, – et comme les

45. Sextus, *Hyp. Pyrrh.*, III, 18, § 152.

46. *Metaph.*, I, 5 Aristote est plus bref, il s'autorise du fait qu'il a traité ailleurs de cette question (Voir Théon, en bas de la page 246, Remarque 1).

nombres », c'est-à-dire la mesure, « seraient ce qui est primordial dans toutes les choses naturelles (πάσης τῆς φύσεως πρῶτοι) ils ont considéré les nombres comme les éléments (στοιχεῖα) de tout, et le ciel entier comme une harmonie et comme un nombre ».

Ici se fait jour le besoin α) de l'idée universelle qui demeure une ; β) de la détermination de la pensée. Aristote[47], parlant des idées, dit : « D'après Héraclite tout sensible s'écoule, il ne peut donc y avoir une science du
258 sensible ; d'où les idées. Socrate est le premier qui par des inductions | a déterminé l'universel ; les Pythagoriciens, auparavant, ne touchèrent qu'à peu de choses dont ils ramenèrent les concepts à des nombres : par exemple ce qu'est le temps, ou la justice, ou le mariage ». Il nous faut savoir ce qui est nécessaire pour reconnaître les traces de l'idée, et pour savoir ce qu'est un progrès ; ce n'est pas au niveau du contenu lui-même qu'on peut connaître quel intérêt cela peut comporter.

Tel est donc le caractère tout à fait général de la philosophie pythagoricienne. Ce que ce principe comporte de défectueux pour l'expression des pensées a déjà été souligné. L'un est seulement l'être-pour-soi entièrement abstrait, il est extériorité pour soi-même ; les autres nombres sont alors des assemblages mécaniques tout à fait extérieurs de ces uns. Or, étant donné que la nature du concept est l'intérieur, les nombres sont ce qu'il y a de plus inapte à exprimer les déterminations conceptuelles. C'est un préjugé de croire que nombres et configurations de l'espace seraient capables d'exprimer l'absolu.

Ce qui est à voir de plus près est la signification du nombre. Nombre et mesure constituent la détermination fondamentale. L'affirmation que le nombre comme tel est l'essence des choses ne doit pas être prise en ce sens qu'il y aurait en toute chose nombre et mesure. Quand nous disons que tout est déterminé quantitativement et qualitativement, la grandeur et la mesure ne constituent alors qu'une propriété, un côté des choses. Mais le sens de la présente thèse est que le nombre lui-même est l'essence des choses ; il ne s'agit pas là de forme, mais de substance.

Nous avons maintenant à considérer encore les déterminations de cette thèse, sa signification générale. Or, dans le système pythagoricien, ce sont d'une part les nombres eux-mêmes qui apparaissent à titre de déterminations de pensée : à savoir tout d'abord, d'une façon générale les déterminations de l'unité, de l'opposition et de l'unité de ces deux moments ; les Pythagoriciens donnaient pour une autre part au nombre en général des

47. *Metaph.*, XIII, 4.

déterminations idéelles universelles à titre de principes : « et ils reconnaissaient comme des principes absolus des choses » non pas tant les nombres immédiats dans leurs | différences arithmétiques que « les 259
principes du nombre », c'est-à-dire ses différences conceptuelles[48].

La première détermination est l'unité absolument parlant, l'autre détermination est la dualité; nous voyons apparaître l'opposition. Le problème (extrêmement important) est de ramener l'infinie diversité des formes et des déterminations (de la finité) à leurs pensées universelles, en tant qu'elles sont les principes de toute détermination (les déterminations les plus simples). Ce ne sont pas des différences des choses entre elles, mais au contraire des différences essentielles en elles-mêmes, universelles. Les objets empiriques se distinguent par la forme extérieure, ce morceau de papier se distingue d'un autre par la nuance de couleur, les hommes par des différences de tempérament, d'individualité. Mais ces déterminations par lesquelles ces objets se distinguent ne sont pas essentielles, – elles sont certes essentielles pour leur particularité déterminée, mais non pas en et pour soi : toute cette particularité déterminée, l'encrier, ce morceau de papier, ne constitue pas une existence essentielle – ; seul l'universel est essentiel, il est ce qui se conserve, le substantiel. Ce qui vient en premier est l'opposition universelle; vient ensuite le développement de la détermination, c'est-à-dire la transformation, la configuration dans sa diversité – qui n'est elle-même qu'une condensation de la première opposition elle-même. Par exemple unité et multiplicité, et l'unité des deux est la grandeur; celle-ci est elle-même posée sous l'unité et la multiplicité, – déterminations qui alors sont forme : grandeur extensive et intensive. La force de la lumière comme intension d'éclairement est extensive quelle que soit la surface qui en est éclairée.

Voilà par quoi Pythagore a commencé. Ces déterminations sont pour la plupart des nombres; mais les Pythagoriciens n'en sont pas restés là, ils leur ont donné des déterminations plus concrètes, qui appartiennent surtout aux Pythagoriciens postérieurs. | Il ne faut pas chercher ici la nécessité 260
du processus logique, la démonstration; il y manque la conception, le développement de la dualité à partir de l'unité. Les déterminations universelles sont simplement trouvées et fixées de manière tout à fait dogmatique; ce sont donc des déterminations arides, dénuées de processus, non dialectiques, des déterminations au repos.

48. Arist., *Metaph.*, I, 5.

a) – Le premier concept simple, disent les Pythagoriciens, est l'*unité*; non pas l'un arithmétique, – en tant qu'absolument discret, exclusif, négatif : mais l'unité en tant que continuité, positivité, – non pas de multiples uns, elle est seulement une. C'est l'essence tout à fait universelle. Ils disent en outre : chaque chose est un un, et « les choses sont cet un par participation à l'unc»; et l'essence dernière d'une chose ou la pure considération de son être-en-soi est un[49]. C'est-à-dire : selon tout autre aspect, elle n'est pas en-soi, mais relation à autre chose, être-en-soi signifie précisément seulement être-égal-à-soi-même, en d'autres termes c'est l'égalité à soi-même elle-même, ce qui est sans forme. C'est là une relation remarquable. L'un est l'un aride, abstrait; les choses sont beaucoup plus déterminées que lui. Qu'est-ce donc que la relation mutuelle de l'un entièrement abstrait et de l'être concret des choses ? Ce rapport des déterminations universelles aux existences concrètes, les Pythagoriciens l'ont exprimé par le terme d'« imitation » (μίμησις). Cette même difficulté à laquelle nous nous heurtons ici se retrouve dans le cas des idées de Platon. L'idée est le genre, vis-à-vis d'elle est le concret; la détermination qui vient immédiatement après est naturellement celle de la relation du concret à l'universel : c'est là un point important. Aristote[50] attribue le terme de
261 participation (μέθεξις) | à Platon qui l'a substituée au terme pythagoricien « d'imitation ». Imitation est un terme imagé, naïf, non élaboré, pour le rapport; participation est certes déjà plus précis. Mais comme le dit avec raison Aristote, ces deux termes sont insuffisants : ici non plus, Platon n'a pas selon lui progressé dans le développement, il n'a fait que substituer un nom à un autre; « c'est là un vain bavardage »[51]. Imitation et participation ne sont rien de plus que d'autres noms pour relation; donner des noms est chose facile, mais la conception est autre chose.

b) – Tout de suite après vient l'opposition. L'unité est identité, universalité; ce qui vient en second est la *dualité* (δύας), la différence, le particulier. Ces déterminations sont encore valables aujourd'hui en philosophie; c'est Pythagore qui en a pris conscience le premier. Les Pythagoriciens, dès le début, n'ont pu s'en tenir à énoncer la suite 1, 2, 3, à titre de principe; il a fallu que lui soient liées des catégories plus précises, des déterminations du penser plus précises. C'est ainsi qu'avec la dualité se présente l'opposition. Cela étant, comment cette unité se rapporte-t-elle à la multiplicité, en d'autres termes comment cette égalité à soi-même se

49. Sextus Emp., *Adv. Math.*, X, § 260-261.
50. Arist., *Metaph.*, I, 6.
51. Arist., *Metaph.*, XIII, 5.

rapporte-t-elle à l'être-autre ? Sur ce point diverses orientations deviennent alors possibles; et les Pythagoriciens se sont exprimés diversement à ce sujet, – au sujet des formes qu'admet cette première opposition. Deux est immédiatement l'opposé de un. Aristote[52] rapporte la manière dont les Pythagoriciens ont saisi cette opposition de un et de deux. « Les éléments du nombre, l'unité et la dualité, ne sont pas encore des nombres. Les Pythagoriciens ont dit : les éléments du nombre sont le pair et l'impair », | l'opposition davantage dans la forme arithmétique, – « celui-ci comme le **262** limité » (ou principe de la limitation), « celui-là comme l'illimité »; ce sont là des pensées en tant qu'éléments des nombres immédiats; « de sorte que le un lui-même procède de ces deux éléments, et que le nombre procède de lui », puisque par exemple trois, c'est trois uns, et que trois est aussi un. En effet un est le principe tout en n'étant pas encore lui-même un nombre, c'est-à-dire un nombre-numéré. Cela est tout à fait juste, car au nombre appartient : α) l'unité et β) le nombre-numéré, γ) dans le un, tous deux sont une seule et même chose : le nombre-numéré n'a donc dans le un qu'une signification négative. « Un est », avec cela, « pair et impair ». Car ils disent : « un ajouté au pair donne l'impair » (2 + 1 = 3), « ajouté à l'impair, il donne le pair » (3 + 1 = 4); – il a la propriété de rendre pair, et doit donc être lui-même pair[53]. L'unité contient donc elle-même en soi les différentes déterminations. L'illimité (l'indéterminé) et la limite (le déterminé) ne sont rien d'autre que l'opposition de l'unité et du un; un est la discontinuité absolue, c'est-à-dire le pur négatif, – unité : égalité à soi-même.

Si nous nous attachons à l'idée absolue dans le premier mode, l'opposition est alors la dualité indéterminée (ἀόριστος δυάς). La μονάς ou ἑνάς n'exprime pas encore l'un comme tel; de même, la δυάς n'exprime pas encore non plus le deux comme tel. Il n'est qu'une seule dyade, et c'est par participation à elle que naissent tous les nombres nombrables. Sextus précise[54] : « L'unité, pensée dans son identité à elle-même » (κατ' αὐτότητα ἑαυτῆς νοουμένη, en soi) « est unité (μονάς). Quand cette même | unité s'ajoute à soi-même à titre d'unité **263** différente (ἐπισυντεθεῖσα ἑαυτῇ καθ' ἑτερότητα, multiplicité abstraite), alors naît la dualité indéterminée; car aucun des nombres déterminés ou limités d'autre façon n'est cette dualité, mais tous sont connus par participation à elle, ainsi qu'il a été dit au sujet de la monade. Il y a donc deux principes des choses », les dieux : « la première monade, et c'est par

52. Arist., *Metaph.*, I, 5.

53. Theo Smyrnaeus, *Mathem.*, c. 5, p. 30 ed. Bullialdi.

54. <*Adv. Math.*, X, § 261-262.>

participation à elle que toutes les monades numériques sont des monades ; et la dyade indéterminée : c'est pareillement en tant qu'elles en participent que toutes les dualités déterminées sont des dualités ». Il ressort de là : α) que la dualité précisément ainsi en tant que moment de l'essence ou concept, est universelle ; β) à l'opposé, ce concept étant pensé avec d'autres déterminations, c'est soit l'unité, soit la dualité qui peut être pensée comme la forme et la matière, – et les deux cas se présentent chez les Pythagoriciens. αα) L'unité est l'égal à soi-même, ce qui est sans forme ; mais la dualité est l'inégal, c'est à elle qu'échoit la scission ou forme. C'est par participation à elle, disent-ils de la dyade, que tout est déterminé, limité ; d'après cela la dualité est le déterminé, le limité, le multiple. Cependant, cela s'inverse dans d'autres exposés. ββ) Si par contre nous prenons la forme en tant que simple, – l'activité est forme absolue – : alors, c'est le un qui est la forme, l'actif, le déterminant, et la dualité qui, comme possibilité de la multiplicité, non pas multiplicité posée (ainsi comme pensée simple, indifférenciée) est la matière[55] ; et c'est la dualité qui prend la place de la première unité. Aristote dit que cela appartient à Platon. Selon Aristote[56], Platon a fait de la dyade l'indéterminé, et de l'un le déterminé ; ce qui est en vue ici n'est cependant pas ce que nous entendons par limite, mais le
264 limitant. Un a d'emblée diverses significations : unité | (ἄπειρον) et subjectivité. Le principe de la subjectivité, de l'individualité, est certes plus élevé que l'indéterminé, l'infini ; celui-ci est au contraire ce qui est dénué de détermination, abstrait, – le sujet, le νοῦς est le déterminant, la forme. Platon aurait donc fait de l'infini, de l'indéterminé, la dualité ; c'est pourquoi les Pythagoriciens ont appelé la dyade, dyade indéterminée.

La poursuite de la détermination de cette opposition, où les Pythagoriciens ont divergé entre eux, montre un commencement imparfait des catégories ; l'admission de l'opposition comme un moment essentiel de l'absolu a d'ailleurs son origine chez les Pythagoriciens. Ils ont de bonne heure, comme plus tard Aristote, dressé un tableau des catégories (d'où le reproche fait à ce dernier de leur avoir emprunté ses déterminations du penser), – ils ont avancé dans la détermination des concepts abstraits et simples, bien que d'une manière inadéquate ; – c'est un mélange d'oppositions appartenant à la représentation et au concept, sans déduction ou système du mouvement plus développée. Aristote[57] attribue ces déterminations soit à Pythagore lui-même, soit encore à Alcméon « qui vécut

55. Fabricius, *Ad Sextus Emp. Hyp. Pyrrh.*, III, c. 18, § 153.

56. *Metaph.*, I, 6 : τὸ δὲ ἀντὶ τοῦ ἀπείρου ὡς ἑνὸς δυάδα ποιῆσαι – τοῦτ' ἴδιον *sq.*

57. *Metaph.*, I, 5.

assez longtemps pour voir Pythagore »; de sorte qu'il a emprunté ces déterminations aux Pythagoriciens, ou bien ce sont ceux-ci qui les lui ont empruntées. Dix de ces oppositions sont indiquées (dix est d'ailleurs chez les Pythagoriciens un nombre significatif), auxquelles toutes choses peuvent se réduire :

1) Limite et infini
2) Impair et pair
3) Unité et multiplicité
4) Droite et gauche
5) Masculin et féminin
6) En repos et en mouvement
7) Droit et courbe
8) Lumière et obscurité
9) Bien et mal
10) Carré et parallélogramme[g]

Il y a là la tentative d'une nouvelle d'élaboration de l'idée de la philosophie spéculative en elle-même, en concepts. Mais | cette tentative 265
ne semble pas être allée plus loin que α) cette analyse confuse, β) cette simple énumération. Il est très important que l'on se soit contenté tout d'abord de faire le recueil (comme a fait Aristote) des déterminations universelles du penser. C'est un début grossier de déterminations plus précises des oppositions, sans ordre, sans ingéniosité, semblable à l'énumération indienne de principes et de substances.

Le développement plus étendu de ces déterminations, nous le trouvons chez Sextus. Celui-ci critique un exposé qui appartient aux Pythagoriciens postérieurs. C'est une très bonne présentation des déterminations pythagoriciennes, qui est plus élaborée et qui se situe davantage sur le plan de la pensée. « Ces deux principes sont les principes du tout » (τῶν ὅλων) – les déterminations universelles doivent être ramenées à la détermination simple qui est exprimée en nombres (l'unité et la multiplicité) : – « c'est ce que les Pythagoriciens montrent de diverses manières »[58]. La marche de cet exposé est la suivante : d'abord la chose même, avant les réflexions sur elle.

Premièrement, « Les manières d'être (déterminations fondamentales) des choses sont de trois sortes (τῶν γὰρ ὄντων τὰ μὲν νοεῖται) : premièrement selon la diversité, deuxièmement selon l'opposition, troisièmement selon le rapport »[h]. Cela révèle déjà une réflexion plus formée;

58. Sextus Emp., *Adv. Math.*, X, § 262.

g. ἑτερομῆκες (986a26) : plus long dans un sens que dans l'autre, d'où τὸ ἑτερομῆκες : peut-être le rectangle, plutôt que le parallélogramme.

h. Texte grec : τῶν γὰρ ὄντων, φασὶ, τὰ μὲν κατὰ διαφορὰν νοεῖται, τὰ δὲ κατ' ἐναντίωσιν, τὰ δὲ πρός τι : « en effet, parmi les étants, disent-ils certains sont conçus selon la diversité, d'autres selon l'opposition, d'autres selon la relation » ; la parenthèse en grec des lignes 4-5 retient la forme générale de cette énumération.

l'élucidation plus précise de ces trois formes se présente comme suit. α) « Ce qui est considéré selon la simple diversité est considéré pour soi-même; ce sont les sujets, chacun se rapportant à lui-même : ainsi le cheval, la plante, la terre, l'air, l'eau, le feu. Chacun est détaché (ἀπολύτως), n'est pas pensé relativement à autre chose »; c'est la détermination de l'identité, de l'enthousiasme. β) « Selon l'opposition, l'un est déterminé comme absolument opposé à l'autre : par exemple bien et mal, juste et injuste, sacré et profane, repos et mouvement, et ainsi de suite.
266 γ) Est selon | le rapport (πρός τι) l'objet qui » en tant qu'autosuffisant dans son opposition est en même temps « déterminé selon son rapport » indifférent « à autre chose » (τὰ κατὰ τὴν ὡς πρὸς ἕτερον σχέσιν νοούμενα [i] comme quelque chose de relatif); « comme droite et gauche, haut et bas, le double et la moitié. L'un est conçu seulement à partir de l'autre, – je ne peux me représenter la gauche sans me représenter en même temps la droite » – mais chacune est posée pour soi [59].

« La différence du rapport et de l'opposition est : α) Dans l'opposition, la génération de l'un est la perte de l'autre, et inversement. Si l'on ôte le mouvement, le repos naît; si le mouvement naît, le repos cesse. La santé est-elle enlevée, alors naît la maladie, et inversement »; c'est-à-dire : un opposé est-il supprimé comme opposé, – on a la position de son contraire. Dans ce qui est en rapport, au contraire, les deux termes naissent et cessent en même temps. « La droite est-elle supprimée, la gauche l'est aussi »; l'un est-il, l'autre est aussi. Le double est en même temps que ce qui est sa moitié; « le double disparaît dès que la moitié est détruite ». Ce qui est ici supprimé n'est pas seulement en tant qu'opposé, mais aussi en tant qu'étant; mais l'être est indivisé, il est indifférence, élément. β) « Une deuxième différence est : ce qui est en opposition n'a pas de moyen terme; par exemple entre santé et maladie, vie et mort », bien et mal, « repos et mouvement il n'y a pas de troisième terme. Par contre, ce qui est en rapport comporte un moyen terme : entre le plus grand et le plus petit l'égal est en effet le moyen terme, entre trop grand et trop petit, c'est le satisfaisant (le suffisant) qui est ce moyen terme » [60]. Le purement opposé va à son opposé en passant par le zéro; les extrêmes immédiats, par contre, subsistent dans un troisième terme; le pur opposé a sa réalité dans le moyen terme, dans
267 l'unité, – mais | non plus comme opposé. Cette présentation montre des

59. Sextus Emp., *Adv. Math.*, X, § 263-265.
60. Sextus Emp., *Eod.*, § 266-268.

i. νοούμενα : *litt.* : pensé, compris, conçu.

déterminations logiques universelles qui sont et restent de la plus haute importance ; c'est là faire preuve d'attention pour les déterminations tout à fait universelles qui sont des moments de toutes les représentations, de tout ce qui est. On ne considère pas encore ici, il est vrai, la nature de ces oppositions, mais il est important qu'on en ait pris conscience.

Deuxièmement. « Or puisque ces trois genres, les sujets et la double opposition, existent, il doit y avoir au-dessus de chacun d'eux un genre (τούτων ἐπάνω γένος) qui est le terme premier, étant donné que le genre est avant les espèces (προϋπάρχει τῶν ὑπ' αὐτὸ τεταγμένων εἰδῶν[j]) » ; il est ce qui domine, l'universel. « Si l'universel est supprimé, l'espèce l'est aussi ; par contre si l'espèce est supprimée, le genre ne l'est pas ; car elle en dépend (ἤρτηται ἐξ ἐκείνου), mais non l'inverse. α) En tant que genre suprême » (τὸ ἐπαναβεβηκός, *transcendens*), le plus universel ou l'essence « de ce qui est considéré comme étant en et pour soi » (c'est-à-dire les sujets, les divers), « les Pythagoriciens ont posé le un » (τὸ ἕν). Ce n'est là à proprement parler rien d'autre que les déterminations conceptuelles transposées en nombres. β) « Ce qui est en opposition a pour genre, disent-ils, l'égal et l'inégal (τὸ ἴσον καὶ τὸ ἄνισον). Le repos est l'égal, car il n'est pas susceptible de plus ou de moins ; mais le mouvement est l'inégal. Ainsi, ce qui est selon la nature est égal à soi, – c'est là un sommet qui n'est susceptible d'aucune intensité (ἀκρότης γὰρ ἦν ἀνεπίτατος[k]) : ce qui lui est contraire est inégal ; la santé est l'égal, la maladie l'inégal. γ) Le genre de ce qui est en rapport indifférent est l'excès et le défaut (ὑπεροχὴ καὶ ἔλλειψις) plus et moins », – différence quantitative, ainsi que β) différence qualitative[61].

| Troisièmement, les deux oppositions. « Ces trois genres, de ce qui 268
est pour soi, en opposition et en rapport doivent à leur tour se placer eux-mêmes sous des genres » (détermination du penser) « encore plus simples, encore plus élevés. L'égalité se réduit à la détermination de l'unité » ; c'est ce que le genre des sujets est déjà pour soi-même. « Mais l'inégalité consiste dans l'excès et le défaut, qui se placent tous deux sous la dyade indéterminée » ; ils sont l'opposition indéterminée, l'opposition en général. Il semble tout d'abord y avoir deux principes, l'unité et la dualité ; mais l'opposition, la multiplicité est le simple, – l'activité pure, le négatif ou la limite est simple. La dyade indéterminée est : opposition non posée,

61. Sextus Emp., *Eod.*, § 269-273.

j. Ce texte grec dit littéralement : « existe avant les espèces rangées sous lui ».
k. La trad. latine d'ἀνεπίτατος est : *intentionem non admittens*.

activité pure en général. « C'est donc de tous ces rapports que procèdent la première unité et la dualité indéterminée ». Les Pythagoriciens, trouvons-nous, disaient que c'étaient là les manières d'être universelles des choses. « C'est d'elles que viennent premièrement l'un du nombre et le deux du nombre; de la première monade le un, de la monade et de la dyade indéterminée le deux : car deux fois le un est deux ». 1, 2, 3, 4 etc. sont donc posés ici comme subordonnés. « Ainsi naît le reste des nombres, du fait que la monade se déplace (τοῦ ἑνὸς ἀεὶ περιπατοῦντος) et que la dyade indéterminée engendre le deux ». Ce passage de l'opposition qualitative à l'opposition quantitative n'est pas clair. « C'est pourquoi parmi ces principes, la monade est le principe actif », – la forme, comme ci-dessus (page 247[1]); « mais la dyade est la matière passive. Et de même que de ces principes les Pythagoriciens font naître les nombres, de même ils en font naître le système du monde et ce qui est en lui » [62]. Telle est précisément la nature de ces déterminations, qui est de passer, de se mouvoir. C'est là une réflexion plus formée qui lie les déterminations universelles de la pensée avec la suite 1, 2, 3, et qui subordonne ceux-ci en tant que nombres, faisant par contre du genre universel le terme premier.

269 | Avant de mentionner quelque chose de la suite ultérieure de ces nombres, il est à remarquer que tels que nous les voyons représentés, ils sont de purs concepts : l'unité, la dualité et l'opposé de l'un comme limite, la dualité indéterminée ; – ce sont là des universels qui ne sont essentiellement que par relation à leur opposé, autrement dit dans lesquels la déterminité est en tant que l'essentiel. Dans les nombres en tant que nombres, trois, il est vrai, n'est que trois; mais il est posé ainsi qu'il est indifférent d'en rester à cette détermination ou d'aller plus loin. Unité et dyade sont eux-mêmes un; car la dyade comme dualité, comme multiplicité est simple. Nous voyons : α) l'opposition différente ou qualitative, la monade (l'hermaphrodite) opposée en elle-même et dans la dualité, unité et multiplicité pure, – opposition absolue, un supprimant l'autre et ayant en même temps son essence dans cette opposition; et β) l'opposition quantitative, l'indifférence des termes subsistants; γ) αα) l'unité individuelle de ces termes, le sujet, ββ) leur unité universelle. C'est à la différence quantitative qu'appartient la multiplicité des choses indifférentes, c'est-à-dire des étants-pour-soi; leur déterminité la plus pure, leur essence déterminée est le nombre. La déterminité essentielle des choses inor-

62. Sextus Emp., *Eod.*, § 274-277.

1. En réalité p. 263 du texte allemand ici traduit.

ganiques est la pesanteur spécifique; les plantes, les animaux ont leur déterminité simple par le moyen des nombres. L'essence absolument simple se scinde en unité et en multiplicité, elle se scinde dans l'opposition différente qui en même temps subsiste, qui a l'être, de même que la pure différence est la négativité; et son retour en soi-même est pareillement l'unité négative, le sujet individuel ainsi que l'universel ou positif, et tous deux sont unité.

C'est là en fait la pure idée spéculative de l'essence absolue, elle est ce mouvement; chez Platon l'idée n'est rien d'autre. Le spéculatif apparaît pleinement ici en tant que spéculatif. Celui qui ne connaît pas le spéculatif ne croit pas qu'une désignation de tels concepts simples permette d'exprimer l'essence absolue. Un, multiple, égal, inégal, plus, moins sont des moments triviaux, vides, arides. Que | l'essence absolue, la richesse et **270**
l'organisation du monde naturel comme du monde spirituel soit saisie dans les rapports de ces concepts simples, c'est ce qui ne semble pas possible à celui qui est habitué à la représentation, qui n'est pas sorti de l'essence sensible pour revenir dans la pensée : – que Dieu au sens spéculatif soit exprimé par là, que le plus sublime soit exprimé dans ces mots communs, le plus profond dans ces termes familiers, d'un usage facile et courant, ce qui est le plus riche dans la pauvreté de ces abstractions, cela ne semble pas possible à un tel homme.

Tout d'abord, en opposition à la réalité commune, mais d'une façon générale, le genre, l'universel de toute réalité est justement cette scission, il est la construction, la multiplicité de l'essence simple, son opposition et la subsistance de celle-ci, – différence quantitative. Cette idée a donc la réalité à même elle-même; elle est le concept essentiel, le concept simple de la réalité, – l'élévation dans la pensée, non pas comme fuite hors du réel, mais exprimant le réel lui-même dans son essence. Nous trouvons ici la raison exprimant son essence; et la réalité absolue est immédiatement l'unité elle-même.

Or, relativement à cette réalité, il est excellent que la difficulté pour ceux qui ne pensent pas spéculativement se soit très largement réduite; – en d'autres termes : quel est le rapport de cette réalité à la réalité commune ? Il en a été comme dans le cas des idées platoniciennes, qui sont tout à fait proches de ces nombres ou plutôt de ces concepts purs. La question qui se pose immédiatement est en effet : « Les nombres, où sont-ils ? Séparés par l'espace, habitant pour soi dans le ciel des idées ? Ils ne sont pas immédiatement les choses mêmes; car une chose, une substance est certes quelque chose d'autre qu'un nombre, – un corps n'a aucune ressemblance avec un nombre ». α) Les Pythagoriciens n'avaient pas du tout en vue par là

271 ce qu'on entend par archétypes[63], comme si les idées, les lois et | les rapports des choses existaient dans un entendement créateur, à titre de pensées d'une conscience, d'idées dans l'entendement divin, séparées des choses, comme les pensées d'un artiste le sont de son œuvre; β) ce qu'ils avaient en vue par là était encore bien moins des pensées dans notre conscience, puisque nous donnons pour expliquer les propriétés des choses les raisons absolument opposées, quelque chose de subjectif, qui n'est ce qu'il est que dans notre pensée : – mais la substance réelle des étants est déterminée de telle façon que tout étant, quel qu'il soit, n'est essentiellement que ceci (que son être est ceci) : α) être un, β) avoir à même lui la monade et la dyade, leur opposition et leur relation; c'est ainsi qu'est toute chose, et son être consiste précisément en ceci qu'elle est ainsi.

Aristote[64] le dit expressément : « c'est une conception propre aux Pythagoriciens que de considérer que le limité, l'infini et l'un ne sont pas des natures différentes » d'où les choses procéderaient, tireraient leur origine, et où elles retourneraient, – ils ne leur donnaient pas en effet une réalité différente de celle des choses, « comme le feu etc.; mais ils considéraient des déterminations telles que l'infini et l'un comme étant la substance des choses elles-mêmes auxquelles ils les attribuaient en prédicats; et le nombre selon eux est l'essence de tout… ». « Mais ils ne séparent pas les nombres des choses; ceux-ci valent à leurs yeux pour les choses mêmes » [65]. « Le nombre est le principe (ἀρχή) et la matière (ὕλη) des choses, ainsi que leurs propriétés et leurs forces » [66], – il est donc la pensée, la substance ou la chose, ce qu'elle est dans l'essence de la pensée.

272 | Ces déterminations abstraites ont été ensuite déterminées plus concrètement, – surtout par les penseurs postérieurs Jamblique, Porphyre, Nicomaque, dans leurs spéculations sur Dieu, – au moyen de représentations religieuses (*Théologoumènes arithmétiques*). Ils cherchaient à élever les déterminations de la religion populaire en y introduisant de telles déterminations de la pensée. Ce qu'ils entendaient par monade n'était rien d'autre que Dieu. Ils l'appellent Dieu, l'Esprit, l'Hermaphrodite (qui contient en soi les deux déterminations, aussi bien le pair que l'impair), et aussi la Substance, la Raison, le Chaos (parce qu'elle est indéterminée),

63. Contre ceux qui présentent les idées comme des archétypes, Aristote dit très bien (*Metaph.*, I, 9, 991a, 20-23) : « Quant à dire que les Idées sont des paradigmes et que les autres choses participent d'elles, c'est se payer de mots vides de sens et faire des métaphores poétiques. Où donc travaille-t-on en fixant les yeux sur les Idées ? ».

64. Arist., *Metaph.*, I, 5.

65. Arist., *Metaph.*, I, 6.

66. Arist., *Metaph.*, I, 5.

le Tartare, Jupiter, la Forme. De même ils donnaient à la dyade des noms comme : la Matière, puis le Principe de l'inégal, la Lutte, le Générateur, Isis etc.

c) – C'est ensuite la *triade* qui a été surtout un nombre très important. Elle est le nombre dans lequel la monade parvient à sa réalité, à son achèvement. La monade progresse par la dyade, et en se liant à nouveau sous l'unité avec ce multiple indéterminé, elle est la triade. Unité et multiplicité sont présentes dans la triade de la pire manière : à titre de composition extérieure. Quelle que soit l'abstraction dans laquelle cela est pris ici, cette triade n'en est pas moins une détermination extrêmement importante. La triade vaut alors d'une façon générale pour la première chose parfaite. Aristote[67] déclare à son sujet : « Le corporel en dehors du trois n'a plus aucune grandeur » – (c'est-à-dire de dimension, de grandeur qualitativement nécessaire, car il est déterminé par les trois dimensions); – « c'est ce qui fait dire aussi aux Pythagoriciens que le tout et toutes choses sont déterminés par triplicité » (ont forme absolue, τὸ πᾶν καὶ τὰ πάντα τοῖς τρισὶν ὥρισται). « Car le nombre du tout a fin, milieu et commencement; et ce nombre est la triade ». Tout faire rentrer sous celle-ci est superficiel, comme les schèmes dans la philosophie moderne de la nature. « C'est pourquoi recevant nous aussi de la nature cette loi (détermination), | nous 273
l'employons dans le culte », quand nous nous adressons aux dieux, de telle sorte que c'est seulement après les avoir invoqués trois fois dans la prière que nous croyons nous être vraiment adressés à eux, – trois fois saint. « De deux, nous disons "l'un et l'autre", mais non pas tous (πάντας δ' οὐ λέγομεν); c'est seulement de trois que nous disons tous. Ce qui est déterminé par trois est le tout (ou tout, πᾶν). Cela seulement est la totalité. Ce qui est divisé de triple manière est parfaitement divisé (τριχῇ δὲ ὂν διαιρετὸν πάντη διαιτερόν) : quelque chose est seulement dans un » (identité abstraite), autre chose seulement dans deux (seulement opposition), « mais ceci est totalement ». En d'autres termes, ce qui est parfait est triplicité : continu, égal à soi-même; inégalement divisible, l'opposition est en lui; et son unité, c'est la totalité de cette différence; – c'est le cas du nombre en général, mais c'est au niveau de la triplicité que cela est effectif. La triade est forme profonde.

On comprend dès lors que les Chrétiens aient cherché dans cette triplicité – leur Trinité, et l'y aient trouvée. On n'a pas manqué – superficiellement – de leur en faire reproche, – comme si cette Trinité était au-delà

67. *De Coelo*, I, 1.

de la raison, comme si elle était un secret tantôt trop élevé pour que les Anciens l'aient possédée, tantôt trop absurde, – que ce soit pour l'un ou pour l'autre motif, on n'a pas voulu rapprocher cette Trinité de la raison. Si cette Trinité contient un sens, il nous faut le comprendre. Il serait désespérant qu'il n'y en ait aucun dans ce qui a été pendant deux mille ans la représentation la plus sainte des Chrétiens : comme si cette Trinité était trop sainte pour s'abaisser, – ou bien était déjà totalement abandonnée, en sorte que ce serait aller contre la bienséance que de vouloir y chercher un sens. Il ne peut d'ailleurs être question que du concept de cette trinité, et non de la représentation d'un père, d'un fils; – les rapports naturels ne nous concernent en rien.

Quant à ce qu'est cette triplicité, Aristote l'a exprimé de manière tout à fait précise; ce qui est parfait, ou ce qui a réalité, est tel dans la triplicité :
274 commencement, milieu et fin. Le principe | est le simple; le milieu est son devenir-autre (dyade, opposition); l'unité (esprit) est la fin : retour de son être-autre dans cette unité. Toute chose est α) être, quelque chose de simple β) diversité, variété; γ) unité des deux, unité dans son être-autre. Si nous lui enlevons cette triplicité, nous l'anéantissons, nous en faisons un être de raison, une abstraction.

d) – Après le trois vient la *tétrade.* Quatre a eu chez les Pythagoriciens cette haute dignité parce qu'il est triade, mais de manière plus développée. Avoir considéré la tétrade comme un tel achèvement est superficiel, absolument parlant; elle fait penser aux quatre éléments, aux éléments chimiques, aux quatre régions du ciel (quatre existe partout dans la nature); aujourd'hui encore, la tétrade est également célèbre. En tant que nombre elle est l'achèvement de la dyade, l'unité retournant en soi-même, la production de la dyade, de l'opposition qui s'élève à la seconde puissance, se donne l'égalité avec soi-même. La dualité qui procède de telle façon qu'elle n'a soi-même pour détermination, la dualité égalée avec soi-même (c'est-à-dire multipliée par soi-même), posée dans l'unité avec soi-même, est quaternité, le carré de deux. Relativement à la triade, – elle est ainsi contenue en elle. La triade est α) unité, β) être-autre, et γ) leur unité. Autre, négatif, point, limite ne sont comptés que pour un seul moment; mais leur réalité est deux, – la différence, en tant que posée, est deux, quelque chose de doublé. Le troisième terme est l'unité de la monade et des deux différences; si nous comptons ces déterminations, elles sont bien quatre. Quatre appartient donc à la triplicité.

La tétrade a été saisie de façon plus précise dans la notion de *tétractys*, le quatre efficace, actif (de τέτταρα, ἄγω) et celle-ci est devenue par la suite, chez les Pythagoriciens postérieurs, le nombre le plus célèbre. Dans le fragment d'un poème d'Empédocle, qui fut à l'origine pythagoricien, on voit en quelle haute considération cette tétractys était tenue[68] :

| ... Si tu fais cela, 275
Tu seras conduit sur le sentier de la vertu divine ;
Je le jure par celui[69] qui a donné à notre esprit la Tétractys,
Qui de l'éternelle nature recèle en elle la source et les racines.

e) – De là les Pythagoriciens passent aussitôt à la dizaine, qui est une autre forme de cette tétrade. De même que le quatre est le trois achevé, de même cette quaternité est à son tour achevée, développée – tous ses moments sont pris comme des différences réelles, chaque moment étant pris comme un nombre entier (sinon chacun est seulement un) – c'est la *décade*, la tétrade réelle. « Tétractys signifie l'achèvement que les quatre premiers nombres contiennent en eux; 1 + 2 + 3 + 4 = 10 ». Mais la réalité à laquelle sont empruntées les déterminations, n'est ici que la réalité extérieure et superficielle du nombre, elle n'est pas un concept. Dans quatre, il y a seulement quatre unités; – c'est une grande pensée de ne pas les poser en tant qu'un. « En tant que nombre celui-ci est donc à son tour le plus parfait ». La tétractys est idée, mais pas tellement en tant que nombre. « Si nous en venons à dix, nous le considérons à son tour en tant qu'unité, et nous reprenons les choses au commencement. La tétractys, est-il dit, a en elle la source et la racine de la nature éternelle, parce qu'elle est le logos de l'univers, du spirituel et du corporel » [70]. C'est ce que dit un penseur postérieur, Proclus, en le tirant d'un hymne pythagoricien : « Le nombre divin avance » (πρόεισι, ci-dessus περιπατεῖται),

Jusqu'à ce que, sortant du sanctuaire inviolé de la Monade,
Il parvienne à la divine Tétrade qui engendre la mère de tout,
Laquelle a conçu toute chose, elle, la limite ancienne de tout,
Immuable, infatigable ; on la nomme la sainte Décade[71].

| La suite de la progression numérique est insuffisante. Ce qu'on trouve 276
au sujet du reste des nombres est plus indéterminé, en eux le concept se perd. Jusqu'à cinq, il peut bien encore y avoir une pensée dans les nombres, mais à partir de six, ce ne sont plus que des déterminations arbitraires.

68. <*Gnomicorum Poetarum Opera* : vol. I ; Pyth., *Aureum Carmen*, ed. Glandorf : Fragm. I, v. 45-48> ; Sextus Emp., *Adv. Math.*, IV, § *et Fabric. ad. h. 1.*

69. Pythagore.

70. Sextus Emp., *Ad. Math.*, IV, § 3 ; VII, § 94-95.

71. Fabricius, *Ad Sextus Emp. Hyp. Pyrrh.*, IV, § 3.

2) – Mais cette idée simple et la réalité simple contenue en elle doivent à présent être développées davantage, pour parvenir à la réalité plus composée, plus développée. Comment les Pythagoriciens s'y sont-ils pris pour passer des déterminations logiques abstraites à des formes qui signifient une application concrète *des nombres* ? Les déterminations des objets concrets par les nombres que les Pythagoriciens ont réalisées ont encore une relation étroite avec leur objet dans le domaine spatial et dans le domaine musical; mais dans les objets plus concrets de la nature et de l'esprit, elles deviennent quelque chose de purement formel et de vide.

a) Concernant la manière dont les Pythagoriciens « construisirent l'organisme du monde à partir des nombres », Sextus[72] donne un exemple appartenant aux rapports spatiaux, et certes on peut en pareil cas se tirer d'affaire à l'aide de ces principes idéels. On a alors des déterminations spatiales abstraites faciles; et les nombres sont en fait des déterminations achevées de l'espace. Si en effet, quand on traite de l'espace, on commence par le point, par la première négation du vide, le « point correspond à l'unité; il est un indivisible (ἀδιαίρετον), il est aussi le principe des lignes, comme l'unité est celui des nombres. Le point jouant le rôle de monade, la ligne exprime la dyade; car toutes deux sont conçues par le moyen de la transition (κατὰ μετάβασιν νοεῖται), – la ligne est la pure relation de deux points, elle est sans largeur. La surface procède de la triplicité. Mais la figure solide, le corps appartient à la quaternité (τετράς); en elle sont posées trois dimensions. D'autres disent que le corps consiste (συνίσ-
277 τασθαι) en | un seul point » (c'est-à-dire que son essence est un seul point); « car le point fluent donne la ligne, la ligne fluente donne la surface et cette surface le corps. Ils présentent avec les premiers la différence suivante : tandis que ceux-là font d'abord naître les nombres de la monade et de la dyade indéterminée, et font naître ensuite des nombres les points, les lignes, les surfaces et les figures corporelles, ceux-ci à partir d'un seul point construisent tout le reste ». Pour les uns la différence est l'opposition posée, la forme posée, en tant que dualité; les autres ont la forme, en tant qu'activité. « Le corporel est donc formé sous la direction des nombres (ἡγουμενῶν τῶν ἀριθμῶν), et c'est d'eux que sont faits les corps déterminés, l'eau, l'air, le feu et d'une façon générale l'univers tout entier dont ils disent qu'il est formé selon l'harmonie (διοικεῖσθαι) – selon une harmonie qui elle aussi consiste uniquement en rapports numériques qui

72. Sextus Emp., *Adv. Math.*, X, § 277-283.

constituent les divers accords de l'harmonie absolue » (ἐν οἷς οἱ λόγοι εἰσὶ τῶν συστατικῶν τῆς τελείου ἁρμονίας συμφωνιῶν).

Il est à remarquer à ce sujet que la progression du point à l'espace effectif (réel, car les lignes et les surfaces ne sont que des moments, des abstractions) a en même temps pour signification l'occupation de l'espace. Car un est essence, substance, matière[73]; il est seulement différence de l'espace et de l'espace rempli. De plus la construction progresse de façon simple; il est le mouvement ou relation. Le concept de ligne est pure relation du point; le point est pur un, – un en tant que pure activité, pure relation : ligne. De même la surface est relation de la ligne, multiplication de soi avec soi, production, être-actif, continuité, universalité; et il en est de même pour l'espace corporel. Ce développement se produit davantage sous forme contingente : mouvement ou construction extérieure. | Mais 278
cela va encore; s'il s'agit par contre de passer de l'occupation de l'espace en général à une occupation déterminée (comme pour l'eau, la terre etc.), – c'est autre chose, cela présente plus de difficulté. Ou plutôt les Pythagoriciens n'ont pas accompli ce passage, l'univers lui-même a chez eux cette forme spéculative simple : à savoir celle d'être présenté comme un système de rapports numériques. Mais ce qui est physique n'est pas encore déterminé par là.

b) Une autre application de la détermination numérique où son caractère essentiel est mis en évidence, est donnée dans les rapports musicaux, – où c'est avant tout le nombre qui constitue le facteur déterminant. Les différences se manifestent ici comme étant divers rapports de nombres, et cette manière de déterminer l'élément musical est la seule. Le rapport mutuel des sons repose sur des différences quantitatives susceptibles de former l'harmonie, et vis-à-vis desquelles d'autres forment des disharmonies. C'est pourquoi les Pythagoriciens traitaient la musique comme quelque chose de psychagogique, de pédagogique[74]. Pythagore a été le premier à avoir compris que les rapports musicaux, ces différences audibles, étaient déterminables mathématiquement, – que notre audition de l'accord et de la dissonance était une comparaison mathématique. Le sentiment subjectif qui dans l'audition est simple, mais qui en soi est relatif, Pythagore l'a revendiqué pour l'entendement et l'a conquis pour lui au

73. Arist., *Metaph.*, I, 8.
74. <Porphyrius, *De Vita Pyth.*, § 30.>

moyen d'une détermination fixe. C'est à lui qu'est attribuée la découverte des sons fondamentaux de l'harmonie, qui reposent sur les rapports numériques les plus simples. On raconte[75] que, passant près de l'atelier d'un forgeron, Pythagore eut l'attention attirée par les coups qui donnaient un accord particulier. Il aurait alors comparé le rapport de pesanteur des
279 marteaux qui donnaient un certain accord | et aurait déterminé d'après lui mathématiquement le rapport entre les sons ; ce dont il fit enfin l'application et l'essai sur des cordes. Les rapports qui s'offrirent tout d'abord à lui furent : le diapason, le diapente et le diatessaron. On sait que le son d'une corde (ou de ce qui lui est semblable, la colonne d'air dans un tube quand il s'agit des instruments à vent) dépend de trois circonstances : de sa longueur, de son épaisseur et du degré de sa tension. Si l'on a deux cordes d'égale épaisseur et d'égale longueur, une différence de tension produit une différence de son. Nous ne comparons ainsi que leur tension ; celle-ci peut être mesurée par un poids suspendu à des cordes et qui les tend.

Pythagore trouva que si une corde est chargée d'un poids de douze livres, et l'autre de six livres (λόγος διπλάσιος, 1 : 2), cela donnait l'accord musical de l'octave (διὰ πασῶν) ; le rapport 8 : 12 ou 2 : 3 (λόγος ἡμιόλιος) donnait l'accord de quinte (διά πέντε) le rapport 9 : 12 ou 3 : 4 (λόγος ἐπίτριτος) donnait la quarte (διὰ τεσσάρων)[76]. Un nombre différent d'oscillations en des temps égaux détermine la hauteur du son ; ce nombre est dans le rapport du poids, quand la grosseur et la longueur sont égales. Dans le premier rapport, la corde plus fortement tendue fait le double des oscillations de l'autre ; dans le deuxième, elle en fait trois pendant que l'autre en fait deux, et ainsi de suite. Ici le nombre est ce qui détermine véritablement la différence. Le son est seulement un ébranlement, un mouvement. Il y a aussi, il est vrai, des différences qualitatives, – par exemple entre les sons du métal et ceux des cordes de boyau, entre la voix humaine et les instruments à vent ; mais le rapport musical proprement dit des sons d'un instrument – ce sur quoi l'harmonie repose
280 | – est un rapport de nombres. Le son n'est rien que l'oscillation d'un corps, – une détermination par l'espace et le temps ; il ne peut alors exister pour la différence d'autre détermination que celle du nombre, – la quantité des oscillations en un temps donné. Nulle part une détermination par les nombres n'est plus à sa place qu'ici.

75. <Jamblichus, *De Vita Pyth.*, c. XXVI, § 115.>

76. <Sextus Emp., *Hyp. Pyrrh.*, III, § 18 ; *Adv. Math.*, IV, § 6-7 ; VII, § 95-97 ; X, § 283.>

À partir de là, les Pythagoriciens s'engageaient dans des développements détaillés de la théorie musicale où nous ne les suivrons pas. La loi *a priori* de la progression et la nécessité du mouvement dans les rapports numériques sont quelque chose qui demeure en pleine obscurité : c'est là un domaine où peuvent se complaire les esprits confus, car il s'y présente partout des allusions à des concepts, des concordances superficielles qui disparaissent aussitôt.

Quant à la poursuite de la formation de l'univers en tant que système numérique, c'est bien là que s'offre dans toute son étendue l'affligeante confusion de pensée des Pythagoriciens postérieurs. On ne saurait dire à quel point ils se sont efforcés d'exprimer en un système numérique des pensées philosophiques, tout comme d'interpréter les expressions qu'ils trouvaient chez d'autres et auxquelles ils attribuaient tous les sens possibles ; – relations insipides et superficielles quand le concept est abandonné. Mais sur cette question la pensée des Pythagoriciens plus anciens ne nous est connue que dans ses grandes lignes. Platon nous donne un spécimen d'une pareille représentation de l'univers en tant que système numérique ; mais Cicéron et les auteurs plus anciens appelaient toujours ces nombres les nombres platoniciens, et il ne semble pas qu'ils soient attribués aux Pythagoriciens. Il sera donc question de cela par la suite. Ils étaient déjà devenus proverbiaux au temps de Cicéron pour leur obscurité ; mais ce qui est ancien en eux se réduit à peu de chose.

c) Les Pythagoriciens ont en outre construit à l'aide de nombres les *corps célestes* de l'univers visible. Dès que l'on doit passer à quelque chose de plus concret, | la détermination numérique manifeste aussitôt son indigence **281**
et son abstraction. Aristote[77] dit : « En définissant les nombres comme les principes de la nature entière, ils soumettaient (συνάγοντες) aux nombres et à leurs rapports toutes les déterminations et toutes les parties du ciel et de la nature entière (πρὸς τὴν ὅλην διακόσμησιν). Et là où quelque chose n'allait pas tout à fait, ils cherchaient à combler cette lacune d'une autre manière pour arriver à une concordance. Par exemple, comme la décade leur apparaissait être ce qui est parfait et embrassait à leurs yeux la nature entière des nombres, ils disaient donc des sphères qui se meuvent dans le ciel (τὰ φερόμενα) qu'elles étaient dix elles aussi ; mais comme neuf seulement d'entre elles sont visibles, ils en inventèrent une dixième, l'anti-terre (τὴν ἀντίχθονα) ». Ces neuf sont : les cinq (sept) planètes alors connues, 1) Mercure, 2) Vénus, 3) Mars, 4) Jupiter, 5) Saturne, – et aussi

77. Arist., *Metaph.*, I, 5.

6) le Soleil, 7) la Lune, 8) la Terre, et 9) la voie lactée (les étoiles fixes). La dixième est donc l'Anti-terre, dont on ne peut décider s'ils se la représentaient comme le côté caché de la terre ou comme un globe terrestre tout différent.

Au sujet de la détermination physique plus précise de ces sphères, Aristote[78] rapporte : « Au centre, les Pythagoriciens ont placé le feu, la terre étant une étoile qui se meut en un cercle autour de ce corps central »; ce cercle est alors une sphère et il est donc la plus parfaite des figures, correspondant à la décade, – en tant que nombre rond. « Et ils opposent une autre terre à celle-ci ». Cela correspond à nos représentations. Il y a là une certaine ressemblance avec notre système solaire. Mais dans ce feu dont nous avons parlé, ce n'est pas le soleil qu'ils se représentaient. « Ils ne s'en tenaient » donc « pas », dit Aristote, « à l'apparence des sens, mais à des raisons » de même que nous aussi nous concluons d'après des raisons
282 | contre le phénomène sensible. C'est même là pour nous d'ordinaire le premier exemple qui se présente pour affirmer que les choses sont autres qu'elles n'apparaissent. « Ce feu qui est au centre, ils l'appelaient la garde de Zeus ... ». « Or ces dix sphères, comme tout mobile, produisent un bruit; mais chacune avec une sonorité différente, selon leurs différences de grandeur et de vitesse. Ces différences sont déterminées par les différentes distances qui ont entre elles un rapport harmonique, conforme aux intervalles musicaux; c'est ce qui donne alors naissance à une voix harmonieuse (musique) des sphères en mouvement (monde) », un chœur mondial harmonieux[79].

Il nous faut reconnaître ce que cette idée a de grandiose, – c'est une idée nécessaire. En effet le système des sphères célestes est un système dans lequel tout est déterminé en des rapports numériques comportant entre eux une nécessité et devant être conçus en tant que nécessité, – et c'est là un système de rapports qui doit également constituer la base et l'essence dans le domaine de l'audible, dans la musique. La pensée qui est formulée ici est celle d'un système de l'univers – du système solaire – ; celui-ci seulement est rationnel pour nous, – les autres étoiles n'ont par contre aucune dignité. Quant à l'idée que les sphères chantent, que ces mouvements existeraient sous forme de sons, cela peut nous paraître aussi admissible à l'entendement que le repos du soleil ou le mouvement de la terre, – contre le témoignage des sens; nous n'entendons pas ces sons, mais nous ne voyons pas non plus ce repos et ce mouvement. Et il est facile – objection

78. Arist., *De Coelo*, II, 13.
79. Arist., *De Coelo*, II, 9.

immédiate – d'imaginer dans ces espaces un silence universel parce que nous n'entendons rien de ce chœur; mais il est plus difficile de donner la raison pour laquelle nous n'entendons pas cette musique. Les Pythagoriciens disent : « Nous ne l'entendons pas parce que nous vivons nous-même en elle », parce qu'elle appartient à notre substance, qu'elle est identique à nous, parce qu'« elle n'est pas autre chose nous faisant face »; de même que nous sommes compris entièrement dans le | mouvement de la 283
terre. Ce mouvement ne devient pas un son parce que[80] les corps célestes ne se rapportent pas les uns aux autres en tant que corps, parce que l'espace et le temps dans leur pureté (les moments du mouvement) n'en viennent à s'élever à la voix propre, sans l'action d'un choc extérieur, que dans le corps animé, et que le mouvement ne parvient à cette individualité spécifique fixée que dans l'animal proprement dit; et le son exige un contact extérieur, un choc (frottement) du corps, – de même que c'est une individualité momentanée, un anéantissement de la particularité, de l'individualité propre en tant qu'élasticité qui résonne : mais les corps célestes sont libres les uns par rapport aux autres, – leur mouvement est universel, non-individuel, libre.

Nous pouvons laisser de côté les sons, la musique des sphères est une grande représentation de l'imagination, – sans véritable intérêt pour nous. Mais l'idée de présenter le mouvement comme mesure, comme système nécessaire de nombres et de rapports numériques, cette idée est nécessaire. Car la différence, le rapport n'est ici déterminé que comme nombre, comme grandeur, – c'est là le mode de l'existence; car les déterminations sont dans cet élément idéal de l'espace et du temps. La pensée contenue dans ce développement est que celles-ci sont dans des rapports nécessaires, et que ceux-ci sont harmonieux, – en tant que rationnels; il ne s'est rien fait de plus jusqu'à nos jours. À un certain égard, nous sommes plus avancés que Pythagore. Les lois : l'excentricité, comment les distances et les temps du circuit se rapportent les uns aux autres, nous les connaissons grâce à Kepler; mais le facteur d'harmonie grâce auquel les distances se déterminent, – aucune mathématique n'a pu encore en donner la raison (la loi selon laquelle il procède). On connaît avec exactitude les nombres empiriques; mais tout a l'apparence de la contingence, non de la nécessité. On connaît une régularité approximative des distances, et l'on a ainsi pressenti avec bonheur entre Mars et Jupiter de nouvelles planètes là où l'on a découvert

80. Voir les arguments d'Aristote, a. a. O.

284 plus tard Cérès, Vesta, | Pallas etc., mais une série conséquente où il y ait raison, entendement, l'astronomie ne l'a pas encore trouvée dans tout cela. Elle regarde plutôt avec dédain la présentation régulière de cette série ; mais c'est là un point extrêmement important et qui ne doit pas être abandonné.

d) Les Pythagoriciens ont aussi fait une application de leur principe à l'âme; ils ont ainsi déterminé le spirituel comme nombre. Aristote[81] rapporte en outre qu'« ils avaient pensé que l'âme était les poussières solaires ; selon d'autres, elle serait ce qui meut ces poussières. Ils en seraient venus à cette affirmation parce que ces grains de poussière se meuvent sans cesse, même par calme plat »; ils devraient donc avoir un mouvement propre. Cela n'a pas grande signification, mais montre toutefois qu'ils ont cherché « la détermination de l'automouvement dans l'âme ». L'application plus précise des concepts numériques à l'âme était faite ainsi par les Pythagoriciens : « Une autre exposition est la suivante. L'entendement, la pensée (νοῦς) est l'un », pour soi, comme l'égal à soi-même ; « le connaître ou la science est le deux, car elle a uniquement » (μοναχῶς, pour soi) « rapport à l'un. Mais le nombre de la surface est la représentation, l'opinion » (trois) ; « la sensation est le nombre du corporel » (quatre), – des puissances, dirions-nous aujourd'hui. « Toutes les choses sont jugées ou par l'entendement, ou par la science, ou par l'opinion, ou par la sensation ». Dans ces déterminations, qu'il faut toutefois attribuer aux Pythagoriciens postérieurs, on peut certes trouver quelque chose d'adéquat, puisque la pensée est l'universalité pure, et que le connaître a déjà davantage affaire à autre chose (le savoir va déjà plus loin, il se donne une détermination, un contenu), et la sensation est ce qui est le plus développé d'après sa déterminité. « Comme l'âme se meut en même temps soi-même, elle est le
285 nombre se mouvant | soi-même ». Ce développement, trouvons-nous, n'est pas exprimé en corrélation avec la monade.

C'est là un rapport simple aux déterminations numériques. Aristote[82] en cite un plus compliqué, de *Timée* (dans le *Timée* platonicien, cette représentation se présente avec plus de développement) : « L'âme se meut soi-même et meut aussi le corps, parce qu'elle est entrelacée avec lui » (διὰ τὸ συμπεπλέχθαι πρὸς αὐτό). « Elle se compose des éléments » (συνεστηκυῖαν ἐκ τῶν στοιχείων, nombres) « et est divisée selon les nombres harmoniques (καὶ μεμερισμένην κατὰ τοὺς ἁρμονικοὺς ἀριθμούς) afin de posséder la sensation et une harmonie qui lui

81. *De Anima*, I, 2.
82. *De Anima*, I, 3.

est immédiatement immanente (σύμφυτον ἁρμονίαν) ». Il dit en outre : « et afin que l'ensemble possède des impulsions consonantes » (συμφώνους φοράς, mouvements, directions), « il a » (Timée) « courbé en un cercle la rectitude » (εὐθυωρίαν, la ligne de l'harmonie), « et divisé le cercle entier en deux nouveaux cercles, doublement connectés » (en deux points, δισσαχῇ); « et il a » enfin « divisé à son tour l'un de ces cercles en sept cercles, afin que, tels étant les mouvements du ciel, tels soient aussi ceux de l'âme ». Aristote n'a malheureusement pas donné de façon plus précise le sens de ces représentations. Il y a en elles une profonde conscience de l'harmonie du tout. Mais ce sont des formes qui prises en elles-mêmes demeurent obscures, car elles sont maladroites et inaéquates; il y a toujours une profonde intuition et une violence dans l'expression pour retenir et présenter l'union dans la différence et la distinction, – c'est une lutte avec les matériaux de la présentation comme dans les formes et les déformations des mythes. Rien n'a la souplesse de la pensée, sinon la pensée même. Il est remarquable que les Pythagoriciens ont saisi l'âme comme un système qui serait une réplique du système du ciel. Dans les nombres platoniciens se trouve | cette même représentation de la série de **286**
rapports recourbée en un cercle etc. Platon indique aussi les rapports numériques plus précis, mais non leur signification; jusqu'à nos jours, rien de particulièrement intelligent n'a encore pu en être tiré. Un tel arrangement de nombres est facile; mais en donner la signification de façon judicieuse est difficile et demeurera toujours arbitraire. « Il a dit à tort que l'âme est une grandeur. Car l'entendement (νοῦς) est un et identique (εἷς καὶ συνεχής) comme le penser (ὥσπερ καὶ ἡ νόησις), mais le penser est les pensées (ἡ δὲ νόησις τὰ νοήματα) ».

Ce qui est encore remarquable chez les Pythagoriciens est une détermination concernant l'âme; il s'agit de la migration des âmes (μετεμψύχωσις). Selon Cicéron[83] « Phérécyde, le maître de Pythagore, a été le premier à dire que les âmes des hommes sont immortelles ». La diffusion de la doctrine de la migration des âmes s'étend jusque dans l'Inde, et sans doute Pythagore l'a-t-il empruntée aux Égyptiens; et c'est ce que dit expressément Hérodote[84]. Après un récit portant sur les mythes des Égyptiens concernant le monde souterrain, il ajoute : « Les Égyptiens ont été les premiers à avoir dit que l'âme de l'homme est immortelle », et

83. *Tusc. Quaest.*, I, 16 : *Pherecydes Syrius primum dixit, animos hominum esse sempiternos ; antiquus sane, fuit enim meo regnante gentili* (selon M. Cousin, il s'agit de Servius Tullius). *Hanc opinionem discipulus ejus Pythagoras maxime confirmavit.*

84. Libr. II, c. 123.

qu'après la mort de celui-ci, « elle passe dans un autre vivant tandis que le corps est détruit. Et quand elle a » (non par châtiment) « passé par tous les animaux, terrestres, marins et aériens » (totalité de la métempsychose) : « elle occupe à nouveau le corps d'un homme; une telle période est accomplie en 3.000 ans [85]. Ces représentations existent aussi chez les
287 | Hellènes[86]. Il en est quelques-uns qui à un moment ou à un autre ont fait usage de cette doctrine, et qui en ont parlé comme si elle leur était particulière (ἐχρήσαντο ὡς ἰδίῳ). Je connais bien leurs noms, mais ne veux pas l'écrire ». Il a ainsi en vue, indéniablement, Pythagore et ses disciples.

C'est un thème qui a encore donné lieu à beaucoup de fabulation par la suite, – à de sottes histoires[87] : « Pythagore lui-même aurait assuré savoir encore qui il avait été antérieurement, Hermès lui ayant accordé la conscience de son état avant sa naissance. α) Il aurait été Étalide, le fils d'Hermès; β) puis dans la guerre de Troie, Euphorbe, fils de Panthos qui tua Patrocle et fut tué par Ménélas[88], γ) puis Hermotime; δ) puis un certain Pyrrhus, pêcheur de Délos – en tout plus de 207 ans. Ménélas aurait consacré le bouclier d'Euphorbe à Apollon, et Pythagore, s'étant rendu au temple, aurait indiqué dans le bouclier tombé en putréfaction des signes inconnus auparavant et grâce auxquels il fut reconnu ». Nous ne nous attarderons pas à considérer ces fables très variées.

Comme on l'a déjà remarqué, la confrérie de Pythagore était elle aussi un emprunt qu'il avait fait aux prêtres égyptiens. On doit également écarter l'une et l'autre de ces représentations orientales, non grecques, empruntées à l'étranger; elles étaient trop éloignées de l'esprit grec pour pouvoir subsister et se développer. La migration des âmes fut une conception passagère en Grèce, et n'a pas d'intérêt philosophique. Chez les Grecs, la conscience de l'individualité supérieure libre était déjà trop forte pour
288 pouvoir s'attacher | à une telle représentation, où l'homme libre, cet être-auprès-de-soi qui est pour soi, passerait dans la modalité animale. Il y a bien chez eux la représentation d'hommes qui sont devenus des sources, des arbres, des animaux etc., mais cette représentation implique à sa racine celle de la dégradation, elle apparaît comme un châtiment, comme la conséquence d'une faute.

85. L'âme parcourrait un cercle : Diog. Laert., VIII, 14.

86. Les Gètes eux aussi avaient foi en l'immortalité, Hérodote les nomme ἀθανατίζοντας (IV, c. 93) ce qui leur donnait de la bravoure.

87. <Diog. Laert., VIII, 4-5, 14 ; Porphyrius, § 26-27 ; Jamblichus, c. XIV, § 63.>

88. <*Iliade*, XVI., v. 806-808 ; XVII, v. 45 *sq.*>

Les précisions concernant la prétendue migration des âmes de Pythagore sont données par Aristote[89] de façon occasionnelle : « alors que l'âme "inhabite" le corps, rien n'est déterminé quant à la cause de cette union (διὰ τίν' αἰτίαν) ni quant à la manière dont le corps se comporte (καὶ πῶς ἔχοντος τοῦ σώματος). Car en vertu de leur communauté, l'une agit, l'autre pâtit : celle-là meut, celui-ci est mû; mais rien de tout cela ne se produit dans des choses mutuellement contingentes (τούτων δ' οὐδὲν ὑπάρχει πρὸς ἄλληλα τοῖς τυχοῦσιν) ». C'est brièvement, dans la manière qui lui est propre, qu'Aristote réduit à néant la représentation de la migration des âmes. Il dit : « Selon les mythes pythagoriciens, l'âme contingente pourrait admettre le corps contingent (τὴν τυχοῦσαν ψυχὴν εἰς τὸ τυχὸν ἐνδύεσθαι σῶμα) »; ainsi l'organisation du corps serait pour l'âme quelque chose de contingent. « C'est à peu près comme s'ils disaient que l'art de l'architecte admettrait l'usage de flûtes; car l'art doit se servir d'outils, et l'âme du corps »[m]. Mais tout art a les outils qui lui sont propres; « Chacun doit avoir sa structure (εἶδος καὶ μορφήν) ». Le mode du corps n'est pas contingent par rapport à celui de l'âme, et inversement. Cette contingence est impliquée dans la migration des âmes : l'âme humaine est aussi l'âme animale. La réfutation d'Aristote est suffisante.

L'idée de la métempsychose est totalité, le concept intérieur traverse toutes ces formes, – éternelle métempsychose, unité orientale *prenant forme* en toute chose; c'est précisément ainsi qu'elle est | philosophique. **289**
Mais ce n'est pas ce sens que nous avons dans le cas présent, – peut-être y en a-t-il quelque lueur, mais sous la forme d'une nécessité d'entendement, d'une nécessité déterminée dans l'affirmation : l'âme déterminée, une chose, voyagerait à travers tout. L'âme est ce qui est conscient de soi, ce qui est pensant, – une chose comme celle-là n'a rien d'une telle âme. Or l'âme n'est justement pas une chose comme la monade leibnizienne, en sorte que la bulle dans la tasse de café devient peut-être une âme sentante et pensante, – c'est là une identité abstraite, vide. Cela n'aurait aucun intérêt relativement à l'immortalité.

3) – En ce qui concerne la *philosophie pratique* de Pythagore, qui se rapproche beaucoup des observations qui viennent d'être faites, nous ne connaissons pas grand-chose d'idées philosophiques à ce sujet. Aristote[90]

89. *De Anima*, I, 3.
90. *Magn. Moral.*, I, 1.

m. Littéralement : *die Seele des Körpers*.

dit à cet égard en fait qu'« il a été le premier à avoir tenté de parler de la vertu, mais il ne l'a pas fait comme il convient; car en réduisant les vertus aux nombres, il ne pouvait en former aucune théorie appropriée ». De même qu'ils admettaient l'existence de dix sphères célestes, les Pythagoriciens admettaient dix vertus. La justice, entre autres, est décrite comme « nombre égal un égal nombre de fois » (puissance, ἴσακις ἴσος), – comme l'égal à soi-même de manière égale. Ainsi la justice était-elle une détermination du nombre : c'était un nombre pair qui multiplié par lui-même demeurait toujours pair. La justice est assurément ce qui demeure égal à soi, – c'est là une détermination tout à fait abstraite, qui convient à beaucoup de choses; mais ces choses concrètes ne sont pas épuisées par une telle détermination abstraite.

Ainsi déterminaient-ils par des nombres ce qui est physique, ce qui est moral; mais alors tout devient indéterminé et superficiel, et le concept s'en va.

Sous le nom de Paroles d'or, nous avons une série d'hexamètres qui sont une suite d'aphorismes moraux, mais que l'on attribue à juste titre aux
290 Pythagoriciens postérieurs. | Ils ne sont d'aucune importance, ce sont des règles morales générales et bien connues; elles paraissent toutefois anciennes. Elles commencent par le commandement « d'honorer les dieux immortels tels que la loi nous les présente » puis elles disent : « Honore le serment, et ensuite les héros glorieux », ce qui est en opposition avec les dieux immortels de la foi populaire; les dieux supérieurs et « les inférieurs » sont englobés dans le serment. Puis ces vers se poursuivent avec le précepte. « d'honorer ses parents et ses consanguins »[91] etc., rien d'extraordinaire. Ce sont des enseignements moraux dans lesquels l'élément moral, l'essentiel est énoncé avec une dignité pleine de simplicité; mais de tels enseignements ne méritent pas d'être considérés comme philosophiques, bien qu'ils aient leur importance dans la progression de la culture.

Plus important est le passage de la forme de la moralité à la morale dans son existence. De même que les philosophies physiques du temps de Thalès étaient surtout contemporaines des législateurs et des organisateurs d'États, de même voyons-nous chez Pythagore la philosophie pratique se présenter en tant qu'organisation d'une vie morale. Là-bas, l'idée spéculative, l'essence absolue, selon sa réalité, est dans une essence sensible déterminée; et pareillement la vie morale se présente comme vie

91. <*Gnomicorum Poetarum Opera* vol. 1 – Pyth., *Aureum Carmen*, ed. Glandorf : Fragment. I, v. 1-4.>

universelle, comme esprit effectif d'un peuple, comme lois et gouvernement de ce peuple, – l'élément moral est lui aussi plongé dans la réalité effective. Chez Pythagore, par contre, nous voyons la réalité de l'essence absolue élevée dans la spéculation hors de la réalité sensible, et même exprimée comme essence de la pensée, – quoiqu'encore incomplètement; de même l'essence morale est dégagée de la réalité effective, – c'est une organisation morale de la réalité effective toute entière, non pas toutefois en tant que vie d'un peuple, mais d'une société.

| Nous ne verrons d'ailleurs pas en réalité la philosophie pratique 291
devenir spéculative avant l'époque récente. La confrérie pythagoricienne est une existence arbitraire, une excroissance arbitraire, elle n'est pas, comme l'institution sacerdotale, une partie d'une constitution, sanctionnée et reconnue dans le tout. Pythagore quant à sa personne, en tant que maître, s'est isolé comme les savants. Des commandements comme les dix commandements, ou comme les sentences des Sages de la Grèce, ou comme celles de Pythagore dans ses Paroles d'or, ou comme d'autres sentences appelées ses symboles, ne peuvent pas passer pour de la philosophie spéculative ou pour de la philosophie proprement dite; pas plus que n'en sont capables, d'un autre côté, des concepts et des intuitions physiques qui pénètrent la connexion des causes et des effets et autres choses semblables. Des règles générales de conduite ne peuvent pas davantage être considérées comme quelque chose de spéculatif; ce n'est pas l'hétérogène dans son opposition absolue, ce n'est pas l'être-autre qui est contenu dans ces conceptions et qui est exprimé dans son unité. Le purement spéculatif n'est pas une liaison purement dans la conscience opposée en et pour soi à l'objet, il n'est pas non plus dans la nature opposée en soi et pour soi à la conscience, – ce dernier cas étant celui des sciences physiques, le premier étant celui du savoir moral pratique abstrait[92]; il est au contraire, à l'intérieur de l'élément de la conscience, une manière de faire de la conscience vis-à-vis d'autre chose, l'unité comme substance étant déjà présente, – et non pas la forme de l'indifférent, de l'être-autre autosubsistant qui serait lié. La conscience morale est essentiellement dans la conscience dans la mesure où elle est conscience, – dans la mesure où elle est opposée à la nature, à l'être; mais à l'intérieur de la conscience elle a, en tant que conscience, elle aussi sa réalité ou son être. Le peuple, la
conscience universelle, l'esprit d'un peuple est la substance, | dont la 292

92. Cela vaut aussi pour le savoir théorique, mais un peu différemment. La spéculation en tant qu'essence est pensée ; c'est à l'intérieur de cette opposition abstraite de la conscience universelle et de la conscience singulière qu'est la vérité.

conscience singulière est l'accident, – mais celle-ci est pareillement en et pour soi. Le spéculatif consiste en ce que l'essence de la conscience singulière est l'esprit du peuple, en ce que la loi purement universelle est la conscience absolument individuelle, – en ce que l'esprit du peuple a son essence dans la conscience comme telle; ce sont deux éléments hétérogènes, deux étants-autres qui sont posés en tant qu'un. Mais ces deux côtés ne se présentent pas à nous dans la forme de l'opposition, comme la conscience et la nature, car tous deux sont déjà pour nous inclus dans la sphère de la conscience. C'est seulement dans la morale que se trouve proprement ce concept de la singularité absolue de la conscience, concept dont l'activité ne se rapporte qu'à soi.

Mais que Pythagore ait eu essentiellement à l'esprit ce fait que la substance de la moralité est l'universel : nous en avons un exemple dans « la réponse que fit un Pythagoricien à un père qui lui demandait comment il pourrait donner à son fils l'éducation la meilleure » : « s'il devient citoyen d'un État bien gouverné (πόλεως εὐνομουένης γενηθείη) »[93]. C'est là une grande réponse, pleine de vérité. L'individu est formé dans la famille, et ensuite dans sa patrie, – par l'état de celle-ci qui est fondé sur de véritables lois. À ce grand principe, qui est de vivre dans l'esprit de son peuple, toutes les autres circonstances sont subordonnées. À présent au contraire, on veut maintenir l'éducation indépendante de l'esprit du temps. Une confrérie fermée ne peut trouver place dans un état bien organisé. L'homme se forme pour l'État, qui est la puissance suprême. L'homme ne peut s'y soustraire : même quand il veut s'en séparer, il est inconsciemment soumis à cet universel.

C'est précisément en ce sens que le spéculatif de la philosophie pratique de Pythagore consiste dans le fait que l'idée morale devait trouver réalité sous la forme de cette confrérie. De même que la nature passe dans
293 | le concept et est élevée à la pensée, de même la pensée, en tant que pensée de la réalité effective consciente, passe dans la réalité, – afin d'exister comme esprit d'une communauté, et afin que la conscience singulière, en tant que conscience non réelle, reçoive sa réalité dans une confrérie; si bien que sa croissance ou sa subsistance, sa conservation d'elle-même est d'être dans une telle substance et de se comporter envers elle de manière à devenir en elle conscience de soi universelle.

Nous voyons à l'époque de Thalès l'élément moral prendre naissance en tant que constitution politique universelle, de même que son principe

93. <Diog. Laertius, VIII, § 16.>

théorique est un principe effectif universel; chez Pythagore, nous voyons le principe théorique élevé de la réalité effective en partie dans la pensée, – le nombre est un intermédiaire : de même l'élément s'exclut de la réalité effective universelle consciente pour devenir une confrérie, une association, – le moyen terme entre la moralité effective universelle et le soin que l'individu comme individu doit prendre de sa moralité, celle-ci en tant qu'esprit universel s'étant évanouie. Quand nous verrons la philosophie pratique apparaître à nouveau, c'est dans cette situation que nous la trouverons.

Nous pouvons nous contenter de ce qui vient d'être dit pour nous faire une idée du système pythagoricien. Je vais cependant indiquer brièvement les principaux points de la *critique* aristotélicienne[94] de la forme numérique pythagoricienne. Aristote dit avec raison : « En prenant pour fondement seulement » (le nombre ou) « la limite et l'illimité, le pair et l'impair, ils ne disent pas comment le mouvement se produit ni comment, sans mouvement ni changement, il y a le naître et le disparaître, ou encore les différents états et activités de choses célestes ». Ce défaut est significatif. 1, 2, 3 sont des formes mortes, arides; mais la vitalité et le mouvement constituent | une **294**
autre détermination, qui manque en eux. C'est donc là un principe tout à fait abstrait et insuffisant. Il dit en second lieu : « À partir des nombres, on ne peut concevoir d'autres déterminations des corps, comme la pesanteur et la légèreté », en d'autres termes les déterminations en tant que concepts tout à fait différents, – c'est-à-dire le concret. Le passage d'un nombre à la détermination concrète ne doit pas être fait de cette manière. « Ils disent qu'il n'y a aucun nombre en dehors de ceux attachés aux sphères célestes »; c'est ainsi par exemple qu'une sphère céleste, puis une vertu, une qualité morale, ou un phénomène naturel sur la terre sont déterminés comme étant un seul et même nombre. En chaque chose ou en chaque qualité, chacun des premiers nombres peut être mis en évidence; elle a ces moments à même elle. Mais dans la mesure où le nombre doit exprimer une détermination plus précise, cette détermination quantitative entièrement abstraite devient tout à fait formelle; c'est comme si la plante était cinq, parce qu'elle a cinq étamines. C'est superficiel au même titre que les déterminations par la matière, par l'oxygène etc., ou par les régions du globe; c'est un formalisme pareil à celui qui aujourd'hui veut appliquer à tout des tableaux comme les schémas de l'électricité, du magnétisme, du galvanisme, de la compression

94. *Metaph.*, I, 8.

et de l'expansion, du masculin et du féminin, – c'est une déterminité entièrement vide là où il doit être question du réel.

On attribue en outre à Pythagore et à ses disciples de nombreuses pensées et *découvertes scientifiques*, qui toutefois ne nous concernent en rien. C'est ainsi qu'il aurait reconnu « que l'étoile du matin et celle du soir étaient la même[95] »; « que la lune reçoit sa lumière du soleil[96] ». Le domaine musical a déjà été signalé. Mais de ces découvertes, la plus célèbre est le théorème de Pythagore; il est en fait la proposition principale de la géométrie, qui ne doit pas être considérée comme n'importe quelle autre.
295 | Pythagore aurait sacrifié une hécatombe lors de la découverte de cette proposition[97]; il en a pénétré l'importance. Et on trouvera sans doute remarquable que la joie qu'il en a eue soit allée jusqu'à organiser une grande fête à laquelle furent conviés les riches et le peuple tout entier; cela en valait la peine. C'est une joie, une fête de l'esprit (connaissance), – dont les bœufs firent les frais.

D'autres représentations, qui sont rapportées par les Pythagoriciens sont rapportées de façon contingente et décousue, sont sans intérêt philosophique (rien n'est plus indifférent que ce que les hommes ont tenu pour des opinions), et ne sont à mentionner qu'à titre de choses racontées. Par exemple « les Pythagoriciens admettaient un espace vide que le ciel aspire, et un espace vide qui sépare les natures les unes des autres, et qui crée la séparation dans le continu et le discontinu; il existe d'abord dans les nombres et sépare leur nature[98] ». Diogène Laërce[99] cite encore dans toute leur platitude bien des choses de ce genre (à la façon dont les auteurs postérieurs en général relèvent l'extérieur, ce que l'esprit a délaissé) : « L'air (ἀέρα) qui entoure la terre serait immobile » (ἄσειστον, probablement par soi-même), « et morbide, et tout ce qui est en lui serait mortel; mais l'air supérieur serait en mouvement éternel, et serait pur et sain » – (selon d'autres <ce serait> un feu entourant l'ensemble) – « et en lui tout <serait> immortel et divin. Le soleil, la lune et les autres étoiles seraient des dieux; car en eux domine le chaud, la cause de la vie. L'homme serait apparenté aux dieux, parce qu'il participe du chaud. Les dieux auraient donc soin de nous… Un rayon venu du soleil pénètrerait à travers l'éther épais et froid et vivifierait tout; ils appellent l'air l'éther froid, la mer et

95. <Diog. Laert., VIII, 14.>
96. <Diog. Laert., VIII, 27.>
97. <Diog. Laert., VIII, 12.>
98. <Arist., *Phys.* IV, 6.>
99. <Diog. Laert., VIII, 26-28.>

| l'humidité l'éther dense. L'âme serait un éclat », un fragment détaché « de 296
l'éther (ἀπόσπασμα αἰθέρος) ».

C. *L'École éléatique*

La philosophie pythagoricienne n'a pas encore la forme spéculative d'expression pour le concept. Les nombres sont le concept, mais dans le mode de la représentation, de l'intuition, – les différences sont exprimées dans la forme du quantitatif, non pas en tant que purs concepts ; un mélange de représentation et de concept. Cette expression de l'essence absolue dans une chose telle qu'elle est un pur concept, ou dans quelque chose de pensé, et le mouvement du concept ou du penser, voilà la prochaine étape qui, nous le voyons, se produit nécessairement ; et c'est ce que nous trouvons dans l'école éléatique. En elle nous voyons la pensée devenir à soi-même libre pour soi-même ; dans ce que les Éléates énoncent comme l'essence absolue, nous voyons la pensée se saisir soi-même dans sa pureté, et le mouvement de la pensée en des concepts. Nous trouvons ici le commencement de la dialectique, c'est-à-dire précisément du pur mouvement du penser en des concepts, et par là ainsi l'opposition du penser au phénomène ou à l'être sensible, – l'opposition de ce qui est en soi à l'être-pour-un-autre de cet en soi : et au niveau de l'essence objective nous trouvons la contradiction qu'elle comporte à même elle-même (la dialectique proprement dite). Si dans une réflexion préalable nous nous demandons quel caractère doit avoir la marche de la pensée pure, il apparaît que α) la pensée pure (l'être pur, l'un comme νοούμενον) se pose immédiatement dans sa simplicité et son égalité avec soi-même rigides, – et pose tout le reste comme ce qui est nul ; que β) la pensée d'abord timide – qui, ayant pris force, admet ce qui est autre et s'y engage, – déclare qu'elle le saisit alors lui aussi dans sa simplicité, et met en évidence en cet autre même la nullité qui est la sienne. γ) Elle pose ce qui est autre dans la diversité de ses déterminations en
général. Ainsi verrons-nous l'élaboration due aux Éléates dans | l'histoire. 297
Ces thèses éléatiques intéressent aujourd'hui encore la philosophie, elles sont des moments nécessaires qui doivent se présenter en elle.

On doit compter dans cette école : *Xénophane*, *Parménide*, *Mélissus* et *Zénon*. Xénophane doit en être considéré comme le fondateur, Parménide est donné comme son disciple, et Mélissus, mais surtout Zénon, comme des disciples de Parménide. Ce sont eux en effet qu'il convient de réunir sous le nom d'école éléatique. Plus tard elle perdra son nom, elle s'appellera la Sophistique, et son lieu également passera dans la Grèce proprement dite. Ce que Xénophane a commencé, Parménide et Mélissus en ont poursuivi la formation, et de même, ce que ceux-ci ont enseigné a été ensuite

perfectionné par Zénon. Aristote[1] caractérise les trois premiers comme suit : « Parménide semble appréhender l'un selon le concept (τοῦ κατὰ τὸν λόγον ἑνός), Mélissus selon la matière (τοῦ κατὰ τὴν ὕλην ἅπτεσθαι); c'est pourquoi aussi celui-là dit qu'il est limité, et celui-ci qu'il est illimité. Mais Xénophane, qui est le premier parmi eux à avoir énoncé la thèse de l'un (car Parménide est donné pour son disciple), n'a rien exposé avec netteté », n'a rien déterminé de plus au sujet de cet un, « et ne touche à aucune de ces déterminations (οὐδὲ τῆς φύσεως τούτων ἔοικε οὐδετέρας θιγεῖν); mais plongeant ses regards dans le ciel entier » – (dans le bleu, comme nous disons) – « il a dit que Dieu était l'un. Xénophane et Mélissus sont dans l'ensemble un peu plus grossiers (μικρὸν ἀγροικότεροι); Parménide a plus de pénétration (μᾶλλον βλέπων) », – et il parvient à des concepts plus déterminés. De Xénophane et de Mélissus, nous avons proprement moins à dire; en particulier ce qui nous est parvenu du premier sous forme de fragments et d'informations rapportées par des tiers, est encore dans une fermentation confuse, et il s'y montre conscient de
298 ses concepts à un moindre degré. D'une façon générale, la langue et | les concepts philosophiques étaient encore pauvres, et c'est seulement chez Zénon que la philosophie est parvenue à une expression d'elle-même plus pure.

1. *Xénophane*

L'époque de sa vie[2] est assez déterminée, ce qui est suffisant : il est indifférent que l'année de sa naissance et celle de sa mort ne le soient pas. Il était à peu près contemporain d'Anaximandre et de Pythagore. De sa destinée nous ne connaissons d'une façon plus précise qu'un seul événement, il s'est enfui, sans qu'on en connaisse la raison, de sa ville natale Colophon en Asie Mineure, vers la Grande Grèce, et a séjourné surtout à Zanklé (aujourd'hui Messine) et à Catana (aujourd'hui encore Catane) en Sicile. Je n'ai trouvé nulle part chez les auteurs anciens, l'indication qu'il ait vécu à Élée, bien que tous les historiens modernes de la philosophie l'aient écrit les uns après les autres. Tennemann[3] notamment dit qu'il s'est rendu de Colophon à Élée vers la 61e Olympiade (536 av. J.-C.). Mais Diogène Laërce rapporte seulement qu'il florissait vers la 60e Olympiade, et qu'il avait écrit deux mille vers sur la colonisation (l'histoire) d'Élée; d'où l'on a sans doute inféré qu'il avait été aussi à Élée. C'est ce que

1. *Metaph.*, I, 5.
2. Diog. Laert., IX, 18-20.
3. <Tome I, p. 151 et 414.>

Strabon[4] ne dit expressément que de Parménide et de Zénon, qu'il appelle
des hommes pythagoriciens. C'est donc seulement de ceux-ci en, tant qu'ils
ont reconnus être nés à Élée que l'école éléatique tient aussi son nom[5].
Xénophane parvint à près de cent ans, et | vécut assez longtemps pour voir 299
les Guerres Médiques (Ol. 72, 3, 490 av. J.-C., bataille de Marathon). Il était
pauvre, et n'eut pas les moyens d'ensevelir ses enfants; il les aurait enterrés
de ses propres mains. Selon certains, il n'eut pas de maître, d'autres parlent
d'Archélaüs, ce qui ne s'accorderait pas avec la chronologie.

Il a écrit un livre sur la nature (περὶ φύσεως) [a] – l'objet général de la philosophie de ce temps-là, son titre; des vers isolés nous en ont été conservés, qui ne révèlent encore aucune argumentation. Le professeur Brandis[6] à Bonn, les a réunis avec les fragments de Parménide et de Mélissus. Les premiers philosophes ont écrit en vers; la prose est beaucoup plus tardive. Théophraste est la source que Simplicius cite pour ce qu'il dit de Xénophane[b]. À cause de la maladresse, de l'effervescence confuse de leur langue, Cicéron[7] appelle les vers de Xénophane *minus boni versus*.

En ce qui concerne sa *philosophie*, Xénophane est le premier à avoir
déterminé l'essence absolue comme l'un : « Le tout est un ». Il l'appelle
aussi Dieu : « et Dieu est implanté en toutes choses, et il est » non-sensible,
« immuable » [8] (...) « sans commencement ni milieu ni fin », immobile[9]
Dans quelques vers de Xénophane, il est dit : « Un seul Dieu est le plus
grand parmi les dieux et les hommes, qui n'est comparable aux mortels ni
par la forme, ni par l'esprit » [10] et « Il voit partout, il pense partout, il entend
partout » – et à ces paroles Diogène Laërce ajoute encore : « Tout | est 300
penser et raison »[11]. Dans la philosophie physique, nous avons vu le

4. Libr. VI, *ab init.*

5. Cicero, *Acad. Quaest.*, IV, 42 : *princeps Xenophanes, quem modo nominavi : deinde eum secuti Parmenides et Zeno : itaque ab his Eleatici philosophi nominabantur.*

6. *Commentationum Eleaticarum*, p. I, Altonae 1813.

7. *Acad. Quaest.*, IV, 23.

8. Sextus Emp., *Hyp. Pyrrh.*, I, 33, § 225.

9. <Simplicius, *Ad Phys. Arist.*, p. 5 b-6 a ; Plutarch., *De Plac. Philos.*, II, 4 b.>

10. Clemens Alexandrinus, *Stromata*, V, 14, p. 714, ed. Potter.

11. Sextus Emp., *Adv. Math*, IX, § 144. Diog. Laert., IX, 19.

a. Dans le recueil *Les Présocratiques* (éd. J.-P. Dumont, « Bibliothèque de la Pléiade », Paris, Gallimard, 1988), une partie des *Fragments* de Xénophane a pour titre *De la nature* (p. 120-124).

b. Cf. *Les Présocratiques*, XXXI, 2, p. 104 : « Que le principe soit un, ou que l'être soit l'Un et le Tout (et qui ne soit ni limité, ni illimité, ni mû, ni en repos), c'est l'hypothèse formulée par Xénophane [...] le professeur de Parménide, au dire de Théophraste ». Pour le texte grec, voir *Die Fragm. der Vorsokr.*, A. Diels, W. Kranz, Weidman, 1903, t. I, p. 121.

mouvement représenté en tant que mouvement objectif, en tant que naissance et disparition. Les Pythagoriciens ne réfléchissaient pas davantage sur ces concepts, tout en faisant usage de leur essence, le nombre en tant que fluent. Mais le changement étant à présent appréhendé dans sa suprême abstraction comme néant, ce mouvement objectif se transforme en un mouvement subjectif, il passe du côté de la conscience, et l'essence devient l'immobile.

Ce sont ces considérations qui ont amené Xénophane à refuser la vérité aux représentations du naître et du disparaître, du changement, du mouvement etc.; ces déterminations n'appartiennent qu'à la représentation sensible. Le principe est : L'un seulement est, l'être seulement est. L'un est ici le produit immédiat de la pensée pure; dans son immédiateté, il est l'être. La détermination de l'être est pour nous bien connue et triviale; être est un verbe auxiliaire en grammaire; mais quand nous avons ainsi connaissance de l'être et de l'un, nous plaçons cela à titre de détermination particulière à côté de toutes les autres. Ici, par contre, cela a pour sens que tout le reste n'a aucune réalité effective, aucun être, et n'est qu'apparence. Il nous faut à cet égard oublier nos représentations; nous avons connaissance de Dieu en tant qu'esprit. Mais les Grecs n'avaient ainsi devant les yeux que le monde sensible, ces dieux qui sont dans l'imagination; ils n'avaient rien de supérieur devant eux dans le monde sensible, se trouvaient isolés. Et comme ils n'y trouvaient pas leur satisfaction, ils n'y voyaient qu'une non-vérité qu'ils rejetaient entièrement, parvenant ainsi à la pensée pure. C'est là un immense progrès; et c'est ainsi que la pensée est apparue proprement pour la première fois libre pour elle-même dans l'école éléatique.

301 | De même que c'est là le terme premier, c'est aussi le dernier auquel l'entendement revient, comme le démontre l'époque récente, où Dieu est saisi seulement comme l'être suprême, comme identité abstraite. Quand nous disons de Dieu : cet être suprême est hors de nous, au-dessus de nous, nous ne pouvons rien en connaître, sinon qu'il est, il est ainsi ce qui est sans détermination. Si nous en savions une détermination, ce serait là un connaître; il nous faut ainsi faire disparaître toutes les déterminations. Alors la seule chose véritable est que Dieu est l'un, – non pas au sens où l'on dit qu'il n'y a qu'un seul Dieu (c'est là une autre détermination), mais qu'il est seulement cet égal à soi-même; il n'est donc pas contenu là d'autre détermination que dans la sentence de l'école éléatique. La réflexion moderne a certes fait davantage de chemin, non seulement dans le sensible, mais aussi dans les représentations et les prédicats philosophiques de Dieu, – jusqu'à cette abstraction qui anéantit tout; mais le contenu, le résultat est le même.

Le raisonnement dialectique des Éléates est dans la plus étroite connexion avec cette réflexion. Ils ont, en effet démontré de la façon la plus stricte que rien ne naît ni ne disparaît. (Ce développement est surtout l'œuvre de Zénon). Le changement n'est pas, ou il se contredirait; c'est ce qu'ils ont montré de la manière suivante attribuée à Xénophane. Cette argumentation se trouve chez Aristote[12] dans son ouvrage consacré à Xénophane, Zénon et Gorgias, ouvrage plein de lacunes et à certains endroits extrêmement corrompu. Mais le début manque; l'auteur de ce raisonnement y étant indiqué, son attribution à Xénophane est donc seulement conjecturale. Comme nous pouvons le remarquer, nous n'avons que le titre pour savoir si Aristote expose la philosophie de Xénophane. L'écrit commence ainsi : « Il dit »; il n'y a aucun nom. D'autres manuscrits comportent d'autres titres. Par la mention qui est faite de Xénophane | (il 302
s'agit d'une opinion de lui)[13] dans cet écrit, il semblerait que si Aristote attribuait ce qui précède et qu'il cite à Xénophane, il en parlerait autrement. Il est possible qu'il veuille parler de Mélissus – ou de Zénon – comme le dit d'ailleurs à de nombreuses reprises l'inscription. Il y a là une dialectique plus formée, plus riche de réflexion que ce qu'on peut attendre de Xénophane, à en juger par ses vers. Comme Aristote dit expressément que Xénophane n'avait encore rien déterminé avec netteté, il y a sans doute lieu de refuser d'admettre que l'argumentation formée qui est contenue dans Aristote soit de lui. Il est pour le moins certain que Xénophane lui-même ne savait pas encore exprimer ses pensées d'une façon aussi ordonnée et aussi précise que celle dans laquelle elles se présentent ici. Or, il est dit à cet endroit :

« Si quelque chose est (εἴ τί ἐστι), il est éternel » (non sensible, invariable, immuable, ἀΐδιον). Éternel est une expression maladroite, car nous pensons alors tout de suite au temps, nous y mêlons le passé et l'avenir, en y voyant un temps infiniment long; mais ce dont il est question, c'est que cet ἀΐδιον ou éternel soit l'égal à soi-même, le purement présent, sans que s'introduise une représentation de temps. Il est, – naître et devenir est exclu; s'il naissait, il naîtrait du néant ou de l'être. « Il est impossible que quelque chose naisse du néant. S'il était possible que tout soit né ou seulement que tout ne soit pas éternel, – dans les deux cas il y aurait naissance à partir du néant. Car si tout était né, le néant aurait été auparavant. – Si une partie était l'étant d'où le reste naîtrait, alors cet un », d'où le reste (le phénoménal)

12. *De Xenophane, Zenone et Gorgia*, c. 1.
13. Cap. 2.

naîtrait « s'accroîtrait et grandirait. Mais le plus et le plus grand naîtrait ainsi du néant de lui-même; car le moins ne contient pas son plus, ni le plus
303 petit son plus grand » (...) | « Quelque chose ne peut pas davantage naître de l'étant; bien au contraire l'étant est déjà, il ne naît pas de l'étant »[14] – je présuppose déjà l'étant; il n'y a pas de passage dans l'inégal. « Comme éternel, l'étant est aussi illimité, puisqu'il n'a pas de commencement à partir duquel il serait, ni de fin dans laquelle il cesserait » [15]. Tennemann[16] dit : « Parce que Xénophane a trouvé que le naître était inconcevable », – il n'a pas de vérité, il n'*est* pas. « Le tout infini est un; car si deux ou plusieurs étaient, ils se limiteraient les uns les autres », donc auraient un commencement et une fin; l'un serait le néant de l'autre, il proviendrait de ce néant. « Cet un est égal à soi-même; car s'il y avait de l'inégal, ce ne serait plus l'un, mais des multiples qui seraient posés. Cet un est également immobile; car il ne se meut point, puisqu'il ne passe pas dans quelque chose (μὴ ἔς τι ὑποχωρῆσαν) – s'il passait il lui faudrait se mouvoir vers le plein ou vers le vide : dans le plein ce n'est pas possible, – et dans le vide pas davantage, car celui-ci est le néant. C'est pourquoi l'un est pareillement indolore et sain (ἄνοσον), ne changeant ni de place ni de forme, et ne se mêlant pas non plus à autre chose. Car toutes ces déterminations impliquent que le non-étant naît, et que l'étant disparaît; ce qui est impossible ». On a donc montré qu'il y a contradiction à parler de naître et disparaître.

À ce vrai et à cette vérité, Xénophane oppose l'opinion. Le changement et la multiplicité, anéantis dans l'essence, passent de l'autre côté, dans la conscience en tant que dans un sujet d'opinion. Il est nécessaire de dire ce que dit Xénophane, – pour peu que l'on tienne ferme le côté négatif, la
304 suppression de ces moments, l'absolu sans prédicat. | « Dans l'intuition sensible, c'est le contraire qui existe pour nous, – à savoir une foule de choses, leur changement, leur naissance et disparition, et leur mélange. De sorte que le premier savoir prend place à côté de ce second, qui a tout autant de certitude pour la conscience commune que le premier ». Xénophane ne semble pas avoir décidé entre l'un et l'autre; mais, – oscillant entre les deux – il semble avoir limité la connaissance de la vérité à ceci : entre deux savoirs opposés, préférer en général l'opinion la plus vraisemblable, mais considérer ce préféré lui-même seulement comme l'opinion la plus forte, et non comme la vérité. Ainsi s'exprime Aristote[17] au sujet de Xénophane.

14. <*Cf.* Simplicius, *In phys. Arist.*, p. 22, b.>
15. *Cf.* Diogene Laertius, IX, § 19.
16. <Tome I, p. 156.>
17. <*De Xenophane*, etc., 1.>

Les Sceptiques voyaient s'affirmer là l'idée de l'incertitude de toutes choses. Et Sextus[18] cite quelquefois des vers ayant ce sens :

> Nul n'a jamais rien su de clair, ni
> ne saura jamais ce que je dis tant des Dieux que de l'Univers.
> Car même si par bonheur il exprimait ce qui est la plus grande perfection,
> Cela même il ne le saurait pas ; car à toute chose est attachée l'opinion.

Sextus explique en généralisant : « C'est comme si nous nous représentions une maison où se trouveraient beaucoup de choses de valeur, et où des gens, la nuit, chercheraient l'or : chacun penserait | l'avoir trouvé, **305** mais il ne le saurait pas toutefois avec certitude, même s'il l'avait effectivement trouvé. De même, les philosophes entrent dans ce monde comme dans une grande maison, pour y chercher la vérité; même s'ils l'atteignaient, ils ne pourraient pas savoir qu'ils l'ont atteinte ».

Les expressions imprécises de Xénophane pourraient aussi signifier seulement que personne ne sait ce qu'il (Xénophane) fait connaître ici. Selon l'interprétation de Sextus (*Adversus Logicos* I, 110), « Xénophane ne supprime pas toute connaissance (κατάληψιν) mais seulement la connaissance scientifique et infaillible (ἀδιάπτωτον); mais il laisse subsister le savoir d'opinion (τὴν δοξαστήν). C'est ce qu'il dit dans cette formule : "À toute chose est attachée l'opinion". De sorte que le critère est selon lui l'opinion, c'est-à-dire le vraisemblable, et non pas ce qui est ferme et sûr. Mais Parménide, son ami, condamnait l'opinion ». Il n'y a de conséquent, de conforme à son un que la suppression des représentations, qu'il effectue dialectiquement dans ce qui précède : selon lui il est seulement manifeste que personne ne sait le vrai, ne sait ce qu'il veut dire par ces mots; une telle pensée a beau être passée par la tête de quelqu'un, il n'aura pas su que c'était le vrai, – l'opinion est attachée à tout, il n'y aura aussi pour un tel cas qu'une opinion.

Nous voyons ici chez Xénophane une conscience double : une conscience pure, la conscience de l'essence, et une conscience de l'opinion; celle-là était pour lui la conscience du divin, et c'est la pure dialectique qui se comporte négativement vis-à-vis de tout déterminé et le supprime. C'est pourquoi, de même qu'il se déclare opposé au monde sensible et aux déterminations finies de la pensée, de même c'est contre les représentations mythologiques que les Grecs avaient des dieux qu'il s'exprime avec le plus de force. Il dit entre autres choses :

18. *Adv. Math.*, VII, § 47-52, 110-111 ; VIII, § 326.

« Si les taureaux et les lions avaient des mains et pouvaient réaliser des œuvres d'art comme les hommes, eux aussi dessineraient les dieux, et ils
306 leur donneraient un | corps semblable à la forme qu'ils ont eux-mêmes » [19]. Il foule aux pieds les représentations qu'Homère et Hésiode se font des dieux : « Homère et Hésiode ont attaché aux Dieux tout ce qui chez les hommes mérite la honte et le blâme : le vol, l'adultère et la tromperie mutuelle » [20].

Si d'un côté il a ainsi déterminé l'essence absolue comme le simple, mais un simple qui pénètre tout ce qui y est immédiatement présent, d'un autre côté il philosophe sur les phénomènes, thème sur lequel pour une part ne nous ont été transmis que des fragments, de telles opinions physiques n'ayant d'ailleurs pas pour une autre part grand intérêt; elles ne devraient pas davantage avoir encore une signification spéculative, pas plus qu'on n'en trouve chez nos physiciens. Quand il dit à cet égard : « tout vient de la terre, et tout finit dans la terre » [21], cela n'a pas pour signification de devoir exprimer l'essence (les principes physiques), comme dans le cas de l'eau de Thalès; comme Aristote le dit expressément, personne n'a considéré la terre comme le principe absolu.

2. *Parménide*

Parménide est une figure éminente de l'école éléatique. Selon Diogène, il est né à Élée dans une famille riche et considérée. Nous ne connaissons toutefois pas grand-chose de sa vie; le fait qu'il ait été un disciple
307 de Xénophane | n'est donné par Aristote (*Métaph.* I, 5) que comme une légende. Sextus Empiricus[22] l'appelle un ami (γνώριμος) de Xénophane. Selon une relation plus précise de Diogène Laërce[23] il aurait été l'auditeur d'Anaximandre, et aussi de Xénophane, qu'il n'aurait cependant pas suivi (οὐκ ἠκολούθησεν αὐτῷ, ce qui ne semble concerner que le lieu de séjour); « mais il aurait vécu avec Aminias et Diochétès le Pythagoricien, aurait suivi davantage ce dernier et aurait été aussi incité par le premier, non par Xénophane, à mener une vie calme ». Il est établi que sa vie se situe d'une façon générale entre Xénophane et Zénon; il est ainsi leur contemporain étant seulement plus jeune que celui-là et plus âgé que celui-ci. Selon

19. <Brandis Comment. eleat., p. 1, p. 68.>
20. Sextus Emp., *Adv. Math.*, IX, § 193.
21. Sextus Emp., *Adv. Math.*, § 313, 314, Simplicius, *In Phys. Arist.*
22. <*Adv. Math.*, VII, § 111.>
23. Libr. IX, § 21.

Diogène[24] il florissait vers la 69e, Olympiade (504-501 av. J.-C.). Le plus important est son voyage à Athènes avec Zénon, où Platon le fait s'entretenir avec Socrate. Cela peut être admis d'une façon générale, sans qu'on puisse toutefois établir ce qui s'y trouve d'historique. Dans le *Théétète*[25], Platon fait dire à Socrate, invité à examiner le système de Parménide : « Pour ce qui est de Mélissus et de tous ceux qui affirment que le tout est l'un en repos, j'appréhende de les malmener avec brutalité (φορτικῶς σκοπῶμεν) mais moins que d'en user ainsi envers Parménide. Car celui-ci me paraît, pour parler comme Homère, à la fois vénérable et d'une grande vigueur (κατὰ τό τοῦ ʽΟμήρου αἰδοῖος τε ἅμα δεινός τε) car j'ai été dans la compagnie de l'homme, et j'ai entendu de sa bouche de beaux discours, alors que j'étais encore tout jeune, et lui déjà très vieux ». Et dans le dialogue platonicien le *Parménide*, où comme on le sait, les personnages de l'entretien sont Parménide et Socrate, les circonstances historiques | de cette rencontre sont déterminées de façon encore plus précise[26] : **308** « Parménide était déjà très âgé, ses cheveux étaient complètement gris; il était de belle prestance, et avait à peu près soixante-cinq ans; Zénon approchait de la quarantaine ». On situe ce voyage dans la 80e Olympiade (460-457 av. J.-C.)[27] Socrate étant né Ol. 77, 4 (469 av. J.-C.), il paraît de toute façon avoir été trop jeune pour avoir tenu des dialogues comme ceux que Platon indique; l'essentiel de ce dialogue écrit dans l'esprit de l'école éléatique est d'ailleurs de Platon lui-même. En ce qui concerne les circonstances de sa vie, nous savons encore d'autre part que Parménide était hautement considéré parmi ses concitoyens d'Élée, dont la prospérité doit être surtout attribuée aux lois que Parménide leur avait données[28]. Nous trouvons aussi dans dans le πίναξ[c] de Cébès (vers le commencement) l'expression « une vie parménidienne » employée proverbialement pour désigner une vie morale.

Il est à remarquer que là où il est précisément question de l'école éléatique, Platon ne fait pas du tout mention de Xénophane, mais seulement de Mélissus et de Parménide. Et si nous ajoutons cette circonstance à toutes celles qui ont déjà été rapportées, il semble que ce soit en réalité à Parménide qu'appartienne ce qui a été dit de Xénophane. Au demeurant,

24. <Libr. VIII § 23.>
25. *Theaetetus*, p. 183 (263, ed. Bekk) ; *Sophista*, p. 217 (p. 127).
26. <p. 127, ed. Steph. (p. 4, ed. Bekk).>
27. <Tennemann, I, p. 415.>
28. <Diog. Laërt., IX, § 23.>

c. Liste, catalogue.

Platon donne par ailleurs à Parménide le rôle principal dans un de ses dialogues, lui mettant dans la bouche la plus sublime dialectique qu'il ait jamais été donné d'entendre, – cela n'a encore rien à voir ici. Si chez Xénophane la proposition « rien ne naît de rien » est négatrice de toute genèse et de tout ce qui peut s'y rattacher ou y ramener, l'opposition de l'être et du non-être apparaît chez Parménide d'une façon plus déterminée, bien qu'encore sans conscience.

309 | Ce sont Sextus Empiricus et Simplicius qui nous ont conservé les fragments les plus importants du poème de Parménide[d]. Car Parménide lui aussi a exposé sa philosophie sous forme de poème. Le premier grand fragment[29] est un *préambule* allégorique à son poème sur la nature. Ce préambule est majestueux, il nous révèle le style de l'époque, et dans l'ensemble il manifeste une âme énergique et véhémente, en lutte avec l'essence qu'elle cherche à saisir et à exprimer. Nous pouvons présenter la philosophie de Parménide en nous servant le plus souvent de ses propres paroles. Voici les termes du préambule :

« Les cavales qui me portaient ainsi que leur courage les y poussait, m'emmenèrent sur le chemin vanté de la déesse qui guide l'homme qui sait vers le royaume de la vérité. Des jeunes filles » – les sens[30] « montraient la voie. L'essieu brûlant résonnait dans les moyeux des roues, quand se hâtaient les filles du soleil » – probablement les yeux[31] – « quittant l'habitation de la nuit; se pressant à la lumière, elles soulevèrent de leurs mains le voile, là où sont les portes des chemins du jour et de la nuit. Les jeunes filles célestes s'approchèrent des grandes portes dont la Diké aux nombreuses rigueurs (πολύποινος) détient les doubles clefs. Elles lui adressèrent des paroles amicales et l'incitèrent à écarter sans tarder des portes le verrou en forme de gland. Elles les firent alors s'ouvrir béantes; et les jeunes filles entraînèrent cavales et char par la porte ouverte. La déesse m'accueillit avec bienveillance, de sa main elle me prit la main droite, et m'adressa la parole en ces termes : « Ô toi que des cochers et des cavales immortels ont conduit ici dans ma demeure, sois le bienvenu; car ce n'est pas un sort
310 funeste qui t'a mis sur ce sentier (en vérité, il est | bien éloigné de la grande

29. Sextus Emp., *Adv. Math.*, VII, § 111.
30. <Sextus Emp., *Adv. Math.*, VII, § 112.>
31. <Sextus Emp., *Adv. Math.*, VII, § 113.>

d. Hegel cite le texte de Parménide tel qu'il nous est parvenu, c'est-à-dire sous forme de fragments dispersés dans différents auteurs anciens. On pourra confronter ce texte (et la traduction que Hegel en donne) avec le texte du poème reconstitué en se reportant à l'édition bilingue de Jean Beaufret (*Le Poème de Parménide*, « Épiméthée », Paris, P.U.F., 1955).

route des hommes), mais Thémis et Diké. Tu dois être instruit de tout, du cœur non vacillant (ἦτορ) de la vérité au pouvoir persuasif comme des opinions des mortels, où il n'y a pas de vrai savoir (πίστις ἀληθής) Mais de cette voie tiens à l'écart ta pensée dans ses recherches et que l'habitude maintes fois éprouvée ne te contraigne pas à suivre sur cette voie l'œil aux regards irréfléchis, l'oreille remplie de bruit et la langue. C'est seulement par la raison qu'il te faut peser la doctrine maintes fois examinée que je te dirai. Ce chemin, seule la convoitise le manque ».

Alors la déesse développe tous ces thèmes : le double savoir 1) du penser, de la *vérité*, et 2) de l'opinion, dans les deux parties du poème. C'est dans un autre fragment[32] que nous est conservée la partie principale de cet enseignement : « Écoute », dit la déesse, « quelles sont les deux voies du savoir. L'une, selon laquelle seulement l'être est, alors que le non-être n'est pas, – c'est là le sentier de la conviction, sur lui se trouve la vérité. L'autre, selon laquelle l'être n'est pas, alors que le non-être est nécessairement, – celle-ci, je te le dis, est la voie entièrement irrationnelle ; car le non-être tu ne peux pas le connaître, ni l'atteindre, ni l'exprimer ». Le néant en fait se change en quelque chose, en tant qu'il est pensé ou dit. Nous disons quelque chose, pensons quelque chose, quand nous voulons penser et dire le néant.
« Il est nécessaire que le dire et le penser soient l'étant ; car l'être est, mais le néant n'est pas du tout ». C'est là la détermination dans sa brièveté, et dans ce néant rentre la négation en général, et sous une forme plus concrète la limite, le fini, la restriction ; *omnis determinatio est negatio* est le grand
principe de Spinoza. Selon Parménide, quelle que soit la forme que | prenne 311
le négatif, il n'est pas du tout. Considérer le néant comme le vrai est « le chemin de l'erreur, sur lequel vagabondent les mortels qui ne savent rien, doubles têtes. La perplexité qui est dans leur cœur mène leur esprit errant. Ils sont entraînés, sourds et aveugles, hébétés, hordes confuses (qui dans leur désarroi) tiennent l'être et le non-être pour identiques, puis pour non identiques » ; l'erreur est de les prendre l'un pour l'autre, de leur donner la même valeur, – ou bien de distinguer cela comme si le non-étant était le limité en général. « Ainsi d'eux tous le chemin se recourbe et revient en lui-même »[33] ; il est un mouvement se contredisant sans cesse, se dissolvant. C'est ce qui pour la représentation humaine vaudrait tantôt comme l'essence, tantôt comme son contraire, puis comme un mélange des deux, – contradiction permanente.

32. <Proclus, *In Timaeum*, p. 29 b, (Brandis, I, p. 103 *sq.*)> ; Simplicius, *In Phys. Arist.*, p. 25 a.

33. Simplicius, *In Phys. Arist.*, p. 19 a ; et 25 a et b.

« Mais la vérité est seulement le « est ». Il est inengendré et impérissable, entier, d'une seule race (μουνογενές), immobile et sans fin. Il n'était ni ne sera, mais il est à présent tout à la fois, – il est une unique cohésion. Car quelle naissance (γέννην) voudrais-tu rechercher pour lui ? Comment et par quoi serait-il augmenté ? Que ce soit à partir du non-étant, je ne te permettrai ni de le dire, ni de le penser ; car il n'est pas possible de dire ni de penser que le "est" n'est pas. Quelle nécessité (χρέος) l'aurait amené à commencer plus tard ou plus tôt à partir du néant ? Ainsi donc il lui faut seulement être absolument (πάμπαν), ou ne pas être ; et la force de la conviction ne fera jamais non plus naître du non-étant quelque chose d'autre »[34]. « Ainsi la genèse a disparu (ἀπέσβεσται) et le déclin est incroyable (ἄπιστος). L'être n'est pas divisible ; car il est entièrement égal à soi-même. Il n'y a nul endroit où il soit plus, sinon il manquerait de
312 cohésion ; – ni où il soit moins, mais tout est plein de | l'étant. Le tout est cohésion ; car l'étant se fond avec l'étant. Il est immuable, repose en soi-même (κεῖται), il est ferme en soi-même, – maintenu qu'il est dans les limites des liens solides par la puissante nécessité. C'est pourquoi on ne peut dire qu'il soit sans fin (ἀτελεύτητον) ; car il est sans manque, mais n'étant pas il serait privé de tout »[35]. Cet être n'est pas l'indéterminé (ἄπειρον), puisqu'il est maintenu dans les bornes de la nécessité. C'est ainsi qu'Aristote attribue à Parménide la limitation (πεπερασμένον). Le sens à donner à la notion de limite reste indéterminé. Mais, chez Parménide, ce limitant absolu est la nécessité (ἀνάγκη, δίκη) absolue qui est déterminée purement et simplement en elle-même. Il est important qu'il soit allé au-delà du concept grossier d'infini.

« Le penser et ce à dessein de quoi est la pensée, sont identiques. Car sans l'étant en lequel il s'exprime (se manifeste, ἐν ᾧ πεφατισμένον ἐστίν), tu ne trouveras pas le penser ; car il n'y a rien et ne sera rien en dehors de l'étant »[36]. C'est là l'idée principale. Le penser se produit, ce qui est produit est une pensée ; le penser est donc identique à son être, car il n'est rien en dehors de l'être, de cette grande affirmation. Plotin[37] citant ce texte dit « que Parménide a saisi cet aspect dans la mesure où il ne plaçait pas l'étant dans les choses sensibles ».

Les Sophistes en ont conclu : « Tout est vérité, il n'y a pas d'erreur ; car l'erreur est le non-étant, qu'il n'est pas possible de penser ». Avec

34. Simplicius, *l. l.*, p. 17 a ; p. 31 a.
35. Simplicius, *l. l.*, p. 31 b.
36. Simplicius, *l. l.*, p. 19.
37. *Ennead.*, V, Libr. I, c 8.

Parménide a commencé le philosopher proprement dit. | Il faut voir en cela 313
l'élévation dans l'empire de l'idéel. Un homme se libère de toutes les représentations, de toutes les opinions, leur dénie toute vérité et proclame que c'est seulement la nécessité, seulement l'être qui est le vrai. Ce commencement est certes encore confus et indéterminé; il n'y a pas à expliquer davantage ce qui s'y trouve; mais c'est précisément cette explication qui est la formation de la philosophie elle-même, qui n'existe pas encore ici. À ce commencement se rattachait la dialectique selon laquelle le changeant n'a pas de vérité; car si l'on prend telles quelles ces déterminations, on arrive à des contradictions.

Parménide nous expose encore sa pensée de façon figurée. Au fait qu'il soit parlé de l'être dans son tout correspond aussi la forme : « Puisque la limite extrême (πεῖρας πύματον) de l'être est parfaite, il est de toutes parts semblable à la masse d'une sphère bien arrondie (εὐκύκλου σφαίρης ἐναλίγκιον ὄγκῳ) se tenant en tous ses points en équilibre à partir du centre (μεσσόθεν ἰσοπαλὲς πάντῃ); car il ne saurait être en quelque mesure plus grand ou plus petit ici ou là. Car il n'y a pas de non-étant qui pourrait l'empêcher de se frayer la voie jusqu'à l'égalité », – d'arriver à l'unité avec soi-même; « et il n'y a point d'étant où il serait vide d'étant, ou qui en aurait plus ici et là moins. Car le tout est sans manque, il est donc en tous points égal à soi de la même manière (ἶσον ὁμῶς) dans ses déterminations » [38]. Plotin[39] dit : « Il compare l'être à une figure sphérique, puisqu'il comprend tout en lui-même, et que le penser ne lui est pas extérieur, mais se trouve contenu en lui »; – la figure sphérique est celle qui se comporte toujours de la même manière. Et Simplicius : « Il ne faut pas s'étonner; car en raison de l'attitude poétique, | il s'en tient à une fiction 314
mythologique (πλάσματος) ». Il nous vient aussitôt à l'esprit que la sphère est limitée (au surplus dans l'espace) et qu'ainsi quelque chose d'autre doit exister au-delà. Le concept de sphère est cependant l'égalité de manière d'être d'un différencié, alors que c'est précisément l'indifférenciation qu'on a voulu exprimer. Il n'y a donc pas là une image conséquente.

À cette doctrine de la vérité, Parménide ajoute encore la *doctrine des opinions humaines*, le système trompeur du monde[40]. « Les hommes ont posé deux formes dans leurs opinions, dont l'une ne devrait pas être, et dans laquelle ils ont erré. Ils les opposent l'une à l'autre par la ligne et par les signes. L'un est le feu éthéré de la flamme, tout à fait subtil, complètement

38. Simplicius, *l. l.*, p. 27 b ; 31 b.
39. *Ennead.*, V, Libr. I, c. 8.
40. Simplicius, *l. l.*, p. 7 b ; 39 a.

identique à soi-même (ἑαυτῷ πάντοσε τωὐτόν) , mais non pas à l'autre, celui-là étant au contraire aussi pour lui-même. À l'opposé le nocturne, autrement dit l'essence lourde et dense ». C'est du premier que l'on énonce la chaleur, la douceur, la légèreté, et du second que l'on énonce le froid. « Mais puisque tout est appelé lumière et nuit et que les déterminations de ces dernières sont dévolues aux unes et aux autres choses, tout est rempli à la fois de lumière et de nuit obscure, lesquelles sont toutes deux égales, puisque rien n'est sans l'une et l'autre. » De même Aristote[41] et les autres historiens attribuent unanimement à Parménide le fait d'établir deux principes pour le système des choses phénoménales, le chaud et le froid, toute chose tirant son existence de leur combinaison. La lumière, le feu, est défini comme actif, vivifiant, – la nuit, le froid, comme passif.

Parménide parle aussi à la manière pythagoricienne, – Strabon le
315 nomme un ἀνὴρ Πυθαγορεῖος – dans l'image qui suit[42] : | « Il y a des couronnes (στεφάναι) entrelacées les unes sur les autres (ἐπαλλήλους), dont l'une est toujours faite de l'élément rare (ἀραίου), l'autre de l'élément dense, et entre lesquelles s'en trouvent d'autres, qui sont faites d'un mélange de lumière et d'obscurité ». (« Celles qui sont plus étroites sont de feu impur, mais celles placées au-dessus des premières sont faites de nuit que traverse la force de la flamme »)… « Mais ce qui les tient toutes réunies est quelque chose de solide, comme un mur sous lequel se trouve une couronne de feu; et la plus centrale des couronnes non denses est à son tour de feu. Mais la plus centrale parmi les couronnes mixtes est la déesse » (δαίμων, nature), « qui gouverne tout (κυβερνήτης), la distributrice (κληροῦχος), la Diké et la nécessité… Car de toute génération, de tout mélange terrestre, elle est le principe (l'auteur) ; c'est ce principe qui pousse l'élément masculin à se mêler à l'élément féminin et inversement ». « Elle a pris pour auxiliaire l'amour », et de lui a engendré tous les dieux[43]. Plus loin il est dit : « L'air est une excrétion (ἀναπνοή) de la terre, l'expiration du feu est le soleil et la voie lactée, la lune est faite d'un mélange d'air et de feu » etc.

Il reste encore à indiquer la manière dont Parménide expliquait la sensibilité et le penser; elle pourrait certes apparaître de prime abord comme du matérialisme. Théophraste[44] remarque en effet à cet égard :

41. *Metaph.*, I, 3 et 5.

42. <Plutarch., *De Plac. Philos.*, II, 7 ; Eusebius, XV, 38 ; Stob., *Ecl. Phys.*, c. 23, p. 482-484> ; Simplicius, *l. l.*, p. 9 a ; 7 b.

43. *Cf.* Brandis, *l. l.*, p. 162.

44. *De sensu*, p. 1, ed. Steph. 1557 (citant Fülleborn, p. 92).

« Parménide n'a absolument rien déterminé de précis à ce sujet, il dit seulement qu'étant donné qu'il y a deux éléments, la connaissance est déterminée par la prépondérance de l'un ou de l'autre; car selon que le chaud ou le froid l'emporte, la pensée devient autre : | si celle qui est due au **316**
chaud est meilleure et plus pure, elle n'en requiert pas moins un certain équilibre ».

> Car de même qu'à chacun le mélange demeure dans ses membres errants[45],
> Ainsi l'entendement aussi est associé aux hommes, puisque la même chose
> Qui réfléchit dans l'homme, est en même temps la nature de ses membres,
> À tous aussi bien qu'au tout; car ce qui a la plus grande part est certes la pensée.

« Il considère donc sentir et penser comme une seule et même chose; et il fait naître la mémoire et l'oubli de ces derniers par voie de mélange. Mais s'ils viennent à égalité dans le mélange, Parménide laisse indéterminée la question de savoir si dans ce cas nous avons le penser ou si nous ne l'avons pas, et quel état est celui-là. Mais qu'il ait attribué aussi à l'état opposé en et pour soi la sensation, cela est clair lorsqu'il dit : ce qui est mort ne sent pas la lumière, le chaud et la voix, parce que le feu lui fait défaut; mais il sent le froid, le silence et tout ce qui leur est opposé, chaque étant ayant d'une façon générale une certaine connaissance (γνῶσίν τινα) ». Mais cette manière de voir de Parménide est en fait plutôt le contraire du matérialisme. Car celui-ci consiste à composer l'âme de parties, de forces indépendantes (le cheval de bois des sens).

3. *Mélissus*

Il y a peu à dire à son sujet. Aristote, là où il fait mention de lui, le joint toujours à Parménide, comme lui étant semblable par la pensée. On le dit disciple de Parménide[46]; mais ce fait est incertain. On indique également à son sujet qu'il a été en relation avec Héraclite. Il était Samien comme Pythagore; c'était d'ailleurs un homme d'État considéré au sein de son peuple. | En qualité d'amiral des Samiens, rapporte Plutarque[47], il remporta **317**
la victoire dans une bataille contre les Athéniens. Il était florissant à la 84e Olympiade (444 av. J.-C.). Au point de vue philosophique, il y a peu à

45. πολυπλάγκτων.
46. <Diog. Laert., IX, 24.>
47. <*In Pericle*, c. 26.>

remarquer à son sujet. De son écrit en prose sur la nature, Simplicius[48] a conservé plusieurs fragments qui révèlent les mêmes pensées, les mêmes argumentations que celles de Parménide ; elles sont seulement en partie un peu plus développées. La question se poserait de savoir si ce qui est attribué chez Aristote à Xénophane ne lui appartiendrait pas. Dans la forme cela semble trop élaboré non seulement pour appartenir à Xénophane, mais même à Parménide lui-même.

Concernant la différence de sa philosophie avec celle de Parménide, Aristote est le seul à indiquer la précision suivante :

α) « Parménide semble appréhender l'un selon le concept (κατὰ λόγον) et Mélissus selon la matière (καθ' ὕλην) » – celui-là semblant appréhender l'essence comme essence de la pensée, celui-ci comme matière. Mais justement dans l'essence pure, dans l'être, dans l'un, cette différence s'élimine ; pour Parménide et Mélissus eux-mêmes, la matière pure n'existe pas plus que la pensée pure (pour parler de cette différence), elles sont supprimées. Il faudrait seulement attribuer à la différence de leur mode d'expression l'impression que l'un – (μᾶλλον φορτικός)[49] – aurait davantage appréhendé l'un de cette manière.

Ou bien il y aurait une différence en ceci que β) « Parménide aurait déterminé l'un comme limité, Mélissus au contraire comme illimité » [e]. Si Parménide avait déterminé en fait l'un comme limité, cela serait en contradiction immédiate avec sa philosophie ; car la limite est le non-être de l'être, – il poserait le non-être. Mais quand Parménide parle de limite, nous voyons
318 bien | que son langage poétique n'est pas en tout point déterminé ; ensuite la limite, comme pure limite, est elle-même simple, elle est absolue négativité. L'être, en tant que simple, est limite absolue de tout ce qui est dit et posé par ailleurs ; c'est-à-dire qu'en lui tout le reste est supprimé. La nécessité est de même cette pure négativité, ce pur mouvement en soi-même (bien qu'immobile en tant que pensée), – c'est absolument le contraire lié à son contraire.

γ) Ou encore ils différeraient en ceci que Parménide instituait en même temps une science de l'opinion (ou de la réalité effective), à laquelle par conséquent l'être comme essence pour la pensée serait davantage opposé.

48. *l. l.*, p. 7 *sq.*
49. <Arist., *Phys.*, I, 2.>

e. *Ibidem*, 185b 16-18, p. 32.

4. *Zénon*

Le trait spécifique de Zénon, c'est la dialectique. Il est le maître de l'école éléatique en qui le penser pur de cette école devient le mouvement du concept en soi-même, l'âme pure de la science, – il est l'initiateur de la dialectique. Jusqu'ici en effet, nous voyons chez les Éléates antérieurs seulement la proposition : « Le néant n'a pas de réalité, il n'est pas du tout, et ce qui est naissance et disparition est donc éliminé ». Chez Zénon par contre, nous voyons bien aussi, il est vrai, précisément une telle assertion, – et la suppression de ce qui la contredit; mais nous voyons en même temps qu'il ne commence pas par cette affirmation, mais que la raison constitue chez lui le commencement, – qu'elle met sereinement en lumière, dans ce qui est posé comme étant son anéantissement. Parménide affirmait : « Le tout est immuable, car dans le changement serait posé le non-être de ce qui est; mais il y a seulement l'être; dans l'affirmation : le non-être est, sujet et prédicat se contredisent ». Zénon par contre disait : « Posez votre changement; à même lui en tant que changement est le néant, son néant, en d'autres termes il n'est rien ». Le changement était alors pour ceux-là mouvement déterminé, accompli; Zénon dirigeait ses critiques contre le mouvement comme tel, autrement dit contre le mouvement pur.

| Zénon était lui aussi un Éléate; il est le dernier venu d'entre eux, et a **319**
surtout vécu en étroit contact avec Parménide. Celui-ci le prit particulièrement en affection, et fit de lui son fils adoptif. Son véritable père s'appelait Téleutagoras. Il n'était pas seulement tenu en haute estime dans sa cité pour la vie qu'il menait, il était encore universellement célèbre, et était un maître particulièrement considéré[50]. À son sujet Platon[51] rapporte que des hommes venaient auprès de lui d'Athènes et d'autres lieux, pour se soumettre à sa formation. On voit un trait de suffisance hautaine dans le fait qu'il a séjourné en permanence à Élée (hormis son voyage à Athènes), plutôt que d'avoir vécu plus longtemps dans la grande et puissante Athènes pour y acquérir la gloire[52]. C'est sa mort que la force de son âme rendit particulièrement célèbre, dans les récits très divers selon lesquels il aurait au sacrifice de sa vie libéré un État (on ne sait pas s'il s'agit de sa patrie Élée, ou si c'est en Sicile) de son tyran, – dont le nom est diversement rapporté, mais dont le contexte historique précis qui était le sien ne l'est pas du tout – ;

50. <Diog. Laert., IX, 25.>
51. <*Cf.* Plat., *Parmenid.*, p. 126-127, ed. Steph. (p. 3-5).>
52. <Diog. Laert., IX, 28.>

selon ces récits, il l'aurait fait de la façon suivante[53]. Il serait entré dans une conjuration ayant pour but d'abattre le tyran, mais cette conjuration aurait été trahie. Comme le tyran lui faisait subir toutes sortes de tortures devant le peuple pour lui arracher les noms des conjurés, lui demandant quels étaient les ennemis de l'État, Zénon aurait indiqué d'abord au tyran tous les amis du tyran, comme participants à la conjuration; il aurait désigné ensuite le tyran lui-même comme étant la peste de l'État. C'est ainsi que les énergiques exhortations de Zénon, ou bien encore son horrible martyre et sa mort, soulevèrent les citoyens, et suscitèrent en eux le courage de se ruer sur
320 le tyran, | de le tuer et de se libérer. C'est surtout la manière dont s'est passée la dernière scène – cette disposition d'esprit véhémente et furieuse – qui est racontée de façon différente. Il aurait fait semblant de vouloir dire quelque chose à l'oreille du tyran, l'aurait alors mordu à l'oreille, et l'aurait maintenu dans cette position jusqu'à ce qu'il ait été frappé à mort par les autres. D'autres rapportent : il l'aurait saisi par le nez avec ses dents. D'autres : alors que par suite de sa réponse, on lui faisait subir les plus grandes tortures, il se serait coupé la langue et l'aurait crachée au visage du tyran, pour lui montrer qu'il ne pourrait rien tirer de lui; il aurait été alors broyé dans un mortier.

1) La philosophie zénonienne considérée dans ce qu'elle a de *thétique*, dans son contenu, est dans l'ensemble la même chose que ce que nous avons vu chez Xénophane et Parménide, avec seulement cette différence que les moments et les oppositions y sont davantage exprimés sous forme de concepts et de pensées. Déjà sous cet aspect thétique[54] nous voyons le progrès; il va plus loin dans la suppression des oppositions et des déterminations.

« Il est impossible (dit-il), que si quelque chose est, ce quelque chose naisse (et il rapporte cela à la divinité); car il faudrait qu'il naisse soit de l'égal, soit de l'inégal, mais les deux cas sont impossibles : car il n'appartient pas plus à l'égal d'être engendré à partir de l'égal que d'engendrer, puisque les égaux doivent avoir l'un pour l'autre les mêmes déterminations ». Si l'on admet l'égalité, la différence de l'engendrant et de l'engendré est éliminée. « L'inégal ne peut pas davantage naître de l'inégal, car si du plus faible le plus fort était issu, ou du plus petit le plus grand, ou encore du pire le meilleur, ou inversement le pire du meilleur, alors le
321 non-étant serait issu de l'étant : | ce qui est impossible, donc Dieu est éternel ». C'est ce qui a été exprimé ensuite en tant que panthéisme

53. <Diog. Laert., IX, 26-27 ; Menag., ad h. 1. ; Valerius Maximus, III, 3.>
54. Arist., *De Xenophane, Zenone et Gorgia*, c. 3.

(Spinozisme), qui reposerait sur la proposition : *ex nihilo nihil fit.* Chez Xénophane et Parménide, nous avions l'être et le néant. Du néant ne résulte immédiatement que néant; de l'être ne résulte immédiatement qu'être; mais il en est déjà ainsi. L'être est l'égalité, exprimée comme immédiate; au contraire l'égalité, en tant qu'égalité, présuppose le mouvement de la pensée et la médiation, la réflexion-en-soi-même. Être et non-être se trouvent ainsi côte à côte sans que soit appréhendée leur unité comme unité de termes distincts; ces termes distincts ne sont pas exprimés comme distincts. Chez Zénon, l'inégalité est l'autre membre par rapport à l'égalité.

Il démontre ensuite l'unité de Dieu : « Si Dieu est ce qui, de tout est le plus puissant, il lui appartient d'être un seul; car dans la mesure où il y en aurait deux ou plusieurs, il n'aurait pas sur eux de puissance; mais dans la mesure où la puissance sur les autres lui ferait défaut, il ne serait pas Dieu. Si donc ils étaient plusieurs, ils seraient relativement les uns aux autres plus puissants et plus faibles, ils ne seraient donc pas des dieux; car la nature de Dieu est de ne rien avoir de plus puissant au-dessus de soi. S'ils étaient égaux, Dieu n'aurait plus pour nature d'être nécessairement ce qu'il y a de plus puissant; car l'égal n'est ni pire ni meilleur que l'égal », – en d'autres termes il n'est pas distinct de lui. « Si donc Dieu est, et est tel, Dieu est seulement un seul; il ne pourrait pas faire tout ce qu'il voudrait, s'ils étaient plusieurs ».

« En tant qu'il est un, il est partout égal, partout il entend, voit et a les autres sensations; car s'il n'en était pas ainsi, parmi les parties de Dieu, l'une aurait puissance sur les autres » (l'une serait où l'autre n'est pas, l'aurait refoulée, – l'une aurait une détermination qui manquerait à l'autre), « ce qui est impossible. Puisque Dieu est en tous points égal, il possède la forme sphérique; car il n'est pas tel ici et autre ailleurs, mais en tous points tel ».
Et encore : « Puisqu'il est éternel, | un et sphérique, il n'est ni infini (illimité) **322**
ni limité. Car α) c'est le non-étant qui est illimité; car il n'a ni milieu, ni commencement, ni fin, ni aucune partie, – une telle chose est l'illimité. Mais la manière d'être du non-étant n'est pas celle de l'étant ». L'illimité est l'indéterminé, le négatif; il serait le non-étant, la suppression de l'être, et est par là même déterminé comme quelque chose d'unilatéral. β) « Il y aurait limitation mutuelle, s'ils étaient plusieurs ; mais puisque seul l'un est, il n'est pas limité ». De la même façon Zénon montre aussi que « L'un ne se meut pas et n'est pas non plus immobile. Car est immobile α) le non-étant » – (dans le non-étant aucun mouvement n'a lieu, avec l'absence de mouvement serait posé le non-être, ou le vide, l'immobile est négatif); – « car aucun autre ne vient en lui, et il ne va pas dans un autre.

β) Mais c'est seulement le plusieurs qui est mû; car l'un devrait se mouvoir dans ce qui est autre ». Est mû seulement ce qui est quelque chose de différent de ce qui est autre; une pluralité temporelle et spatiale est présupposée. « Ainsi l'un n'est ni en repos, ni en mouvement; car il n'est égal ni au non-étant, ni au multiple. Il en serait ainsi de Dieu sous tous ces rapports; car il est éternel et un, égal à soi-même et sphérique, il n'est ni illimité ni limité, ni en repos ni en mouvement ». De ce que rien ne saurait naître de l'égal ni de l'inégal, Aristote[55] tire cette conséquence : « ou bien il n'y a rien en dehors de Dieu, ou bien tout le reste aussi est éternel. »

Nous voyons dans ce mode de ratiocination une dialectique que l'on peut appeler ratiocination métaphysique. Le principe d'identité est à son fondement : « Le néant est égal au néant, il ne passe pas dans l'être, ni inver-
323 sement; par conséquent de l'égal rien ne peut naître ». L'être, l'un | de l'école éléatique est seulement cette abstraction où tout est englouti dans l'abîme de l'identité de l'entendement. Cet antique mode d'argumentation est toujours valide jusqu'à nos jours; par exemple dans ce qu'il est convenu d'appeler les preuves de l'unité de Dieu. Nous voyons une autre sorte de ratiocination métaphysique s'y rattacher : on fait des présuppositions, par exemple celle de la puissance de Dieu, et à partir de là on raisonne, on nie des prédicats. C'est là notre manière de raisonner la plus courante. À l'égard des déterminations, il est à remarquer qu'elles sont toutes tenues éloignées de l'être positif seulement réel, comme étant quelque chose de négatif.

Nous accédons à cette abstraction en suivant un autre chemin, nous n'usons pas d'une dialectique comme celle de l'école éléatique; notre démarche est triviale et plus courte. Nous disons que Dieu est immuable, que le changement n'appartient qu'aux choses finies – (ceci est donné pour ainsi dire comme un principe d'expérience); nous avons ainsi d'un côté les choses finies et le changement, de l'autre l'immutabilité dans cette unité absolue abstraite avec soi. C'est la même séparation, sauf que nous laissons aussi au fini sa validité en tant qu'être; ce que les Éléates ont rejeté. Ou bien nous partons aussi des choses finies pour aller aux espèces, aux genres, en laissant peu à peu le négatif de côté; le genre suprême est alors Dieu qui, comme essence suprême, est seulement affirmatif, mais sans aucune détermination. Ou bien nous passons du fini à l'infini en disant que le fini, en tant que borné, doit avoir son fondement dans l'infini. Dans toutes ces formes de pensée, tout à fait courantes pour nous, est contenue la même difficulté,

55. *De Xenophane, Zenone et Gorgia*, c. 4.

celle de la question qui se pose à l'égard de la pensée éléatique : d'où vient alors la détermination, comment faut-il la saisir, aussi bien dans l'un lui-même laissant de côté le fini, que dans la manière dont l'infini sort de lui-même pour aller au fini ? Ce qui distingue la pensée des Éléates de notre | penser réfléchissant habituel, c'est qu'ils ont procédé à cet égard **324** spéculativement, – que le spéculatif est l'affirmation que le changement n'est pas du tout, – et qu'ils ont montré ainsi qu'avec la présupposition de l'être, le changement est en soi contradiction, quelque chose d'inconcevable; car la détermination du négatif, de la multiplicité, est éloignée de l'un, de l'être. Ainsi, tandis que dans notre représentation nous admettons également la réalité effective du monde fini, les Éléates ont été plus conséquents, en tant qu'ils se sont attachés à affirmer que seul l'un est et que le négatif n'est pas du tout; – esprit de conséquence qui, tout admirable qu'il soit pour nous, n'en demeure pas moins d'une grande abstraction.

Il est particulièrement remarquable de voir Zénon s'élever à un niveau plus élevé de conscience, à la conscience que si une détermination est niée, cette négation elle-même est à son tour une détermination et qu'alors ce n'est pas une seule détermination mais les deux déterminations opposées qu'il faut nier dans la négation absolue. Auparavant, si le mouvement est nié, l'essence absolue est en tant qu'au repos; ou encore, si elle est niée finie, elle est purement infinie; mais cela est lui-même détermination, est lui-même fini, comme nous le verrons bientôt. De même, l'être est par rapport au non-être une détermination; nous trouverons cela bientôt pareillement supprimé.

Si l'essence absolue est posée comme l'un ou comme être, elle est ainsi posée par la négation; elle est déterminée comme étant le négatif, et par là comme le néant, et au néant reviennent les mêmes prédicats qu'à l'être : l'être pur n'est pas mouvement, il est le néant du mouvement. C'est ce que pressent Zénon; et comme il a entrevu que l'être est le contraire du néant, il nie de l'un ce qui devrait être dit du néant. Mais cela devrait de même se produire aussi avec le reste. L'un est ce qui est le plus puissant, en cela il est proprement défini comme annihiler absolu; car la puissance est précisément l'absolument non-être d'un autre, elle est le vide. L'un est pareillement le néant | des multiples; dans le néant comme dans l'un, le multiple **325** est supprimé. Cette dialectique supérieure, nous la trouvons chez Platon dans son *Parménide*. C'est ce qui commence à se faire jour ici pour quelques déterminations, mais non pas pour celles de l'un et de l'être mêmes.

La conscience supérieure est la conscience de la nullité de l'être pareillement, comme de quelque chose de déterminé opposé au néant; cette conscience se présente pour une part chez Héraclite, et ensuite chez les Sophistes; il ne demeure alors aucune vérité, aucun étant-en-soi, seul est le pour un autre, en d'autres termes la certitude de la conscience singulière et la certitude comme réfutation, côté négatif de la dialectique.

2) Mais il a déjà été rappelé que nous trouvons pareillement chez Zénon la *dialectique véritablement objective.*

Zénon présente alors ce côté très important : il est le fondateur de la dialectique, quoique dans ce que nous avons vu, il ne le soit pas lui-même à proprement parler, ou n'en soit que le commencement; car il nie des prédicats opposés. C'est ainsi que Xénophane, Parménide et Zénon posent comme fondement la proposition : le néant est néant, le néant n'est pas du tout, ou (comme Mélissus) l'égal est l'essence; c'est-à-dire qu'ils posaient un des prédicats opposés comme l'essence. Ils en décrétaient ainsi; quand dans une détermination, ils rencontrent son opposé, ils suppriment par là cette détermination. Mais ainsi, celle-ci ne se supprime qu'au moyen d'autre chose, de mon décret, de la distinction que je fais entre un côté qui est le vrai et l'autre qui est le nul, – (on procède à partir d'une proposition déterminée); sa nullité n'apparaît pas à son propre niveau, non pas dans le fait qu'il se supprime *lui*-même, c'est-à-dire qu'il comporte *en lui* une contradiction. Par exemple, dans le cas du mouvement : J'ai décrété que quelque chose était le nul : conformément à cette présupposition j'ai montré ce nul dans le mouvement; il s'ensuit donc que le mouvement est le nul. Mais une autre conscience ne pose pas ce décret; je le déclare immédiatement vrai, mais l'autre conscience a le droit de décréter autre chose
326 comme immédiatement vrai, par exemple | le mouvement. C'est ce qui arrive généralement quand un système philosophique réfute l'autre, que le premier est pris pour fondement, c'est en partant de lui que l'on combat l'autre. Ainsi l'affaire est vite réglée. « L'autre n'a pas de vérité, parce qu'il ne s'accorde pas avec le mien »; l'autre a précisément le droit d'en dire autant. Je ne dois pas mettre en évidence sa non-vérité au moyen d'un autre système, mais *à son propre niveau.* Il ne sert à rien de démontrer mon système ou ma proposition, et de conclure ensuite : donc la proposition opposée est fausse; pour cette autre proposition, la première apparaît toujours quelque chose d'étranger, d'extérieur. Ce n'est pas en raison de la vérité de son opposé que le faux doit être démontré comme faux, mais à son propre niveau.

C'est ce discernement rationnel que nous voyons s'éveiller chez Zénon. Cette dialectique est très bien décrite dans le *Parménide* de Platon[56]. Platon donne la parole à Zénon à ce sujet. Il fait dire à Socrate : « Zénon dans son écrit soutient au fond la même chose que Parménide, que tout est un ; mais par le tour qu'il emploie il veut nous donner l'illusion qu'il semble dire quelque chose de nouveau. Parménide en effet montre dans ses poèmes que tout est un, Zénon au contraire montre que le multiple n'est pas ». Zénon réplique « qu'il a plutôt écrit cela contre ceux qui cherchent à tourner en ridicule la thèse de Parménide, en montrant à quelles bouffonneries et à quelles contradictions envers soi-même on aboutit en l'affirmant. Il a donc combattu ceux qui affirment l'être du multiple pour montrer que de là découlent bien plus d'absurdités que de la thèse de Parménide ».

C'est là la détermination plus précise de la dialectique objective. Dans cette dialectique nous ne voyons plus la pensée simple se fixer pour elle-même, nous la voyons, fortifiée, et porter la guerre | en territoire 327
ennemi. C'est cet aspect que comporte la dialectique dans la conscience de Zénon ; mais elle est aussi à considérer sous son aspect positif. D'après la représentation habituelle que l'on a de la science, là où des propositions sont résultat de la preuve, la preuve est le mouvement du discernement, elle est liaison par médiation. La dialectique en général est α) dialectique extérieure, dont le mouvement est distingué de la compréhension de l'ensemble de ce mouvement ; et β) non pas un mouvement de notre seul discernement, mais un mouvement dont la démonstration procède de l'essence de la chose même, c'est-à-dire du concept pur du contenu. La première est une manière de considérer les objets, d'y faire voir des raisons et des aspects permettant d'ébranler tout ce qui d'ordinaire passe pour solide. Ces raisons peuvent d'ailleurs être tout à fait extérieures, et nous parlerons plus amplement de cette dialectique chez les Sophistes. Mais l'autre dialectique est la considération immanente de l'objet : il est pris pour soi, sans présupposition, sans idée ni devoir-être, non selon des rapports, des lois ou des raisons extérieures. On s'installe entièrement dans la chose, on considère l'objet en lui-même, et on le prend selon les déterminations qu'il comporte. Ainsi considéré il se montre alors lui-même comme contenant des déterminations opposées, donc se supprime ; c'est surtout cette dialectique que nous trouvons chez les Anciens. La dialectique subjective qui ratiocine à partir de raisons extérieures est équitable dès lors que l'on accorde que « dans le juste, il y a aussi de l'injuste, et dans le faux

56. <p. 127-128, ed. Steph. (p. 6-7 Bekk).>

aussi du vrai ». La véritable dialectique ne laisse absolument rien dans son objet : ce n'est pas sous un aspect seulement qu'il serait défectueux; il se dissout au contraire dans toute sa nature. Le résultat de cette dialectique est zéro, le négatif; l'affirmatif ne s'y présente pas encore.

À cette dialectique véritable, on peut associer ce qui a été fait par les Éléates. Mais la détermination, l'essence de la compréhension n'ont pas
328 encore pris beaucoup d'ampleur chez eux; | ils en sont au contraire restés à la constatation que par la contradiction l'objet est quelque chose de nul.

La dialectique zénonienne de la matière est restée jusqu'à ce jour irréfutée; on n'est pas encore allé au-delà, la question est laissée dans l'indétermination. « Il démontre que s'il y a du multiple, il est grand et petit : grand, si bien que le multiple serait ainsi infini, selon la grandeur (τὸ μέγεθος, quantité en général), – il faut aller à l'infini au-delà de la multiplicité, comme limite indifférente; ce qui est infini n'est plus grand, n'est plus du multiple, est le négatif des multiples infinis »; « il est petit, de sorte que les multiples n'ont aucune grandeur », – ce sont des atomes, le non-étant. « Il montre ici que ce qui n'aurait ni grandeur ni épaisseur ni masse (ὄγκος) n'existerait pas du tout non plus. Car s'il était ajouté à quelque chose d'autre, il ne l'accroîtrait pas; car s'il n'avait et n'apportait aucune grandeur, il ne pourrait rien ajouter à la grandeur de l'autre, par conséquent ce qui serait apporté serait néant. Pareillement, s'il était enlevé, l'autre n'en serait pas amoindri; il serait donc néant[57] ». « Si l'étant est, chaque chose a nécessairement grandeur et épaisseur (étendue), l'une est à l'extérieur de l'autre, à distance de l'autre. Et pour ce qui vient ensuite (περὶ τοῦ προὔχοντος) il en va de même; car ceci également comporte grandeur, il y a en lui diversité mutuelle (πρόεξει αὐτοῦ τι). Mais c'est la même chose de dire *quelque chose une fois*, et de *le dire toujours*; rien de lui ne sera un terme dernier, et pas davantage un autre ne le sera pour un autre. Si les multiples sont, ils sont petits et grands : petits, et ils n'ont aucune grandeur; grands, et ils sont infinis »[58].

329 | Aristote[59] nous a conservé le détail de cette dialectique. C'est principalement le mouvement que Zénon a traité sur le plan de la dialectique objective. Mais on ne trouve pas en lui le luxe de détails que nous voyons dans le *Parménide* de Platon. Pour la conscience de Zénon,

57. Simplicius, *In Phys. Arist.*, p. 30 a.
58. Simplicius, *l. l.*, p. 30 b.
59. *Phys.*, VI, 9.

nous voyons la pensée simple immobile disparaître et devenir elle-même mouvement pensant; en combattant le mouvement sensible, il se donne ce mouvement. La raison pour laquelle la dialectique a d'abord porté sur le mouvement, c'est justement que la dialectique elle-même est ce mouvement, en d'autres termes que le mouvement lui-même est la dialectique de tout étant. La chose, en tant que se mouvant, comporte à même elle sa propre dialectique, et le mouvement est : devenir à soi-même autre, se supprimer. Aristote rapporte que Zénon a nié le mouvement parce qu'il comporte contradiction interne. Il ne faut pas entendre par là que le mouvement n'est pas du tout; comme lorsque nous disons : il y a des éléphants, il n'y a pas de rhinocéros. Qu'il y ait du mouvement, que ce phénomène existe, – là n'est pas du tout la question; le mouvement comporte la certitude sensible, de même qu'il y a des éléphants. En ce sens, il n'est nullement venu à l'esprit de Zénon de nier le mouvement. La question est plutôt celle de sa vérité; mais le mouvement est non-vrai, car il est contradiction. Zénon a voulu dire par là qu'aucun être véritable ne lui revient. Zénon montre donc que la représentation du mouvement contient une contradiction; et il propose quatre modes de réfutation du mouvement. Ces preuves reposent sur l'être-divisé infini de l'espace et du temps.

1) Dans la première forme de réfutation il dit : « Le mouvement n'a pas de vérité parce qu'il faudrait que le mobile parvînt à la moitié de l'intervalle avant de parvenir au but. » Si Aristote s'exprime avec tant de brièveté c'est parce qu'il a traité et exposé en détail cet objet auparavant. Cela doit être compris d'une manière plus générale; | la continuité de l'espace est **330**
présupposée. Ce qui se meut doit atteindre un certain but; ce trajet est un tout. Pour parcourir le tout, il faut que le mobile en ait d'abord parcouru la moitié. Dès lors, c'est l'extrémité de cette moitié qui est le but. Mais cette moitié est à son tour un tout, et cet espace comporte lui aussi une moitié; il faut donc d'abord parvenir à la moitié de cette moitié, et ainsi à l'infini. Zénon en arrive ici à la divisibilité infinie de l'espace. Étant donné que l'espace et le temps sont absolument continus, il est impossible de s'arrêter nulle part dans la division. Toute grandeur – et tout temps, tout espace comporte toujours une grandeur – est à son tour divisible en deux moitiés; celles-ci doivent être parcourues, et si petit que soit l'espace que nous posions, ce rapport se retrouve toujours. Le mouvement serait le parcours de ces moments infinis, il ne se termine jamais; le mobile ne peut donc pas parvenir à son but.

On sait comment Diogène de Sinope, le Cynique, réfuta de la manière la plus simple de telles preuves de la contradiction du mouvement; – sans mot dire il se leva, et fit quelques allées et venues, – il les réfuta par le fait[60]. Mais l'anecdote a une suite : comme un disciple se montrait satisfait de cette réfutation, Diogène lui donna des coups de bâton, en arguant du fait que le maître avait, dans la controverse, usé de raisons : il ne lui était donc pas permis non plus, à lui disciple, d'admettre contre lui autre chose qu'une réfutation usant de raisons. C'est ainsi qu'il ne faut pas se contenter de la certitude sensible, il faut la concevoir.

Nous voyons ici se présenter pour la première fois l'infini développé dans sa contradiction, – dont il y a prise de conscience. Le mouvement, le pur apparaître lui-même est l'objet, il se présente à titre d'objet-de-pensée,
331 posé selon son essentalité : à savoir | (si nous considérons la forme des moments) dans ses différences de la pure égalité à soi-même et de la pure négativité, – du point opposé à la continuité. Pour nous, il n'y a dans la représentation aucune contradiction à ce que le point soit posé dans l'espace, ou que le moment soit de même posé dans le temps continu, – ou que le maintenant du temps soit posé comme une continuité, comme une longueur (jour, année); mais leur concept est contradictoire. L'égalité à soi-même, la continuité est connexion absolue, anéantissement de toute différence, de tout négatif, de l'être-pour-soi; le point est par contre le pur être-pour-soi, l'auto-distinction absolue, et la suppression de toute égalité et de toute connexion avec autre chose. Mais l'un et l'autre sont posés dans l'espace et dans le temps en une seule unité; espace et temps sont donc la contradiction. Il importe en premier de la mettre en évidence au niveau du mouvement; car il y a de l'opposé qui est posé dans le mouvement également pour la représentation. Le mouvement est précisément l'essence, la réalité du temps et de l'espace; et en tant que celle-ci apparaît, est posée, c'est la contradiction apparaissante qui est posée. C'est sur cette contradiction que Zénon attire l'attention.

C'est la continuité d'un espace, c'est du positif qui est posé; et ce qui est posé en lui c'est la limite, qui le divise par moitié. Mais cette limite bissectrice n'est pas limite absolue, ou limite en et pour soi; il y a au contraire un limité, il y a à nouveau continuité. Mais cette continuité à son tour n'est rien non plus d'absolu, le contraire doit être posé en elle, – la limite bissectrice; mais par là n'est à nouveau pas posée la limite de la continuité, la moitié est encore continuité, et ainsi à l'infini. À l'infini,

60. <Diog. Laert., VI, 39. Sextus Emp., *Hyp. Pyrrh.*, 111, 8, § 66.>

– nous nous représentons alors un au-delà qui ne peut être atteint, qui est en dehors de la représentation, laquelle ne peut y parvenir. C'est une marche sans fin vers le dehors, mais qui est présente dans le concept, – une marche vers le dehors qui va d'une déterminité opposée à l'autre, de la continuité à la négativité, de la négativité à la continuité; ces déterminités sont toujours devant nous. Dès lors, l'un de ces deux moments peut | être affirmé 332
comme le moment essentiel du processus. Or Zénon pose en premier lieu le processus continu de telle façon qu'on n'arrive précisément à rien qui soit égal à soi, qui soit un seul déterminé; – il n'y a pas d'espace limité, il y a donc continuité; en d'autres termes, Zénon affirme que la progression se trouve dans cet acte de limiter.

La réponse et la solution générales d'Aristote consistent à dire que l'espace et le temps ne sont pas infiniment divisés, mais sont infiniment divisibles. Or, il semble que puisqu'ils sont divisibles *(potentia*, δυνάμει, non *actu*, ἐνεργείᾳ), ils doivent aussi être de façon effective infiniment divisés; sinon, ils ne pourraient être divisés à l'infini; – c'est là une réponse générale pour la représentation. C'est pourquoi Bayle, parlant de la réponse d'Aristote, la déclare *pitoyable* :

> C'est se moquer du monde que de se servir de cette doctrine; car si la matière est divisible à l'infini, elle contient un nombre infini de parties. Ce n'est donc point un infini en puissance, c'est un infini, qui existe réellement, actuellement. Mais quand-même on accorderait cet infini en puissance, qui deviendroit un infini par la division actuelle de ses parties, on ne perdrait pas ses avantages; car le mouvement est une chose qui a la même vertu que la division. Il touche une partie de l'espace sans toucher l'autre et il les touche toutes les unes après les autres. N'est-ce pas les distinguer actuellement? N'est-ce pas faire ce que ferait un géomètre sur une table en tirant des lignes, qui désignassent tous les demi-pouces. Il ne brise pas la table en demi-pouces, mais il y fait néanmoins une division, qui marque la distinction actuelle des parties; et je ne crois pas qu'Aristote eût voulu nier, que si l'on tirait une infinité de lignes sur un pouce de matière, on n'y introduisît | une division, qui réduirait en infini actuel ce qui n'était 333
> selon lui qu'un infini virtuel[61].

On appréciera ce *si* !

On montre en philosophie que le concept simple, l'universel est l'essence simple de l'infinité ou du pur apparaître, – l'infinité est son mouvement. Divisibilité, possibilité, c'est là l'universel; il y a posé en lui aussi bien la continuité que la négativité, le point posé dans la continuité,

61. <Tome IV, art. Zénon, note E.>

mais comme moments, non comme des étants en et pour soi. Je peux diviser la matière à l'infini, mais je le peux seulement; je ne la divise pas effectivement à l'infini. L'infini consiste précisément en ceci qu'aucun de ses moments n'a de réalité. Il ne peut arriver que l'un d'eux devienne en soi, se produise effectivement, (ni limite absolue, ni continuité absolue); de sorte que l'autre moment serait toujours éliminé. Ce sont deux termes absolument opposés, mais en tant que moments, c'est-à-dire en tant que ces termes sont dans le concept simple ou dans l'universel, – dans le penser, si l'on veut; car dans le penser (dans le représenter en général), ce qui est posé est et en même temps n'est pas. Le représenté comme tel, c'est-à-dire tel qu'il est image de la représentation, n'est pas une chose : il n'a pas d'être, et il n'est pas non plus néant; il est ainsi l'universel, – unité simple indifférente, qu'elle soit dans la conscience ou en dehors d'elle. Espace et temps sont quantum, grandeur bornée; ils peuvent donc être parcourus. Tout comme je ne divise pas l'espace infiniment *actu*, le corps en mouvement ne le fait pas davantage; l'espace déterminé est présent comme limité, existe ainsi pour le corps. Ainsi, dans le mouvement, l'espace est présent comme universel pour le mobile. La division en tant qu'être-divisé n'est pas ponctualité absolue; et la pure continuité n'est pas non plus l'indivisé et le sans parties; de même, le temps est de l'universel, il n'est pas négativité pure, ponctualité, il est au contraire aussi continuité. Ces deux déterminations apparaissent dans le mouvement : la pure négativité comme temps, la continuité comme espace. Le mouvement lui-même est précisément cette unité effective dans l'opposition; les concepts ont en cela leur réalité
334 effective pour la représentation, et l'universel | est leur unité au niveau du mouvement, du moment de l'universalité, en tant qu'unité, et la séparation mutuelle de ces deux concepts dans cette unité, et l'unité des deux dans cette séparation.

L'essence du temps et de l'espace est le mouvement, car elle est l'universel; les concevoir signifie : exprimer leur essence, dans la forme du concept. C'est en tant qu'unité de la négativité et de la continuité que le mouvement est exprimé comme concept, comme pensée; mais à leur niveau, précisément, ni la continuité ni la ponctualité ne doit donc être posée comme l'essence. Pour la représentation ces deux moments sont eux-mêmes inséparables. Si nous nous représentons l'espace ou le temps comme infiniment divisés, il y a donc une infinité de points, mais la continuité n'y est pas moins présente, – un espace qui les comprend. Mais en tant que concept, cette continuité consiste en ce que tous sont des semblables, qu'ils ne se séparent donc pas véritablement les uns des autres en tant que points, en tant qu'uns.

Le mouvement est l'infini en tant qu'unité de ces opposés du temps et de l'espace. Mais ces deux moments se présentent pareillement comme étant; s'ils sont ainsi indifférents, ce n'est plus leur concept qui est posé, mais leur être. En eux en tant qu'étant, la négativité est limite en tant que grandeur; ils sont, ils existent comme espace et temps limités. Et le mouvement effectif est parcours d'un espace et d'un temps limités, non pas de l'espace et du temps infinis.

C'est du même point de vue qu'il faut concevoir les autres thèses de Zénon, non pas comme des objections à la réalité du mouvement, ainsi qu'elles apparaissent tout d'abord, mais comme une manière nécessaire dont le mouvement doit être déterminé, et à laquelle on ne peut pas ne pas recourir. Réfuter des objections signifie montrer leur nullité, comme si elles n'avaient pas lieu d'être, comme si elles ne devaient pas du tout être faites. Mais il est nécessaire de penser le mouvement comme Zénon l'a pensé, mais de mouvoir plus avant cette position même du mouvement.

Affirmer que le mobile devrait arriver à la moitié de son parcours, c'est là | l'affirmation de la continuité, c'est-à-dire de la possibilité de la division 335
comme simple possibilité; elle est ainsi toujours possible pour tout espace, si petit qu'on se le représente. On accorde comme tout naturel qu'il faudrait arriver à la moitié : on a ainsi tout accordé, – on a accordé de ne pas arriver; il est dit une fois autant que d'innombrables fois. On pense au contraire qu'avec un espace plus grand, on puisse accorder de considérer la moitié; mais on s'imagine qu'en un certain point on doive en arriver à ce qu'aucune bissection n'est plus possible (c'est-à-dire pour nous), – qu'on doive arriver à un espace si petit qu'aucune moitié ne pourrait plus lui être attribuée : c'est-à-dire à un espace indivisible, non continu, à aucun espace. Mais cela est faux, – la continuité est une détermination essentielle. Il y a bien aussi le minimum dans l'espace, cela implique négation de la continuité, – mais négation abstraite; mais il est tout aussi faux de s'attacher abstraitement à la division *visée*, – à la moitié. Seulement, cette admission du discontinu est déjà impliquée dans l'admission d'une moitié. Il faut dire : il n'y a pas de moitié de l'espace, l'espace est continu; un livre, un morceau de bois peuvent être brisés en deux moitiés, mais non pas l'espace, – et c'est dans le mouvement qu'il y a seulement espace. On pouvait dire de prime abord : l'espace se compose de points infiniment nombreux, c'est-à-dire de limites infiniment nombreuses, – il ne peut donc être parcouru. On se représente qu'il est possible de passer d'un tel point indivisible à un autre; mais ainsi on n'avance pas, car de ces points il y a une multitude illimitée. La continuité est fragmentée dans son contraire, dans une multitude indéterminée c'est-à-dire qu'il n'est pas admis de continuité, et donc pas de mouvement.

On affirme faussement que le mouvement serait possible si l'on arrivait à quelque chose qui ne serait pas continu; – le mouvement est connexion.

Si donc on a dit précédemment que la continuité est mise au fondement comme possibilité de la division à l'infini, c'est que la continuité est
336 seulement la présupposition, mais ce qui est *posé* | dans cette continuité, c'est l'être de limites infiniment multiples, abstraitement absolues.

2) « La deuxième preuve » (qui est pareillement présupposition de la continuité et position de la division) « est appelée Achille », au pied rapide. Les Anciens aimaient donner aux difficultés le vêtement d'une représentation sensible. De deux corps qui se meuvent dans la même direction, dont l'un est en avance et dont celui qui le suit à une certaine distance se meut plus vite que lui, – le deuxième, nous le savons, rattrapera le premier. Mais, dit Zénon : « Le plus lent ne sera jamais rattrapé même par le plus rapide »; et il le prouve *ainsi*. Le poursuivant a besoin d'une certaine portion de temps pour « atteindre le lieu d'où le fugitif est parti » au commencement de cette certaine portion de temps. Pendant le temps que le deuxième a mis pour parvenir au point où le premier se trouvait, celui-ci a poursuivi son mouvement, a parcouru un nouvel espace, que le deuxième doit à son tour parcourir en une partie de cette portion de temps; et cela continue de cette manière à l'infini. B parcourt en une heure deux milles, A durant cette même heure un mille. S'ils sont éloignés l'un de l'autre de deux milles, dans une heure B sera arrivé là où A était au début de l'heure. L'espace parcouru pendant ce temps par A (1 mille), B le parcourra en 1/2 heure, et ainsi de suite à l'infini. Son mouvement plus rapide ne permet pas le moins du monde au deuxième corps de parcourir l'intervalle correspondant à son retard; le temps qu'il y emploie, le corps plus lent l'a lui aussi toujours à sa disposition, et « par là il a toujours de l'avance ».

Aristote, qui traite cette question, dit brièvement à son sujet : « Cette preuve représente la même divisibilité infinie », en d'autres termes la division infinie par le mouvement. « C'est là quelque chose qui n'est pas vrai car le corps rapide rattrapera quand même le corps lent, s'il lui était
337 permis de franchir la limite, le | limité » [62]. Cette réponse est juste, elle contient tout. On a en effet admis dans cette représentation deux temps et deux espaces qui sont dissociés, séparés l'un de l'autre, – c'est-à-dire qu'ils sont limités, qu'ils sont des limites l'un par rapport à l'autre. Si l'on admet par contre que temps et espace sont continus, de telle sorte que deux points

62. Arist., *l. l.*

temporels ou spatiaux se rapportent l'un à l'autre en tant que continus, alors de même qu'ils sont deux ils ne sont pas non plus deux, – ils sont identiques. α) À l'égard de l'espace : dans une seule et même portion de temps A parcourt l'espace bc et B l'espace ab + bc.

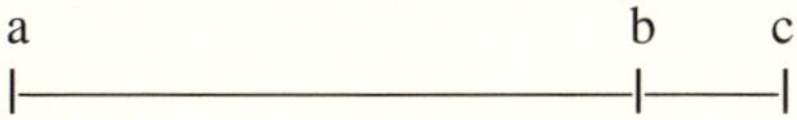

Dans la représentation, nous résolvons la difficulté de la manière la plus facile : puisque le second, du fait de sa plus grande vitesse, parcourt dans *le même temps* un plus grand espace que le lent, il peut arriver jusqu'au point d'où le premier part, et puis encore plus loin. β) Mais cette portion de temps qui doit être une est divisible en celle dans laquelle B parcourt ab et en celle dans laquelle B parcourt bc. La première portion correspond à l'avance de A pour parcourir bc; de sorte que désormais A est en c dans le même moment que B est en b. Le limité au-delà duquel selon Aristote il faut parvenir, qui doit être pénétré est le temps; puisqu'il est continu, il y a lieu de dire pour la solution de la difficulté, que ce qui est distingué comme deux portions de temps doit être compris comme une seule, durant laquelle B va de a à b et de b à c. Dans le mouvement, deux points temporels en sont très bien un seul. Quand nous parlons du mouvement en général, nous disons :
le corps | est en un lieu, il va ensuite en un autre lieu. En tant qu'il se meut, il **338**
n'est plus dans le premier, mais il n'est pas encore non plus dans le second; s'il est dans l'un des deux, il est au repos. Si l'on dit qu'il est entre les deux, cela ne veut rien dire; car entre les deux il est aussi dans un lieu, nous retrouvons donc ici la même difficulté. Mais se mouvoir signifie : être en ce lieu, et en même temps n'y être pas; c'est là la continuité de l'espace et du temps, et c'est elle qui premièrement rend possible le mouvement. Avec l'esprit conséquent qui est le sien, Zénon a maintenu ces deux points dans une stricte distinction mutuelle. Nous faisons aussi la distinction de l'espace et du temps; mais il faut qu'il leur soit également permis de transgresser la limite, c'est-à-dire de poser la limite comme n'en étant pas une, – de poser des points temporels divisés qui ne sont pas non plus divisés.

On trouve dans notre représentation habituelle ces mêmes déterminations sur lesquelles repose la dialectique de Zénon. Nous en venons bien à dire, quoiqu'à contre-cœur : en un seul moment temporel, deux grandeurs spatiales sont parcourues; – mais non pas : le plus rapide réunit deux moments temporels en un seul; nous posons au contraire pour cela un espace déterminé. Mais pour que le plus lent perde son avance, il faut dire : il perd son avance d'un moment de temps, – et indirectement d'un moment d'espace correspondant.

Zénon se contente de faire valoir la limite, la division, le moment de la distinction du temps et de l'espace dans toute sa déterminité; de là naît la contradiction. Ce qui crée la difficulté, c'est toujours le penser, parce qu'il maintient séparés dans leur distinction les moments d'un objet qui sont liés dans la réalité. Il a causé la chute originelle, l'homme ayant mangé de l'arbre de la connaissance du bien et du mal, mais il guérit aussi ce mal. Il est difficile de se rendre maître du penser; et *c'est lui seul* qui crée la difficulté.

339 | 3) « La troisième forme » de réfutation du mouvement « consiste » pour Zénon à dire : « La flèche qui vole est au repos », et cela parce que « ce qui se meut est toujours dans le maintenant » égal à soi et dans l'ici égal à soi, dans « l'indiscernable » (ἐν τῷ νῦν, κατὰ τὸ ἴσον); la flèche est ici, et ici, et ici. Ainsi disons-nous qu'elle est toujours la même; mais cela, nous ne l'appelons pas mouvement, mais repos : est au repos ce qui est toujours dans l'ici et dans le maintenant. En d'autres termes, il faut précisément dire de la flèche : elle est toujours dans le même espace, et dans le même temps; elle ne va pas au-delà de son espace, elle n'occupe pas un autre espace, c'est-à-dire un espace plus grand ou plus petit. Ici, le devenir-autre est supprimé; l'être-limité est posé absolument parlant, mais le limiter est de même seulement moment. Dans l'ici, dans le maintenant comme tels, il n'y a aucune différence. Dans l'espace, un ici est aussi bien un ici que l'autre, cet ici-ci et cet ici et puis à nouveau un autre, et ainsi de suite; et cependant l'ici est toujours le même ici, ils ne sont nullement différents les uns des autres. On fait donc ainsi valoir ici la continuité, l'égalité des ici contre l'opinion de leur différence. Chaque lieu est un lieu différent, – il est donc le même; la différence est seulement visée. Ce n'est pas dans ces rapports sensibles, mais seulement dans le spirituel que se présente une différence véritable, objective.

C'est ce qui se présente aussi en mécanique : de deux corps, la question est de savoir lequel se meut. Il faut plus de deux lieux, il en faut au moins trois, pour déterminer lequel se meut. Mais pour autant il est correct de dire que le mouvement est purement et simplement relatif; que dans l'espace absolu (l'œil par exemple) soit au repos ou se meuve revient tout à fait au même. En d'autres termes, d'après une proposition newtonienne, si deux corps se meuvent l'un décrivant un cercle autour de l'autre, il s'agit de savoir si l'un est en repos ou si les deux se meuvent. Newton veut en décider au moyen d'une circonstance extérieure, la tension des fils (*tensio filorum*).
340 Si sur un bateau je marche dans la direction opposée au mouvement | du bateau, il y a là mouvement par rapport au bateau et repos par rapport à autre chose.

Dans les deux premières preuves, c'est la continuité qui est prépondérante *dans la progression* : il n'y a pas de limite absolue et pas d'espace limité, mais continuité absolue, outrepassement de toute limite. Dans la preuve présente, c'est à l'inverse qu'on s'attache, à savoir à l'être-limité absolu, à l'interruption de la continuité, sans transition à autre chose. Aristote dit au sujet de cette troisième preuve : « elle a sa source dans l'admission que le temps *se compose des maintenants*; car si on n'accorde pas cela, on n'aboutit pas à la conclusion » [63].

4) « La quatrième preuve est empruntée à la considération de corps égaux se mouvant sur le stade en sens contraire à côté d'une chose égale, avec une vitesse égale, l'un à partir de l'extrémité du stade, l'autre de son milieu; il doit en résulter que la moitié du temps est égale au double. Le paralogisme repose sur l'admission que ce qui est dans l'objet-mû et ce qui est dans l'objet-au-repos parcourent une longueur égale en temps égal avec vitesse égale; or c'est faux » [64].

```
                    c'
               C|—|—|—|—|c
          N      C      M
          B|—|—|—|—|b
          m      n
     A|—|—|—|—|a
```

Si sur un espace déterminé, par exemple une table (*Aa*), deux corps de même longueur égale à celle de la table, | l'un (*Bb*) se trouvant par une de ses **341**
extrémités (*B*) au milieu (m) de la table, l'autre (*Cc*) dans la même direction touchant seulement l'extrémité (n) de la table, – et se meuvent en direction opposée, et si le premier (*Bb*) atteint l'extrémité (n) de la table en une heure par exemple, il en résulte que l'un (*Cc*) parcourt en la moitié du temps le même espace (CN) égal à (mn) que l'autre parcourt dans le double ; la moitié est donc égale au double. En effet « ce deuxième corps (c') passe devant la totalité du premier (*Bb*) ». Dans la première demi-heure, c' va de M à C :

```
               c'
          C|—|—|—|—|c
           N A C    M
          B|—|—|—|—|b
       m      n
  A|—|—|—|—|a
```

63. Arist., *l. l.*
64. Arist., *l. l.*

Dans la deuxième, (c') en passant devant (A) va à N, – au total il va de M à N; il fait donc le parcours double :

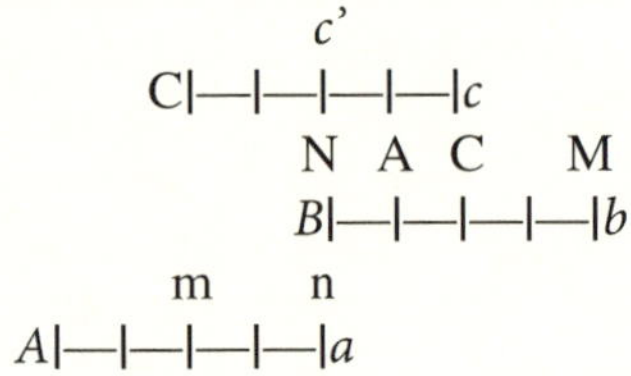

Cette quatrième forme de réfutation concerne la contradiction en cas de mouvement opposé. L'opposition a ici une autre forme : α) mais c'est aussi à son tour le cas de l'universel, en tant qu'élément commun qui appartient entièrement à chaque partie pour autant qu'elle accomplit pour elle-même seulement une partie; β) il est seulement posé comme vrai (étant) ce que chacune accomplit pour soi. Ici l'éloignement d'un seul corps est la somme des éloignements des deux; c'est la même chose que si j'avance de deux
342 pieds vers l'Est, et qu'un autre partant du même point avance | de deux pieds vers l'Ouest, nous sommes ainsi éloignés de quatre pieds, – ici les deux mouvements sont à additionner; dans l'éloignement qui résulte des deux, ceux-ci sont positifs. Ou bien je suis allé de deux pas en avant et de deux pas en arrière, – à la même place; bien que je me sois déplacé de quatre pieds, je n'ai pas quitté la place. Le mouvement est donc nul; car du déplacement en avant et en arrière s'ensuit une opposition, qui se supprime.

Telle est la dialectique de Zénon : il a appréhendé les déterminations que contient notre représentation de l'espace et du temps; il en eu conscience et en a montré le caractère contradictoire. Les antinomies de Kant ne sont rien de plus que ce que Zénon a déjà fait ici.

Le contenu universel de la dialectique, la proposition universelle de l'école éléatique a donc été : « Ce qui est véritable est seulement l'un, tout le reste est non-vrai »; de même que la philosophie kantienne a pour résultat : « Nous ne connaissons que des phénomènes ». C'est somme toute le même principe : « le contenu de la conscience est seulement un phénomène, il n'est rien de véritable »; mais il y a aussi une différence. En effet, Zénon et les Éléates ont énoncé leur principe avec la signification suivante : « Le monde sensible est en lui-même seulement monde phénoménal, avec ses formes infiniment diverses; – ce côté ne comporte aucune vérité propre ». Or ce n'est pas ce que Kant pense. Il affirme : « En tant que nous

nous tournons vers le monde, que le penser s'adresse au monde extérieur » (pour le penser, le monde donné intérieurement est aussi quelque chose d'extérieur) « en tant que nous nous y appliquons, nous en faisons un phénomène; c'est l'activité de notre penser qui apporte à ce qui est extérieur tant de déterminations : le sensible, les déterminations de la réflexion etc. C'est seulement notre connaître qui est apparaître, le monde est en soi, il est absolument véritable; c'est seulement notre application, notre comportement à son égard qui nous le gâte : ce que nous y ajoutons n'est bon à rien. Il ne devient quelque chose de non-vrai que parce que nous le gratifions d'une masse de déterminations ». | C'est là la grande différence. Chez 343
Zénon aussi, un tel contenu est nul; – mais chez Kant, c'est parce qu'il est notre œuvre manquée. Chez Kant, le spirituel est ce qui gâte le monde; selon Zénon, c'est le monde qui est le phénoménal en et pour soi, qui est non-vrai. Selon Kant, ce qui est mauvais, c'est notre penser, notre activité spirituelle; – immense humilité de l'esprit, que celle qui ne fait aucun cas du connaître. Dans la Bible, le Christ dit : « N'êtes-vous donc pas meilleurs que les moineaux » ? Nous le sommes en tant qu'être pensants; – en tant qu'êtres sensibles nous sommes aussi bons ou aussi mauvais que les moineaux. Le sens de la dialectique de Zénon possède une plus grande objectivité que cette dialectique moderne. La dialectique de Zénon se bornait encore à la métaphysique; plus tard, chez les Sophistes, elle devint universelle.

Nous quittons ici les Éléates. L'école éléatique se continue d'un côté chez Leucippe, et de l'autre dans les Sophistes : – Dans ceux-ci, par l'extension des concepts éléatiques à toute réalité effective et au rapport de la conscience à cette réalité; dans celui-là, Leucippe, qui est d'une part un disciple postérieur dans le temps, et d'autre part un continuateur du concept dans son abstraction, mais qui admet pour la conscience une orientation physicaliste. On connaît encore les noms de plusieurs autres Éléates, qui ne peuvent toutefois nous intéresser. Tennemann[65] dit : « Si *inattendu* que cela soit, le système éléatique a trouvé des adeptes : Sextus fait mention d'un certain Xéniade ».

65. <Partie I, p. 190.>

D. *Héraclite*

Si nous laissons de côté les Ioniens, qui ne saisissaient pas encore l'absolu en tant que pensée, et également les Pythagoriciens, nous avons l'être pur des Éléates, et la dialectique qui annule tous les rapports finis. Le penser est le processus de tels phénomènes; l'être, le monde est en lui-même le phénoménal, et seul l'être pur est ce qui est véritable. La dialectique de Zénon se saisit par conséquent des déterminations qui se
344 trouvent dans le contenu | même. Elle peut encore être appelée aussi dialectique subjective, dans la mesure où elle appartient au sujet qui examine, tandis que l'un est sans cette dialectique, sans ce mouvement, il est un, identité abstraite. La dialectique subjective de Zénon doit nécessairement devenir elle-même objective, c'est-à-dire que ce mouvement lui-même doit être compris comme ce qui est objectif : tel est le nouveau pas que cette dialectique doit accomplir à présent. Aristote blâme les nombres pythagoriciens et les idées platoniciennes parce qu'ils sont les substances des choses, que celles-ci participent à eux, – ce serait là un vide bavardage, mais qu'est-ce que l'efficace ? Thalès aussi est blâmé par Aristote pour avoir supprimé le mouvement; chez Parménide nous avons l'être et la dialectique en tant que mouvement dans le sujet. Héraclite appréhende à présent l'absolu lui-même comme ce processus, comme la dialectique elle-même. La dialectique est α) dialectique extérieure, ratiocination de côté et d'autre, et non pas l'âme de la chose elle-même se dissolvant. β) Dialectique immanente de l'objet, mais appartenant à la considération du sujet; γ) l'objectivité d'Héraclite, c'est-à-dire appréhender la dialectique elle-même appréhendée en tant que principe. C'est là le progrès nécessaire, et c'est celui qu'Héraclite a accompli. L'être est l'un, le premier; ce qui vient en second est le devenir, – c'est à cette détermination qu'Héraclite est parvenu. C'est là le premier concret, l'absolu en tant qu'il y a en lui l'unité de termes opposés. C'est donc chez Héraclite qu'on doit rencontrer pour la première fois l'idée philosophique sous sa forme spéculative : la ratiocination de Parménide et de Zénon est entendement abstrait; ainsi Héraclite a-t-il été aussi considéré partout comme un philosophe d'une grande profondeur de pensée, voire aussi décrié. Ici la terre est pour nous en vue; il n'est pas une proposition d'Héraclite que je n'aie reprise dans ma logique.

Héraclite, célèbre vers la 70e Olympiade (500 av. J.-C.) était Éphésien[1], et en partie encore le contemporain de Parménide. Avec lui a commencé la

1. Diog. Laert., IX, 1.

séparation, le retrait des philosophes | des affaires publiques, et des intérêts **345** de la patrie. Nous avons : α) les Sept Sages, qui sont des hommes d'État, des gouvernants, des législateurs ; β) la confrérie aristocratique pythagoricienne ; γ) la philosophie, l'intérêt de la science pour elle-même. Héraclite se consacra seulement aux sciences et vécut dans la solitude entièrement pour la philosophie. De sa *vie*, on ne connaît guère que ses rapports avec ses compatriotes, les Éphésiens ; ces rapports consistaient surtout dans le mépris qu'ils lui vouaient[2] et dans celui, plus profond encore, qu'il leur a porté[3], – un type de rapport qui existe présentement dans le monde, où chacun est pour soi et méprise tous les autres. Nous voyons en lui le philosophe se séparer de la foule. Dans ce noble esprit, ce mépris avait sa source dans le sentiment profond de l'absurdité des représentations et de la vie collective de ses compatriotes ; quelques expressions, prononcées en différentes occasions sont encore conservées à ce sujet. Selon un récit de Diogène Laërce[4], Héraclite aurait dit : « Les Éphésiens mériteraient tous, dès qu'ils ont atteint l'âge adulte (ἡβηδόν), d'avoir le cou brisé et d'abandonner leur ville aux enfants mineurs » (aujourd'hui aussi on a pensé que seule la jeunesse savait gouverner), – « parce qu'ils avaient chassé son ami Hermodore, le plus excellent d'entre eux, en donnant pour motif : nul parmi nous ne doit être le plus excellent ; s'il y a quelqu'un de tel, qu'il le soit ailleurs et chez d'autres ». Dans la démocratie athénienne également il est arrivé que l'on bannisse de grands hommes pour le même motif. Proclus[5] dit : « Le noble Héraclite blâma le peuple pour son manque d'intelligence et de pensée. Que peut bien être, dit-il, leur intelligence, leur jugement ? La plupart | sont mauvais, peu sont bons... ». « Ses concitoyens **346** l'invitèrent à participer à la gestion des affaires publiques ; mais il refusa, parce qu'il n'approuvait pas leur constitution, leurs lois et leur gestion de l'État ». Diogène Laërce[6] dit encore : « Antisthène donne pour preuve de la grandeur d'âme d'Héraclite le fait qu'il abandonna la royauté à son frère ».

Nulle part son mépris pour ce qui passait aux yeux des hommes pour vérité et justice ne s'exprime avec plus de force que dans la lettre où il aurait répondu à l'invitation de Darius Hystaspis, qui lui demandait « de le faire participer à la sagesse grecque, vu que son ouvrage sur la nature contenait

2. Diog. Laert., IX, 15.

3. Diog. Laert., IX, 3.

4. Diog. Laert., Libr. IX, § 2, Cicero, *Tusc. Quaest.*, V, 36.

5. Fabricius, *Ad Sextus Emp. Adv. Math.*, VII, § 127 ; *Procli opera*, éd. Cousin, t. III, p. 115-116.

6. Diog. Laert., IX, 6.

une grande force (δύναμιν) en ce qui concerne sa théorie du monde, mais était obscur en de nombreux endroits; il lui demandait donc de venir auprès de lui et de lui expliquer ce qui avait besoin d'explication »[7] – (cela n'est assurément pas très vraisemblable, bien qu'il y ait chez Héraclite un ton oriental); celui-ci aurait répondu[8] : « Aussi longtemps que vivent les mortels, ils sont étrangers à la vérité et à la justice, ils sont en proie aux excès et à la vanité des opinions, comme le veut leur bêtise méchante. Mais moi, tandis que je suis parvenu à l'oubli de tout mal, et que je fuis l'excès d'envie qui me poursuit, ainsi que l'arrogance des gens de rang élevé, je n'irai pas en Perse, étant content de peu et demeurant dans mon bon sens. »

Quant à son œuvre (il n'y en a qu'une), à laquelle certains donnent pour titre « Les Muses », d'autres « Sur la Nature », il l'a déposée dans le temple de Diane à Éphèse[9]. Elle semble avoir encore existé en des temps postérieurs; les fragments qui nous sont parvenus sont réunis dans Stephanus :
347 *Poësis philosophica*[10]. | Schleiermacher, qui les a lui aussi réunis, les a ordonnés selon un plan particulier : « Héraclite l'Obscur d'Éphèse, présenté à partir des vestiges de son œuvre et des témoignages des Anciens », dans le Musée de la Science de l'Antiquité de Wolf et Buttmann, tome I (Berlin, 1807), p. 315-533; il y a soixante-treize passages. Kreuzer avait formé l'espoir de l'étudier avec de plus grands développements critiques et philosophiques. Il a réalisé une collection plus complète (particulièrement tirée des grammairiens). Mais comme par manque de temps il en avait abandonné l'élaboration à un jeune savant qui mourut, cette collection ne parvint pas dans le domaine public. Il faut dire que de telles collections sont en règle générale trop détaillées. Elles contiennent une masse d'érudition, et il est davantage possible de les écrire que de les lire.

Héraclite a passé pour obscur; il est célèbre pour son obscurité. Cicéron[11] a à ce sujet une mauvaise idée, comme cela lui arrive souvent; il pense qu'Héraclite a intentionnellement écrit avec cette obscurité. Mais c'est là une affirmation très plate, il attribue à Héraclite sa propre platitude, – c'est-à-dire cette préméditation. Cette obscurité, qui le fit surnommer « l'Obscur » (σκοτεινός) est sans doute davantage la conséquence d'une négligence de sa syntaxe et d'une langue insuffisamment formée; c'est aussi ce que pense Aristote. Sur le plan grammatical il attribue l'obscurité

7. Diog. Laert., IX, 13.
8. Diog. Laert., IX, 14.
9. Diog. Laert., IX, 12 et 6.
10. <p. 129 *sq.*>
11. *De Nat. Deor.*, I, 26 ; III 14 ; *De Finib.*, II 5 ; Diog. Laert., IX, 6.

au manque de ponctuation : « On ne sait pas si un mot fait partie de ce qui précède ou de ce qui suit » [12]. C'est aussi l'avis de Démétrius [13]. Au sujet de ce livre, Socrate déclarait que : « Ce qu'il en avait compris était admirable ; quant à ce qu'il n'en avait pas compris, il le croyait du même ordre ; mais il faudrait un nageur délien (vaillant) | pour en faire la traversée » [14]. 348
Mais l'obscurité de cette philosophie réside principalement dans la profondeur, dans le caractère spéculatif de la pensée qui y est exprimée ; une telle pensée spéculative est toujours difficile, obscure pour l'entendement : la mathématique par contre est très facile. Le concept, l'idée répugnent à l'entendement, qui ne peut les saisir.

Platon a étudié la philosophie d'Héraclite avec un zèle particulier. Nous la trouvons beaucoup citée dans ses œuvres, et c'est bien par elle qu'il a incontestablement reçu sa formation philosophique première, en sorte qu'Héraclite peut être appelé le maître de Platon. Hippocrate est de même un philosophe héraclitéen.

Ce qui nous est rapporté de la *philosophie* héraclitéenne apparaît de prime abord très contradictoire, mais d'une façon générale, on peut le tirer au clair à l'aide du concept, et trouver en Héraclite un homme d'une grande profondeur de pensée. Il est l'achèvement de toute la conscience antérieure, – achèvement de l'idée en totalité, qui est le commencement de la philosophie, qui en d'autres termes exprime l'essence de l'idée, l'infini, ce qu'il est.

1) – *Le principe général.* Cet esprit hardi a été le premier à dire la parole profonde : « L'être n'est pas plus que le non-être », il est tout aussi peu [15] ; ou « être et néant sont la même chose » [16] ; l'essence est le changement. Le vrai est seulement comme l'unité d'opposés ; chez les Éléates, nous avons l'entendement abstrait affirmant que seul l'être est. Pour la formule d'Héraclite nous disons : L'absolu est l'unité de l'être et du non-être. Quand nous entendons énoncer ainsi la proposition : L'être n'est pas plus que le non-être, elle ne nous semble pas présenter beaucoup de sens, mais seulement un anéantissement universel, une absence de pensée. Mais nous | disposons encore d'une formule qui serre de plus près le sens 349
de ce principe : Héraclite dit en effet : « Tout s'écoule (πάντα ῥεῖ), rien ne subsiste ni ne demeure jamais le même ». Et Platon ajoute au sujet

12. Arist., *Rhet.*, III, 5.
13. *De elocutione*, § 192, p. 78, ed. Schneider.
14. <Diog. Laert., II, 22 ; IX, 11-12.>
15. <Arist., *Metaph.*, IV, 7 ; *Metaph.*, I, 4*.>
16. <*Eod.*, Libr. IV, c. 3.>

d'Héraclite : « Il compare les choses au courant d'un fleuve, – disant qu'on ne saurait entrer deux fois dans le même courant »[17]; il coule et on est en contact avec d'autres eaux. Ses successeurs disent même : « on ne peut pas y entrer une seule fois »[18], car il change immédiatement; ce qui *est* tout aussitôt n'est pas. En outre, selon Aristote[19], Héraclite pose que « seulement ce qui demeure est; c'est à partir de celui-ci que tout le reste est transformé », métamorphosé, formé. « Tout s'écoule hormis cet un, il n'y a rien de ferme », rien ne tient; – c'est-à-dire : le vrai est le devenir, non pas l'être, – la détermination plus précise pour ce contenu universel est le devenir. Seul l'être est, est le vrai, disaient les Éléates; la vérité de l'être est le devenir, – l'être est la première pensée, en tant qu'immédiat. Tout est devenir, dit Héraclite; ce devenir est le principe. C'est ce qui est impliqué dans l'expression : l'être est tout aussi peu que le non-être; le devenir est et aussi n'est pas. Les déterminations absolument opposées sont liées en une seule unité; nous y avons l'être et aussi le non-être. Appartient au devenir non seulement le naître mais aussi le disparaître; ni l'un ni l'autre n'est pour soi, ils sont au contraire identiques. C'est ce qu'Héraclite a exprimé par ses formules. L'être n'est pas, ainsi le non-être est; et le non-être n'est pas, ainsi l'être est; tel est le vrai sens de l'identité de ces deux termes.

350 Passer de l'être au devenir est une grande pensée; | celui-ci est encore abstrait, mais il est en même temps aussi le premier concret, la première unité de détermination opposées. Celles-ci sont ainsi sans repos dans ce rapport, le principe de la vitalité y est contenu. Par là est réparé le défaut qu'Aristote a mis en lumière dans les philosophies précédentes, – le défaut de mouvement; c'est ce mouvement qui est désormais lui-même principe. Ainsi cette philosophie n'est pas une philosophie passée, son principe est essentiel et se trouve au début de ma logique, juste après l'être et le néant.

Avoir reconnu qu'être et non-être ne sont que des abstractions sans vérité, et que le premier vrai est seulement le devenir, est une vue profonde. L'entendement les considère isolément l'un et l'autre comme vrais et valides; la raison par contre reconnaît l'un dans l'autre, reconnaît que dans l'un est contenu son autre, et ainsi le tout, l'absolu doit être déterminé comme étant le devenir.

Héraclite dit également : « Ce qui est opposé appartient au même, » par exemple « le miel est doux et amer »[20] – être et non-être appartiennent ainsi

17. Platon, *Cratylos*, p. 402, *init. Steph.* (p. 42 Bekk) ; Arist. *Metaph.*, I, 6 XIII, 4.
18. Arist., *Metaph.*, IV, 5.
19. Arist., *De Coelo*, III, 1.
20. Sextus Emp., *Hyp. Pyrrh.*, I, 29, § 210-211 ; II, 6, § 63.

au même. Sextus remarque : « Héraclite, comme les Sceptiques, procède à partir des représentations communes des hommes ; personne ne nierait que le miel est dit doux par les gens en bonne santé, et amer par ceux qui ont la jaunisse, » – s'il n'était que doux, sa nature ne pourrait être modifiée par autre chose, il serait dans tous les cas doux, même chez celui qui a la jaunisse. Zénon commence par la suppression des prédicats opposés, et il met en évidence dans le mouvement son opposé, – un être-posé de la limite est une suppression de la limite ; Zénon n'a exprimé l'infini que par son côté négatif, – en raison de sa contradiction, comme le non-vrai. Dans Héraclite nous voyons exprimé l'infini comme tel, autrement dit son concept, son essence ; l'infini, l'étant en soi | et pour soi est l'unité 351
d'opposés, – et des termes universellement opposés, de la pure opposition, celle de l'être et du-non-être. Si nous prenons les choses en soi et pour soi, non la représentation de l'étant, de l'étant accompli, l'être pur est la pensée simple ce en quoi tout déterminé est nié, le négatif absolu : Mais le néant est à même la chose, précisément cet égal-à-soi-même ; – passage absolu dans l'opposé auquel Zénon ne parvient pas : « Rien ne naît de rien ». Chez Héraclite le moment de la négativité est immanent ; c'est pourquoi il s'agit là du concept de la philosophie tout entière.

Nous avons eu tout d'abord l'abstraction de l'être et du non-être sous une forme universelle de façon tout à fait immédiate ; mais, plus précisément, Héraclite a aussi appréhendé les opposés d'une manière plus déterminée. Il s'agit de cette unité du réel et de l'idéel, de l'objectif et du subjectif ; le subjectif est seulement le devenir objectif, sinon il est sans vérité : l'objectif est le devenir subjectif. Ce vrai est le processus du devenir ; Héraclite a exprimé sous une forme détermienée cette autoposition des différences en une unité. Aristote[21] dit par exemple qu'Héraclite a d'une façon générale « lié ensemble tout et non-tout » (partie), – le tout se fait partie, et la partie a pour être de devenir le tout, – « ce qui s'accorde et est antagonique », tout comme « ce qui est consonant et dissonant ; et à partir de tout » (opposé) est un, et à partir d'un tout. Cet un n'est pas l'abstrait, mais l'activité de se séparer ; l'infini mort est une mauvaise abstraction comparé à cette profondeur que nous voyons chez Héraclite. Selon Sextus Empiricus[22], « Héraclite a dit : | la partie est quelque chose de 352
distinct du tout, et elle est aussi la même chose que ce qui est le tout ; la substance est le tout et la partie ». Que Dieu ait créé le monde, qu'il se soit scindé soi-même, qu'il ait engendré son fils etc., – tout ce donné concret est

21. Arist., *De mundo*, c. 5

22. *Adv. Math.*, IX, § 337.

contenu dans cette détermination. Platon dans son *Banquet*[23] dit au sujet du principe d'Héraclite : « l'un, distingué de soi-même, s'unit à soi-même », – c'est là le processus de la vitalité, « comme l'harmonie de l'arc et de la lyre ». Il fait critiquer ensuite par Eryximaque, un des interlocuteurs du *Banquet*, cette thèse « que l'harmonie désharmonise, ou existe à partir d'opposés : car ce n'est pas du haut et du bas, en tant qu'ils sont différents, que naît l'harmonie, mais en tant qu'ils sont unis par l'art de la musique ». Mais il n'y a là aucune contradiction avec Héraclite, qui veut précisément dire cela. Le simple, la répétition d'un seul son n'est pas une harmonie. À l'harmonie appartient la différence; il faut essentiellement, absolument qu'il y ait une différence. Cette harmonie est précisément l'absolu devenir, l'absolu changement, – et non pas un devenir-autre, maintenant ceci et ensuite autre chose. L'essentiel est que chaque terme différent, particulier, soit différent d'un autre, – non pas abstraitement de n'importe quel autre, mais de *son* autre; chacun est seulement dans la mesure où son autre est en soi contenu dans son concept. Le changement est unité, relation des deux termes à un seul, un seul être, celui-ci et l'autre. C'est ce que nous admettons dans l'harmonie ou dans la pensée; nous voyons, nous pensons le changement, l'unité essentielle. L'esprit se rapporte dans la conscience au sensible, et ce sensible est son autre. Il en va de même pour les sons; ils doivent être différents, mais de sorte qu'ils puissent être aussi en accord,
353 | – et c'est là ce que sont en soi les sons. L'harmonie veut une opposition déterminée avec son opposé, comme dans l'harmonie des couleurs. La subjectivité est l'autre de l'objectivité, et non d'un morceau de papier, – car alors l'absurdité est d'emblée frappante; ce doit être son autre, et en cela se trouve précisément leur identité : chacun est ainsi l'autre de l'autre, comme de son autre. C'est là le grand principe d'Héraclite, il peut apparaître obscur, mais il est spéculatif; mais pour l'entendement qui maintient fermement séparés l'être, le non-être, le subjectif et l'objectif, le réel et l'idéel, cela sera toujours obscur.

2) *Le mode de la réalité.* Dans la présentation de sa pensée Héraclite n'en est pas resté à cette expression par concepts, – au pur logique; mais en dehors de cette forme générale dans laquelle il a exposé son principe, Héraclite a donné à son idée une expression plus réelle. Cette figure réelle appartient surtout à la philosophie de la nature, en d'autres termes sa forme est davantage la forme naturelle; c'est pourquoi Héraclite est encore compté dans l'école ionienne, et a ainsi inspiré la philosophie de la nature.

23. Page 187 *init. Steph.* (p. 397 ed. Bekk).

Cependant, au sujet de cette figure réelle qu'il donne à son principe, les historiens sont divisés. Il a affirmé, disent la plupart, que l'essence étante était le feu[24], mais selon d'autres, que c'était l'air[25], selon d'autres que ce serait plutôt l'évaporation que l'air; même le temps se trouve nommé chez Sextus[26] comme la première essence étante. La question qui se pose est : comment comprendre cette diversité ? Il ne faut pas du tout croire que ces informations doivent être attribuées à la négligence des auteurs; car ce sont les meilleurs témoins, comme Aristote et Sextus Empiricus, qui parlent de ces formes; ils le font de façon précise, et non pas seulement en passant, mais sans attirer l'attention sur ces divergences et ces contradictions. Il semble que nous trouvions une raison plus précise dans l'obscurité de l'écrit | d'Héraclite, dont la confusion de son expression pouvait donner 354
lieu à des malentendus. Mais, considérée de plus près, cette difficulté disparaît : elle n'apparaît que si on prend les choses superficiellement; c'est dans le profond concept d'Héraclite que se trouve la véritable issue à cette difficulté. D'une façon générale, Héraclite ne pouvait plus, comme Thalès, donner pour expression à l'essence absolue l'eau, l'air ou quelque chose de semblable, – il ne pouvait plus l'exprimer dans le mode d'un terme premier d'où sortirait tout le reste, – étant donné qu'il pensait l'être comme la même chose que le non-être, c'est-à-dire le concept infini. Et par conséquent l'essence absolue *étante* ne peut donc se manifester chez lui comme une déterminité existante, celle de l'eau par exemple, c'est au contraire l'eau comme changeante qui se manifeste, c'est-à-dire seulement le processus.

a) Processus abstrait, *temps*. Héraclite a dit : « Le temps est la première essence corporelle », selon l'expression de Sextus[27]. Le terme corporel est une expression malheureuse. Les Sceptiques choisissaient fréquemment les expressions les plus grossières, ou bien ils commençaient par rendre les pensées grossières, pour en avoir raison. « Corporel » veut dire sensibilité abstraite; le temps est l'intuition abstraite du processus, il serait la première essence sensible. Le temps est donc l'essence vraie. Comme Héraclite n'en est pas resté à l'expression logique du devenir mais a donné à son principe la figure de l'étant, cela implique que la forme du temps devait s'offrir à lui tout d'abord sous cette figure; car dans le sensible, dans l'intuitionnable, le temps est justement le premier terme qui s'offre comme le devenir; il est la première forme du devenir. Le temps est le devenir pur, en tant qu'intui-

24. Arist., *Metaph.*, I, 3, 8.
25. <Sextus Emp., *Adv. Math.*, IX, § 360; X, § 233.>
26. Sextus Emp., *Adv. Math.*, X, § 216.
27. Sextus Emp., *Adv. Math.*, X, § 231-232.

tionné. Le temps est le changement pur, il est le concept pur, le simple, qui tire son harmonie des opposés absolus. Son essence est d'être et de ne pas
355 être, sans aucune autre détermination ; – | être purement abstrait et non-être purement abstrait immédiatement dans une seule unité, et séparés. Ce n'est pas l'alternative : le temps *est* ou *n'est pas*; le temps *est* au contraire de ne pas être immédiatement dans l'être, et d'être immédiatement dans le non-être, – il est ce renversement de l'être dans le non-être, ce concept abstrait, mais (intuitionné) sur le mode objectif, en tant qu'il est pour nous. Dans le temps le passé et l'avenir ne sont pas, mais seulement le maintenant; et celui-ci *est* pour ne pas être, il est aussitôt anéanti, passé, – et ce non-être se renverse pareillement dans l'être, car il *est*. Il est l'intuition abstraite de ce renversement. Si nous devions dire comment ce qu'Héraclite a reconnu comme étant l'essence, dans cette pure forme où il l'a reconnu, existe pour la conscience, il n'y aurait rien d'autre à nommer que le temps. Il est d'ailleurs tout à fait exact que la première forme de ce qui devient est le temps; ainsi cette manière de voir est en connexion avec le principe de pensée d'Héraclite.

b) Forme réelle en tant que processus, *feu*. Mais ce pur concept objectif doit se réaliser plus amplement. Dans le temps, les moments, être et non-être, sont seulement posés comme négatifs ou comme immédiatement disparaissants. Héraclite détermine encore le processus d'une manière physique plus précise. Le temps est intuition, mais tout à fait abstraitement. Si nous voulons nous représenter ce qu'il est d'une manière réelle, c'est-à-dire exprimer ces deux moments comme une totalité à part, comme subsistants, il faut alors nous demander quelle essence physique correspond à cette détermination. Le temps pourvu de tels moments est le processus; concevoir la nature signifie *la* présenter en tant que processus. C'est là la vérité que l'on doit à Héraclite, et c'est le vrai concept. C'est pourquoi il saute aux yeux qu'Héraclite ne pouvait dire que l'essence était l'air, ou l'eau, ou quelque chose de semblable; car (c'est la première chose que l'on voit) ils ne sont pas eux-mêmes le processus. Mais c'est ce que le feu est; c'est pourquoi il disait que le feu était l'essence première, – et c'est là le mode réel du principe héraclitéen, l'âme et la substance du processus
356 naturel. | Dans le processus, les moments se distinguent tout comme dans le mouvement : α) le moment purement négatif; β) les moments de l'opposition subsistante, l'eau et l'air; et γ) la totalité en repos, la terre. La vie de la nature est le processus de ces moments : la scission de la totalité au repos de la terre dans l'opposition, la position de cette opposition de ces moments – et l'unité négative, le retour dans l'unité, l'embrasement de l'opposition subsistante. Le feu est le temps physique; il est cette inquiétude absolue,

dissolution absolue de subsistance, – la disparition d'autres choses, mais aussi de soi-même, il n'est pas stable. Et nous comprenons à partir de là (c'est tout à fait conséquent) qu'Héraclite ait pu désigner le feu comme le concept du processus, – en partant de sa détermination fondamentale.

c) De ce feu en tant que processus réel, il a donné une détermination plus précise, il en a développé l'exposition; il est pour soi le processus réel, sa réalité est le processus total dans lequel les moments sont alors déterminés de façon plus précise, plus concrète. Le feu en tant que ce principe métamorphosant des choses corporelles, est changement, transformation du déterminé, évaporation, vaporisation; car il est dans le processus le moment abstrait de ce dernier, et *par là* même, il est moins air qu'exhalation. Pour un tel processus, Héraclite emploie un mot très particulier, ἀναθυμίασις, évaporation (fumée, vapeur venant du soleil); exhalation ne rend la signification que superficiellement, – c'est plutôt : passage. Aristote[28] dit d'Héraclite à cet égard que d'après sa manière de présenter les choses, « le principe est l'âme, puisqu'elle est l'exhalation, l'émergence de tout », et cette exhalation, ce devenir « est l'élément le plus incorporel et sans cesse fluent ». Cela correspond aussi au principe fondamental d'Héraclite[29].

| Il a déterminé plus amplement le processus réel dans ses moments 357
abstraits en y distinguant deux aspects, « le chemin vers le haut (ὁδὸς ἄνω) et le chemin vers le bas (ὁδὸς κάτω) », – l'un étant la scission, l'autre la marche vers l'unité. Ils doivent être essentiellement conçus *ainsi* : la scission comme réalisation, subsistance des opposés; l'autre moment étant la réflexion de l'unité en elle-même, la suppression de ces oppositions subsistantes. Il possédait à cet effet les déterminations plus précises « de l'inimitié, de la haine, de la lutte (πόλεμος, ἔρις), et de l'amitié, de l'harmonie (ὁμολογία, εἰρήνη) », – séparation et position en l'unité (cela est aussi mythologique, l'Amour etc.[30]). « De ces deux déterminations, l'inimitié, la lutte est ce qui est principe de la naissance des termes différents, – mais ce qui conduit à l'embrasement, est la concorde et la paix »[31]. Dans l'inimitié entre deux hommes, l'un se pose comme indépendant vis-à-vis de l'autre, ou est pour soi, – c'est la scission, la réalisation en général; mais l'union et la paix sont l'engloutissement de l'être pour soi dans l'indistinction ou la non-réalité. Tout est triplicité, unité essentielle; la

28. *De Anima*, I, 2.
29. <Johannes Philoponus, *Ad. Arist. de anima*, I, 2, p. 20.>
30. <*Cf.* Arist., *Metaph.*, I, 4.>
31. Diog. Laert., IX, 8.

nature est cet être jamais en repos, et le tout est le passage de l'un dans l'autre, de la scission dans l'unité et de l'unité dans la scission.

Les déterminations plus précises de ce processus réel sont en partie défectueuses et contradictoires. On rapporte à cet égard, dans certaines sources au sujet d'Héraclite, qu'il aurait déterminé ce processus comme suit : « Les mutations (changements) du feu sont en premier lieu la mer ; et ensuite pour la moitié de celle-ci la terre, pour l'autre moitié la foudre » [32],
358 – le | feu jaillissant. Tel est l'aspect général de ce développement qui est très obscur. Diogène Laërce[33] dit : « Le feu est condensé en humidité (πυκνούμενον πῦρ ἐξυγραίνεσθαι), et en parvenant à la consistance (συνιστάμενον) il devient eau », le feu éteint (consumé) est l'eau, le feu qui passe dans l'indifférence, « mais l'eau durcie devient terre ; et c'est là le chemin vers le bas. La terre redevient ensuite fluide (fondue) et d'elle naît l'humidité (la mer) : de l'humidité vient l'exhalation (ἀναθυμίασις) de la mer, et tout naît de cette exhalation », celle-ci repasse dans le feu, jaillit sous forme de flamme ; « c'est là le chemin vers le haut ». Donc, d'une façon générale, métamorphoses du feu. « L'eau se scinde en exhalation sombre, elle devient terre, – et en évaporation pure, éclatante, elle devient feu, elle s'enflamme dans la sphère solaire ; l'élément igné devient météores, planètes et astres ». Ceux-ci ne sont donc pas des étoiles paisibles et mortes, ils sont considérés comme étant en devenir, en genèse éternelle. Ces expressions orientales et imagées ne doivent pas être prises dans une signification sensible grossière, comme si ces transmutations se rencontraient dans la perception extérieure : elles sont au contraire la nature de ces éléments ; la terre s'engendre éternellement son soleil et ses comètes.

La nature est ainsi ce cercle. C'est en ce sens que nous voyons Héraclite dire : « L'univers, aucun Dieu ni aucun homme ne l'a fait, mais toujours il fut, il est, et il sera un feu toujours vivant, qui s'allume et s'éteint selon sa propre loi (μέτρῳ) »[34]. Nous comprenons, comme Aristote le rapporte, que le principe est l'âme, parce qu'elle est l'exhalation, – ce processus automoteur du monde ; le feu est l'âme. À ce thème se rattache une autre expression, qui se trouve chez Clément d'Alexandrie[35] : « Pour les âmes
359 | (pour le vivant) la mort est le fait de devenir eau ; pour l'eau, de devenir terre ; inversement de la terre s'engendre l'eau et de l'eau s'engendre l'âme ». Il y a donc d'une façon générale ce processus d'extinction,

32. Clemens Alex., *Stromata*, V, 14, p. 712, ed. Pott (Steph, *Poës. phil.*, p. 131).

33. Libr. IX, § 9.

34. Clemens Alex., V, 14, p. 711.

35. *Stromata*, VI, 2, p. 746 (Steph., *Poës. phil.*, p. 131).

de retour de l'opposition dans l'unité, et de réveil de cette opposition, de procession à partir de l'un et hors de l'un. L'extinction de l'âme, du feu qui devient eau, la combustion qui devient produit, certains[36] les présentent faussement comme une combustion du monde. Il faut voir plutôt une représentation de l'imagination dans ce qu'Héraclite aurait dit d'un incendie du monde, prétendant qu'après un certain temps (comme dans notre représentation d'une fin du monde) le monde serait englouti dans le feu. Mais nous voyons aussitôt, en nous référant aux passages les plus précis[37], qu'on n'y a pas en vue cet incendie du monde, il s'agit au contraire de cette combustion, de ce devenir permanents de l'amitié, – la vie universelle, le processus universel de l'univers. « Héraclite dit que vivre et mourir sont unis dans notre vie comme dans notre mort; car lorsque nous vivons, nos âmes sont mortes et ensevelies en nous; mais à notre mort, elles ressuscitent et vivent » [38].

Si l'on considère que le feu chez Héraclite est ce qui est vivifiant, l'âme, il se trouve chez lui une expression qui peut paraître bizarre : « l'âme la plus sèche est la meilleure » [39]. Pous nous également, ce n'est certes pas l'âme la plus mouillée qui est la meilleure, c'est au contraire la plus vivante; mais sec signifie ici igné, l'âme la plus sèche est donc le feu pur, et celui-ci n'est pas sans vie, il est la vitalité même.

| Tels sont les moments principaux du processus vital réel. Je m'y **360**
attarde un instant, car par là c'est d'une façon générale tout concept de la considération spéculative de la nature (philosophie de la nature) qui se trouve exprimé. Elle est processus en elle-même. Dans ce concept, un seul moment, un seul élément passe dans l'autre : le feu devient eau, l'eau terre et feu. Il y a une vieille querelle au sujet de la transmutation des éléments, à l'encontre de leur immutabilité. Dans ce concept, l'investigation sensible commune de la nature[a] et la philosophie de la nature se séparent. En soi, dans la manière de voir spéculative, la substance simple est métamorphosée en feu et dans les autres éléments; dans l'investigation de la nature, tout passage est supprimé, l'eau est l'eau, le feu est le feu sans plus etc., – aucun concept, aucun mouvement absolu, *il y a* seulement une émergence, une séparation extérieure de données déjà présentes. Si la première manière de voir affirme la transmutation, la seconde croit pouvoir montrer

36. Tennemann, I, p. 218 ; Diog. Laert., IX, 8 ; Euseb., *Praep. Evang.*, XIV, 3.
37. <*Cf.* Stob., *Ecl. Phys.*, c. 22, p. 454.>
38. Sextus Emp., *Hyp. Pyrrh.*, III, c. 24, § 230.
39. <Plutarch., *De esu carnium*, I, p. 995, ed. Xyl.>

a. *Naturforschung* : nous avons traduit ce mot littéralement.

le contraire, elle n'affirme plus, il est vrai, que l'eau, le feu etc. sont des essentialités simples, elle les décompose au contraire en oxygène, en hydrogène etc., – dont elle affirme l'immutabilité. Elle affirme alors à bon droit que ce qui doit être en soi, dans la manière de voir spéculative, doit avoir aussi la vérité de la réalité effective; car si le spéculatif est cela : être la nature et l'essence de ses moments, cela doit aussi exister ainsi (on se représente le spéculatif comme ce qui est seulement dans la pensée ou dans l'intérieur, – c'est-à-dire on ne sait où). *Cela existe* aussi ainsi; mais avec leur concept borné les investigateurs de la nature se rendent aveugles à ce fait.

Si nous les écoutons, ils ne font qu'observer, ils disent ce qu'ils voient; mais cela n'est pas vrai, inconsciemment ils transforment immédiatement ce qui est vu par le concept. Et la contestation ne consiste pas dans l'opposition de l'observation et du concept absolu, mais dans celle du concept borné et fixé par rapport au concept absolu. Ils montrent que les
361 transmutations | n'existent pas, par exemple celle de l'eau en terre; jusqu'à l'époque contemporaine elle était affirmée, – si on distille de l'eau, il reste un résidu de terre. Lavoisier organisa des expériences exactes, pesant tous les vases; un résidu de terre apparut, mais le résultat de la comparaison fut qu'il venait des vases. Il y a un processus superficiel qui n'est pas un dépassement de la déterminité de la substance; « L'eau ne se transforme pas en air, mais seulement en vapeur, et la vapeur se condense toujours à nouveau en eau ». Mais dans le premier cas comme dans le second, les savants fixent seulement un processus unilatéral, défectueux, et ils le donnent pour le processus absolu. C'est comme lorsque je dis : le processus naturel est un ensemble de conditions; si quelques-unes manquent, il en résulte autre chose que si je remplis toutes les conditions. Le fer devient aimant, non pas si je le fais rougir, mais si je le frotte ou si je le tiens en rapport avec soi-même d'une certaine manière; il y a certes des circonstances où il demeure le même. La division mécanique est seulement toujours possible; – une maison peut être décomposée en pierres et en poutres, celles-ci se trouvent présentes en tant que pierres et en tant que poutres. C'est en ce sens qu'ils (les naturalistes) parlent du rapport du tout et des parties non pas comme de moments idéels; – parties auxquelles ils parviennent en tant qu'en soi, invisibles, latentes, non positives (en tant que moments), mais dont ils conservent encore la représentation. Mais dans le réel, dans le processus naturel, ils font l'expérience que le cristal dissout donne de l'eau, et que dans le cristal l'eau est perdue, devient dure, – eau cristalline; que l'exhalation de la terre ne peut pas être rencontrée sous forme de vapeur dans l'état extérieur, dans l'air, mais que l'air demeure

entièrement pur, ou que l'hydrogène disparaît entièrement dans l'air pur. Ils se sont donnés la peine assez vaine de chercher de l'hydrogène dans l'air atmosphérique. Ils font avec le même succès l'expérience que l'air entièrement sec, dans lequel ils ne peuvent déceler ni humidité, ni hydrogène, passe dans la vapeur et dans la pluie etc. C'est là l'observation, mais ils gâtent | toute perception de transmutation par la rigidité du concept; – ils **362**
introduisent en effet le concept fixe de tout et de partie, de consistance en parties, où est affirmé comme s'étant déjà trouvé présent ce qui en tant que tel se montre prenant naissance. Le cristal dissout faisant apparaître de l'eau, ils disent : « Elle n'a pas pris naissance en tant qu'eau, elle y était déjà contenue précédemment »; l'eau scindée dans son processus, fait apparaître de l'hydrogène et de l'oxygène : – « ceux-ci n'ont pas pris naissance, ils étaient déjà là auparavant en tant que tels, en tant que parties dont l'eau se compose ». Mais ils ne peuvent mettre en évidence ni eau dans le cristal, ni oxygène et hydrogène dans l'eau. Il en va pareillement avec « la matière calorique latente ». Il en est de même avec toute expression de la perception et de l'expérience; dès que l'homme parle, un concept est impliqué là, l'écarter est tout à fait impossible – il est né à nouveau dans la conscience, – il y a toujours l'amorce de l'universalité et de la vérité. Car c'est lui précisément qui est l'essence; mais ce n'est que pour la raison formée qu'il devient concept absolu, et non pas concept dans une déterminité, comme dans le cas présent. Les investigateurs de la nature parviennent nécessairement à leur limite, ainsi leur croix est de ne pas trouver l'hydrogène dans l'air; des hygromètres, des bouteilles pleine d'air venant par ballon des régions élevées ne leur en montrent pas l'existence. L'eau cristalline n'existe plus en tant qu'eau, – elle est métamorphosée, elle est devenue terre.

Pour revenir à Héraclite, il est celui qui le premier a exprimé la nature de l'infini, il est précisément le premier à avoir conçu la nature comme en soi infinie, c'est-à-dire à avoir conçu son essence comme processus. C'est à partir de lui qu'il faut dater le commencement de l'existence de la philosophie, – il est l'idée permanente qui est la même chez tous les philosophes jusqu'à nos jours, comme elle a été l'idée de Platon et d'Aristote.

3) Il ne manque plus qu'une chose à l'idée : que son essence, sa simplicité soit reconnue en tant que concept, en tant qu'universalité. On peut regretter qu'il n'y ait rien de durable, rien qui soit en repos, – ce que donne Aristote. Le processus n'est pas encore | appréhendé en tant **363**
qu'universel. Héraclite dit bien que tout s'écoule, qu'il n'y a rien de subsistant, que seul ce qui est un demeure. Mais la vérité, l'universalité n'est pas encore exprimée par là; c'est le concept de l'unité étante dans

l'opposition, non de l'unité réfléchie en elle-même. Ce un dans son unité avec le mouvement, avec le processus des individus est l'universel, le genre, l'entendement ou, dans son infinité, le concept simple en tant que pensée; en tant qu'elle est cela l'idée est encore à déterminer, – νοῦς d'Anaxagore. L'universel est l'unité simple immédiate dans l'opposition, en tant que processus de termes différenciés retournant en soi-même. Mais cela également se trouve chez Héraclite. Cet universel, cette unité dans l'opposition – l'être et le non-être comme identiques, Héraclite l'a nommé « *destin* (εἱμαρμένη), nécessité » [40]. Et le concept de la nécessité n'est autre que celui-ci : l'étant en tant que déterminé est dans cette déterminité ce qu'il est (celle-ci constitue son essence en tant qu'essence d'un être singulier), et c'est précisément par là qu'il se rapporte à son opposé; – c'est le « rapport » absolu « qui circule à travers l'être du tout (λόγος ὁ διὰ τῆς οὐσίας τοῦ παντὸς διήκων) ». C'est ce qu'il appelle « le corps éthéré, la semence du devenir de tout (αἰθέριον σῶμα, σπέρμα τῆς τοῦ παντὸς γενέσεως) » [41]. Telle est pour lui l'idée, l'universel comme tel, comme l'essence; c'est le processus apaisé, – le genre animal est l'élément permanent, le processus simple qui se reprend (se recueille en soi-même).

Il reste encore à considérer le *rapport à la conscience*, au penser, qu'Héraclite attribue à cette essence (au monde, à ce qui est). Sa philosophie a dans l'ensemble le caractère d'une philosophie de la nature; le principe en est certes logique, mais il est appréhendé dans son mode
364 naturel comme le processus universel | de la nature. Comment prend-on conscience du λόγος ? Comment se rapporte-t-il à l'âme individuelle ? C'est ce que je vais relater plus en détail; il y a là une manière belle, libre, naïve de parler authentiquement de la vérité, – on a ici l'universel et l'unité de l'essence de la conscience et de l'objet, et la nécessité de l'objectivité.

En ce qui concerne les énoncés sur la connaissance, plusieurs passages nous ont été conservés. Son principe que tout est et en même temps n'est pas, entraîne immédiatement sa déclaration que la certitude sensible n'a aucune vérité. Car c'est pour elle que ce qui est en tant qu'étant est certain; – cette certitude est celle pour laquelle quelque chose subsiste qui en fait tout aussi bien n'est pas. Cet être immédiat n'est pas l'être vrai; celui-ci est au contraire la méditation absolue, l'être pensé, la pensée, – et l'être reçoit alors la forme de l'unité. « Est mort, ce que nous voyons éveillés, mais ce que nous voyons en dormant est songe » [42], car en tant que nous voyons,

40. Diog. Laert., IX, 7 ; Simplicius, *Ad. Arist. Phys.*, p. 6 ; Stob., *Ecl. Phys.*, c. 3 p. 58-60.
41. Plutarch., *De Plac. Philos.*, I, 28.
42. Clemens Alex., *Stromat.*, III, 3, p. 520.

cela est persistant, c'est une forme fixe. Sous ce rapport Héraclite dit au sujet de la perception sensible : « les yeux et les oreilles sont de mauvais témoins pour les hommes, quand ils ont des âmes barbares. La raison (λόγος) est le juge de la vérité, non pas n'importe laquelle (ὁποιοσδήποτε) mais seulement la raison divine, universelle» [43], cette mesure, ce rythme qui circule à travers l'essentialité du tout. La nécessité absolue est justement cela : être le vrai dans la conscience; mais non pas n'importe quel penser portant sur du singulier, n'importe quel rapport où le penser est seulement forme et a le contenu de la représentation, – mais l'entendement universel, la conscience développée de la nécessité, l'identité du subjectif et de
l'objectif. « Savoir beaucoup n'enseigne pas l'intelligence; sinon | cela **365**
l'aurait appris à Hésiode, à Xénophane et à Pythagore. La sagesse est une seule chose, – connaître la raison qui est ce qui gouverne par le moyen de tout » [44].

Sextus relate avec plus de précision le rapport de la conscience subjective, de la raison particulière à la raison universelle, à ce processus naturel. Cela présente encore un aspect très physique; c'est ainsi que nous distinguons la circonspection par opposition à l'homme qui rêve, ou qui est fou. L'homme éveillé se rapporte aux choses d'une manière universelle, qui est conforme aux rapports des choses, quelle que soit la manière dont les autres s'y rapportent. Sextus [45] cite sur ce point la définition suivante : « Tout ce qui nous entoure est lui-même logique et intelligent » – l'essence universelle de la nécessité. L'universalité a la forme de la circonspection; l'essence, l'objectivité est sensée [b], mais non pas pour autant avec conscience. Quand je suis et pour autant que je suis dans la connexion objectivement intelligente de cette circonspection, de cette objectivité de la conscience, je suis certes dans la finité, – en tant que fini, je suis en connexion extérieure, et dans le rêve et la veille, je demeure dans le champ de cette connexion – ; mais c'est seulement l'entendement, la circonspection, la conscience de cette connexion sans sommeil, qui est le mode nécessaire de cette connexion, qui est la forme de l'objectivité, – l'idée dans la finité.

« Quand nous aspirons cette essence universelle par la respiration, nous devenons intelligents; mais nous ne le sommes qu'éveillés; dormants, nous sommes dans l'oubli ». Cette forme d'attitude intelligente est ce que nous

43. Sextus Emp., *Adv. Math.*, VII, § 126-127.
44. <Diog. Laërt., IX, § 1.>
45. *Adv. Math.*, VII, § 127 <τὸ περιέχον ἡμας λογικόν τε ὄν καὶ φρενῆρες.>

b. *Verständig* : sensé, raisonnable.

appelons l'être-éveillé. Cet être-éveillé, cette conscience du monde exté-
366 rieur qui appartient à l'attitude intelligente, | est plutôt un état; mais il est pris ici pour le tout de la conscience rationnelle. « Car dans le sommeil » (est-il dit) « les voies du sentiment sont fermées, et l'entendement qui est en nous est coupé de son union avec le milieu (τῆς πρὸς τὸ περιέχον συμφυΐας). Seule se conserve la connexion (πρός φυσις) de la respiration, qui est pour ainsi dire » (seulement) « une racine » de cette connexion (de l'état sensé) qui demeure aussi dans le sommeil, – ce n'est pas un élément spécifique, mais un élément abstrait; cette respiration est donc distinguée de la respiration universelle (συμφυΐα) c'est-à-dire de l'être d'autre chose pour nous, – la raison est ce processus avec ce qui est objectif. C'est parce que nous ne sommes pas en connexion avec le tout, que nous en restons au rêve. « Ainsi séparé, l'entendement perd la force de conscience qu'il avait auparavant »[46] – l'esprit n'est alors l'objectivité que comme singularité individuelle; il n'est pas universel dans la singularité, – penser qui se prend soi-même pour objet.

« Mais dans l'homme éveillé il (l'entendement) reçoit par les voies du sentiment, regardant au dehors comme par des fenêtres et s'accordant ainsi avec ce qui l'entoure (συμβάλλων), la force logique »; – idéalisme dans sa naïveté. « À la manière dont les charbons qui s'approchent du feu deviennent eux-mêmes de feu, mais s'éteignent quand ils en sont séparés, la partie (μοῖρα) » – la nécessité (voir ci-dessus), – « de ce qui nous entoure qui est hébergée dans notre corps, devient par la séparation, presque irrationnelle; » – cela s'oppose à ceux qui croient que Dieu dispense la sagesse dans le sommeil, dans le somnambulisme. « Mais en connexion avec les multiples voies <du sentiment>, elle devient homogène au tout (ὁμοειδὴς
367 τῷ ὅλῳ καθίσταται) » [47]. | La veille est conscience objective effective, savoir de l'universel, de l'étant; tout en demeurant en cela être-pour-soi[48].

Ce tout, l'entendement universel et divin, en unité avec lequel nous sommes logiques, est l'essence de la vérité[c] chez Héraclite. C'est pourquoi

46. Sextus Emp., *Eod.*, § 129 μνημονικὴ δύναμις, les représentations se font propres ; Mnémosyne, Mnémé n'est pas notre mémoire (Mnémosyne mère des Muses), mais d'une façon générale toute représentation et toute conscience.

47. Sextus Emp., *Eod.*, § 130.

48. Il est remarquable que Tennemann (I, p. 233) fasse dire à Héraclite ; « Le fondement du penser, la force pensante est extérieure à *l'homme* ». Il cite à cet effet Sextus Emp., *Adv. Math.*, VII, § 349.

c. κριτήριον ἀληθείας.

ce qui apparaît universellement à tous entraîne la conviction : car cela participe au logos universel et divin; mais ce qui vient à l'esprit d'un individu singulier n'a rien de convaincant, pour le motif opposé. Au début de son livre sur la nature, il dit : « Puisque ce qui les entoure est la raison (λόγος), les hommes sont dénués de raison aussi bien avant de l'entendre qu'en l'entendant pour la première fois. Car puisque ce qui se produit, se produit selon cette raison, ils sont encore sans expérience quand ils font l'épreuve des propos et des œuvres que je présente (διηγεῦμαι, expose, raconte, explique), distinguant chaque chose selon sa nature et disant quelle est sa manière d'être. Mais les autres hommes ne savent pas ce qu'ils font éveillés; de même qu'ils oublient ce qu'ils font dans le sommeil »[49].

Héraclite dit en outre : « Nous faisons et pensons toutes choses par participation à l'entendement divin (λόγος). C'est pourquoi il nous faut suivre » seulement « cet entendement universel ». « Mais beaucoup vivent comme s'ils avaient un entendement propre (ἰδίαν φρόνησιν); mais l'entendement (ἡ δέ) n'est rien d'autre que l'explication [d] – (la prise de conscience, la présentation, le discernement) – de la manière dont le tout est ordonné (organisé) (ἐξήγησις τοῦ πρότου, tournure, marche, τῆς τοῦ παντὸς διοικήσεως). C'est pourquoi dans la mesure où nous participons au savoir de cet entendement (αὐτοῦ τῆς μνήμης κοινωνήσωμεν) nous sommes dans la | vérité; en revanche, dans la mesure où nous avons **368**
(ἰδιάσωμεν) du particulier » – (quelque chose qui nous est propre), « nous sommes dans l'illusion »[50]. Paroles pleines de grandeur et de sens ! On ne peut s'exprimer d'une manière plus vraie et plus libre sur la vérité. Seule la conscience comme conscience de l'universel est conscience de la vérité; mais la conscience de la singularité et l'action en tant que singulière, l'originalité qui devient une propriété du contenu ou de la forme, est ce qui est non-vrai et mauvais. L'erreur consiste donc uniquement dans la singularisation du penser, – le mal et l'erreur consistant à se séparer de l'universel. Les hommes croient d'ordinaire que s'ils doivent penser quelque chose, ce doit être quelque chose de particulier; c'est là une illusion.

49. Sextus Emp., *Adv. Math.*, VII, § 131-132.
50. Sextus Emp., *Eod.*, § 133.

d. *Auslegung* : action d'étaler, explication, interprétation, exégèse ; traduit le grec ἐξήγησις qui signifie exposition de faits historiques, récit, explication, interprétation (vient d'un verbe signifiant diriger, conduire, conduire pas à pas, exposer en détail).

Si Héraclite affirme que dans le savoir sensible il n'est aucune vérité parce que tout étant s'écoule, et que l'être de la certitude sensible n'est pas tandis qu'il est, il n'en pose pas moins comme nécessaire dans le savoir le mode objectif. Le rationnel, le vrai que je sais est bien un retour à partir de l'objectif en tant que sensible, singulier, déterminé, étant. Mais ce que la raison sait en elle-même est pareillement la nécessité, ou l'universel de l'être; c'est l'essence du penser comme c'est celle du monde. C'est cette considération de la vérité que Spinoza[51] appelle « une considération des choses sous la forme de l'éternité ». L'être-pour-soi de la raison n'est pas une conscience dénuée d'objet, un rêve, mais un savoir qui est pour soi, mais tel que cet être-pour-soi est éveillé, en d'autres termes objectif et universel, le même pour tous. Le rêve est un savoir de quelque chose dont je suis seul à avoir connaissance. L'imagination et les conduites du même
369 genre sont précisément un tel rêve. De même, le sentiment est | la manière dont quelque chose est simplement pour moi, la manière dont j'ai quelque chose en moi, dans ce sujet que je suis; pour si sublimes que les sentiments se donnent, il est essentiel que pour moi, comme ce sujet-ci, ce quelque chose soit ce que je sens, – non comme objet, comme quelque chose de libre par rapport à moi. Mais dans la vérité l'objet est pour moi comme ce qui est libre en soi, et je suis pour moi et par moi dénué de toute subjectivité, et pareillement cet objet n'est pas un objet imaginé, qui ne serait pris pour objet que par moi, mais un objet en soi universel.

On possède en outre de nombreux autres fragments d'Héraclite, quelques sentences isolées etc. par exemple : « Les hommes sont des dieux mortels et les dieux des hommes immortels; vivant la mort des premiers et mourant leur vie » [52]. La mort des dieux est la vie, mourir est la vie des dieux. Le divin est l'élévation par le penser au-dessus de la simple naturalité; celle-ci appartient à la mort.

Nous pouvons en fait répéter au sujet d'Héraclite ce que Socrate en disait : ce qui nous en est resté est excellent; mais de ce qui nous en a été perdu, nous devons présumer une excellence au moins égale. Ou bien si nous voulons admettre que le destin est juste, et qu'il conserverait toujours le meilleur pour la postérité, il nous faut au moins dire de ce qui nous est parvenu d'Héraclite, que cela est digne de cette conservation.

51. *Ethicos*, p. II, propos. XLIV, coroll. II, (p. 118, ed. Paul).

52. Fabricius, *Ad Sextus Emp. Hyp. Pyrrh.*, III, 24, § 230, p. 185, nota c ; Heraclides, *Allegoriae Homericae*, p. 442-443, éd. Gale ; Clemens Alex., *Paedag.*, III, 1, p. 251, éd. Pott.

E. *Empédocle, Leucippe et Démocrite*

Avec Empédocle, nous considérerons aussi Leucippe et Démocrite; en eux se manifeste à la fois idéalité du sensible et déterminité universelle, ou
transition à l'universel. | Empédocle est un Italien pythagoricien qui incline 370
au-delà, vers les Ioniens, de même que Leucippe incline vers les Italiens.

1. *Empédocle*

Les fragments d'Empédocle ont été réunis à plusieurs reprises. 1) Sturz à Leipzig a rassemblé plus de 400 vers : *Empedocles Agrigentinus, De vita et philosophia ejus exposuit,* carminum *reliquias ex antiquis scriptoribus collegit, recensuit, illustravit, praefationem et indices adjecit Magister Frid. Guil. Sturz. Lipsiae (Göschen) MDCCCV (page 704).* 2) Peyron également a établi une collection des fragments d'Empédocle et de Parménide; *Empedoclis et Parmenidis fragmenta etc. restituta et illustrata ab Amadeo Peyron*; une édition en a été faite à Leipzig en 1810. On trouve dans les *Analecta* de Wolf une dissertation sur Empédocle par Ritter.

Empédocle était originaire d'Agrigente en Sicile, alors qu'Héraclite était d'Asie Mineure. Nous revenons donc en Italie, l'histoire fait alterner ces deux côtés; de la Grèce proprement dite, du centre, il ne sort encore aucune philosophie. Empédocle est né, vers la 70,1 Olympiade; il était célèbre vers la 80e Olympiade (460 av. J.-C.)[1]. Sturz[2] cite Dodwell[3] : *Annus Parmenidis 65 conveniet Olymp. 85, 2. Proinde Olymp. 75, 2 natalis erit Zenonis, qui fuerit proinde sexennio major condiscipulo Empedocle. Pythagoras decessit Ol. 77, 1/2 annum duntaxat unicum agente Empedocle*[a] Selon *Dodwell*, Empédocle est donc né Ol. 77 (474 av. J.-C.). Aristote[4] dit : « Par l'âge, il est postérieur à Anaxagore, mais par
ce qu'il a fait, | il est antérieur ». On ne sait pas s'il a eu son activité 371
philosophique en un temps antérieur (étant plus jeune); ou bien (comme il semble plutôt) si c'est sa philosophie qui présente une plus grande précocité, une moindre maturité conceptuelle par rapport à celle d'Anaxagore.

1. Tennemann, I, p. 415 (Diog. Laert., VIII, 74).
2. *l. l.*, p. 9-10.
3. <*De aetate Pythag.*, p. 220.>
4. *Metaph.*, I, 3. 984a11-13.

a. La soixante-cinquième année de Parménide coïncidera avec Olympiade 85, 2. Par conséquent, Olympiade 75, 2 sera l'année de la naissance de Zénon, qui sera donc de six ans l'aîné de son condisciple Empédocle. Pythagore est décédé Olympiade 77, alors qu'Empédocle vivait depuis seulement une demi-année <de cette Olympiade.>

Quoi qu'il en soit il apparaît d'ordinaire dans les récits concernant *sa vie* comme un thaumaturge et un magicien (γόης) semblable à Pythagore[5]. Il jouit durant sa vie d'une grande considération, d'une grande vénération parmi ses concitoyens; grande était sa renommée[6]. Et après sa mort, on lui érigea une statue dans sa ville natale. Il ne vécut pas séparé du monde, comme Héraclite; il exerça au contraire une grande influence sur ses concitoyens et sur l'organisation des affaires publiques d'Agrigente, comme Parménide à Élée. Il s'acquit le mérite d'avoir amené Agrigente, après la mort de Méton, tyran de la ville, à se donner une constitution libre avec des droits égaux pour tous les citoyens[7]. De même, il annihila plusieurs tentatives de citoyens d'Agrigente pour s'emparer de la souveraineté de leur ville natale; – et quand la vénération de ses concitoyens se fut élevée au point de lui offrir la couronne, il la refusa et vécut ensuite en homme privé considéré[8].

Comme les autres circonstances de sa vie, sa mort fut l'objet de nombreuses fables[9]. De même qu'il s'était distingué durant sa vie, il aurait encore voulu se donner le prestige de n'être pas mort d'une mort ordinaire, pour témoigner qu'il n'était pas un homme mortel, mais qu'il airait été seulement retiré du monde. Après un banquet, il aurait soudain disparu; ou
372 bien il se serait trouvé sur l'Etna | avec ses amis, et il aurait tout à coup échappé à leur vue. Son sort aurait été révélé grâce à une de ses chaussures qui aurait été rejetée par l'Etna et retrouvée par un de ses amis; ceci aurait montré clairement qu'il s'était précipité dans l'Etna pour se dérober ainsi au regard des hommes et susciter l'opinion qu'il n'était pas réellement mort, mais qu'il avait pris place parmi les Dieux. L'origine et l'occasion de cette fable semblent se trouver dans une poésie où il y a plusieurs vers qui, pris isolément, expriment une grande présomption. Il dit dans ce texte[10] : « Ô mes amis, vous qui habitez la grande place forte sur le jaune Acragas, et qui vous livrez à la pratique d'œuvres excellentes, salut! Je suis pour vous un Dieu immortel, et non plus un homme mortel. Je vais de tous côtés honoré de tous, couronné de diadèmes et de couronnes vertes. Lorsque j'arrive dans des villes florissantes, je suis pareillement honoré par les hommes et les femmes. Des milliers de gens me suivent, demandant quelle

5. <Diog. Laert., VIII, 59.>
6. <Diog. Laert., VIII, 73, 66.>
7. <Diog. Laert., VIII, 72.>
8. <Diog. Laert., VIII, 63-66.>
9. <Diog. Laert., VIII, 67-71.>
10. <Sturz, II, p. 530, Reliquae τῶν καθαρμῶν, v. 364-376.>

est la voie du salut; d'autres ont besoin de prophéties, d'autres s'enquièrent des paroles qui guérissent toutes sortes de maladies. Mais que m'importe de demeurer ainsi parmi les hommes mortels et corrompus comme si je faisais quelque chose de grand ». Mais le sens impliqué dans cette vantardise est : je suis très honoré, mais que vaut cet honneur ? Ce qui s'en dégage, c'est le dégoût de l'honneur que l'on trouve auprès des hommes.

Empédocle a eu pour maîtres des Pythagoriciens et a vécu à leur contact. C'est pourquoi on le compte parfois parmi les Pythagoriciens, comme Parménide et Zénon; mais cette affirmation n'a pas d'autres fondements. Il demeure incertain qu'il ait appartenu à la confrérie; sa philosophie ne présente aucun aspect pythagoricien. On le désigne aussi comme un condisciple de Zénon[11].

| En ce qui concerne sa *philosophie*, diverses pensées physiques isolées 373
nous ont été conservées, ainsi que des expressions parénétiques; c'est la pénétration de la pensée dans la réalité et la connaissance de la nature qui paraissent avoir eu chez lui le plus d'extension et d'ampleur. Mais nous trouvons moins de profondeur spéculative en lui que dans Héraclite; nous y trouvons au contraire le concept se plongeant davantage dans l'aspect réel, – une élaboration de la philosophie de la nature ou de la considération de la nature. Quant au concept déterminé qui domine cette étude, et qui commence à se faire jour essentiellement en elle, c'est le mélange, la synthèse. C'est d'abord en tant que mélange que se présente l'unité d'opposés. L'unité d'opposés (le concept qui a fait son apparition chez Héraclite) considérée dans son repos, existe pour la représentation en tant que mélange, avant que la pensée ne saisisse l'universel. Empédocle est le fondateur de la représentation commune qui est également parvenue jusqu'à nous, et qui consiste à considérer les quatre éléments physiques, le feu, l'air, l'eau et la terre comme les essences fondamentales. Les chimistes entendent par élément quelque chose de chimiquement simple; dans ce cas les quatre éléments ne conviennent plus.

Je vais maintenant indiquer brièvement ses pensées; il n'y a pas grand-chose à tirer de sa philosophie. Nous rassemblerons en un tout cohérent les nombreux éléments isolés qui nous ont été rapportés.

Sa pensée générale est ainsi résumée brièvement par Aristote[12] : « Aux trois » éléments, le feu, l'air, l'eau, qui avaient été chacun considérés antérieurement comme principe par un auteur ou un autre, « Empédocle a ajouté la terre, comme étant le quatrième »; il a dit : « Ce sont ces éléments

11. <Diog. Laert., VIII, 54-56.>
12. *Metaph.*, I, 3. ; *De gener., et corrupt.*, I.

qui subsistent toujours et ne deviennent pas, mais qui, réunis et séparés seulement selon le plus ou le moins, concourent en une unité et proviennent d'une unité ». Le carbone, les métaux etc., ne sont en rien de l'étant en
374 soi et pour soi | qui demeure et ne devient pas; ainsi, on ne se propose alors rien de métaphysique. Mais c'est le cas chez Empédocle : chaque chose naîtrait par une certaine sorte de liaison entre les quatre éléments. Dans notre représentation ordinaire, ces quatre éléments ne sont pas de telles choses sensibles quand nous les considérons comme des éléments universels; car, considérés sur le plan sensible, il y a encore d'autres choses sensibles différentes. Tout ce qui est organique, par exemple, est d'autre espèce; en outre la terre comme une, comme terre pure, simple, n'est pas, elle est au contraire dans une déterminité diversifiée. Entendre parler des quatre éléments implique pour nous l'élévation de la représentation sensible dans la pensée.

En ce qui concerne le concept abstrait du rapport mutuel de ces éléments, Aristote[13] poursuit en disant qu'Empédocle (tout comme Héraclite), n'aurait pas seulement employé comme principes les quatre éléments, mais aussi « l'amitié et l'inimitié » et il serait à vrai dire « le premier » à le faire. Nous avons déjà vu ces notions chez Héraclite; il apparaît tout de suite qu'elles sont de nature différente; elles sont proprement quelque chose d'universel. Les quatre éléments naturels se présentent chez Empédocle comme les éléments réels, et l'amitié et l'inimitié comme les principes idéels : il dispose donc de six principes. Je vais citer les remarques d'Aristote à ce sujet.

α) « Si l'on considérait cette pensée dans sa logique propre, sur le plan de l'entendement et non pas seulement dans les balbutiements d'Empédocle, on devrait dire que l'amitié est le principe du bien, et l'inimitié celui du mal. De sorte qu'on pourrait dire dans une certaine mesure qu'Empédocle pose, et a posé le premier, le mal et le bien comme les principes absolus; puisque le bien est le principe de tout bien, et le mal le principe de tout mal »[b]. Aristote met en lumière dans cette pensée d'Empédocle la trace de l'universel. Ce qui lui importe en effet, ainsi qu'il est nécessaire, c'est le concept du principe qui est en soi et pour soi-même.
375 | Mais celui-ci est seulement le concept ou la pensée qui est en elle-même immédiatement pour soi (ce qui est en soi n'est pas pour soi, mais pour un autre, comme dans l'unité formelle de l'être et du non-être); mais nous

13. *Metaph.*, I, 4.

b. 985a4-10 (trad. Tricot, I, p. 37).

n'avons pas encore vu un tel principe, que nous trouverons seulement chez Anaxagore. Aristote déplorait déjà l'absence du principe du bien chez Héraclite; c'est pourquoi il aurait aimé le trouver chez Empédocle. Par bien il faut entendre ce qui est fin en soi et pour soi-même, ce qui est dans soi absolument ferme. Comme on l'a déjà remarqué à plusieurs reprises, Aristote déplorait chez les anciens philosophes l'absence d'un principe du mouvement; on ne peut, dit-il, concevoir le changement à partir de l'être. Or, ce principe, nous l'avons trouvé chez Héraclite dans le mouvement du devenir. Mais Aristote désigne le en-vue-de-quoi, la fin comme un principe encore plus profond; le bien est ce qui est en vue de soi-même. La fin est le concept qui demeure ferme en soi et pour soi, qui se détermine soi-même; elle est ainsi le vrai qui est pour soi, et par lequel toute autre chose est. Si nous exprimons la fin (le bien) comme le vrai, il a encore la détermination de l'activité, de l'auto-achèvement, de la fin-en-soi, du concept qui est en et pour soi, – c'est la fin qui se détermine pour soi, et qui ainsi est en même temps l'activité de se produire soi-même; elle est donc l'idée, le concept qui s'objective, et qui est identique à soi dans son objectivité. Aristote regrette chez Héraclite l'absence du principe de fin, de ce-qui-demeure-égal-à-soi, de ce-qui-se conserve; cela l'amène à polémiquer avec vigueur contre Héraclite, puisque chez celui-ci il n'y a que le changement, sans retour, sans but. Or, c'est ce principe qu'il croit trouver ici; mais il dit en même temps qu'il n'y a chez Empédocle que balbutiement.

β) Les deux principes universels, la réunion et la séparation, sont des déterminations du penser très importantes. Mais Aristote, parlant en outre du rapport plus précis et de la détermination de ces principes, reproche à Empédocle « de ne pas faire usage de ces principes » de l'amitié et de l'inimitié « de façon radicale, | et de ne pas s'attacher non plus à leur propre 376
déterminité (ἐξευρίσκει τὸ ὁμολογούμενον); car fréquemment chez lui c'est l'amitié qui sépare, et l'inimitié qui réunit. Quand en effet le tout se disjoint en ses éléments sous l'action de l'inimitié, le feu est alors réuni en un tout, et il en est ainsi de chacun des autres éléments. » La séparation est tout aussi nécessairement réunion. Le séparé, ce qui vient se mettre d'un côté, est lui-même quelque chose d'uni en soi-même, – c'est là son autosubsistance. La séparation des éléments qui sont liés dans le tout, est réunion des parties de chaque élément entre elles. « Mais quand tout concourt à nouveau en une unité sous l'action de l'amitié, il est nécessaire que les parties de chaque » être autosubsistant « en soient à nouveau séparées ». Car elles sont multiples, elles sont de quatre sortes : cet être se trouve donc dans des relations diverses; le devenir-un est lui-même quelque chose de multiple, de séparé : ainsi le rassemblement est en même temps une

séparation. C'est là le cas général de toute déterminité : il lui faut être en elle-même son contraire et se présenter comme étant ce contraire. C'est faire une remarque profonde que de dire : il ne saurait y avoir d'union sans séparation, ni de séparation sans union; identité et non-identité sont de telles déterminations du penser, mais elles ne peuvent être séparées. Le reproche d'Aristote est impliqué dans la nature de la chose même. Aristote remarque : « Empédocle a été le premier » (Empédocle est postérieur à Héraclite), « à avoir établi de tels principes, n'ayant pas posé le principe du mouvement comme unique, mais des principes différents et opposés ».

γ) Les moments réels sont les quatre éléments bien connus, comme on l'a déjà dit. Mais Aristote dit encore : « Il ne les emploie pas » au même titre « comme s'ils étaient quatre » termes indifférents juxtaposés, comme lorsque nous disons quatre, sans rapport mutuel entre les termes, « mais dans l'opposition de deux termes : le feu à part, et les autres considérés comme une seule nature (ὡς μιᾷ φύσει), – la terre, l'air et l'eau » [c]. Le plus intéressant serait la détermination de leur rapport.

377 | δ) En ce qui concerne le rapport des deux moments idéels, l'amitié et l'inimitié, et des quatre éléments réels (comment cet idéel se réalise), c'est là pour lui un sujet de balbutiements, selon l'expression d'Aristote. Il ne les a pas convenablement distingués, mais les coordonne [14], – ce n'est pas là un rapport rationnel; en sorte que ce sont six éléments qui apparaissent chez lui (ainsi Sextus [15] parle souvent des six éléments d'Empédocle) dans des vers que nous ont conservés Aristote et Sextus [16] :

> Par la terre nous voyons la terre, par l'eau, l'eau,
> Par l'air, l'air divin, et par le feu, le feu éternel,
> Par l'amour nous voyons l'amour, nous voyons le conflit par le triste conflit.

C'est ainsi que nous voyons fréquemment ces six éléments juxtaposés et dénombrés comme étant d'égale dignité; mais il va de soi qu'Empédocle distinguait aussi les deux manières d'être, la réelle et l'idéale, et qu'il exprimait la pensée comme la relation de ces deux termes.

C'est par participation à ces éléments que ceux-ci deviennent pour nous. Cela implique la représentation que l'esprit, l'âme elle-même est l'unité

14. <Arist., *Metaph.*, I, 8 ; III, 1 ; XII, 10.>
15. <Sextus Emp., *Adv. Math.*, VII, § 120; IX, § 10; X, § 317.>
16. <Arist., *Metaph.*, III, 4 ; Sextus Emp., *Adv. Math.*, I, § 303 ; VII, § 92, 121.>

c. Les citations d'Aristote faites par Hegel en β et en γ sont dans *Metaph.*, I, 4, 985a22 – 985b30, trad. Tricot, t. I, p. 38-39.

des éléments, constitue la même totalité[17], – qu'elle se rapporte à la terre selon le principe de la terre, à l'eau selon celui de l'eau, à l'amour selon le principe de l'amour etc.[18]. Lorsque nous voyons du feu, cette vision est ce feu en nous pour lequel le feu objectif est etc.

Au sujet du rapport de ces moments réels, on a déjà dit qu'Empédocle plaçait le feu d'un côté et les trois autres de l'autre côté, comme constituant l'opposé du premier. Il mentionne aussi le processus de ces éléments, mais il n'en a | pas poursuivi la conception; mais ce qui est remarquable, **378**
c'est qu'il a représenté leur unité comme un mélange. Dans cette liaison synthétique – relation superficielle, dénuée de concept, où il y a en partie mise en relation, et en partie aussi non-mise en relation – se présente dès lors nécessairement la contradiction qui consiste à poser une fois l'unité des éléments, et une autre fois, de même, leur séparation : – on ne pose pas l'unité universelle où ces éléments sont comme moments, sont immédiatement un dans leur diversité même, et sont immédiatement différents dans leur unité; au contraire ces deux moments, l'unité et la diversité, se dissocient[19]. Réunion et séparation sont les rapports entièrement indéterminés.

Aristote note : α) « Ce n'est en rien une nature, mais seulement un mélange et une séparation de ce qui est mélangé. Elle n'est appelée nature que par les hommes » [20]. En effet, ce dont quelque chose est fait, ses éléments et ses parties, nous ne le nommons pas encore nature : c'est seulement leur unité déterminée que nous appelons ainsi; par exemple la nature d'un animal est sa déterminité essentielle permanente, son genre, son universalité, – c'est là quelque chose de simple. Mais Empédocle supprime la nature prise en ce sens. Car toute chose est selon lui un mélange d'éléments simples; la chose elle-même n'est donc pas l'universel, le simple, le vrai en soi, – elle n'est donc pas comme nous l'exprimons, lorsque nous l'appelons nature[21]. Aristote appelle nature le fait que quelque chose se meut selon sa propre fin; – dans des temps postérieurs, cette représentation s'est certes plutôt perdue.

β) En tant que les éléments sont donc ainsi simplement des étants en soi, il ne serait à proprement parler posé aucun processus leur appartenant; car

17. <Arist., *De anima*, I, 2 ; Fabricius, *Ad Sextus Emp. Ad. Math.*, VII, § 92, p. 389, note T.>

18. <Sextus Emp., *Adv. Math.*, I, § 303, VII; § 124.>

19. <Arist., *Phys.*, I, 4.>

20. Arist., *De gener. et corrupt.*, I, 1 ; II, 6 ; Empedoclis, *Physicorum reliquiae*, Libr. I, v. 105-106 (éd. Fr. Guil. Sturz, p. 517).

21. *Cf.* Arist., *Metaph.*, III, 3.

379 justement, dans le processus, | ils ne sont en même temps que des moments disparaissants, et non pas des étants en soi. Considérés ainsi en soi, ils seraient immuables : en d'autres termes, ils ne peuvent pas se constituer en une unité ; car dans le un précisément leur subsistance (ou leur être-en-soi) se supprime. Mais ce un est justement posé par Empédocle : les choses *consistent* en ces éléments ; – c'est en cela leur unité qui est *en même temps* posée. Aristote[22] dit avec raison qu'« Empédocle se contredit soi-même et contredit le phénomène. Car une première fois il affirme qu'aucun des éléments ne tire son origine de l'autre, mais que c'est au contraire tout le reste qui tire d'eux son origine ; mais en même temps il les fait naître en un seul tout » par l'amitié, et « les fait naître ensuite à nouveau de cet un », par le conflit. « Ainsi deviennent-ils par des différences et des propriétés déterminées l'un eau, – l'autre feu etc. Or si on enlève les différences déterminées (et elles peuvent être enlevées, puisqu'elles sont nées », qu'elles ne sont pas en soi) « il est alors évident que l'eau naît de la terre, et inversement ». Car ce dont sont faits les éléments, est par exemple dans son unité pareillement l'eau ; et la terre qui procède de cela procède de l'eau. Dans cette mesure le un n'est pas un : il est donc eau + terre + air + feu ; or il ne doit pas être ainsi, mais un. En tant qu'ils deviennent un, leur déterminité, ce par quoi l'eau est eau, n'est rien en soi ; mais cela contredit le fait qu'ils sont les éléments absolus, en d'autres termes qu'ils sont en soi. Ils ne sont pas en soi ; c'est-à-dire ils sont en train de passer dans autre chose ; « en sorte qu'on ne voit pas clairement (ἄδηλον) si c'est en réalité l'un ou le multiple qu'Empédocle prend pour essence ». Il considérait les choses effectives comme un mélange des éléments, mais, en contradiction avec leur originarité, il se représente aussi inversement que les choses naissent d'un seul principe par l'amitié et l'inimitié. C'est là la nature de la
380 représentation synthétique en général, | c'est l'absence ordinaire de pensée : tenir ferme d'abord l'unité et ensuite la multiplicité, et ne pas réunir ces deux pensées – un est supprimé et *aussi* non-un.

Tels sont les moments principaux de la pensée d'Empédocle. Il est plus poétique que vraiment philosophique ; il ne présente pas grand intérêt. La synthèse d'Empédocle appartient à Héraclite, à titre de complément du rapport. L'idée spéculative d'Héraclite est aussi dans la réalité en général en tant que processus ; mais les moments singuliers ne sont pas les uns par rapports aux autres en tant que concepts, – ils ne sont pas dans la réalité. Le concept empédoclien de la synthèse se fait encore valoir jusqu'à nos jours.

22. *De gener. et corrupt.*, I, 1.

2. *Leucippe et Démocrite* [d]

Plus intéressants sont Leucippe et Démocrite; ils continuent l'école éléatique. Ces deux philosophes appartiennent au même système philosophique; relativement à leurs pensées philosophiques, on doit les envisager ensemble, Leucippe étant alors le plus ancien des deux à considérer. Démocrite, disciple et ami de Leucippe[23], compléta ce que ce dernier avait commencé; mais ce qui lui appartient en propre dans tout cela est plus difficile à distinguer, – et ne peut être vérifié historiquement.

Chez Empédocle, nous voyons se faire jour la déterminité des principes, leur séparation. La prise de conscience de la différence est un moment essentiel; mais les principes ont ici le caractère de l'être physique, et en partie aussi, il est vrai, celui de l'être idéel, mais cette forme n'est pas encore forme de la pensée. Nous voyons au contraire chez Leucippe et Démocrite des principes plus idéels, – l'atome et le néant; nous voyons aussi chez eux une pénétration plus profonde des déterminations de la pensée dans ce qui est objectif, – c'est là le début d'une métaphysique des corps : en d'autres termes les concepts purs reçoivent la signification de la
corporéité, la | pensée passe dans la forme objective. La doctrine demeure **381**
dans l'ensemble rudimentaire, et est incapable de donner satisfaction.

De la *vie* de Leucippe[24], nous ne connaissons absolument rien de précis, pas même de quel pays il était. Certains font de lui un Éléate, d'autres un Abdéritain (parce qu'il a vécu avec Démocrite : Abdère se trouve en Thrace, sur l'Archipel), ou un Mélien (Mélos est une île située non loin de la côte du Péloponnèse); d'autres encore, tel Simplicius[25] en font un Milésien, le fait qu'il ait été un auditeur et un ami de Zénon est donné pour certain; à la vérité il semble en avoir été presque le contemporain, ainsi d'ailleurs que d'Héraclite.

Leucippe est le fondateur du fameux système *atomiste* qui, ressuscité à l'époque moderne, a passé pour le principe de l'investigation rationnelle de la nature. Si nous considérons ce système pour lui-même, il est assurément insuffisant et il n'y a pas grand chose à y chercher. Mais le grand mérite qu'il faut reconnaître à Leucippe, c'est d'avoir, comme cela est exprimé

23. <Arist., *Metaph.*, I, 4.>
24. <Diog. Laert., IX, 30.>
25. <*In Phys. Arist.*, p. 7.>

d. On trouvera leurs fragments dans Burnet (*op. cit.*, p. 379 *sq.*) et aussi dans M. Solovine, *Démocrite : doctrines philosophiques et réflexions morales*, Paris, Alcan, 1928. Voir aussi *Les Présocratiques*, éd. J.-P. Dumont, « Bibliothèque de la Pléiade », Paris, Gallimard, 1988, resp. p 746 et 835 *sq.*

dans notre physique courante, distingué les propriétés universelles et les propriétés sensibles des corps. La notion de propriété universelle signifie sur le plan spéculatif qu'il a déterminé le corporel au moyen du concept, qu'il a en d'autres termes déterminé l'essence du corps de façon réellement universelle; Leucippe n'a pas saisi la déterminité de l'être de manière superficielle comme les modernes mais de manière spéculative. Quand on dit que le corps a telle propriété universelle, par exemple la figure, l'impénétrabilité, la pesanteur, on se représente que la représentation indéterminée de corps est son essence, cette essence étant autre chose que ces propriétés. Mais sur le plan spéculatif, l'essence est précisément les déterminations universelles; en d'autres termes elles sont le contenu abstrait, et la réalité de l'essence. Au corps en tant que tel il ne reste alors pour essence
382 rien d'autre que la pure singularité, – | c'est là la détermination de l'essence. Mais le corps est unité d'opposés et l'unité, en tant qu'unité de ces prédicats, constitue son essence; en d'autres termes ceux-ci sont des essentialités, – les concepts universels sont essence, ou ils sont étant en soi.

Rappelons-nous que nous avons vu dans l'école éléatique l'être et le non-être en tant qu'opposition : seul l'être est, le non-être n'est pas; c'est du côté du non-être que tombe en général tout négatif : mouvement, changement, penser etc., – toutes déterminations qui sont supprimées du fait que l'être seulement est. L'être n'est pas encore l'unité retournant et retournée en soi, comme le mouvement et l'universel d'Héraclite. Quant à l'aspect sous lequel différence, changement, mouvement etc. tombent dans la perception sensible immédiate, on peut dire que l'affirmation que seul l'être est est en contradiction avec l'apparence visuelle tout autant qu'avec la pensée. Car ce néant que les Éléates ont supprimé *est*; leur pensée comporte ces deux moments, qui ont tous deux égale validité. Autrement dit, dans l'idée héraclitéenne, être et non-être sont la même chose. Cela s'éclaire si de cette unité nous séparons à nouveau la signification : l'être est; mais le non-être, étant un avec l'être, est tout aussi bien; en d'autres termes l'être est aussi bien prédicat de l'être que du non-être. C'est ce qu'exprime Leucippe; ce qui chez les Éléates se trouvait présent en vérité, Leucippe l'exprime comme étant.

Mais l'être et le non-être sont alors exprimés tous les deux avec la détermination d'un contenu objectif, en d'autres termes tels qu'ils sont pour l'intuition sensible : ils constituent alors l'opposition du plein et du vide (τὸ πλῆρες καὶ τὸ κενόν). Le vide est le néant posé comme étant; mais le plein, qui est en face lui, est l'être posé comme objet (réalité) en général. Ce sont là

les essentialités fondamentales qui engendrent toutes choses[26] – | être-pour-de-l'autre et réflexion-dans-soi, déterminés seulement de façon 383
sensible, et non pas en soi ; car le plein est égal à soi-même, comme le vide.

Le plein est indéterminé, il a l'atome pour principe, l'absolu est l'atome et le vide (τὰ ἄτομα καὶ τὸ κενόν); c'est là une détermination importante bien qu'insuffisante. Le principe est donc que l'atome et le vide sont le vrai, l'étant-en-et-pour-soi. Non pas les atomes, comme nous le disons, non pas ce un seulement, comme nous nous le représentons par exemple flottant dans l'air, – l'intervalle, ce néant est tout aussi nécessaire ; c'est lui qu'ils ont déterminé comme le négatif, comme le vide. Nous avons donc ici la première apparition du système atomiste.

De ce principe lui-même il nous faut à présent donner de façon plus précise les déterminations, les significations.

1) Ce qui vient en premier est l'*un*, la détermination de *l'être-pour-soi*; nous n'avions pas encore cette détermination. Parménide est l'être, l'universel abstrait tandis que Héraclite est le processus; la détermination de l'un, de l'être-pour-soi revient à Leucippe. Le néant n'est pas du tout, dit Parménide; alors que chez Héraclite, être et néant étaient dans le processus; Leucippe a aussi le positif, en tant que *un* étant-pour-soi, et le négatif en tant que vide.

L'être-pour-soi est une détermination essentielle nécessaire de la pensée. Le principe atomistique n'est pas périmé, par ce côté il doit toujours exister. L'un est maintenant et toujours, et doit se présenter dans toute philosophie logique comme un moment essentiel[27], mais non comme terme dernier. La détermination plus concrète de l'un, de l'unité, de l'être consiste dès lors en ceci que l'un est l'être-pour-soi ; celui-ci est être, relation simple à soi-même, en tant qu'être. Mais il est important que l'être-pour-soi soit aussi déterminé de façon plus riche; il est relation à soi par la négation de l'être-autre. Si je dis : je suis pour | moi, je ne suis pas seulement, mais je nie 384
en moi tout autre, je l'exclus de moi pour autant qu'il apparaît comme extérieur. C'est la négation de l'être-autre, – celui-ci est négation vis-à-vis de moi; l'être-pour-soi est ainsi négation de la négation, et celle-ci est ce que j'appelle la négativité absolue. Je suis pour moi, je nie alors l'être-autre, le négatif; cette négation de la négation est donc affirmation. Cette relation à moi dans l'être-pour-soi est ainsi affirmative, elle est être qui est tout autant résultat, qui est médiatisé par un autre, – mais par la négation de

26. Arist., *Metaph.*, I, 4.

27. G. W. F. Hegel, *Science de la logique*, I, 1, section 1, chap. 3, trad. fr. B. Bourgeois, Paris, Vrin, 2015, p. 221 *sq*.

l'autre; la médiation y est donc contenue, mais c'est une médiation qui est tout autant supprimée.

L'être-pour-soi est un grand principe. Le devenir n'est que le renversement de l'être dans le néant et du néant dans l'être, où chacun d'eux est nié; mais le fait qu'il soit posé qu'ils sont tous les deux, auprès de soi de façon simple, est le principe de l'être-pour-soi, qui chez Leucippe est devenu conscient, est devenu la détermination absolue. C'est la progression à partir de l'être, du devenir. Sur le plan logique il est vrai, c'est d'abord l'être-là qui vient ensuite[28]. Mais c'est là ce qui apparaît (le phénoménal), l'apparence; il appartient à la sphère de l'apparition, et ne peut donc devenir principe de la philosophie. Le développement de la philosophie dans l'histoire doit correspondre au développement de la philosophie logique; mais il doit y avoir dans celle-ci des places qui ne se retrouvent pas dans le développement dans l'histoire. Si l'on voulait par exemple prendre l'être-là pour principe, ce principe serait ce que nous avons dans la conscience : il y a des choses, celles-ci sont relatives, elles sont là, finies, et comportent une relation mutuelle; – c'est là la catégorie de notre conscience dénuée de pensée.

C'est ce principe de l'être-pour-soi que nous voyons chez Leucippe; c'est là la chose principale. Chez Leucippe, l'un est encore l'un abstrait. Le principe est certes encore très abstrait, bien qu'il tende à se faire concret;
385 mais cela reste alors encore très | insuffisant. La détermination essentielle est le un ayant l'unité, l'être en face de lui; sous une autre forme c'est la singularité (l'atome est l'individuel, l'indivisible, la détermination de la subjectivité), – l'universel ayant en face de lui l'individualité, la subjectivité. C'est de cela qu'il s'agit en toutes choses, ce sont là les grandes déterminations; et l'on sait seulement ce que l'on possède dans ces déterminations indigentes quand on reconnaît dans le concret qu'elles constituent là également le principal. Par exemple dans la liberté, dans le droit, dans la loi et dans la volonté, il s'agit seulement de cette opposition de l'universalité et de la singularité. L'esprit est lui aussi atome, un; mais en tant qu'un en soi-même, infiniment plein.

Chez Leucippe et Démocrite, la déterminité (qui se présente plus tard chez Épicure) est restée physique; mais elle se présente aussi sur le plan spirituel. Dans la sphère de la volonté, on peut former l'opinion que dans l'État, ce serait la volonté singulière, en tant qu'atome, qui serait l'absolu. Ce sont là les théories modernes de l'État, qui se sont affirmées aussi dans la

28. *Ibid.*, I, 1, section 1, chap. 2, trad. cit., p. 141 *sq.*

pratique. L'État doit reposer sur la volonté générale, – dit-on; c'est là la volonté étant en et pour soi, – autrement dit la volonté des êtres singuliers; l'élément dernier est atomistique, comme dans le *Contrat Social* de Rousseau. Tout cela vient de la détermination de pensée de l'un.

Le principe de l'un est entièrement idéel, il appartient entièrement à la pensée, même si l'on dit que des atomes existent. L'atome peut être pris dans le sens matériel, mais il est non-sensible, purement intellectuel; les atomes de Leucippe ne sont pas les *Molécules*[e], les particules de la physique. C'est ainsi que l'on trouve chez Leucippe cette représentation que « les atomes sont invisibles (ἀόρατα) », nous ne pouvons pas les voir « en raison de la petitesse de leur corporéité »[29], – comme on dit à l'époque moderne au sujet des *molécules*. Mais ce n'est là qu'une échappatoire; | on ne peut voir le un, il est une abstraction de la pensée, – on ne peut pas 386
montrer l'atome à l'aide de verres et de scalpels (pas plus que les propriétés sensibles de la vue et de l'ouïe), ce qu'on montre, c'est toujours de la matière, qui est composée. C'est ainsi qu'à l'époque moderne, on veut explorer à l'aide du microscope l'intérieur – l'âme –, découvrir les secrets de l'organique, et surtout les voir et les sentir. Le principe du un est donc entièrement idéel, non pas toutefois en ce sens qu'il serait seulement dans la pensée, dans la tête; cette idéalité implique au contraire que la pensée est la véritable essence des choses. C'est ainsi que Leucippe a entendu ce principe, et par conséquent sa philosophie n'est nullement empirique. C'est à quoi Tennemann[30] s'oppose de façon totalement erronée : « Le système de Leucippe est l'opposé du système éléatique; le monde de l'expérience est le seul qu'il reconnaisse pour objectivement réel, et les corps sont pour lui l'unique espèce d'essence ». Mais l'atome et le vide ne sont pas des choses de l'expérience. Leucippe dit que ce ne sont pas les sens qui nous donnent la conscience du vrai; – idéalisme au sens supérieur du terme, non pas idéalisme subjectif.

2) La traduction du mot atome est individu, ce qui ne suscite aussitôt en nous que la représentation d'un être singulier concret. Ces principes doivent être tenus en haute estime, car ils constituent un progrès; mais ce qu'ils ont d'insuffisant apparaît aussitôt, dès lors qu'on en développe les implications. La représentation de tout concret, de tout effectif se développe en effet comme suit : « Le plein n'est en rien quelque chose de

29. Arist., *De gener. et corrupt.*, I, 8.
30. Tome I, p. 261.

e. En français dans le texte.

simple, il est au contraire quelque chose d'infiniment multiple. Ces infiniment multiples se meuvent dans le *vide*; car le vide est. Leur réunion (leur rencontre) produit le naître », – c'est-à-dire la naissance d'une chose existante, qui est pour les sens, – « leur dissolution et leur séparation produisent le disparaître ». Toutes les autres catégories rentrent dans ce cadre. « L'activité et la passivité consistent dans le contact des atomes;
387 mais ce contact | ne signifie pas qu'ils deviennent un : car de ce qui est véritablement » – abstraitement – « un ne naît pas une multitude, pas plus que de ce qui est véritablement » – abstraitement – « multiple ne naît un un ». Ou encore : « Ils ne sont en fait ni passifs, ni actifs », ils demeurent toujours séparés par le vide. Car en tant qu'actifs et passifs, ils sont rapportés les uns aux autres; – c'est-à-dire qu'ils ne font qu'un les uns avec les autres, et ne sont pas absolument des multiples, c'est-à-dire des étants en et pour soi dans leur multiplicité. Mais leur relation et leur séparation, le rapport de l'activité et de la « passivité est seulement le vide », – quelque chose de purement négatif pour eux, c'est-à-dire ce qui leur est étranger; leur relation est quelque chose d'autre qu'eux. Si par exemple je compte une pièce de monnaie, deux, trois etc., ce n'est là ni une activité de ces pièces, ni une passion; elles demeurent ce qu'elles sont, ce n'est pas une relation qui leur est propre. Les atomes sont donc séparés les uns des autres par le vide, même dans le cas de leurs réunions phénoménales dans ce que nous appelons les choses. Ce vide est aussi le principe du mouvement, les atomes se meuvent dans le vide; et c'est là pour ainsi dire une sollicitation de leur part à remplir ce vide, à le nier. Telles sont les thèses des atomistes[31].

Comme nous le voyons, nous sommes immédiatement à la limite de ces pensées : car dès qu'il devrait être question de relation, nous en sortons. α) Premièrement, comme on l'a déjà rappelé, ce qui est *pensé* est l'être et le non-être, qui, *représentés* comme des termes distincts en relation mutuelle (car en soi ils ne comportent aucune diversité), sont le plein et le vide, – l'être et le non-être posés pour la conscience. β) Mais le plein n'en comporte pas moins lui-même la négativité, en tant qu'étant pour soi il est un autre, pour soi excluant autre chose; il est un, et infinie multiplicité des uns. Le vide, de son côté, n'est pas l'exclusif, mais au contraire la pure continuité; – un et continuité sont les opposés. γ) Vide et plein étant dès lors
388 ainsi fixés, | rien n'est plus agréable pour la représentation que de faire flotter les atomes dans la continuité étante, – où ils *sont* tantôt séparés, tantôt réunis; – en sorte que leur réunion n'est qu'une relation superficielle, une

31. Arist., *De gener. et corrupt.*, I, 8.

synthèse qui n'est pas déterminée par la nature de ce qui est réuni, mais où au fond ces étant en et pour soi demeurent séparés, – aucune relation entre eux à même eux-mêmes, aucune particularisation.

Mais c'est là une manière d'être en rapport tout à fait extérieure, des êtres autosubsistants se lient à d'autres êtres autosubsistants, en demeurant autosubsistants; et ce n'est ainsi qu'une réunion mécanique. Toute réalité vivante, ou spirituelle etc., n'est ainsi que composée; et c'est pourquoi le changement, la génération, la création sont simplement réunion. C'est ici qu'apparaît aussitôt la totale indigence de cette conception. Cette représentation des atomes a été renouvelée également à l'époque moderne, et en particulier par Gassendi. Mais, et c'est là la chose principale, dès qu'on laisse subsister comme subsistants par soi ces atomes, ces *molécules*, ces petites parties etc., leur réunion ne se produit que mécaniquement; les éléments réunis demeurent extérieurs les uns aux autres, leur lien est seulement extérieur, – c'est une composition.

Si indigente que soit cette représentation, nous ne devons cependant pas y ajouter ce que pour une part la représentation des temps modernes y ajoute : selon celle-ci il y aurait eu à un moment donné du temps un chaos, un vide rempli d'atomes qui se seraient ensuite liés et ordonnés, et d'où ce monde serait sorti; mais c'est maintenant encore et toujours que l'étant-en-soi ne cesse pas d'être le vide et le plein. Ce que l'investigation de la nature a trouvé de satisfaisant dans de telles pensées, c'est précisément que l'étant y est dans son opposition en tant que pensé et opposé au pensé, et par là en tant qu'étant en soi et pour soi. L'atomistique s'oppose donc d'une façon générale à la représentation d'une création et d'une conservation du monde par un être étranger. Dans l'atomistique, l'investigation de la nature se sent exonérée pour la première fois de n'avoir aucun fondement | pour le 389
monde. Car si la nature est représentée comme étant créée et conservée par un autre, elle est alors représentée comme n'étant pas en soi, comme ayant son concept en dehors d'elle; c'est-à-dire qu'elle a un fondement qui lui est étranger, qu'elle n'a comme telle aucun fondement, qu'elle n'est concevable qu'à partir de la volonté d'un autre, – telle qu'elle est, elle est contingente, sans nécessité, sans posséder elle-même le concept. Mais dans la représentation de l'atomistique, il y a la représentation de l'en-soi de la nature en général, ce qui signifie que la pensée se trouve soi-même en elle; et voilà ce qui est réjouissant pour le concept : précisément la concevoir, poser cela comme concept. Dans les essences abstraites la nature a son fondement à son propre niveau, elle est simple, pour soi. L'être sensible déterminé opposé à un un, en d'autres termes l'être sensible en tant

qu'opposé à la conscience, doit avoir un fondement : la cause est l'opposé; le fondement est l'unité de ces opposés, – leur détermination propre. L'atome et le vide sont des concepts simples. Mais il n'est pas possible de voir et de trouver là autre chose que cet aspect formel : des principes simples tout à fait universels, l'opposition de l'un et de la continuité sont établis d'une façon générale, la pensée se trouve en eux dans la nature, en d'autres termes l'essence est en soi quelque chose de pensé.

Si partant d'une vision plus large et plus riche de la nature, nous exigeons qu'elle devienne concevable elle aussi à partir de l'atomistique, alors nous ne tardons pas à être insatisfaits et on voit ce qu'il y a d'inconséquent, d'insuffisant à vouloir aller plus avant à l'aide d'un tel principe. Mais il est en soi possible d'aller aussitôt au-delà de ces pensées. L'opposition de la continuité et de la non-continuité est la première opposition; mais ce sont là des moments de la pensée pure qu'il faut aussitôt dépasser. Car ces négatifs, les uns, ne sont justement pas en et pour soi, les atomes sont indiscernables, égaux en soi, en d'autres termes leur essence est posée comme pure continuité, – ils coïncident plutôt immédiatement en un seul amas. Sans doute la représentation les maintient-elle en dehors les uns des
390 autres, | leur accordant un être représenté sensiblement; mais ils sont égaux, ils sont ainsi pure continuité, – la même chose que ce qu'est le vide.

Mais ce qui est, est concret, déterminé. D'où provient dès, lors une déterminité comme la couleur ou la figure ? C'est là quelque chose de tout à fait extérieur et contingent. On ne retrouve pas la diversité déterminée; l'un, en tant que l'étant-pour-soi, perd toute déterminité. Admet-on des matières différentes comme la matière électrique ou magnétique, ou lumineuse, ou la rotation des *molécules* : α) on ne se soucie pas du tout de l'unité; β) on ne dit jamais un mot raisonnable au sujet du passage des phénomènes, – mais seulement des tautologies.

3) Leucippe et Démocrite voulaient aller plus loin; ainsi s'introduit la relation, c'est-à-dire la suppression de ces atomes, de leur être-en-soi et-pour-soi. Soit l'explication d'une plante. D'où vient sa détermination ? Comment appréhender la différenciation à partir de ces principes ? (Sur le plan politique, elle vient de la volonté singulière). Le besoin se fait dès lors sentir chez Leucippe d'*une différence plus déterminée* que celle, superficielle, de la réunion et de la séparation; il a cherché à la réaliser en mettant davantage de déterminations dans les atomes. C'est précisément pourquoi ils sont posés comme inégaux, leur diversité étant elle aussi infinie. « Cette diversité », Leucippe a tenté de lui donner une détermination plus précise

« de trois manières ». Aristote[32] rapporte : « Il a dit que les atomes étaient différents : α) par la figure, comme À l'est de N; β) par l'ordre » (le lieu), « comme AN l'est de NA ; γ) par la position », s'ils sont debout ou couchés, comme Z et N. « C'est de là, dit-il, que proviennent toutes les différences ». Comme nous le voyons ce sont là encore des relations extérieures, des déterminations indifférentes. Figure, ordre et situation sont des rapports inessentiels – des rapports qui ne concernent pas la nature de la chose en elle-même, mais dont l'unité et | la relation sont seulement dans un autre; **391**
– ce sont des termes indifférents qui ne sont pas mis en relation par le concept, par l'essence de la chose, qui est leur être indifférent. Prise en elle-même cette différence est déjà inconséquente. Les atomes sont l'un entièrement simple, il ne peut être question, à leur propos, de figure ni d'ordre; ils sont parfaitement égaux les uns aux autres, ils sont incapables d'une telle diversité, et par suite leur position n'est pas une différence. Ces déterminations prises en elles-mêmes sont très indigentes. C'est la réduction du sensible à un petit nombre de déterminations; mais le sensible est admis comme autosubsistant – dans des matières.

Aristote[33] dit au sujet de Leucippe « il voulait rapprocher la pensée du phénomène et de la perception sensible », en affirmant le néant comme étant au même titre que l'être, ce qui est nécessaire dans le concept; « Cela lui permettait de représenter le mouvement, le naître et le disparaître comme étant en soi », – le devenir, qui est pour l'intuition sensible, est aussi en soi en tant que séparation et réunion des atomes, du simple, de l'étant en et pour soi. Mais une telle séparation et une telle réunion ne sont pas ainsi en fait à même les atomes eux-mêmes, elles leur sont quelque chose d'étranger, parce que ceux-ci sont choses purement autosubsistantes, que leur essence n'est pas le processus. Mais quand Leucippe va plus avant et représente aussi l'atome comme comportant en soi une figure, il rapproche bien aussi par là l'essence de la perception sensible, mais non pas du concept. Il faut bien aller jusqu'à cette figuration, mais pour y parvenir il y a encore une longue route à faire à partir de la détermination de la continuité et de la discontinuité.

Leucippe borne la détermination ultérieure des atomes à ce qui vient d'être indiqué, toutes les autres différences devant être conçues à partir de celles-ci. C'est ainsi que nous trouvons citée la détermination de la figure. Aristote[34] | déclare : « Démocrite et la plupart des autres philosophes **392**

32. *Metaph.*, I, 4.
33. *De gener. et corrupt.*, I, 8.
34. *De sensu*, c. 4.

anciens sont très malhabiles lorsqu'ils traitent du sensible, en voulant faire de tout ce que l'on peut éprouver par la sensibilité quelque chose de palpable; car ils réduisent tout au sens tactile ». Toutes les propriétés « sensibles sont réduites à la figure », à une diversité dans la liaison de *molécules*, liaison qui rend quelque chose « gustatif », olfactif. Ainsi se distinguent le blanc et le noir qui, disent-ils, seraient ceci : « Le noir est le rugueux, le blanc le lisse » ; – tentative qui a été faite également dans l'atomistique moderne. Il y a là l'instinct de la raison, seule la manière de procéder est fausse; un tel arrangement des *molécules* est une universalité entièrement dénuée de sens et totalement indéterminée. Ce principe matériel est mécanique; les Français, depuis Descartes, en sont partisans. Tout le concret n'est que composition extérieure, il n'existe aucune déterminité immanente; le passage à des déterminations autres que mécaniques ne se fait pas, ou bien se montre indigent, plat et stérile. Dans les déterminations de cette philosophie est impliquée la distinction des qualités essentielles et des qualités inessentielles – des qualités premières et des qualités secondes; les premières se rapportaient à l'autosubsistance et à la pesanteur qui appartiendraient à la matière.

En voyant les choses de plus près, nous trouvons que Leucippe, en partant de ces principes de l'atome et du vide, a risqué une construction du monde qui peut paraître étrange. Quant aux développements que Leucippe a réalisés à l'aide de ces pauvres déterminations, et en tant qu'il regardait ces pensées comme les pensées absolues, ne sortait pas de ces déterminations à l'aide desquelles il représentait cependant la totalité du monde, – ce qui est une représentation également vide, – Diogène Laërce[35] nous en donne une relation qui paraît passablement dénuée d'esprit, mais la nature de la chose ne permettait pas de faire beaucoup mieux. Le seul intérêt de ces
393 développements, | c'est de faire voir l'indigence de la représentation qu'ils ont pour contenu.

Ce contenu est le suivant : « Par la discontinuité de l'infini, les atomes se poussent » (ici intervient la répulsion des atomes), « différents par la figure, dans le vaste vide », – « par leur résistance mutuelle (ἀντιτυπία) et un mouvement de secousse, d'oscillation (παλμός) »[36]; « accumulés en cet endroit, ils forment un tourbillon (δίνην) unique où en se heurtant, en tournant en rond de diverses manières, les semblables se réunissent aux semblables, sont séparés des autres. Mais étant donné que, s'ils étaient en

35. Libr. IX, 31-33

36. <Plutarch., *De Plac. Philos.*, I, 26 ; Stob., *Ecl. Phys.*, c. 20, p. 394 ; Tennemann, I, p. 278.>

équilibre, ils ne pourraient aucunement se mouvoir en quelque direction que ce soit en raison de leur multitude, les plus menus s'en vont dans le vide extérieur, sautant pour ainsi dire au-dehors, ceux qui restent demeurent les uns auprès des autres, et, mêlés, convergent les uns sur les autres, formant ainsi le premier système sphérique. Mais celui-ci est à distance comme une peau contenant en elle des corps de toutes sortes; du fait que ceux-ci, en tendant vers le centre, ont un mouvement tourbillonnaire, cette peau périphérique devient fine, en tant que les atomes qui sont en continuité s'intègrent dans le courant du tourbillon. C'est de cette manière que naît alors la terre, en tant que les atomes amenés au centre demeurent réunis. La périphérie, qui est comme une peau, est encore augmentée par l'afflux des corps extérieurs; et comme elle se meut en tourbillon, elle entraîne avec elle tout ce qu'elle touche. La liaison de quelques atomes constitue derechef un système : c'est d'abord le système de l'humide et du boueux, ensuite celui du desséché qui se meut en cercle dans le tourbillon du tout; puis, celui-ci s'étant enflammé, ainsi s'accomplirait la nature des astres. Le cercle le plus extérieur est le soleil, le cercle intérieur la lune » etc.

C'est là une représentation vide. Ces représentations confuses du
mouvement circulaire et | de ce qui a été appelé plus tard attraction et 394
répulsion n'offrent pas plus ample intérêt; cela ne permet pas d'aller bien loin. Un mouvement différent est posé en tant qu'essence de la matière; le principe du mouvement des atomes est ainsi le vide, le négatif opposé à l'affirmatif. Le principe de l'atomisme et son développement doivent être tenus en haute estime; mais dès qu'avec son aide on en vient au concret, son insuffisance pour atteindre ces nouvelles déterminations se manifeste.

Avec plus de certitude que pour Leucippe, on peut affirmer que Démocrite est originaire d'Abdère (en Thrace, sur la Mer Égée), ville que de folles actions ont rendue si fameuse dans les temps qui ont suivi. Il est né, semble-t-il, vers la 80e Olympiade (460 av. J.-C.), ou Ol. 77, 3 (470 av. J.-C.); certains le font naître vers la 71e Olympiade (494 av. J.-C.)[37]. Il est – selon l'indication de Diogène Laërce[38] – de quarante ans plus jeune qu'Anaxagore (s'il n'est pas né Ol. 71, mais Ol. 80), il vivait encore au temps de Socrate, étant même plus jeune que celui-ci. On a beaucoup discuté de ses rapports avec les Abdéritains; et Diogène Laërce raconte beaucoup de mauvaises anecdotes à ce sujet. Il est connu pour s'être retiré à l'écart de ses concitoyens. Il était très riche; Xerxès aurait été l'hôte

37. <Diog. Laert., IX, 41 ; Tennemann, I, p. 413.>
38. Diog. Laert., IX, 34.

de son père lors de sa campagne en Grèce[39]. Il a à ce qu'on raconte employé sa fortune considérable à des voyages en Égypte et à l'intérieur de l'Orient; mais ce dernier point manque d'authenticité. Sa fortune est évaluée à 100 talents[40] et en estimant un talent à environ 1.000 à 1.200 thalers, on voit
395 qu'il aurait pu aller déjà loin. On rapporte unanimement qu'il a été ami | et disciple de Leucippe, mais on ne parle pas du lieu où ils se sont trouvés ensemble. « De retour dans sa patrie après ses voyages, il vécut très retiré » (il était méprisé des Abdéritains), « parce qu'il avait dissipé toute sa fortune; il fut cependant accueilli par son frère, et devint l'objet d'une grande vénération de la part de ses compatriotes » – non par sa philosophie, mais – « par quelques prédictions. Selon la loi, celui qui avait dilapidé la fortune paternelle » ne « pouvait » recevoir les honneurs de la sépulture, c'est-à-dire ne « pouvait » être admis dans le lieu de sépulture paternel. « Afin de ne pas donner prise à la calomnie et aux propos malveillants » – comme s'il avait dissipé sa fortune en menant une vie déréglée – « il aurait donné lecture de son ouvrage (Διάκοσμος) aux Abdéritains. Et ceux-ci, lui ayant fait don en retour de 500 talents, firent ériger sa statue aux frais de l'État, et l'enterrèrent en grande pompe, quand il mourut à l'âge de 100 ans »[41]. Qu'il se fût agi encore là d'un tour des Abdéritains, c'est ce que n'ont pas vu au moins ceux à qui nous devons cette histoire.

Comme on l'a déjà rappelé, Démocrite adoptait entièrement le système de Leucippe. Il disait : « Selon l'opinion (νόμῳ) il y a du chaud, selon l'opinion il y a du froid, selon l'opinion il y a de la couleur, du doux et de l'amer; selon la vérité (ἐτεῇ) il n'y a que les indivisibles et le vide »[42]. On rapporte certes qu'il a élaboré davantage la pensée de Leucippe, et quelque chose nous en a bien été conservé, mais qui ne mérite pas d'être cité.

« L'âme, ce sont des atomes de forme sphérique »[43]. Plus précisément, nous voyons qu'il s'est engagé dans l'étude du rapport de la conscience,
396 | entre autres recherches, dans l'explication de l'origine des sensations; et que ce qui constitue chez lui le commencement des représentations, c'est le fait que de fines surfaces se détachent en quelque sorte des choses et s'écoulent dans les yeux et dans les oreilles etc.[44]. Comment cela se passe-t-il d'ailleurs, – puisque figure, ordre et situation (figure en général) sont les

39. <Valer. Maxim., VIII, 7 ; extern. 4.>
40. <Diog. Laert., IX, 35-36.>
41. <Diog. Laert., IX, 39.>
42. <Sextus Emp., *Adv. Math.*, VII, § 135.>
43. Arist., *De anima*, I, 2.
44. <Plutarch., *De Plac. Philos.*, IV, 8.>

seules déterminations de l'étant-en-soi et que ces moments n'en sont pas moins sentis en tant que couleur et couleur différenciée, – on n'en dit rien. Ces développements ne nous apprennent rien, sinon : α) que la réalité effective y conserve son droit, au lieu que d'autres parlent seulement d'illusion; et β) que l'effort de la raison y tend véritablement à concevoir le phénomène, le perçu.

Nous voyons dans cette mesure que Démocrite a exprimé de façon plus déterminée la différence des moments de l'en-soi et de l'être-pour-un-autre. Car en soi il n'y a que le vide et l'indivisible, et leurs déterminations; mais pour un autre il y a de l'être indifférent, différent, la chaleur etc. Mais par là, la porte est en même temps grande ouverte au mauvais idéalisme, qui pense en avoir fini avec ce qui est objectif quand il l'a rapporté à la conscience, et qui se contente de dire de lui : il est *ma* sensation, il est *mien*. De cette façon, la singularité sensible est certes supprimée dans la forme de l'être, mais la même multiplicité sensible subsiste encore; une diversité sensible du sentir, dénuée de concept, est posée, où il n'y a pas de raison, et dont cet idéalisme ne se soucie pas autrement.

F. *Anaxagore*[1]

C'est ici seulement qu'une lumière commence à poindre (faible encore il est vrai) : l'entendement est reconnu comme le principe. | Déjà Aristote 397
dit d'Anaxagore[2] : « Mais celui qui a dit que la raison est aussi dans la nature, de même que dans le vivant, la cause du monde et de tout ordre, est apparu comme un homme à jeûn en face de ceux qui avant lui parlaient dans les ténèbres (εἰκῇ) ». Les philosophes antérieurs à Anaxagore, dit Aristote[3] « peuvent être comparés aux combattants que nous appelons naturalistes. De même que ceux-ci, en s'élançant de tous côtés, portent souvent d'heureux coups, sans que l'art y soit pour rien, de même ces philosophes ne semblent pas avoir conscience de ce qu'ils disent ». C'est cette conscience qu'Anaxagore a été le premier à avoir, quand il dit que la pensée est l'universel étant en soi et pour soi, que la pensée pure est le vrai. Anaxagore est apparu comme un homme à jeûn parmi les hommes ivres : toutefois le coup qu'il a porté se perd encore en grande partie dans le vide.

1. Anaxagorae Clazomenii *fragmenta, quae supersont omnia*, edita ab E. Schaubach, Lipsiae, 1827.

2. *Metaph.*, I, 3.

3. *Metaph.*, I, 4.

Les principes que nous avons vus sont l'être, le devenir, l'un, ce sont des pensées, des pensées universelles, rien de sensible, ni non plus des représentations de l'imagination; mais le contenu et ses parties sont empruntés au sensible; ce sont des pensées dans une détermination quelconque. Or, dit Anaxagore, c'est l'universel – et non pas des dieux, des principes sensibles, des éléments, ni des pensées qui existent essentiellement en tant que déterminées (déterminations de la réflexion) –, c'est la pensée elle-même en soi et pour soi, l'universel sans opposition et comprenant tout en lui, qui est la substance. Il ne faut pas nous représenter à cet égard la pensée subjective; s'agissant du penser, nous pensons aussitôt à notre penser tel qu'il est dans la conscience. Ce qu'on en a vue ici par contre est la pensée entièrement objective, l'universel, l'entendement actif; comme nous le disons : il y a de l'entendement, de la raison dans le monde, et aussi dans la nature, – ou de même que nous disons en parlant des genres dans la nature :
398 ils sont l'universel. Un chien est un animal, c'est là | son genre, ce qui est substantiel en lui; c'est ce qu'il est lui-même. Cette loi, cet entendement, cette raison est elle-même immanente à la nature, elle est l'essence de la nature; celle-ci n'est pas formée du dehors, comme les hommes font une chaise. La table elle aussi est faite rationnellement, mais il y a un entendement extérieur à ce bois. Mais cette forme extérieure que l'entendement doit être nous vient aussitôt à l'esprit quand on parle d'entendement. Or ce qu'on a en vue ici, c'est l'entendement, l'universel qui est la nature immanente de l'objet lui-même. C'est là le principe. Jusqu'ici nous avions des pensées, c'est maintenant la pensée elle-même qui est prise pour principe.

Le νοῦς n'est pas un être pensant au dehors qui a organisé le monde; interprétée ainsi la pensée d'Anaxagore est totalement déformée, tout intérêt philosophique lui est enlevé. Car parler de quelque chose d'individuel, de singulier qui serait au-dehors, c'est tomber entièrement dans la représentation et son dualisme; un prétendu être pensant n'est plus une pensée, c'est un sujet. Ce qui est véritablement universel n'est pas abstrait, l'universel (le bien, le beau, la fin) est précisément ceci : déterminer en soi et pour soi le particulier en lui-même et par lui-même – ce n'est pas une fin extérieure.

Avant de voir sa philosophie, il nous faut considérer sa vie. Avec lui, nous voyons la philosophie émigrer dans la Grèce proprement dite et plus précisément à Athènes : jusqu'ici la Grèce ne possédait encore aucune philosophie : c'était l'Asie Mineure ou l'Italie qui était le siège de la philosophie. Anaxagore lui-même était d'Asie Mineure, mais il vécut surtout à Athènes qui, de même qu'elle était à la tête de la puissance grecque, était maintenant aussi le siège et le centre des arts et des sciences.

Anaxagore vécut durant la grande période située entre les guerres médiques et l'époque de Périclès. Il appartient à la plus belle période de la vie grecque athénienne, et touche encore au déclin – ou plutôt à la transition vers le déclin, vers la mort de la belle vie athénienne. La | bataille de 399
Marathon se situe dans la 72e Olympiade, celle de Salamine dans la 75e; c'est dans la 81e (456 avant J.-C.) qu'Anaxagore vint à Athènes.

Anaxagore, né dans la 70e Ol. (500 avant J.-C.), est antérieur à Démocrite, et, par son âge, il est également antérieur à Empédocle; cependant il est en gros leur contemporain, et aussi celui de Parménide; il a l'âge de Zénon. Sa ville natale est Clazomène en Lydie, non loin de Colophon et d'Ephèse, sur un isthme qui relie une grande presqu'île[4] à la terre ferme.

Anaxagore clôt cette période, après lui en commence une nouvelle. Selon la manière de voir favorite qui veut que les principes passent généalogiquement de maître à disciple, il est souvent représenté, du fait de son origine ionienne, comme un continuateur de l'école ionienne, comme un philosophe ionien : car Hermotime de Clazomène était son maître[5]. À l'appui de cette thèse, on en fait aussi un disciple d'Anaximène, dont on situe pourtant la naissance dans les Olympiades 55-58, donc une quinzaine d'Olympiades (c'est-à-dire une soixantaine d'années) plus tôt.

Sa vie peut se résumer ainsi : il se consacra à l'étude des sciences, se retira des affaires publiques, fit de nombreux voyages et finalement vint à Athènes, à l'âge de trente ans selon certains, mais plus vraisemblablement à quarante-cinq ans[6]. Il vint au moment le plus favorable, durant l'époque la plus florissante de la ville; Périclès était à la tête de l'État, auquel il donna la plus grande splendeur; c'est le bref éclat jeté par la vie athénienne. Périclès rechercha la compagnie d'Anaxagore et vécut avec lui en très grande familiarité[7]. Athènes avait alors atteint le point culminant de sa grandeur
| et de sa beauté; c'est surtout l'opposition d'Athènes et de Lacédémone qui 400
est intéressante à cette époque. Athènes et Lacédémone étaient les deux nations grecques qui rivalisaient entre elles pour la première place en Grèce. C'est en opposition à Lacédémone qu'il faut faire mention d'Athènes, en opposant les principes de ces États célèbres. Il n'y avait ni art ni science chez les Lacédémoniens. Athènes devait à la spécificité de sa constitution et de l'ensemble de son esprit d'être le siège des sciences et des beaux-arts.

4. <Diog. Laert., II, 6-7.>
5. <Arist., *Metaph.*, I, 3.>
6. <Diog. Laert., II, 7. Tennemann, I, p. 300.>
7. <Plutarch., *In Pericle*, c. 4.>

Lacédémone doit elle aussi être tenue en haute estime pour sa constitution. Les Lacédémoniens avaient organisé le sévère esprit dorien par leur constitution conséquente; – le trait principal de cette constitution est que l'individualité, que toute particularité personnelle est subordonnée à l'universel, à la fin de l'État, à la vie de l'État, ou plutôt lui est sacrifiée : afin que l'individu n'ait conscience de son honneur, de sa valeur etc. que dans la conscience de l'activité, de la vie, de l'action pour l'État. Un peuple doté d'une unité aussi solide, où la volonté de l'individu avait à proprement parler entièrement disparu, constituait un bloc invincible; c'est pourquoi Lacédémone fut placée à la tête des Grecs et obtint l'hégémonie, comme nous l'avons vu chez les Argiens, à l'époque de Troie.

C'est là un grand principe, qui doit exister dans tout État véritable, mais qui chez les Lacédémoniens est demeuré dans son unilatéralité; cette unilatéralité a été évitée par les Athéniens et ils en sont devenus plus grands. À Lacédémone, le trait particulier, la personnalité, l'individualité venaient en second, et de telle façon que l'individu ne pouvait avoir sa libre formation, sa libre manifestation; – elles n'étaient pas reconnues, elles n'étaient donc pas mises en accord, en unité avec la fin universelle de l'État. Cette vie
401 universelle, cette suppression du droit de la particularité, | de la subjectivité, allait très loin chez les Lacédémoniens; et nous trouvons le même principe dans la *République* de Platon, dans la manière qui lui est propre.

Mais l'universel n'est esprit vivant que dans la mesure où la conscience singulière se trouve comme telle en lui, – dans la mesure où l'universel ne constitue pas seulement la vie et l'être immédiats de l'individu, la substance seulement, mais sa vie consciente. De même que la singularité qui se sépare de l'universel est impuissante et va à sa perte, la coutume universelle unilatérale, la coutume existante ne peut pas davantage résister à l'individualité. L'esprit lacédémonien qui n'avait pas compté sur la liberté de la conscience et chez qui l'universel s'était isolé de cette liberté, devait de ce fait la voir surgir comme opposée à l'universel. Et si nous avons vu les Spartiates se manifester d'abord comme libérateurs de la Grèce de ses tyrans, libérateurs à qui Athènes elle-même doit l'expulsion des successeurs de Pisistrate, leur rapport à leurs alliés dégénérera bientôt en violence vulgaire et vile, et leurs relations intérieures, dans l'État, se transformeront pareillement en une dure aristocratie, – de même que l'égalité établie de la propriété (ou détermination de la propriété selon laquelle l'héritage de chaque famille demeurerait en son sein, et qui en bannissant l'argent proprement dit, le commerce et l'échange bannissait la possibilité de l'inégalité des richesses) se transformera bientôt en une cupidité dont la brutalité et l'infamie s'opposeront à l'universel.

Ce moment essentiel de la particularité qui, n'étant pas admis dans l'État, n'est donc pas rendu légal, réellement moral (et tout d'abord abstraitement moral), apparaît en tant que vice. Tous les moments de l'idée sont présents dans une organisation rationnelle; si le foie est isolé sous forme de bile, il n'en sera ni plus ni moins actif, – mais en tant qu'hostile, il se révélera comme s'isolant du corps, de toute l'économie somatique.

Chez les Athéniens par contre, Solon n'avait pas seulement érigé en constitution l'égalité des droits, l'unité de l'esprit, | il avait aussi donné son **402**
libre jeu à l'individualité, confié la puissance publique au peuple (non aux Éphores), qui la prit en mains après l'expulsion de ses tyrans, devenant ainsi véritablement un peuple libre. L'individu avait lui-même le tout en lui, il avait sa conscience et son action dans le tout; c'est dans cette relation que doit se trouver la formation de la conscience libre.

Chez les Athéniens il y avait aussi la démocratie, comme à Sparte, et une démocratie plus pure. Chaque citoyen avait sa conscience substantielle en unité avec les lois, avec l'État; mais en même temps liberté était laissée à l'individualité, à l'esprit, à la pensée de l'individu de s'affirmer, de se manifester, de s'épanouir. Nous voyons ainsi, dans ce principe, entrer en scène la liberté de l'individualité dans sa grandeur. Le principe de la liberté subjective apparaît tout d'abord encore lié, en union avec la base universelle de la moralité grecque, de la légalité, et même avec la mythologie; c'est de l'épanouissement de ce principe, en tant que l'esprit, le génie pouvait librement enfanter ses conceptions, qu'il produisit ces grandes œuvres des arts plastiques et les œuvres immortelles de la poésie et de l'histoire. Dans cette mesure, ce principe de la subjectivité n'avait pas encore pris la forme selon laquelle la particularité comme telle serait émancipée, ou le contenu lui aussi serait un contenu subjectif particulier, – qui devrait au moins se différencier de la base générale, de la moralité générale, de la religion et des lois universelles. Nous ne voyons donc pas se présenter des idées personnelles très particularisées; dans ces œuvres le contenu moral, divin, authentique a été fait dans sa grandeur objet pour la conscience, porté devant la conscience. Nous verrons plus tard la forme de la subjectivité devenir libre pour soi, et entrer en opposition avec le substantiel, la coutume, la religion, la loi.

C'est la base de ce principe de la subjectivité, – base encore tout à fait générale, – que nous voyons en Anaxagore. | Il vécut un peu plus tôt que **403**
Socrate, mais ils se connurent encore. C'est à cette époque dont on vient d'indiquer le principe qu'il arrivera à Athènes.

Après les guerres médiques, Athènes s'était assujetti la plus grande partie des îles grecques, ainsi qu'un grand nombre de villes maritimes en

Thrace et plus loin encore dans la Mer Noire. Dans ce peuple noble, libre, cultivé, le privilège d'être le premier dans l'État, – cette fortune fut réservée à Périclès; et dans l'appréciation de son individualité cela l'élève à un point auquel peu d'hommes peuvent atteindre. De toutes les choses qui sont grandes parmi les hommes, l'empire sur la volonté d'hommes qui ont une volonté est la plus grande : car l'individualité douée d'un tel empire, de même que la plus universelle, doit être la plus vivante; – sort que les mortels ne connaissent plus guère ou plus du tout. Ce qui faisait la grandeur de son individualité, c'était qu'elle alliait la profondeur à une vaste culture, le sérieux (il n'a jamais ri) à l'énergie et au calme[8] ; Athènes disposait de lui tout le jour. Quelques discours de Périclès au peuple nous ont été conservés dans Thucydide; peu d'œuvres sans doute peuvent soutenir avec elle la comparaison. C'est sous Périclès que la communauté morale-réelle connaît sa formation la plus élevée, le point d'équilibre où l'individualité est encore tenue sous l'universel, dans l'universel. Aussitôt après l'individualité arrive à un excès de puissance : sa vitalité est en effet tombée dans les extrémités, l'État n'étant pas encore organisé en lui-même en tant qu'État de façon autonome. L'essence de l'État athénien était l'esprit universel, la foi religieuse en celui-ci était son essence : c'est pourquoi l'essence intérieure du peuple disparaît avec la disparition de cette foi, car l'esprit n'y est pas en tant que concept, comme dans nos États. La prompte transition à ce dernier stade est le νοῦς, la subjectivité en tant qu'essence, réflexion dans soi, – non pas abstraction.

404 | Athènes était une couronne d'étoiles de l'art et de la science, dont elle était le siège. De même que les plus grands artistes se sont rassemblés à Athènes, – les philosophes et les sophistes les plus célèbres y ont séjourné : Eschyle, Sophocle, Aristophane, Thucydide, Diogène d'Apollonie, Protagoras, Anaxagore et d'autres originaires d'Asie Mineure. L'Asie Mineure elle-même tomba sous la domination des Perses, et avec la perte de leur liberté s'éteignit aussi chez eux les Grecs d'Asie – la philosophie.

C'est à cette époque qu'Anaxagore vécut à Athènes, étant l'ami de Périclès avant que celui-ci ne s'occupât des affaires publiques. Mais on dit aussi qu'il tomba dans l'indigence, parce que Périclès l'aurait négligé, – il ne met pas d'huile dans la lampe qui l'éclaire[9].

Plus important est le fait qu'Anaxagore, comme plus tard Socrate et bien d'autres philosophes, fut accusé de mépris envers les Dieux, envers ceux que le peuple tenait pour tels. Il y avait opposition entre la prose de

8. <Plutarch., *In Pericle*, c. 5.>
9. <Plutarch., *In Pericle*, c. 16.>

l'entendement et la vision poétiquement religieuse. Il est raconté comme assuré[10], qu'Anaxagore considérait le soleil et les étoiles comme des pierres incandescentes (il lui fut aussi reproché selon d'autres[11], d'avoir expliqué de façon naturelle quelque chose que les prophètes donnaient pour un miracle – un présage); cela est en liaison avec le fait qu'il avait prédit que le jour d'Aegos-Potamos, où les Athéniens perdirent leur dernière flotte contre Lysandre, une pierre tomba du ciel[12].

Au reste, on pouvait déjà remarquer chez Thalès, Anaximandre etc., qu'ils faisaient du soleil, de la lune, de la terre et des astres, des choses, et qu'ils les représentaient de diverses manières, – représentations qui d'ailleurs ne méritent pas plus ample | considération; car cet aspect relève **405**
proprement de la culture. Toutes les représentations qu'ils se sont faites de pareils objets ont pour caractère commun de dépouiller la nature du divin. Elles détruisaient la vision poétique de la nature qui, à tout ce qui passe d'ordinaire aujourd'hui pour privé de vie, attribuait une vie propre, peut-être aussi la sensation et, si l'on veut, un être en quelque sorte à la façon de la conscience. Ils abaissèrent cette vue poétique au niveau prosaïque. Le soleil est regardé comme une chose matérielle, ainsi que nous le considérons, il n'est plus un dieu vivant; ces objets sont pour nous de simples choses, des objets extérieurs à l'esprit, privés d'esprit. On peut faire dériver les choses du penser. L'activité essentielle de ce penser, c'est l'expulsion de tels objets, de leurs représentations, que l'on peut appeler divines et poétiques, avec le champ entier de la superstition, – elle les abaisse au rang de ce qu'on appelle des choses naturelles. Car dans le penser l'esprit se sait comme ce qui est véritablement, comme l'effectif. Le penser est l'identité de soi et de l'être; pour l'esprit, le non-spirituel, l'extérieur s'abaisse dans le penser au rang de choses, au rang du négatif de l'esprit.

La perte d'une telle vision n'est pas à déplorer, comme si avec elle avaient été perdues l'unité avec la nature, la belle foi, la pureté et la naïveté innocentes de l'esprit. Cette vision peut bien être innocente et naïve; mais la raison est précisément la sortie d'une telle innocence et d'une telle unité avec la nature. Dès que l'esprit se saisit soi-même, dès qu'il est pour soi, il lui faut pour cela même s'opposer l'autre de soi-même en tant que négatif de la conscience, – c'est-à-dire le réduire à une réalité privée d'esprit, à des choses dénuées de conscience et de vie, – et ne parvenir à soi qu'à partir de cet objet. Nous avons là cette consolidation des choses en mouvement

10. <Diog. Laert., II, 12.>
11. <Plutarch., *In Pericle*, c. 6.>
12. <Diog. Laert., II, 10.>

que nous rencontrons dans les mythes des Anciens; ces mythes racontent par exemple que les Argonautes auraient fixé les rochers du détroit de l'Hellespont qui auparavant se seraient mûs comme des ciseaux. La culture
406 dans son progrès | consolida pareillement ce qui était censé auparavant avoir en soi-même mouvement et vie propres, et en fit des choses au repos.

C'est cette transition d'une vision mythique à une vision prosaïque dont les Athéniens prennent ici conscience. Une telle vision prosaïque présuppose que des exigences bien différentes de celles qu'il avait eues auparavant se font jour à l'intérieur de l'homme. Nous trouvons là les traces de l'importante et nécessaire conversion qui s'est opérée dans les représentations des hommes par le renforcement du penser, par la conscience de soi-même, par la philosophie.

L'apparition d'une telle accusation d'athéisme, dont nous traiterons plus en détail à propos de Socrate, se comprend dans le cas d'Anaxagore par cette raison extérieure plus directe : les Athéniens étaient jaloux de Périclès; ils étaient en compétition avec lui pour la première place à Athènes, et n'osant pas procéder contre lui directement (publiquement), ils attaquèrent ses favoris en justice; l'envie chercha à le blesser par l'accusation de son ami. C'est ainsi que son amie Aspalia avait déjà été mise en accusation; et le noble Périclès dut, pour la sauver de la condamnation, implorer individuellement les citoyens d'Athènes pour obtenir son acquittement[13]. Le peuple athénien, dans sa liberté, exigeait de tels actes de ses dirigeants, de ceux à qui il accordait une prépondérance : par ces actes ils se donnaient en contrepartie la conscience de leur humiliation devant le peuple; le peuple prenait ainsi sa revanche de la prépondérance que possédaient les grands hommes, il exerçait lui-même la Némésis, établissant l'équilibre entre eux et lui, de même que ceux-ci à leur tour manifestaient devant lui le sentiment de leur dépendance, de leur soumission et de leur impuissance.

Les informations concernant les suites de cette accusation portée contre
407 Anaxagore | sont très contradictoires et douteuses; – du moins Périclès réussit-il à le soustraire à la condamnation à mort. Il fut soit condamné au bannissement, comme le rapportent certains, après que Périclès l'eut conduit devant le peuple, eut parlé et intercédé en sa faveur, alors que son âge, son état d'épuisement et sa faiblesse suscitaient déjà la pitié du peuple; soit, selon d'autres, il se serait enfui d'Athènes avec l'aide de Périclès, fut condamné à mort en son absence et le jugement ne fut pas exécuté. D'autres

13. <Plutarch., *In Pericle*, c. 32.>

encore disent qu'il aurait été acquitté ; mais le chagrin causé par cette accusation et l'inquiétude de la voir se renouveler l'auraient amené à quitter volontairement Athènes. Et c'est vers 60 ou 70 ans qu'il serait mort à Lampsaque, dans la 88e Olympiade (428 avant J.-C.)[14].

1) Sa *philosophie* s'enchaîne comme suit avec les précédentes : dans l'idée d'Héraclite comme mouvement, tous les moments sont absolument disparaissants ; Empédocle est la reprise de ce mouvement dans l'unité, mais dans une unité synthétique, et il en est de même de Leucippe et de Démocrite, – à ceci près que chez Empédocle les moments de cette unité sont les éléments étants du feu, de l'eau etc., tandis que chez ceux-ci ce sont de pures abstractions, des essences, des pensées étant en soi ; mais par là l'universalité est immédiatement posée, car les opposés n'ont plus aucune consistance sensible. L'unité en tant qu'universelle retourne en elle-même à partir de l'opposition (dans le synthétiser, l'opposé est encore pour soi séparé de l'unité, ce n'est pas la pensée elle-même qui est l'être) ; – c'est-à-dire la pensée en tant que pur libre processus dans soi-même, l'universel qui se détermine soi-même, non distingué de la pensée consciente. Avec Anaxagore, c'est un tout autre règne qui s'ouvre.

| Aristote[15] dit : « C'est Anaxagore qui le premier a adopté ces **408**
déterminations », – il est donc le premier à avoir exprimé l'essence absolue comme entendement ou comme universel, comme penser (non pas raison). Aristote et d'autres[16] après lui rapportent sans autre indication le fait qu'un certain Hermotime, lui aussi de Clazomène, l'y aurait incité ; mais « il est clair », disent-ils, il est certain que c'est Anaxagore qui en est l'auteur. Cette relation ne sert pas à grand-chose, puisque nous ne sommes pas autrement renseignés sur la philosophie d'Hermotime ; elle ne peut avoir été très importante. D'autres ont fait bien des recherches historiques au sujet de cet Hermotime. C'est la seconde fois que ce nom se présente : α) Nous l'avons déjà cité dans la liste de ceux dont on raconte qu'ils ont été Pythagore avant sa vie sous le nom de Pythagore. β) Nous avons une histoire d'Hermotime ; il aurait en effet possédé un don particulier : son âme pouvait quitter son corps[17]. Mais cela aurait finalement mal tourné pour lui ; car sa femme, avec qui il était en querelle, et qui d'ailleurs savait à quoi s'en

14. <Diog. Laert., II, 12-14 ; Plutarch., *In Pericle*, c. 32 ; Menagius, *Ad Diog. Laërt.*, II, § 7>.

15. *Metaph.*, I, 3.

16. <Sextus Emp., *Adv. Math.*, IX, § 7.>

17. <Plin., *Hist. Nat.*, VII, 53 ; Brucker, t. I, p. 493-494, note>.

tenir, montra à ses familiers ce corps abandonné par son âme en le donnant pour mort, et il fut brûlé avant le retour de l'âme, qui a dû être étonnée. Ce n'est pas la peine de chercher ce qu'il y a au fond de cette vieille histoire, c'est-à-dire comment nous voulons prendre la chose; on pourrait penser à l'extase. Nous possédons un grand nombre de semblables histoires au sujet d'anciens philosophes comme Phérécyde, Épiménide etc. ce dernier, par exemple, – (une vraie marmotte) aurait dormi cinquante-sept ans[18].

Le principe d'Anaxagore était d'avoir reconnu le νοῦς, la pensée
409 ou entendement en général, comme l'essence simple | du monde, pour l'absolu. La simplicité du νοῦς n'est pas un être, elle est universalité (unité). L'universel est simple, il est différent de soi-même, – mais de telle manière que la différence est immédiatement supprimée et que cette identité est posée, est pour soi; ainsi l'essence n'est pas un paraître en soi-même, elle n'est pas singularité – réflexion déterminée en et pour soi. Cet universel pour soi, séparé, n'existe pur que comme penser. Il existe aussi comme nature, comme essence objective, – mais alors il n'est plus pur pour soi, ayant au contraire la particularité comme un immédiat à même lui; c'est le cas par exemple de l'espace et du temps, qui sont ce qu'il y a de plus idéel, de plus universel dans la nature comme telle. Mais il n'y a pas d'espace pur, de temps pur ni de mouvement pur : cet universel a au contraire la particularité immédiatement à même lui, – espace déterminé, air, terre; on ne peut montrer d'espace pur, et pas davantage de matière pure. Le penser est donc cet universel, mais purement pour soi : Je suis Je, Moi = Moi. Je distingue une chose de moi, mais la même unité pure n'en demeure pas moins; – il n'y a pas mouvement, mais une différence qui n'est pas distinguée, qui est être-pour-moi. Et en tout ce que je pense, quand le penser a un contenu déterminé, il est ma pensée, – je suis pareillement conscient de moi dans cet objet.

Mais cet universel, qui est pour soi, fait également face au singulier de façon déterminée – c'est en d'autres termes la pensée qui fait face ainsi à l'étant. Il y aurait lieu de considérer ici comment l'unité spéculative de cet universel avec le singulier est posée en tant qu'unité absolue; mais bien entendu ce problème ne se rencontre certes pas chez les Anciens, – il s'agit de concevoir le concept lui-même. L'entendement se réalisant en un système en tant qu'univers organisé, – c'est là un pur concept que nous n'avons pas à attendre ici. Quant à la manière dont Anaxagore a expliqué

18. <Diog. Laert., I, 109.>

le νοῦς, en a donné le concept, Aristote[19] indique à ce sujet les précisions suivantes : l'universel comporte ces deux | aspects : α) il est pur mouve- 410
ment et β) il est ce qui est universel, en repos, simple. Il s'agit de mettre en lumière le principe du mouvement, – de montrer que ce principe est ce qui est automoteur, et que cela est le penser (en tant qu'existant pour soi). C'est ce que fait Aristote. « Le νοῦς est pour lui (Anaxagore) la même chose que l'âme ». Ainsi distinguons-nous l'âme comme ce qui est automoteur, ce qui est immédiatement singulier; mais, en tant que simple, le νοῦς est l'universel. La pensée se meut en vue de quelque chose, la fin est le premier simple (le genre est fin), il est le terme premier qui se fait résultat; – c'est chez les Anciens le bien et le mal, c'est-à-dire justement la fin en tant que quelque chose de positif et quelque chose de négatif.

Cette détermination est très importante; elle n'avait, également chez Anaxagore, pas encore un grand développement. Les principes qui se présentaient jusqu'ici (Aristote distingue d'abord la qualité, ποιόν, puis la matière), étaient matériels, à l'exception du processus d'Héraclite qui, venant en troisième lieu, est principe du mouvement : ainsi s'introduit, en quatrième lieu, avec le νοῦς le en-vue-de-quoi, la détermination de fin. C'est-là ce qui est intrinsèquement concret. Aristote ajoute, après le passage cité plus haut (p. 218)[a]; « Après ceux-ci » (Ioniens et autres) « et après de telles causes » (eau, feu etc.) « puisqu'elles ne sont pas suffisantes pour engendrer la nature des choses (γεννῆσαι), les philosophes ont été contraints par la vérité elle-même, comme nous l'avons déjà dit, à aller plus loin, pour trouver le principe qui est lié aux précédents (τὴν ἐχομένην ἀρχήν). Car pour que d'un côté tout soit bon et beau, mais que de l'autre autre chose soit engendré, – la terre ni quelqu'autre principe ne sauraient suffire, et ce n'est pas ce que les premiers philosophes semblent avoir voulu dire; et il n'est pas bon non plus (καλῶς ἔχει) d'abandonner une telle œuvre à l'automouvement et au hasard (αὐτομάτῳ καὶ τύχῃ). » Bon et beau expriment le concept simple, en repos, le changement exprime le concept dans son mouvement.

Avec ce principe s'introduisent les déterminations suivantes :
| α) L'entendement en général est l'activité se déterminant soi-même; cela 411
faisait défaut jusqu'ici. Le devenir d'Héraclite, ce qui est seulement processus (εἱμαρμένη), n'est pas encore ce qui se détermine de façon

19. *De anima*, I, 2.

a. *Metaph.*, I, 3, 984b8-15 ; trad. Tricot, I, p. 34-35.

autonome, indépendante. La notion d'activité qui se détermine soi-même implique en même temps que l'activité, en effectuant le processus, se conserve comme l'universel, comme l'égal à soi-même. Le feu (le processus selon Héraclite) s'éteint; il est transition dans l'autre, il n'est pas une autonomie. Il est aussi cercle, retour au feu; mais le principe ne se conserve pas dans ses déterminations. Ce qui est posé est seulement passage dans l'opposé, et non pas l'universel qui se conserve dans les deux formes. β) La détermination de l'universalité est impliquée dans ce développement, bien qu'elle n'y soit pas encore formellement exprimée; l'universel demeure en relation à soi dans la détermination. Ce développement implique γ) la fin, le bien.

J'ai déjà attiré l'attention (un peu plus haut, p. 359) sur le concept de fin. Nous ne devons pas seulement penser, à ce sujet, à la forme de la fin telle qu'elle existe en nous, dans les êtres conscients. Nous avons une fin; elle est notre représentation, elle est pour soi, et peut ou non se réaliser. La fin implique l'activité de réalisation, nous accomplissons cette détermination; et ce qui est produit doit être conforme à la fin, – si l'on n'est pas inhabile, l'objet ne doit pas contenir autre chose que la fin. Il est un passage de la subjectivité à l'objectivité; je suis mécontent de ma fin quand elle est seulement subjective; mon activité consiste à lui enlever ce manque, et à la rendre objective. Dans l'objectivité la fin s'est conservée. J'ai par exemple pour fin de bâtir une maison, à cet effet je suis actif; il en résulte la maison, où la fin est réalisée.

Mais nous ne devons pas en rester à la représentation de cette fin subjective, – où tous deux, moi et la fin, existons de façon indépendante, –
412 comme nous avons l'habitude de le faire. | Par exemple Dieu, en tant que sage, gouverne d'après des fins; il y a là la représentation que la fin est pour soi, dans un être doué de représentation et de sagesse. Mais ce qui fait l'universalité de la fin, c'est d'être une détermination ferme pour soi-même, et qu'alors cette détermination, qui est posée par la détermination de l'activité, continue d'être active pour réaliser la fin, pour lui donner l'être-là; mais cet être-là est dominé par la fin qui y est contenue. C'est ce qui fait que la fin est l'élément véritable, l'âme d'une chose. Le bien se donne à soi-même un contenu; en tant qu'il est actif à l'égard de ce contenu, ce contenu a recours à autre chose, la première détermination se conserve dans la réalité, et il n'en résulte pas d'autre contenu. Ce qui existait déjà auparavant et qui existe après, quand le contenu est entré dans l'extériorité, sont tous les deux la même chose; et c'est là la fin.

Le plus bel exemple en est donné par le vivant; il se conserve tel parce qu'il est en soi fin. Le vivant existe, travaille, a des instincts, et ces instincts sont ses fins; il ne sait rien de ces fins, il est simplement vivant, – ce sont de premières déterminations, qui sont fermes. L'animal travaille à satisfaire ces instincts, c'est-à-dire à atteindre sa fin; il se rapporte aux choses extérieures en parties mécaniquement, en partie chimiquement. Mais le rapport de son activité ne reste pas mécanique, chimique. Le produit, le résultat est plutôt l'animal lui-même, il est fin-en-soi, dans son activité il ne produit que soi-même en elle les rapports mécaniques etc. dont nous venons de parler sont anéantis et renversés. Dans le rapport mécanique et chimique par contre, le résultat est quelque chose d'autre; ce qui est chimique ne se conserve pas. Mais dans la fin le résultat est le commencement, – commencement et fin sont semblables. La conservation de soi est production permanente qui ne donne naissance à rien de nouveau, – elle est reprise de l'activité de production de soi-même, – ce n'est toujours que l'ancien.

| Telle est donc la fin. Et le νοῦς est cette activité, qui pose une 413
première détermination comme subjective, mais celle-ci est rendue objective; par là elle devient autre, mais cette opposition est toujours à nouveau supprimée, de sorte que l'élément objectif n'est rien d'autre que du subjectif. C'est ce que montrent les exemples les plus communs. En satisfaisant des instincts, nous posons le subjectif dans l'objectivité et nous le reprenons à nouveau. Ainsi cette activité se déterminant soi-même qui s'exerce alors également sur autre chose, qui entre dans l'opposition (se pose), mais l'annihile à nouveau, la domine, s'y réfléchit sur soi, – cette activité est la fin, le νοῦς, le penser. L'entendement est ce qui se conserve dans son autodétermination. C'est le développement de ces moments qui va constituter désormais la tâche de la philosophie.

Si nous considérons avec plus de précision jusqu'où Anaxagore est parvenu dans le développement de ce penser, – si nous cherchons ce qu'est le νοῦς dans sa signification concrète plus ample, nous ne trouvons rien d'autre que l'activité se déterminant elle-même qui pose une mesure, une détermination; le développement ne va pas plus loin que la détermination de la mesure. Anaxagore ne nous donne aucun développement, aucune détermination plus concrète du νοῦς; et c'est pourtant ce qui importe. Nous n'avons donc encore rien de plus que la détermination abstraite de ce qui est intrinsèquement concret.

Au sujet de la détermination plus précise du νοῦς chez Anaxagore, Aristote[20] dit : « Il ne distingue pas toujours nettement âme et νοῦς. Sans doute parle-t-il fréquemment du νοῦς en tant que cause de ce qui est beau et droit (τοῦ καλῶς καὶ ὀρθῶς) – de ce que quelque chose a pour manière d'être beau et droit; mais le νοῦς n'est souvent pour lui rien d'autre que l'âme. Lorsque lui ou d'autres disent que le νοῦς meut tout, l'âme
414 n'est ainsi que le moteur ». Plus loin | Aristote[21] cite cette définition d'Anaxagore : « Le νοῦς est pur, simple, sans passion », c'est-à-dire sans être déterminé de l'extérieur par quelque chose d'autre, « sans mélange, et sans communauté avec quoi quelque chose d'autre ». Ce sont là des déterminations de l'activité simple, se déterminant soi-même, celle-ci ne se rapporte qu'à soi, est identique à soi, n'est pas égale à un autre, elle est l'activité qui demeure égale à soi-même dans son opération; – prédicats sont certes énoncés, mais qui, pris ainsi pour soi, ne sont aussi à nouveau qu'unilatéraux.

2) C'est là l'un des côtés du principe d'Anaxagore. Il nous faut considérer à présent la procession du νοῦς à de nouvelles déterminations, son développement. Mais cette partie restante de la philosophie d'Anaxagore semble tout d'abord réduire grandement l'espoir qu'autorise un tel principe à nos yeux. De l'autre côté, en face de cet universel, se trouve l'être, la matière (le divers en général), – la possibilité (δύναμις) qui s'oppose à ce principe en tant qu'ἐνέργεια. Car le bien, la fin est aussi déterminée comme possibilité, l'universel est la possibilité; mais l'universel en tant qu'automoteur est plutôt effectif (ἐναργές) en soi; – il est l'être-pour-soi face à l'être-en-soi, à la possibilité, au passif[22]. Dans le passage essentiel Aristote dit[23] : « Si quelqu'un disait qu'Anaxagore a admis deux principes », il se conformerait aux termes de ce dernier, bien qu'« il ne s'explique pas nettement à ce sujet »; – cela aurait l'air paradoxal, puisque la représentation générale que l'on a de lui est que le νοῦς est son principe, mais ce serait pourtant tout à fait juste. « Selon Anaxagore, à l'origine tout est
415 mélangé. | Là où rien n'est encore séparé, rien n'est encore divers; il n'y a ni blanc, ni noir, ni gris, ni aucune autre couleur, tout est incolore; pas de qualité (ποιόν) ni de quantité (ποσόν), ni de déterminité (τί). Tout est

20. *De anima*, I, 2.
21. *Eod. loco* ; *Phys.*, VIII, 5 ; cf. *Metaph.*, XII, 10.
22. Arist., *Metaph.*, IV. 4 ; XII, 6.
23. *Metaph.*, I, 8.

mélangé à l'exception du νοῦς; car celui-ci est sans mélange et pur (ἀμιγῆ καὶ καθαρόν) »[24].

Cet autre principe est célèbre sous le vocable d'homéoméries (ὁμοιομερῆ); c'est-à-dire que l'existant, la matière individuelle (quelque chose tel que les os, le métal, la chair etc.) consisterait essentiellement de parties semblables à lui-même, qui seraient en même temps non-sensibles (αἴδια). Dans l'exposition que l'on trouve chez Aristote, on a ὁμοιομερές, ce qui a des parties semblables, ensuite le nom commun correspondant. (Riemer traduit ἡ ὁμοιομέρεια « la ressemblance des parties isolées avec le tout », et αἱ ὁμοιομέρειαι « les éléments, les matières originelles »). Le mot d'ὁμοιομέρειαι pour les particules semble postérieur[25]. Cela se dégage avec plus de netteté si nous le comparons avec les représentations de Leucippe et de Démocrite. Nous avons vu que cette matière, autrement dit l'absolu en tant qu'essence objective, est déterminée de telle manière chez Leucippe et Démocrite, ainsi que chez Empédocle, que les atomes simples – chez ce dernier les quatre éléments, chez les premiers des éléments infiniment multiples – n'étaient posés distincts que selon la figure, leurs synthèses, leurs compositions étant les choses existantes. Aristote[26] dit plus
précisément à ce propos : | « Anaxagore affirme au sujet des éléments le **416**
contraire d'Empédocle ». (Dans un autre passage il dit par contre : « Il admet », comme lui, des principes multiples, et à la vérité « des principes infiniment multiples » à l'égard de ce qui est matériel[27]. Il serait opposé à Empédocle en ceci que « ce dernier admet pour principes originaires le feu, l'air, la terre, et l'eau », quatre étants originaires simples, sans mélange et immuables, qui subsistent en et pour soi, « dont la liaison donne naissance à toutes choses. À l'opposé Anaxagore appréhende les éléments (les déterminations fondamentales de l'essence) de façon inverse, de sorte que » l'existant, le différent, le déterminé qualitatif, l'individualisé, « par exemple la chair, est simple, est l'originaire; au contraire des choses telles que l'eau, le feu » etc. (l'en-soi de l'existant, ou l'élément universel) sont purement et simplement « un mixte de ces éléments originaires », c'est le mélange infini de tout existant, qui contient celui-ci en parties infiniment petites. La chair se composerait de particules de chair, l'or de particules d'or etc.

24. *Cf.* Arist., *l. l.*
25. Sextus Emp., *Hyp. Pyrrh.*, III, c. 4, § 33.
26. *De Coelo*, III, 3.
27. *Metaph.*, I, 3; *Metaph.*, I, 7.

Ce qui valait pour lui comme principe, comme pour les Éléates, était : Le semblable[b] ne procède que du semblable; il n'y a pas de passage possible dans l'opposé, pas de réunion possible des opposés : « Rien ne naît de rien ». C'est pourquoi tout changement n'est pour lui que séparation et réunion du semblable; le changement en tant que changement véritable serait un devenir procédant du néant de soi-même. « Ce qui devient était déjà là auparavant », mais seulement de façon invisible, en soi. La naissance est donc seulement « un devenir procédant de ce qui est déjà étant, de ce qui est déjà présent, mais qui n'est pas sensible pour nous en
417 raison de sa | petitesse » [28]. Des éléments comme ceux d'Empédocle seraient un chaos fait du mélange de ces particules; leur uniformité ne serait qu'apparente. La naissance des choses concrètes est le fait qu'il y aurait la séparation de ces principes infiniment multiples, – que le semblable se sépare de ce chaos et se joint au semblable. Il y a donc là séparation à partir du dissemblable. « Il n'y a ni naître ni disparaître; le naître n'est que réunion, le disparaître n'est que séparation » (Arist. *Met.*, I, 3, *l. l.* 984a, 14-16). C'est ainsi qu'il disait au début de son ouvrage : « Tout a été (πάντα χρήματα ἦν) en même temps », – ὁμοῦ est certes indéterminé, – inséparé comme dans un chaos; « le νοῦς alors sépara tout, et en forma les différentes formations naturelles » [29]. Le νοῦς serait le moteur, ce qui rassemblerait le semblable et à nouveau le séparerait[30]. À la différence entre Empédocle et Anaxagore, se rapporte ce qu'Aristote ajoute en outre (*Phys.*, I, 4, 187a, 23-25, éd. Les Belles Lettres, p. 36) : « Le premier admet une alternance (περίοδον) de ces états, le second admet seulement une » émergence « en une seule fois. »

La conception d'Anaxagore est semblable à celle de Démocrite en ce sens que pour tous les deux l'originel serait infiniment divers; mais, telle qu'elle apparaît chez le second, la détermination des principes fondamentaux a pour contenu ce que nous considérons comme ce qui est formé, comme ce qui n'est absolument pas simple pour soi. Par exemple les particules de chair et les particules d'or seraient des principes originels, des atomes parfaitement individualisés, qui par leur rassemblement formeraient ce qui apparaît en tant que formation naturelle. Cela se rapproche de

28. Arist., *Phys.*, I, 4.
29. <Diog. Laert., II, 6 ; Sextus Emp., *Adv. Math.*, IX, § 6.>
30. Arist., *Phys.*, VIII, 1 ; *Metaph.*, I, 3, fin.

b. *Das Gleiche* : ce mot, que nous traduisons le plus souvent par *égal*, est ici rendu par *semblable*, conformément à ses possibilités sémantiques, et parce qu'il traduit ici le grec ὁμοῖος.

la représentation. Les aliments contiennent de telles parties qui, croit-on,
| sont homogènes au sang, à la chair[31]. La digestion n'est dès lors rien 418
d'autre que la séparation de l'homogène, sa susception et la séparation de l'hétérogène. Ce qui produit la séparation de l'homogène du chaos, et la composition de l'homogène ainsi qu'à nouveau la dissolution de cet homogène, c'est le νοῦς. L'activité est simple, relative à soi, pure, formelle ; elle est ainsi pour soi dénuée de contenu.

Telle est la conception générale, tout à fait la même que celle qui règne à l'époque moderne, par exemple en chimie. Les éléments chimiques sont : l'oxygène, l'hydrogène, le carbone, les métaux, en tant que seulement relativement simples etc. Cette conception est la suivante : si l'on voulait savoir ce que sont véritablement la chair, le bois, la pierre etc. il faudrait présenter leurs parties composantes simples ; et celles-ci seraient le terme dernier. Elle admet aussi que bien des choses ne sont que relativement simples, que le platine par exemple se compose de trois ou quatre métaux. On a ainsi longtemps tenu l'eau et l'air pour simples ; mais la chimie les a aujourd'hui décomposés. Ici, dans cette perspective chimique, les principes des choses naturelles sont supposés qualitativement déterminés, et partant inaltérables, immuables. L'homme est dans cette perspective un amas de carbone, d'hydrogène, d'un peu de terre, d'oxyde, de phosphore etc. C'est une représentation favorite des physiciens que de supposer dans l'eau et l'air l'oxygène, le carbone, qui ne sauraient exister que par séparation, par isolement. Toute nutrition, tout accroissement ne serait pas une véritable assimilation, chaque viscère n'emprunterait que les parties qui lui sont particulières, le foie etc., aurait un nez, en sorte que l'animal extrairait des diverses herbes, des divers corps etc., ses propres parties.

| C'est là tout à fait le point de vue de la philosophie d'Anaxagore : 419
que ce qui est qualitativement déterminé à l'infini serait le simple (sans doute n'est-ce plus la chair que l'on considère comme simple, mais bien l'hydrogène gazeux etc.), et que le reste, admet-on alors, ne consisterait que dans la composition de ces éléments simples. Cette conception d'Anaxagore est certes différente de celle de la chimie moderne ; ce que nous tenons pour concret est pour lui un déterminé qualitatif (l'originaire). Il concède pourtant déjà que dans la chair, toutes les parties ne sont pas semblables : on l'appellera pourtant chair en raison du nombre plus important de parties spécifiques qui se sont mélangées avec d'autres. Et même, toute chose contiendrait toutes les autres choses : l'eau, l'os, les fruits des

31. Arist., *De generat. animal.*, I, 18.

végétaux etc; et inversement l'eau contiendrait la chair en tant que chair, les os etc. Anaxagore rétrograde donc vers cette diversité infinie de principes. C'est seulement l'accumulation de toutes ces particules qui a donné naissance au sensible; dans cette accumulation une espèce de particules a alors la prépondérance; si bien que tout est dans tout. Les homéoméries dont la plupart sont accumulées en quelque endroit, font que l'ensemble nous apparaît comme ce déterminé-ci [32].

Cette manière de voir est tout à fait différente de la conception de Thalès et d'Héraclite où ce n'est pas seulement la possibilité mais aussi la réalité effective de la transformation d'une chose dans une autre qui est au fondement. Il y a au fondement du processus d'Héraclite le fait que ces différences qualitatives semblables peuvent se transformer en autre chose; et cette transformation est une détermination intéressante. Transformer est
420 à prendre en un double sens, | selon l'existence et selon le concept. Quand chez les Anciens il est question de transformation, on le prend habituellement comme s'ils voulaient parler de la transformation selon l'existence, et on examine si l'eau par exemple peut par un traitement chimique, par la chaleur, la distillation etc., être transformée en terre; la chimie finie trouve donc là sa limite. Mais autre chose est la transformation selon le concept et c'est là le sens que ce mot a chez Héraclite, et dans toutes les philosophies anciennes. Que par exemple l'eau se traduise en temps, en espace même, cela ne passe pas dans les cornues etc.; mais c'est ce passage d'une qualité dans l'autre que ces philosophies ont en vue. Dans toute idée philosophique on trouve que l'eau se transforme en air, – c'est-à-dire cette connexion intime dans le concept : que l'un ne saurait être sans l'autre, que l'autre lui est nécessaire, et qu'aucun des deux ne peut subsister de façon autonome en dehors de cette connexion, que la vie de la nature est que l'un se rapporte à l'autre. On a certes coutume de se représenter que si l'on enlevait toute l'eau, cela irait certes mal pour les plantes et les animaux, mais que les pierres pourraient cependant subsister; de même, parmi les couleurs on pourrait retirer le bleu par exemple, le vert et le rouge demeureraient néanmoins. Cela peut être facilement montré empiriquement; chaque chose, dit-on, serait qualitative pour soi. Mais il n'en est ainsi que selon l'existence; selon le concept elles ne sont que les unes par les autres, c'est la nécessité interne. C'est bien ce qu'on remarque aussi dans le cas du vivant; là il en va autrement : le concept vient alors à l'existence : si l'on fait l'ablation du

32. Arist., *Phys.*, I, 4 ; *Metaph.*, IV, 5.

cœur, le poumon aussi etc. est détruit. La nature n'existe que dans l'unité tout comme le cerveau n'existe que dans l'unité avec les autres organes.

Comme nous le voyons, alors qu'Anaxagore a déterminé l'essence absolue comme de l'universel, – ici dans l'essence objective ou dans la matière, l'universalité | et la pensée l'abandonnent. L'en-soi n'est pas un **421**
être sensible proprement dit. La première élévation au-dessus de l'être sensible en est le négatif, le non-sensible, c'est-à-dire le non-visible, le non-audible etc.; – c'est là pour les physiciens vulgaires la suprême élévation au non-sensible en tant que simple négatif de l'être-pour-nous. Mais le positif est que l'essence étante elle-même est de l'universel. Ce qui est objectif est νοῦς, mais pour celui-ci le reste de l'être est un mélange d'éléments simples qui n'est ni chair ni poisson, ni rouge ni bleu; mais ce simple n'est pas simple en soi, selon son essence il se compose d'homéoméries, mais qui sont si petites qu'elles ne sont pas sensibles. Leur petitesse ne les supprime donc pas en tant qu'étantes, elles sont au contraire conservées, mais l'étant est précisément le fait d'être visible, odorant etc. Ces homéoméries infiniment petites disparaissent assurément dans une représentation plus exacte; la chair par exemple est cela même, mais aussi un mélange de tout, c'est-à-dire qu'elle n'est pas simple. La poursuite de l'analyse révèle aussitôt la confusion de cette représentation; si, de la chair, nous enlevons ce qui n'est pas chair, celle-ci est altérée; ou bien elle demeure, elle ne peut être altérée. Une telle représentation ne peut éviter de tomber plus ou moins dans la confusion interne. D'un côté, toute formation naturelle est originaire quant à son élément principal, et ces parties, prises ensemble, constituent une totalité corporelle, – qui cependant, en soi, doit contenir tout. Le νοῦς n'est alors que ce qui lie et sépare, le principe diacosmique. Cela peut nous suffire. Les homéoméries d'Anaxagore peuvent facilement nous faire tomber dans la confusion; mais on doit tenir ferme la détermination principale.

Les homéoméries sont une représentation surprenante. Quelle est leur connexion avec l'autre principe d'Anaxagore ? Si nous rapportons cela au principe de l'entendement, alors ces représentations relatives au singulier sont plus conséquentes qu'elles n'apparaissent à première vue. L'entendement étant ce qui se détermine soi-même, | le contenu est fin, – il **422**
se conserve dans le rapport à autre chose; il ne naît ni ne disparaît, bien qu'il soit en activité. La conception d'Anaxagore selon laquelle les principes concrets subsistent et se conservent est donc conséquente. Il supprime le naître et le disparaître; il n'y a de changement que celui qui est composition et dissolution de ce qui est uni. Les principes sont des principes concrets, consistants – dans cette mesure des fins; dans le changement qui se déroule

les principes, eux, se conservent plutôt. Le changement est extérieur, – liaison et séparation; le semblable ne se joint qu'au semblable. Le mélange chaotique est certes réunion de choses dissemblables; mais il n'y a là que composition, et non pas une formation individuelle vivante, celle-ci se conserve, reliant le semblable au semblable. Si grossières que soient ces représentations, elles n'en sont pas moins conformes au νοῦς.

3) En ce qui concerne la *relation* spéculative simple du νοῦς à cette matière, les deux choses ne sont pas spéculativement posées comme une seule unité, car cette matière n'est pas posée comme formant une unité, le concept ne l'a pas pénétrée elle-même. Ici les concepts deviennent en partie superficiels. Le νοῦς est l'âme motrice en tout : « Il est en tant qu'âme dans les animaux, – dans les grands comme dans les petits, dans les meilleurs comme dans les pires » [33]. Mais en tant qu'âme du monde, en tant que système organique du tout, – l'entendement à même le réel demeure chez Anaxagore un simple mot. Pour le vivant en tant que vivant, en tant que l'âme était conçue comme principe, les Anciens n'exigeaient pas d'autre principe (car elle est ce qui se meut soi-même), – mais pour la déterminité qu'est l'animal comme moment dans le système du tout, ils exigeaient de nouveau l'universel de ces déterminités. C'est un tel principe qu'Anaxagore appelle l'entendement; – c'est un fait que le concept absolu en tant qu'il est l'essence simple, l'égal-à-soi-même dans ses différences,
423 ce qui se scinde | et qui pose la réalité, doit être reconnu comme un tel principe. Quant à l'idée qu'Anaxagore aurait montré l'entendement dans l'univers, qu'il aurait en d'autres termes conçu ce dernier comme un système rationnel, – non seulement il n'y en a nulle trace, mais les Anciens disent expressément qu'il en est resté à cette affirmation générale comme lorsque nous disons que le monde, la nature est un grand système, que le monde est sagement organisé, ou est d'une façon générale raison. Cela ne nous avance pas encore en quoi que ce soit pour comprendre la réalisation de cette raison, ou cette sagesse du monde.

Le νοῦς d'Anaxagore est encore formel, bien que l'identité du principe et de sa mise à exécution ait été vue. Aristote [34] reconnaît l'insuffisance du νοῦς d'Anaxagore : « Anaxagore a certes recours au νοῦς pour former le système du monde (κοσμοποιΐαν) : en effet, quand il est dans l'embarras pour mettre en évidence la nécessité d'une chose (quand il doit donner la raison de la nécessité), il le fait intervenir; sinon il recourt à n'importe quel autre principe explicatif, plutôt qu'au νοῦς ».

33. <Arist., *De anima*, I, 2.>
34. Arist., *Metaph.*, I, 4.

Le fait que le νοῦς d'Anaxagore soit demeuré quelque chose de formel n'est nulle part exposé avec plus d'ampleur que dans le *Phédon* de Platon[35], dans le passage bien connu, qui en ce qui concerne la philosophie d'Anaxagore est remarquable. Socrate, dans Platon, indique de la façon la plus précise l'importance que lui et Platon attachent à la connaissance de l'absolu, et pourquoi Anaxagore ne les satisfaisait pas. Je cite ce passage parce qu'il nous introduira d'une façon générale dans le concept principal que nous reconnaissons dans la conscience philosophique des Anciens. Socrate est dans un rapport plus étroit au νοῦς; les déterminations du νοῦς lui appartiennent. Platon fait raconter ici à Socrate (c'est là aussi un exemple de son abondance verbale qui donne quelque longueur à son exposé) ce qui lui est arrivé avec Anaxagore. Nous voyons aussi dans ce texte les
formes principales | qui se font jour chez Socrate. « Comme j'entendais un 424
jour lire un passage d'un écrit d'Anaxagore où il dit que l'entendement est l'ordonnateur du monde et sa cause », le déterminé en soi et pour soi, l'effecteur de la réalité : « une telle cause fit ma joie; et je pensais que s'il en était ainsi, si le concept dispensait toute réalité, il disposerait chaque chose pour le mieux », – la fin serait mise en évidence. « Si quelqu'un voulait trouver la cause du singulier, comment il naît, comment il disparaît ou comment il est, pour chaque chose il devrait rechercher quelle est pour elle la meilleure manière d'être, ou d'être active ou passive d'une façon quelconque ». Dire que l'entendement est la cause, ou que tout est fait pour le mieux, c'est équivalent; cette affirmation se déterminera davantage à partir de l'opposé. Il dit en outre : « Pour cette raison, il convient à l'homme, tant au sujet de lui-même que de toute autre réalité, de ne pas considérer (chercher, σκοπεῖν) autre chose que ce qui est le meilleur et le plus parfait; et il est donc nécessaire qu'il ait aussi connaissance du pire, car tous deux sont l'objet d'une seule et même science. Faisant ces réflexions (ces raisonnements), je me réjouissais parce que je pouvais croire avoir trouvé dans Anaxagore le maître enseignant la cause de l'étant (τῶν ὄντων) » – du bien – « dans le sens même envisagé par mon esprit (κατὰ νοῦν ἐμαυτῷ) » : « il me dirait si la terre est plate ou ronde, et s'il me le disait, il m'expliquerait la cause et la nécessité de la chose, en me montrant que l'une ou l'autre réponse est la meilleure; et s'il me dit qu'elle est au centre, il m'expliquera qu'il est mieux qu'elle soit ainsi au centre », – c'est-à-dire : il montrera sa fin qui est déterminée en soi pour soi, et non l'utilité en tant que fin déterminée de l'extérieur. « Et s'il me montrait cela,

35. 97b-99b (p. 85-89).

je m'attendais à ne plus le voir maintenant me fournir aucune autre espèce
de causes (je ne voulais pas ensuite d'autres causes) ; j'étais prêt à ce qu'il en
425 aille de même | au sujet du soleil, de la lune et des autres astres, de leurs
vitesses relatives, de leurs circuits et de leurs autres manières d'être.
Comme il assignait à chaque être singulier sa cause, et qu'il faisait de même
pour tous pris en commun, il allait expliquer, pensais-je, ce qui pour chaque
chose singulière est le meilleur, et ce qui est le meilleur pour toutes prises
ensemble » – l'idée libre, étant en et pour soi, le but final absolu. « Pour
beaucoup je n'aurais pas cédé cette espérance, et je pris ces écrits avec
empressement, je les lus dès que possible afin d'être au plus vite instruit du
bon et du mauvais. Mais cette si belle espérance s'effondra quand je vis que
l'homme ne se servait nullement de la pensée (νοῦς) ni de raisons
quelconques pour former (διακοσμεῖν) les choses, mais prenait à cet effet
l'air, le feu, l'eau et bien d'autres choses non moins déplacées » <97e-98c>.
Nous voyons ici comment au meilleur, à l'étant selon l'entendement (à la
relation de finalité) s'oppose ce que nous appelons les causes naturelles,
comme s'opposent chez Leibniz les *causae efficientes* et les causae finales.

C'est ce que Socrate explique ensuite dans sa prison de la manière suivante, une heure avant sa mort : « Il me sembla agir comme quelqu'un qui dirait : Socrate fait tout ce qu'il fait par entendement, et qui, quand il en viendrait à donner les raisons de chacun des actes que je fais, commencerait par dire que si je suis assis à présent en ce lieu, c'est parce que mon corps se compose d'os et de muscles, que les os sont épais (solides) » et propres à porter mon corps, « qu'ils comportent entre eux des différences » (διαφυάς, articulation), « tandis que les muscles sont capables de s'étendre et de se ployer, enveloppant les os de chair et de peau (c'est par suite de cette capacité des os d'être soulevés à leurs articulations par les muscles extenseurs et fléchisseurs, c'est par cette capacité de mouvoir ses membres que je suis assis à présent en ce lieu) ; et s'il voulait encore donner pour cause de mon entretien avec vous d'autres causes du même genre, les sons, les airs,
l'audition et mille autres choses ; – il n'en négligerait pas moins de donner la
426 vraie cause » (libre détermination pour soi, | à laquelle l'extérieur simplement mécanique est soumis), « à savoir que c'est parce que les Athéniens ont estimé meilleur de me condamner que j'ai estimé moi aussi meilleur d'être assis en ce lieu, et plus juste d'y rester et de subir le châtiment qu'ils auraient décidé » (il faut nous souvenir qu'un de ses amis avait tout préparé pour la fuite de Socrate, mais qu'il refusa) : « sinon en effet, par le chien, il y a beau temps que ces os et ces muscles seraient à Mégare ou en Béotie, mûs par l'opinion du meilleur, si je ne considérais pas qu'il est plus juste et plus beau, au lieu de fuir et de m'échapper, de subir la

peine que l'État m'impose. » Platon oppose ici avec justesse les deux sortes de raisons et de causes : la cause procédant de fins et la cause extérieure (chimisme, mécanisme etc.) pour mettre en lumière la fausseté qui s'introduit ici dans l'exemple d'un homme qui est conscient. Anaxagore a l'apparence de déterminer une fin, dont il voudrait partir; mais il l'abandonne aussitôt pour passer à des causes totalement extérieures. « Mais appeler cela » (ces os et ces muscles) « des causes est tout à fait déplacé » (faux). « Mais si l'on dit que sans la possession de tels os et de tels muscles, et de tout ce que j'ai en plus, je ne pourrais pas faire ce que je considérerais comme le meilleur (τά δόξαντά μοι) on a tout à fait raison. Mais que ce soit par de telles causes que je fais ce que je fais, et que ce que je fais par entendement, je ne le fais pas par choix du meilleur (τῇ τοῦ βελτίστου αἱρέσει) – prétendre cela est un grave manque de pensée; cela signifie ne pas savoir faire la différence entre le premier cas, où on a la cause véritable, et le second, où on a seulement ce sans quoi la cause ne pourrait opérer » <99 a-b>, – la condition. C'est là ce que Platon dit d'Anaxagore : son νοῦς est et demeure seulement formel.

C'est là un bon exemple, pour montrer que la fin | nous fait défaut dans 427
ces sortes d'explications. D'autre part, ce n'est pas un bon exemple parce qu'il est emprunté au domaine du libre-arbitre conscient de soi, – où il y a réflexion, et non pas fin dénuée de conscience. α) Comme nous pouvons le voir, ce qui s'exprime d'une façon générale dans ce jugement porté sur le νοῦς d'Anaxagore, c'est certes que celui-ci n'a fait aucune application de son νοῦς dans le réel. Mais β) d'un autre côté, l'élément positif du jugement de Socrate nous paraît tout aussi insuffisant, du fait qu'il passe à l'extrême opposé, car il nous paraît en effet réclamer pour la nature des causes qui ne semblent pas être à son niveau, mais qui tombent en dehors d'elle et dans la conscience en général. Car ce qui est bon et beau est d'une part pensée de la conscience comme telle; la fin, l'action finalisée est de prime abord une action de la conscience, et non de la nature. En d'autres termes, dans la mesure où des fins se trouvent posées dans la nature, la fin en tant que fin tombe en dehors d'elle; comme telle la fin n'est pas au niveau de la nature elle-même (elle appartient seulement à notre jugement), – dans la nature au contraire il n'y a que ce que nous appelons des causes naturelles, et pour sa conception, il nous suffit de chercher et de donner ses causes immanentes. Par suite, nous distinguons en Socrate par exemple la fin et la raison de son agir en tant que conscience, et les causes de son action effective; et ces dernières, nous les chercherions assurément dans ses os, ses muscles, ses nerfs etc. En proscrivant la considération de la nature d'après des fins – comme étant nos pensées, et non par un être de la nature, nous proscrivons

donc de la considération de la nature la considération téléologique quelle qu'elle soit; par exemple, le fait que l'herbe pousse, que les animaux la mangent, – et que ceux-ci existent et mangent de l'herbe afin que nous puissions les manger. La fin des arbres serait la consommation de leurs fruits, et le bois et la chaleur qu'ils nous donnent : beaucoup d'animaux auraient des fourrures pour les vêtements chauds; la mer, dans les climats nordiques, entraînerait des troncs d'arbres sur le rivage parce qu'il ne pousserait pas de bois sur ces rives elles-mêmes, ce qui permettrait ainsi aux
428 habitants de l'obtenir | etc. Ainsi représentée, la fin, le bien se trouve en dehors de la chose même. La nature d'une chose n'est pas alors considérée en soi et pour soi, mais seulement dans sa relation à un autre qui ne la concerne en rien. L'arbre, l'herbe en tant qu'être naturels sont pour soi; et cette finalité, par exemple pour l'herbe d'être mangée, ne concerne pas l'herbe en tant qu'herbe, pas plus que l'animal n'est concerné par le fait que les hommes s'habillent de sa peau.

Et cette considération de la nature, d'une façon générale, est ce dont Socrate peut sembler déplorer l'absence chez Anaxagore. Mais ce sens pour nous courant du bien et du final d'une part n'est pas le seul et n'est pas celui de Platon, et d'autre part ce sens est lui aussi nécessaire. Nous ne devons pas α) nous représenter le bien ou la fin d'une façon si unilatérale en sorte que, l'ayant posé maintenant seulement dans l'essence représentative comme telle, nous le posons en opposition à l'étant : nous avons à le prendre libéré de cette forme, selon son essence; il est alors de l'universel, il est genre, il est l'idée de l'essence totale. Cette idée est la vraie cause, mais une cause qui retourne en elle-même : elle est fin en tant qu'universel, terme premier étant en soi, d'où procède le mouvement et qui devient résultat, – qui n'est pas seulement fin dans la représentation, avant qu'existe sa réalité effective, mais aussi dans la réalité. Le devenir est le mouvement par lequel se fait une réalité qui est totalité; dans l'animal, dans la plante, l'essence est le genre, – c'est-à-dire cet animal ou cette plante comme universel qui commence son mouvement et ce qui le produit. Cette totalité est le tout (plante, animal etc.) mais ce tout n'est pas un produit issu de quelque chose d'étranger; il est son propre produit, il existe en premier, il est le premier, ce-qui-se-produit-soi-même; ainsi est-il dit fin, il est comme universel, de même que dans son devenir il est comme étant. L'idée n'est pas une chose particulière qui aurait un contenu différent de la réalité, ou bien qui paraîtrait toute différente d'elle. Cet universel α) en tant qu'encore produit est fin : le germe, la semence, l'enfant sont cet universel comme fin
429 non encore réalisée, – universel comme tel; | β) ce que son mouvement produit, la réalisation lui est identique : il devient ce qu'il est déjà en

soi, – plante, animal. L'opposition est l'opposition simplement formelle de la possibilité et de la réalité effective; la substance active motrice et son produit sont la même chose. Cette réalisation, ce mouvement passe par l'opposition; le négatif dans l'universel est ce processus, ce mouvement même. Le genre, l'universel s'oppose en tant que singulier au singulier et à l'universel; ainsi, au niveau de ce qui est vivant, le genre se réalise dans l'opposition d'espèces opposées, mais leur essence est le genre universel. En tant que singulières elles visent à leur autoconservation en tant qu'êtres singuliers, manger, boire etc. ; mais ce à quoi elles aboutissent par là, c'est le genre. Les individus se suppriment, seul le genre est ce qui est toujours produit; la plante produit seulement la même plante, – l'universel est le fondement.

β) C'est dans cette perspective qu'il faut déterminer la différence entre ce qui a été appelé de manière défectueuse les causes naturelles et les causes finales. Or si j'isole la singularité et que je l'envisage simplement comme mouvement, et comme les moments de ce mouvement, je montre ce que sont des causes naturelles. Par exemple, d'où *ce* vivant-*ci* tire-t-il son origine ? Il est né par la procréation de ce père et de cette mère qui sont les siens. Quelle est la cause de ces fruits ? – C'est l'arbre, dont les sucs se distillent de la manière qui convient précisément à la naissance du fruit. Des réponses de cette sorte donnent la cause; c'est-à-dire la singularité opposée à une singularité, – mais l'essence de celle-ci est le genre. Or la nature ne peut présenter l'essence comme telle. La fin de la génération est la suppression de la singularité de l'être; mais la nature, qui aboutit certes dans l'existence à cette suppression de la singularité, ne met pas l'universel à la place de celle-ci, mais un autre singulier. Les os, les muscles etc. produisent un mouvement; ils sont des causes, mais ils sont eux-mêmes à leur tour par d'autres | causes, et ainsi de suite à l'infini. Mais l'universel les saisit en **430**
lui-même en tant que moments, qui certes se présentent comme des causes dans le mouvement, – mais de telle façon que le fondement de ces parties elles-mêmes est le tout. Ce ne sont pas elles qui sont le terme premier, c'est le résultat dans lequel les sucs de la plante etc. passent qui est le terme premier, de même que dans la génération ce terme premier apparaît seulement comme produit, comme semence qui constitue le commencement et la fin, – mais c'est alors un autre individu, l'essence étant la même.

γ) Mais un tel genre est lui-même un genre déterminé, il se rapporte essentiellement à un autre genre, par exemple l'idée de la plante se rapporte à celle de l'animal. L'universel continue son mouvement. Cela apparaît sous forme de finalité externe, les plantes étant mangées par les animaux etc.; c'est là leur limitation en tant que genre. Le genre de la plante a la totalité absolue de sa réalisation dans l'animal, l'animal l'a dans l'être conscient, comme la terre l'a dans la plante. C'est là le système du tout : – chaque moment transitoire. Tel est le double mode de considération : α) chaque idée est cercle en soi-même, – plante, animal, le bien de son espèce; β) le bien universel – c'est-à-dire moment en cela. Si je considère l'animal simplement comme du finalisé exterieurement, créé pour autre chose, c'est unilatéral; il est essence, universel en soi et pour soi. Mais cela est tout aussi unilatéral : la plante serait seulement en et pour soi, produit de la nature, fin-en-soi-même, fermée en elle-même, faisant seulement retour sur soi, – elle ne serait pas non plus dans cette singularité de l'être-mangé, du vêtement etc. Il y a un cercle lequel est accompli en lui-même, mais dont l'accomplissement est pareillement un passage dans un autre cercle; – c'est un seul tourbillon dont le centre dans lequel il retourne se trouve immédiatement dans la périphérie d'un cercle supérieur qui l'absorbe.

La fin (le bien) est donc l'universel en question; il est bon, son universel (le bien commun) l'est pareillement. Socrate parle toujours du meilleur, de la fin. C'est dans cette forme de fin qu'apparaît chez Socrate ce que nous
431 appelons νοῦς. | Si nous disons que la nature des choses doit être connue selon le concept, c'est que le concept est la considération autonome, indépendante, des choses. Le concept est ce que les choses sont en et pour soi-même. Il se réalise soi-même, change; mais son être est de se conserver soi-même en étant ainsi mêlé à autre chose. Il tient en échec le rapport de causes naturelles. Ce concept est la fin. La fin est tout d'abord (selon la représentation) une détermination qui se trouverait à l'extérieur des choses; c'est ainsi que les choses sont utiles, qu'elles sont pour une fin. Mais cette détermination n'est pas leur détermination propre, elle leur est étrangère. Nous ne devons pas, quand il s'agit de la fin, nous représenter quelque chose à quoi la fin est extérieure. C'est ainsi que nous parlons du but final du monde; il est ce qui lui est immanent. Mais on peut de même se le représenter comme étant extérieur.

Ces éclaircissements sont ici nécessaires. Car à partir d'ici nous voyons l'idée spéculative passer davantage dans l'universel, – elle était auparavant exprimée en tant qu'être, et les moments et le mouvement en tant qu'étant. Ce qu'il faut éviter dans cette transition consiste pour nous à ne pas croire qu'ainsi l'être soit abandonné, et que nous passions dans la conscience en tant qu'opposée à l'être – l'universel perdrait alors entièrement sa signification spéculative – ; l'universel est au contraire immanent dans la nature. Il a ce sens d'être opposé à l'être quand nous nous représentons l'entendement, la pensée (νοῦς) faisant le monde, l'ordonnant etc. – à la manière de l'activité d'une conscience singulière, où je me tiens, ici d'un côté, avec

en face de moi une réalité effective, une matière que je forme, que je répartis et ordonne de telle ou telle manière; mais l'universel, la pensée doit demeurer au contraire dans la philosophie sans cette opposition. L'être, l'être pur, est lui-même de l'universel, si nous observons à son égard que l'être est absolue abstraction, pensée pure. Mais l'être, ainsi posé en tant qu'être, a la signification de l'opposé vis-à-vis de cet être-réfléchi-en-soi-même, vis-à-vis de la pensée; | l'intériorisation est nôtre vis-à-vis de lui. **432**
Mais la réflexion appartient ainsi immédiatement à l'universel lui-même.

Voilà jusqu'où les Anciens sont proprement parvenus; cela semble peu de chose. Universel est une détermination indigente, chacun a connaissance de l'universel; mais il n'en a pas connaissance en tant qu'essence. La pensée va bien jusqu'à l'invisibilité du sensible (au suprasensible), mais non jusqu'à la déterminité positive, – un absolu sans prédicat est le simplement négatif : elle en est au point où est parvenue la représentation commune d'aujourd'hui, – mais elle ne va pas jusqu'au positif, qui est de penser le sensible en tant qu'universel. Ainsi voyons-nous chez Anaxagore le νοῦς comme l'universel, l'absolu qui pose par soi-même un contenu et se maintient en lui. Avec cette découverte de la pensée, nous terminons la première division. Nous entrons avec ce principe dans la deuxième période. La moisson de la première période n'est pas très abondante. Certains pensent, il est vrai, qu'elle contiendrait de surcroît une sagesse particulière. Mais le penser est encore jeune, les déterminations sont encore pauvres, abstraites, indigentes; le penser n'a ici que peu de déterminations, et celles-ci ne peuvent se maintenir. Les principes de l'eau, de l'être, du nombre etc. ne tiennent pas; l'universel doit se faire jour pour lui-même. C'est seulement chez Anaxagore que nous voyons l'universel déterminé comme l'activité se déterminant soi-même.

Il faut encore considérer le rapport de l'universel en tant qu'opposé à l'être, en d'autres termes la *conscience* comme telle *dans son rapport à l'étant*. Ce rapport de la conscience est déterminé par la manière dont Anaxagore a déterminé l'essence. On ne peut rien trouver de satisfaisant sur ce point puisque α) d'une part il a reconnu la pensée comme l'essence, mais sans développer cette pensée elle-même au niveau de la réalité; de sorte que β) celle-ci, dénuée de pensée, est donc pour soi en tant que multitude infinie d'homéoméries, c'est-à-dire en tant que quantité infinie d'être-en-soi sensible, lequel étant dès lors ainsi l'être sensible, puisque l'être existant est une accumulation | d'homéoméries. Tout aussi multiple peut être le rapport **433**
de la conscience à l'essence. Ainsi Anaxagore pouvait-il dire tout aussi bien que la vérité est seulement dans la pensée et dans la connaissance

rationnelle, mais il pouvait dire pareillement que la perception sensible est la vérité, puisqu'en elle sont les homéoméries, qui sont elles-mêmes en soi.

Ainsi trouvons-nous de lui les formules suivantes : α) chez Sextus[36] « l'entendement (λόγος) est le critère de la vérité » : « Les sens ne peuvent, en raison de leur faiblesse, juger de la vérité », – faiblesse, car les homéoméries sont l'infiniment petit; – les sens ne peuvent les saisir, ils ne savent pas qu'elles doivent être un idéel, un pensé. Un exemple célèbre sur ce point, et qui est de lui, c'est son affirmation que « la neige est noire, car elle est eau, et que l'eau est noire »; il posait donc ici la vérité dans un fondement[37].

β) « Anaxagore aurait dit qu'il y a quelque chose d'intermédiaire dans l'opposition (ἀντιφάσεως); de sorte que tout est non-vrai. Car les côtés de l'opposition étant alors mêlés, le mélange n'est ni bon, ni non-bon, et donc rien n'est vrai »[38]. C'est ainsi qu'Aristote[39], une autre fois, rapporte qu'« un de ses apophtegmes à ses élèves était que les choses sont (pour eux) comme ils les accueillent » (comme elles leur apparaissaient). Cela peut se rapporter à l'affirmation qu'en tant que l'être existant est une accumulation d'homéoméries qui sont l'essence étante, la perception sensible prend les choses telles qu'elles sont en vérité.

Il n'y a toutefois pas grand-chose à tirer de cette affirmation. Mais ici commence un développement plus déterminé du rapport de la conscience à l'être, c'est le développement de la nature du connaître en tant que
434 ce développement est une connaissance du vrai. L'esprit est | parvenu à exprimer l'essence comme pensée. L'essence est donc ainsi en tant qu'étante dans la conscience comme telle, – elle est en soi, mais pareillement dans la conscience. L'être est seulement dans la mesure où la conscience le reconnaît; et cela seulement est l'essence : le savoir de lui. L'esprit n'a plus à chercher l'essence dans quelque chose d'étranger, mais en soi-même; car ce qui apparaissait naguère de façon étrangère est pensée, ce qui signifie que cette essence a la conscience elle-même. Mais cette conscience opposée est une conscience singulière. Par là l'être-en-soi est en fait supprimé; car l'être-en-soi est le non-opposé, le non singulier, il est au contraire l'universel. Il est certes connu; mais ce qui est est seulement dans le connaître, en d'autres termes il n'est pas un autre être que celui du

36. Sextus Emp., *Adv. Math.*, § 89-91.
37. Sextus Emp., *Hyp. Pyrrh.*, I, 13, § 33.
38. Arist., *Metaph.*, IV, 7.
39. Arist., *Metaph.*, IV, 5.

connaître de la conscience. Ce développement de l'universel dans lequel l'essence passe entièrement du côté de la conscience, nous le voyons dans la philosophie si décriée des Sophistes. C'est ce que nous pouvons encore envisager sous un autre angle, où l'on considère que la nature négative de l'universel se développe à présent.

COMPLÉMENTS ET COMMENTAIRES DU TRADUCTEUR

INTRODUCTION

[1] Diogène Laërce, *Vies et doctrines des philosophes illustres*, I, § 42, trad. de R. Goulet, Paris, La Pochothèque, 1999, p. 93-94 (désormais cité : Diogène Laërce) : « Hermippe, dans son ouvrage *Sur les Sages* (περὶ τῶν σοφῶν), dit qu'on en a connu dix-sept, parmi lesquels on en a choisi différents groupes de sept ».

Il ne faut pas perdre de vue que Hegel cite Diogène Laërce d'après l'édition Ménage (Amsterdam, H. Westenium) de 1692. Or, le texte de Diogène Laërce nous étant parvenu dans des manuscrits en assez mauvais état, les différentes éditions présentent des variantes. Nos références à la traduction de R. Goulet ont donc une valeur toute indicative.

Sur Gilles Ménage, *cf.* le commentaire relatif à la note 24 de la section sur les Pythagoriciens.

[2] *Ibid.*, p. 93 : « Quant à Dicéarque, il nous transmet quatre (noms) unanimement acceptés : Thalès, Bias, Pittacos, Solon. Il en nomme six autres parmi lesquels trois sont choisis : Aristodème, Pamphylos, Chilôn de Sparte, Cléobule, Anacharsis, Périandre. Certains ajoutent Acousilaos, fils de Caba ou de Scabra, d'Argos ».

[3] *Ibid.*, I, § 40 : « ὁ δέ Δικαίαρχος οὔτε σοφοὺς οὔτε φιλοσόφους φησὶν αὐτοὺς γεγονέναι, συνετοὺς δὲ τινας καὶ νομοθετικούς » ; trad. de R. Goulet, p. 92 : « Dicéarque dit qu'ils ne furent ni sages ni philosophes, mais des hommes avisés et des législateurs ».

[4] Hérodote, *Histoires*, éd. et trad. Ph.-É. Legrand, Paris, Les Belles Lettres, 1970, I, p. 170-171. C'est dans cet intervalle [approximativement de « Les autres [...] » à « après qu'il eut subjugué l'Ionie »] que se trouvent les éléments cités ici, mais dans un ordre différent de celui de l'original : « [Les Ioniens démeurés en Ionie], sauf les Milésiens, combattaient bien

Harpage [général du roi des Perses Cyrus], comme ceux qui émigrèrent; combattant pour leurs patries respectives, ils se comportèrent vaillamment; mais, vaincus, leurs villes prises, ils demeurèrent chacun chez soi et exécutèrent les ordres qu'on leur donnait [...]. C'est ainsi que pour la seconde fois, l'Ionie se trouva asservie [la première fois, elle l'avait été par Crésus et les Lydiens, qui avaient été à leur tour soumis par Cyrus et les Perses]. Lorsqu'Harpage eut soumis les Ioniens du continent, ceux des îles, effrayés, se donnèrent [directement] à Cyrus.

Dans une assemblée que, malgré leurs malheurs, les Ioniens tinrent cependant au Panionion [lieu sacré près de Priène, où les Ioniens célébraient la fête des Panionia], Bias de Priène, d'après ce que j'ai entendu dire, leur exposa un avis très avantageux, qui, s'ils l'avaient suivi, leur eût rendu possible d'être les plus heureux des Grecs : il les engageait à former une flotte commune qui ferait voile pour la Sardaigne, et à fonder ensuite une ville unique, panionienne; ainsi, libérés de la servitude, ils méneraient une vie heureuse, habitant la plus grande de toutes les îles et commandant à d'autres hommes; tandis que, s'ils restaient en Ionie, il ne voyait pas, disait-il, qu'à l'avenir ils pussent encore être libres. Tel fut l'avis qu'exprima Bias de Priène après le désastre des Ioniens. Avant ce désastre, Thalès de Milet, qui par ses origines était de race phénicienne, en avait exprimé aussi un excellent : il conseillait aux Ioniens d'avoir un conseil unique, dont le siège serait à Téos, Téos se trouvant au centre de l'Ionie; les autres villes n'en continueraient pas moins d'être habitées et auraient la même situation que si elles étaient des dèmes. Tels sont les avis que Bias et Thalès exposèrent aux Ioniens.

Harpage, après qu'il eut subjugué l'Ionie [...] ».

À « Avant ce désastre [...] des dèmes » correspond dans notre texte : « Thalès, dès avant l'assujettissement des Ioniens [...] des peuples (δῆμοι) particuliers ». Cet « assujettissement » réalisé par Crésus et les Lydiens pour n'avoir pas entendu la voix de l'union se répéta et s'aggrava plus tard avec les Perses, dont les Ioniens ne purent profiter de la victoire sur les Lydiens pour se constituer en un État commun dans l'émigration (en Sardaigne).

[5] Diogène Laërce, I, § 49, p. 98 : « Par la suite le peuple lui était attaché et aurait volontiers consenti à l'avoir comme tyran. Lui cependant ne voulut point. Bien plus, ayant pressenti les ambitions personnelles de Pisistrate – son parent à ce que dit Sosicrate –, lui fit obstacle. Ayant bondi en effet dans l'assemblée avec une lance et un bouclier, il annonça à l'avance aux membres (de l'assemblée) l'ambition de Pisistrate ».

[6] Voir Thucydide, *Histoire de la guerre du Péloponnèse*, t. IV, VI, 1-3, trad. de J. de Romilly, Paris, Les Belles Lettres, 1967, p. 3-4, où est souligné la nouveauté de cette différence à partir d'une indistinction générale antérieure : « Toute la Grèce portait “alors” les armes, faute d'habitations protégées et de communications sûres : vivre sous les armes était une habitude constante, comme chez les Barbares (pratique universelle de la piraterie et du pillage) [...]. Les tout premiers à quitter les armes furent les Athéniens, qui, vivant sans contrainte, s'orientèrent vers un raffinement nouveau (ἀνειμένῃ τῇ διαίρῃ ἐς τὸ τρυφερώτερον μετέστησαν) ».

[7] Diogène Laërce, I § 49, p. 98 : « bien plus, (il déclara) qu'il était prêt à porter secours (aux Athéniens), en prononçant les mots suivants : “Citoyens d'Athènes, je suis plus avisé que certains, plus courageux que d'autres : plus avisé que ceux qui ne perçoivent pas la fourberie de Pisistrate, plus courageux que ceux qui sont au courant, mais qui se taisent parce qu'ils ont peur” ».

[8] Diogène Laërce, I, § 50, p. 99 : « Alors que Pisistrate était au pouvoir, comme on ne le croyait pas, il déposa les armes devant le quartier général ».

« Après avoir dit : “Ma patrie, je t'ai porté secours par mes paroles et mes actions”, il prit la mer en direction de l'Égypte et de Chypre et se rendit chez Crésus ».

Mais selon Aristote (*Constitution d'Athènes*, 11, 1) et Plutarque (*Vie de Solon*, 25, 5-6), c'est pour échapper à la pression des citoyens d'Athènes pour modifier les lois instituées par lui que Solon quitta Athènes pour dix ans, et non pour se soustraire à la tyrannie de Pisistrate (dont l'attitude politique est jugée favorablement par Aristote; *Constitution d'Athènes*, 16, 8 : « Il voulait gouverner selon les lois sans s'attribuer aucune prérogative »); voir Diogène Laërce, p. 99, note 2; p. 100, note 3; et p. 101, note 1.

[9] Diogène Laërce, I, § 53-54, p. 101 : « § 53. Je ne suis pas le seul des Grecs à avoir aspiré à la tyrannie et ce n'était pas une prétention déplacée pour moi, un descendant de Codros. Car j'ai repris possession de ce que les Athéniens avaient juré d'accorder à Codros et à sa descendance, mais qu'ils lui avaient enlevé. Pour le reste, je ne commets aucune faute ni concernant les dieux, ni concernant les hommes : c'est selon les lois que tu as toi-même mises en place pour les Athéniens que je les laisse mener leur vie publique. Et ils vivent politiquement mieux qu'en démocratie. Je ne laisse en effet personne marquer de la démesure [...].

§ 54. Toi cependant, je ne te reproche pas d'avoir révélé mon intention, car tu l'as fait par bienveillance pour la cité plutôt que par inimitié à mon égard ; c'est aussi par ignorance de la sorte de pouvoir que j'allais mettre en place, car, l'ayant su, tu aurais vraisemblablement toléré qu'il se mette en place et tu n'aurais pas pris le chemin de l'exil ».

À la suite du § 54 correspond très brièvement le texte hégélien précédant la longue citation qui fut l'objet de la présente note (« Pisistrate aurait [...] écrit à Solon [...] une lettre pleine de déférence, [...] pour l'inciter à revenir à Athènes et à vivre avec lui en citoyen libre »). Suite du § 54 : « Reviens donc chez toi (ἐπάσιθι τοίνυν οἴκαδε, à quoi correspond apparemment le « *bei ihm* » de notre texte hégélien, que nous ne pouvons pas rendre par « avec lui » vu le contexte où le sens de « *bei dir* », « chez toi » [trad. de Diogène Laërce] est déformé en « *bei ihm* », changeant ainsi le sens), me faisant confiance sans qu'il soit besoin de serment (quand je dis) que Solon ne subira jamais rien de fâcheux de la part de Pisistrate [...] ne reste pas privé de ta patrie ».

[10] Diogène Laërce, § 66-67, p. 109-110 : citation d'abord très libre correspondant au début du § 54 (« je ne te reproche pas [...] de l'exil), puis très fidèle, § 66-67 : « j'étais ton ami et maintenant mon désaccord est celui de n'importe quel Athénien que la tyrannie insupporte. [...] Et je dis que de tous les tyrans tu es le meilleur. Mais je vois qu'il n'est pas bien pour moi de revenir à Athènes, de peur qu'on ne me reproche, à moi qui ai accordé aux Athéniens l'égalité des droits civiques et, lorsque j'étais présent, ai refusé d'exercer la tyrannie, d'approuver, en revenant maintenant, ce que tu fais ».

[11] Diogène Laërce, I, § 58, p. 104 : « Il disait que le discours est un reflet des actions ; que le roi est le plus fort par sa puissance (ἤελεγε δὲ τὸν μὲν λόγον εἴδολον εἶναι τῶν ἔργων· βασιλέα δὲ τὸν ἰσχυρότατον τῇ δυνάμει) ; les lois sont pareilles à des toiles d'araignée : car si quelque chose de léger et faible tombe dedans, elles l'empêchent de passer, mais si c'est quelque chose de plus grand, cela rompt la toile et s'en va ».

[12] Hérodote, *Histoires*, I, chap. 30-33, t. I, p. 47-51. De ce dialogue entre Solon et Crésus, Hegel dégage ici le résultat essentiel à titre d'aphorisme, d'apophtegme ; il en évoque très peu le développement, ne s'arrête pas sur la discontinuité du temps qui s'y affirme, et en souligne surtout la perspective morale eudémoniste fondamentale qu'il implique à ses yeux. Nous citons et résumons ici les éléments significatifs de ce dialogue : « Solon fut hébergé par Crésus dans le palais royal. Deux ou trois jours après son arrivée, des serviteurs, sur l'ordre de Crésus, le promenèrent à travers les trésors et lui montrèrent que tout était magnifique et opulent. [...] Crésus lui demanda : “Mon hôte athénien, le bruit de ta sagesse, de tes

voyages, est arrivé jusqu'à nous; on nous a dit que le goût du savoir [φιλοσοφέων; litt. recherchant le savoir, cultivant, aimant le savoir : on a peut-être ici une première apparition du mot φιλοσοφεῖν] et la curiosité t'ont fait visiter maints pays; d'où ma question : 'as-tu déjà vu un homme qui soit le plus heureux du monde ?'". Il posait cette question dans l'idée qu'il était le plus heureux du monde ». Et Solon, très simplement, de nommer d'abord l'Athénien Tellos, qui après une vie bien remplie trouva une mort magnifique dans une bataille, puis Cléobis et Biton, fils d'une prêtresse d'Héra, à qui la déesse, à la prière de leur mère, aurait accordé la chose la plus belle : ils furent surpris par la mort dans leur sommeil après avoir traîné eux-mêmes le char où leur mère avait pris place pour être conduite à la fête d'Héra.

Cette première et seconde définitions du bonheur provoquèrent, selon Solon, la colère de Crésus : « Et notre bonheur à nous, mon hôte d'Athènes, est-il donc pour toi rebuté et tenu pour néant au point que tu ne nous as pas même trouvé digne de rivaliser avec de simples particuliers ? ». Solon répond en invitant Crésus à considérer le trait essentiel de toute vie humaine individuelle : son caractère discontinu, événementiel, donc instable : des « vingt-six mille deux cent cinquante journées qui forment les soixante-dix ans » de la durée moyenne de la vie humaine, « l'une n'amène rien du tout de pareil à ce qu'amène l'autre »; mais elles n'en constituent pas moins un tout dont la dernière est en quelque sorte le sceau; « belle fin » venant parachever une vie de « prospérité », ou du moins « à l'abri des maux », dont l'unité, la réalité, en définitive ne dépend pas de l'homme lui-même, mais de la « fortune ». Ce n'est donc qu'avec sa mort qu'un homme atteint son achèvement, et on comprend ainsi que Solon puisse dire que « pour l'homme, il vaut mieux être mort que vivant ». D'où la conclusion de « ces paroles de Solon qui ne firent pas plaisir à Crésus », attaché « aux biens présents » et « insoucieux de voir la fin de toutes choses ». « Il n'est pas possible, quand on est homme » vivant, « de réunir tous les avantages », de tout avoir, de « se suffire », de ne manquer de rien, donc au moins de ne pas courir le risque d'un tel manque. « Autarcie impossible quand on est homme », c'est-à-dire, pour les Grecs, quand on n'est pas dieu, mais dont nous avons le sens quand nous considérons l'accomplissement destinal d'une belle vie mortelle. Mais ce n'est pas dans cette direction qui vient d'être esquissée à partir de la lettre du texte d'Hérodote que s'oriente la réflexion hégélienne qui suit (d'après l'édition Michelet du présent texte Hegel, p. 201 dans la pagination allemande) : elle y voit et analyse une expression de l'« eudémonisme » en tant que moment grec de la philosophie morale, « avant la philosophie kantienne ».

Mais tel que nous l'avons analysé, ce texte n'en est pas moins susceptible de s'inscrire profondément dans la perspective générale de la philosophie hégélienne de l'histoire, où « Le stade de la conscience grecque est le stade de la beauté », de « l'idéal », de « la pensée jaillie de l'esprit où l'individualité spirituelle n'est pas encore pour soi en tant que subjectivité abstraite » : elle y est « en tant que sujet libre qui a encore pour contenu, essence et substrat [...] l'unité substantielle de la nature et de l'esprit », « l'esprit plongé dans la nature »; « il est certes conscience subjective formante, mais sans mesure ». En prenant cette unité pour objet, « les Grecs » y « ont été en même temps chez eux », ils l'ont faite objet pleinement à leur mesure, beauté. Et cet « objet », en tant que cette unité nature-esprit dans son immédiateté vivante, n'est-ce pas leur vie individuelle dont l'accomplissement de la mort heureuse doit sceller la beauté ? Nous retrouvons notre texte d'Hérodote, où il semble permis de voir ainsi finalement une confirmation de la perspective hégélienne sur les Grecs : nous y voyons en effet la mort heureuse, considérée comme « ce que l'homme peut obtenir de meilleur », se manifester comme piété s'abandonnant à la paix divine d'un sommeil total (Cléobis et Biton, *cf.* p. 49), ou comme assomption victorieuse du hasard d'un combat pour la patrie (Tellos, *cf.* p. 48) : mort sereine, mort héroïque, mort s'avérant souveraine de la vicissitude de l'existence naturelle dans l'épreuve suprême et irrécusable de la naturalité, mort belle, promouvant et transfigurant en une totalité autarcique, achevée et définitive de beauté les beautés passagères de cette vicissitude [*cf.* p. 48 : « Tellos, dans une ville fortunée, a eu des fils beaux et bons », etc.; p. 50-51 : « l'homme à qui la fortune est favorable [...] a de beaux enfants, il est beau [...] »].

Ainsi, au regard de l'autarcie de l'immortalité qui comme telle est le lot des dieux, et dont la plénitude proche et inaccessible habite l'homme émerveillé, s'affirme l'autarcie de la mort, de la mort humaine en tant qu'humaine, avérant celle de la vie d'un homme en sa totalité – double autarcie constitutive du stade de la beauté, de la beauté des dieux et des héros, inséparablement présente encore à nous dans la vie définitive des œuvres d'art où la vie grecque s'est élevée à sa propre célébration.

Il reste que si la considération plus serrée de notre texte d'Hérodote permet de le faire entrer assez naturellement, dans son originalité, dans la perspective hégélienne sur les Grecs, Hegel lui-même s'en est tenu, semble-t-il, à le situer dans la généralité de sa perspective eudémoniste caractéristique des Grecs en tant que moment de la philosophie de l'histoire et de l'histoire de la philosophie.

PREMIÈRE DIVISION
PREMIÈRE PÉRIODE : DE THALÈS À ARISTOTE

PREMIÈRE SECTION DE LA PREMIÈRE PÉRIODE : DE THALÈS À ANAXAGORE

A. *Philosophie des Ioniens*

[1] Hérodote, *Histoires*, I, p. 157-158.

[2] Thucydide, *Histoire de la guerre du Péloponnèse*, I, 2, trad. par J. de Romilly, Paris, Les Belles Lettres, 1958, p. 2.

1. *Thalès*

[3] Diogène Laërce, I, § 22, p. 79-80 : « Thalès donc, comme le disent Hérodote, Douris et Démocrite, avait pour père Examyas et pour mère Cléoboulinè, (tous deux) descendants de la famille des Thélides, des Phéniciens qui furent les plus nobles des descendants de Cadmos et d'Agénor ».

[4] *Ibid.*, I, § 37, p. 90 : « Apollodore dit, dans sa *Chronologie*, qu'il naquit en la première année de la trente-cinquième Olympiade ». Tel est en effet le texte que Hegel a pu trouver dans son édition de Diogène Laërce (pour l'identification de cette édition, voir notre complément à la note 1 de la présente section, p. 217).

Mais l'édition nouvelle de Diogène a corrigé ce texte qui donne ainsi : « première année de la trente-neuvième Olympiade » (Diogène Laërce, p. 90). Quant à l'hypothèse mentionnée ici de la trente-huitième Olympiade pour la naissance de Thalès, Hegel devrait l'avoir empruntée à Tiedemann (*Geist der spekulativen Philosophie*, I, p. 28), qui se réfère à cet égard à Meiner, *Geschichte der Wissenschaften*, I, p. 304.

[5] Ce texte hégélien résume fidèlement, en le simplifiant, celui d'Hérodote décrivant dubitativement l'intervention technique de Thalès au profit de Crésus se mettant en campagne contre les Perses : « Parvenu sur les bords du fleuve Halep, il poursuivit sa route, à mon avis, en faisant passer son armée par les ponts existants; mais, d'après ce qu'on dit couramment chez les Grecs, ce serait grâce à Thalès de Milet que ses troupes passèrent sur l'autre rive. Crésus, disaient-ils, se demandait dans un grand embarras comment son armée traverserait le fleuve, car les ponts en question, suivant eux, n'existaient pas encore à cette époque; Thalès, qui était au camp, aurait fait en sorte, pour le servir, que le fleuve, lequel coulait à main gauche de l'armée, coulait aussi à sa droite. Et voici comme il s'y

serait pris : à partir d'un point situé en amont du camp, il aurait creusé une tranchée profonde, et l'aurait poussée en forme de croissant, de manière que le fleuve, détourné en ce point de son ancien lit dans la tranchée, enveloppât par derrière la position où les troupes étaient campées, et, dépassant le camp, se jetât de nouveau dans le lit ancien; ainsi, aussitôt le fleuve divisé, chacun de ses deux bras serait devenu guéable » (Hérodote, *Histoires*, t. I, p. 78).

[6] Diogène Laërce, I, § 25, p. 82 : « Il <Thalès> semble également avoir été du meilleur conseil dans les affaires publiques. De fait, lorsque Crésus eut envoyé une ambassade aux Milésiens pour requérir une alliance militaire, il empêcha (cet accord), mesure qui sauva la cité de Cyrus ».

[7] Diogène Laërce, I, § 23, p. 80 : « Après avoir exercé une carrière politique, il s'intéressa à la science de la nature ». Diogène Laërce mentionne ensuite (§ 23-24), sans les situer à un moment déterminé de sa vie, plusieurs découvertes et notions de caractère astronomique qui lui ont été attribuées et qui lui ont valu l'admiration de Xénophane, Hérodote, Héraclite et Démocrite, ainsi que des découvertes et inventions géométriques, attribuées à lui de façon plus ou moins incertaine.

Mais la phrase de Hegel, dans sa brièveté, reprend de près Brucker, (*cf.* note suivante), t. I, p. 460 : « hoc indubium videtur, mature se publicis muneribus subtraxisse, et eruditionis, imprimis vero philosophiae naturalis atque scientiarum mathematicarum studio se totum addixisse » (« il paraît hors de doute qu'il se retira de bonne heure des fonctions publiques, pour se consacrer tout entier aux études théoriques, et avant tout à la philosophie naturelle et aux science mathématiques »).

[8] *Historia critica philosophiae a mundi incunabulis ad nostram usque aetatem deducta* (« Histoire critique de la philosophie, du commencement du monde à nos jours ») par Jacob Brucker, Leipzig, 1742-1767. Sur cette *Histoire de la philosophie*, voir Hegel, *Leçons sur l'histoire de la philosophie*, « Introduction », p. 226-227 (trad. par G. Marmasse, Paris, Vrin, 2004, p. 153-158). C'est à cet endroit (p. 225-229) que Hegel donne une bibliographie pour l'histoire de la philosophie, avec des appréciations (sévères) sur les historiens modernes de la philosophie qu'il mentionne, au nombre desquels Brucker et Tennemann (W. G. Tenneman, *Geschichte der Philosophie*, Leipzig, J. A. Barth, 1798-1811).

La phrase ici annotée est en étroite continuité avec la précédente : Brucker est en effet amené à considérer les multiples voyages et séjours lointains que Thalès était entraîné à effectuer par la passion de connaître les choses de la nature dont il brûlait (« cum rerum naturalium studio vehementer flagaret »). D'où la mention de la Phénicie : « Il alla aussi en Asie, une lettre prétend lui être attribuée, ce qui fait que certains pensent qu'il est allé jusque chez les Phéniciens, poussé par ses origines familiales et par le renom de l'astronomie cultivée dans cette nation, et qu'il y apprit la connaissance des astres en laquelle les Phéniciens excellaient : il est aussi le premier dont on peut affirmer qu'il a observé la petite ourse. Mais ces choses sont incertaines et elles ne peuvent pas être attestées par des témoignages ».

[9] Plutarque, *Opinions des philosophes* dans *Œuvres morales*, t. XII, I, 3, trad. par G. Lachenaud, Paris, Les Belles Lettres, 1993, p. 72. Mais le chapitre « Des opinions des philosophes » n'est plus attribué à Plutarque mais à Aetius, voir d'ailleurs le texte Hegel, p. 216 de la pagination allemande : « Le Pseudo-Plutarque, etc. ».

[10] Diogène Laërce, I, § 24, p. 82 : « Ayant étudié la géométrie auprès des Égyptiens, dit Pamphilè, il fut le premier à avoir circonscrit un triangle rectangle dans un cercle et il offrit un bœuf en sacrifice (à cette occasion) ».

[11] Diogène Laërce, I, § 27, p. 83-84 : « Mais Hiéronymos dit qu'il mesura les pyramides à partir de leur ombre, en faisant ses observations au moment où elles ont la même grandeur que nous ».

[12] Hérodote, *Histoires*, t. I, p. 77 : « La sixième année [d'une guerre indécise entre les Lydiens et les Mèdes], une rencontre s'étant produite, il advint que, pendant la bataille, le jour se transforma soudainement en nuit. Cette défaillance du jour avait été prédite aux Ioniens par Thalès de Milet, qui en avait fixé l'époque dans les limites de l'année où effectivement elle eut lieu ».

[13] Diogène Laërce, I, § 34, p. 88 : « On dit que conduit hors de la maison par une vieille femme pour observer les astres, il tomba dans un trou et que la vieille lui dit, en l'entendant se lamenter : "Eh bien, Thalès, tu n'es pas capable de voir où tu mets les pieds et tu prétends connaître les choses du ciel !" ».

Timon le connaît également comme astronome et dans les *Silles* il le loue en disant : « Comme, parmi les sept Sages, Thalès expert dans l'observation des astres ».

Lobôn d'Argos dit que ses écrits atteignaient deux cent vers. Sur sa statue sont inscrits les vers suivants : « Milet en Ionie a nourri et fait connaître ce Thalès, l'astronome, de tous le plus vénérable par sa sagesse ».

Sur les éléments poétiques qui viennent d'être cités concernant Thalès comme astronome, voir Diogène Laërce, p. 88, note 3 et l'édition de Gilles Ménage de 1692.

[14] Diogène Laërce, I, § 26, p. 83 : « Hiéronymos de Rhodes dit aussi, dans le deuxième livre de ses *Mémoires dispersés*, que, voulant montrer

qu'il était facile de s'enrichir, il loua les pressoirs à huile d'olive alors qu'il prévoyait qu'une importante récolte approchait et amassa de grandes richesses ». *Cf.* la confirmation plus développée d'Aristote, *Politique*, I, 11, 1259a6 *sq.*, trad. J. Tricot, Paris, Vrin, 1962, p. 69, note 5.

[15] Diogène Laërce, I, § 27-33. L'anecdote de base est donnée au § 28, p. 84-85 : « Et le Dieu [de Delphes, Apollon] rendit l'oracle suivant : "Rejeton de Milet, tu interroges Phébus à propos d'un trépied ? Qui est par sa sagesse le premier de tous, je déclare qu'à lui est le trépied" ». Ils le donnent donc à Thalès, celui-ci à un autre (sage) et celui-là à un autre, jusqu'à ce qu'il parvienne à Solon. Ce dernier dit que le premier pour la sagesse, c'est le dieu et il l'envoya à Delphes.

Callimaque, dans ses *Iambes*, raconte cette histoire autrement, s'inspirant de Léandrios de Milet. Un certain Bathyclès d'Arcadie avait en effet légué une urne et prescrit de « la donner au sage le plus utile ». Elle fut donc donnée à Thalès et, au terme d'un circuit, à nouveau à Thalès; celui-ci l'envoya à Apollon Didymos, ayant déclaré, selon Callimaque : « Thalès qui a reçu deux fois ce prix d'excellence le donne au Gardien du peuple de Neileôs ».

De ce circuit du trépied, Diogène Laërce donne plusieurs variantes (p. 85-87). Il s'achève par cet oracle : « La querelle entre les fils de Mérops et les Ioniens ne cessera pas avant que le trépied d'or qu'Héphaistos jeta dans la mer vous ne l'expédiiez hors de la cité et qu'il parvienne à la maison d'un homme qui soit sage concernant le présent, le futur et le passé ».

[16] Diogène Laërce, I, § 38, p. 90 : « Il mourut à l'âge de soixante-dix-huit ans ou, comme le dit Sosicrate, de quatre-vingt-dix ans; il mourut en effet lors de la cinquante-huitième Olympiade, ayant vécu à l'époque de Crésus, à qui il proposa de franchir l'Halys sans pont, après avoir détourné le cours du fleuve ». La considération des diverses sources concernant cet âge et cette date aboutit à une conclusion qui rejoint pour une part le texte de Diogène Laërce dont le contenu est repris ici : « La recherche moderne admet comme plus vraisemblable l'âge de soixante-dix-huit ans et situe – selon la date de sa naissance – la date de la mort de Thalès vers 562 ou 550 av. J.-C. ».

[17] Sur Tennemann, voir notre complément à la note 8 de cette section.

[18] Diogène Laërce, I, § 39, p. 91 : « Le sage donc mourut en regardant un concours gymnique – de chaleur, de soif, de faiblesse –, alors qu'il était déjà âgé ». Cf. *ibid.*, p. 92, l'épigramme de Diogène Laërce : « Un jour, alors qu'une fois encore il regardait un concours gymnique, tu enlevas du stade, Zeus-Soleil, Thalès, l'homme sage. J'approuve que tu

l'aies rapproché de toi. Car il est vrai que le vieil homme ne pouvait plus voir les astres depuis la terre ».

[19] Hérodote, *Histoires*, II, 20, p. 79. Hérodote ne nomme pas Thalès. Il demande vainement aux Égyptiens pourquoi le Nil, à l'inverse des autres fleuves, « se retire et baisse de niveau en hiver [...] ». Mais certains Grecs, par prétention scientifique, proposent trois explications, dont les deux premières ne valent rien, et dont « l'une prétend que les vents étésiens [vents soufflant du Nord-Ouest pendant l'été] sont la cause du gonflement du fleuve, parce qu'ils empêchaient le Nil de se déverser dans la mer. Mais il arrive souvent que les vents étésiens ne soufflent pas et que le Nil se comporte de même ». Et ce gonflement ne se produit pas « pour les autres fleuves qui coulent à la rencontre de ces vents, comme le Nil ».

Sénèque, *Questions naturelles*, t. II, IV, 2, 22, trad. de P. Oltramare, Paris, Les Belles Lettres, 1929, p. 186.

Diogène Laërce, I, § 37, p. 90 : « Il [Thalès] a dit que le Nil grossit du fait que les courants sont refoulés par les vents étésiens venant en sens contraire ».

[20] Diogène Laërce, § 23 et § 34-35, p. 80 et p. 88. Le § 23 indique d'abord que c'est après une carrière politique qu'il s'intéresse à la science de la nature puis que « Selon certains, il ne laissa aucun ouvrage »; mais il rapporte ensuite que « Selon d'autres, il n'écrivit que deux ouvrages, *Sur le solstice* et *(Sur) l'équinoxe* [...] ».

Le texte hégélien annoté ici (« Diogène [...] des mots ») correspond essentiellement aux § 34-35 (voir déjà plus haut, n. 13 : « Lobôn d'Argos dit que ses écrits atteignaient deux cents vers », p. 88).

Remarques : 1) Le texte de Diogène Laërce ne dit pas formellement que les deux cents vers attribués à Thalès portaient sur l'astronomie. 2) Plusieurs vers cités (§ 23, § 34) font gloire à l'astronomie de Thalès, mais ils ne sont pas de lui.

[21] Aristote, *Métaphysique*, A, 3, trad. J. Tricot, Paris, Vrin, t. I, p. 13, 983b7-8 : « La plupart des premiers philosophes ne considéraient comme principes de toutes choses que les seuls principes de nature matérielle ». *Cf.* l'explication donnée par Tricot dans la note 2, *ibid.*

[22] Aristote, *Métaphysique*, A, 3, 983a24-983b6, I, p. 11-13 : « Il est donc manifeste que la science que nous avons à acquérir est celle des causes premières (puisque nous disons que nous connaissons chaque chose, seulement quand nous pensons connaître sa première cause). Or les causes se disent en quatre sens. En un sens, par cause nous entendons la substance formelle ou quiddité (en effet, la raison d'être d'une chose se ramène en définitive à la notion de cette chose, et la raison d'être première est cause et

principe) ; en un autre sens encore, la cause est la matière ou le substrat ; en un troisième sens, c'est le principe d'où part le mouvement ; en un quatrième, enfin, qui est l'opposé du troisième, la cause, c'est la cause finale ou le bien (car le bien est la fin de toute génération et de tout mouvement). [...] Rappelons aussi les opinions de ceux qui, avant nous, se sont engagés dans l'étude des êtres, et qui ont philosophé sur la vérité, car il est évident qu'eux aussi parlent de certains principes et de certaines causes. Cette revue sera profitable pour notre recherche actuelle : ou bien en effet nous découvrirons une autre espèce de cause, ou bien notre confiance sera affermie dans notre présente énumération ». C'est donc la simple énumération des quatre « espèces de causes », dépouillées de toute explication ou commentaire, que notre texte hégélien retient de la citation d'Aristote que nous avons traduite, et qui est donnée par Michelet comme faite par Hegel lui-même.

La fin de cette citation annonce un développement d'histoire de la philosophie à la lumière de cette théorie des causes dont la suite du texte d'Aristote indique la première qui fut considérée, à savoir la matière (voir ci-dessus, notre complément à la note 21 de cette section), dont il souligne le caractère principiel fondamental, et dont il exprime et explique déjà l'illusion qui s'attache à son affirmation exclusive : « Ce dont tous les êtres sont constitués, le point initial de leur génération et le terme final de leur corruption, alors que la substance persiste sous la diversité de ses déterminations : tel est, pour eux, l'élément, tel est le principe des êtres. Ils croient pouvoir en tirer cette conséquence qu'il n'y a ni génération, ni destruction, étant donné que cette nature première subsiste toujours : de même que nous ne disons pas non plus que Socrate est engendré au sens absolu quand il devient beau ou musicien, ni qu'il périt quand il abandonne ces manières d'être, parce que le substrat demeure, à savoir Socrate lui-même. C'est de cette façon que les philosophes dont nous parlons assurent qu'aucune des autres choses ne naît ni ne se corrompt, car il doit y avoir une réalité quelconque, soit une, soit multiple, d'où tout le reste est engendré, mais qui elle-même est conservée », *ibid.*, p. 13. C'est ce que notre texte condense de façon essentiellement fidèle, faisant de même pour la suite : « Quant au nombre et à la nature des principes de ce genre, les philosophes ne sont pas tous d'accord. Thalès, le fondateur de cette sorte de philosophie, dit que le principe est l'Eau (c'est pourquoi aussi il déclarait que la Terre flotte sur l'Eau) », *ibid.*, p. 13-14.

[23] Sénèque, *Questions naturelles*, t. II, p. 257 : « il estime que la terre entière a pour support une masse liquide sur laquelle elle flotte ».

[24] Sur Plutarque et le Pseudo-Plutarque en général, voir notre complément à la note 9 de cette section.

Voir ici en particulier, pour le *De placitis*, I, 3, 1, Diels, 276, Hutten, Bd 12. 349 : « Il affirme (Thalès de Milet) que tout naît de l'eau et se résout en eau. Ce qui l'a conduit à cette conjecture, c'est premièrement le fait que la semence, qui est humide, est le principe de tout vivant; de sorte qu'il serait vraisemblable que tout aurait son principe dans l'humide; il infère en second lieu cela du fait que c'est par l'humidité que les plantes se nourrissent et qu'elles portent des fruits, et qu'elles se dessèchent si elles sont privées d'humidité; il infère cela en troisième lieu du fait que même le feu du soleil et celui des étoiles se nourrissent des exhalaisons de l'eau, et il en va pareillement du monde lui-même; c'est pourquoi Homère admet le même mode de génération quand il dit de l'eau : « L'océan est comme s'il était fait pour la génération de tout ».

[25] Tiedemann, *Geist der spekulativen Philosophie* (*L'Esprit de la philosophie spéculative*), t. I, p. 36 : Tiedemann fait observer que le terme ἴσως (« *vielleicht* », « peut-être ») qui se trouve au début de la citation donnée dans la note précédente (983b22) a été omis par le Pseudo-Plutarque et les autres auteurs postérieurs. Il renvoie aussi à cet égard :

1) À Tennemann, *Geschichte*, t. I, 58, qui indique lui aussi ce point, mais où il traduit le terme en question par « vraisemblablement » (*wahrscheinlich*) et non par « peut-être »;

2) Et aussi à Ritter, *Geschichte der Ionischen Philosophie*, Berlin, T. Trautwein, 1821, p. 1011;

3) Aristote dit « lui-même seulement avec un peut-être, en quelque sorte de façon seulement conjecturale, sans assurer donner de telles raisons ».

[26] Les textes d'Aristote cités sont : *De la Génération et de la Corruption*, trad. par J. Tricot, Paris, Vrin, 2005, p. 23-31et *Du Ciel*, trad. par J. Tricot, Paris, Vrin, 1998, p. 138.

[27] Aristote, *De l'Âme*, I, 2, 405a19-21, trad. par J. Tricot, Paris, Vrin, 2003, p. 22-23 : « Il semble que Thalès, lui aussi, d'après ce qu'on rapporte, considérait l'âme comme un principe moteur : l'aimant, selon lui, possède une âme, puisqu'il met le fer en mouvement »; également 411a7-24, p. 60-61.

[28] Diogène Laërce, I, § 24, p. 82 : « Mais Aristote et Hippias disent qu'il attribuait des âmes même aux êtres inanimés, prenant comme indice la pierre magnétique et l'ambre ».

[29] Voir la note 13, p. 16 de l'édition Ménage de Diogène Laërce. Sur cette édition, *cf.* le commentaire relatif à la note 1 de l'introduction.

[30] Diogène Laërce, I, § 27, p. 83 (nous citons toute la phrase) : « Il supposa que le principe de toutes choses était l'eau, que le monde était animé et plein de démons ».

[31] Plutarque, *Opinions des philosophes*, I, 7, p. 87.

[32] Cicéron, *De la Nature des Dieux*, I, 11, trad. par C. Auvray-Assayas, Paris, Les Belles Lettres, 2004, p. 13 : « Anaxagore, qui fut disciple d'Anaximène, soutin le premier que l'organisation bien réglée de toutes choses résultait d'une intelligence (*mens*) infinie. ».

Traduction du passage cité dans le texte « Thalès de Milet a dit que l'eau était le principe des choses, et que Dieu était cet esprit (*mens*) qui a tout formé de l'eau ».

[33] Voici le texte un peu complété : « Alors Velleius, avec l'assurance qui est celle de ces gens-là [les Épicuriens] ne craignant rien tant que d'avoir l'air de douter de quelque chose [...] » (Cicéron, *De la nature des Dieux*, I, VIII, 18, p. 9).

2. *Anaximandre*

[34] Traduction complète des deux premières phrases de ce paragraphe 37 : « À leur tête, Thalès, un des sept Sages, à qui les six autres, dit-on cédèrent le premier rang, a dit que l'eau était le principe de tout. Mais il n'a pu le persuader à Anaximandre, son ami et concitoyen [...] » (*Academica* II, XXXVII, 118, dans Cicero, *Philosophical Treatises*, vol. XIX, trad. par H. Rackham, Harvard, Lœb Classical Library, 1933, p. 618).

N. B. : Hegel se réfère aux *Questions Académiques*, IV, 37 quand le texte qu'il cite correspond aux *Seconds Académiques*, II, 37. L'ouvrage de Cicéron a en effet connu deux éditions, l'une en deux livres et l'autre en quatre; seuls nous sont parvenus le deuxième livre de la première édition et le premier de la seconde. Cependant, le texte cité par Hegel, qui est extrait des *Seconds analytiques*, ne peut pas être désigné comme tiré des *Questions Académiques* IV : les *Seconds Analytiques* correspondent au deuxième livre de la première édition, non au quatrième de la seconde. <note de l'éditeur>.

[35] Tennemann, t. I, p. 413. *Cf.* le tableau chronologique concernant la première période de l'Histoire de la philosophie qui se trouve en appendice à ce tome de Tennemann, et où est donnée l'indication de la date de naissance d'Anaximandre reproduite ici. Mais cette indication concorde fidèlement avec le texte de Diogène Laërce, II, § 2, *op. cit.*, trad. de M. Narcy, p. 210 : « Il [Anaximandre] a publié un sommaire de ses doctrines, que le hasard fit tomber entre les mains d'Apollodore d'Athènes, lequel dit aussi dans ses *Chroniques* que, la deuxième année de la

cinquante-huitième Olympiade, Anaximandre avait soixante-quatre ans et qu'il mourut peu après, ayant atteint le sommet de sa carrière à peu près à l'époque où Polycrate était tyran de Samos ».

[36] Thémistius, dans Brucker, *Historica critica philosophiae a mundi incurabilis ad nostram usque artatem deducta*, t. I, Leipzig, 1742-1767, p. 478.

Thémistius : philosophe et orateur grec de l'époque de Julien et de Théodore (2e moitié du IVe siècle après J.-C.). Ce penseur païen fut un ami de saint Grégoire de Nazianze et un commentateur d'Aristote, mais qui n'a pas la profondeur d'Alexandre d'Aphrodise ou de Simplicius.

Phérécyde : voir Diogène Laërce, I, § 116-122, trad. cit., p. 150-157 : c'est de lui que Diogène Laërce dit explicitement : « Il fut le premier, dit Théopompe, à écrire *Sur la nature des dieux* pour les Grecs », p. 151. Dans son chapitre sur Anaximandre, Diogène Laërce dit seulement : « Il a publié un sommaire de ses doctrines », II, § 2, p. 210.

Sur Théopompe, *cf.* ci-dessous le commentaire relatif à la note 8 de la section suivante.

Le texte de Brucker indiqué est : « Il est certain, comme nous l'avons montré en nous référant à Thémistius (*Orat. XX*), qu'Anaximandre a été le premier qui, à l'encontre de la coutume de son siècle, a consigné par écrit les préceptes de la philosophie naturelle qu'il enseignait, rejetant ainsi la méthode cachée fidèlement observée jusqu'ici par tous les savants. Il a écrit en effet *une exposition abrégée de ses opinions sur les choses naturelles*, ou bien, ce qui semble être le même livre, [*une exposition abrégée*] *sur la nature, sur les étoiles fixes, sur la sphère*, et autres écrits [...] ».

La plus grande ancienneté de Phérécyde (qui fut le maître de Pythagore) par rapport à Anaximandre semble faire problème (hypothétiquement) dans Diogène Laërce. *Cf.* Diogène Laërce, p. 156, note 1 : « Apollodore aurait daté Phérécyde de 583/2 à 499/8 »; et p. 210, chronologie de laquelle il ressort que si Anaximandre avait soixante-quatre ans en Ol. 582, il serait né environ quinze Olympiades plus tôt que 547 av. J.-C., soit vers 610, ce qui concorde avec notre texte, mais fait Anaximandre « plus ancien » que Phérécyde, et non l'inverse.

[37] Diogène Laërce, II, § 1-2, p. 209-210. Notre texte se réfère, de façon parfois approximative, un peu vague ou même inexacte, aux éléments suivants de ces paragraphes : « Il [Anaximandre] affirmait aussi que [...] la terre [...] est de forme sphérique; que la lune n'émet pas vraiment de la lumière, et qu'elle est éclairée par le soleil; mais aussi que le soleil n'est pas plus petit que la terre, et qu'il est un feu très pur.

Selon ce que dit Favorinus dans l'*Histoire variée*, il fut aussi le premier inventeur du gnomon, et il le plaça sur les cadrans solaires à Lacédémone, pour indiquer les solstices et les équinoxes; il fabriqua aussi des horloges. Il fut le premier à figurer sur une carte les contours de la terre et de la mer, et il construisit aussi une sphère ».

[38] Diogène Laërce, II, § 1, p. 209 : « Il affirmait, lui, que c'est l'infini qui est principe et élément, sans le définir air, eau ni autre chose ».

[39] Cicéron, *De la Nature des Dieux*, I, 10: « Selon l'opinion d'Anaximandre, les Dieux naissent, ils prennent leur origine et meurent à de longs intervalles et ce sont des mondes innombrables ».

[40] Aristote, *Physique*, trad. A. Stevens, Paris, Vrin, 1997, III, 4, 203b10-11 et 14-15 : « il n'y a pas de principe de ce principe (l'infini), mais lui-même semble être celui de tout le reste, contenant et gouvernant tout [...] et c'est cela le divin, car il est immortel et impérissable, comme le disent Anaximandre et la plupart des physiologues. ».

[41] Aristote, *Physique*, I, 4, 187a20-23, p. 78 : « Les autres disent que se distinguent par séparation à partir de l'un les contrariétés contenues en lui, comme Anaximandre et tous ceux qui affirment l'existence de l'un et du multiple, comme Empédocle et Anaxagore; car eux aussi distinguent les autres choses par séparation.à partir du mélange »; *Métaphysique*, Λ, 2, 1069b20-22, trad. de J. Tricot, Paris, Vrin, 2004, p. 159 : « C'est ainsi qu'on doit concevoir l'Un d'Anaxagore, car, au lieu de dire : "Toutes choses étaient confondues", ou de parler du mélange, avec Empédocle et Anaximandre (...) il est préférable de dire : tout était confondu en puissance, mais non en acte ». C'est-à-dire : tout est en lui quant à la possibilité réelle (δυνάμει) : « Non seulement, dit Aristote, on peut dire que tout ce qui devient procède par accident du Non-Être, mais aussi bien que tout procède de l'Être en puissance et non de l'Être en acte », *ibid.*, 1069b18-20.

[42] Diogène Laërce, II, § 1, p. 209 : « Il [Anaximandre] affirmait aussi que, si les parties [de l'infini ou l'indéterminé (ἄπειρον)] en changent, le tout est immuable ».

[43] Simplicius, *Commentaria in Aristotelem graeca*, t. IX, p. 22 (désormais Simplicius) : « Il faut souligner qu'autre chose est ce qui est infini et défini selon la quantité, qui est propre à ceux qui affirment la multiplicité des principes, et autre chose ce qui est infini ou défini selon la grandeur, et qui s'avère aussi dans ce qui est dit concernant Mélissus et Parménide, et qui est en accord avec Anaximandre et Anaximène, qui posent d'une part comme un et d'autre part comme infini l'élément pour la grandeur ».

Nous n'avons pas trouvé en France une édition de Simplicius ayant une pagination correspondant à celle indiquée par Hegel. L'édition autorisée du commentaire de Simplicius de la *Physique* d'Aristote est constituée par les tomes 9 et 10 des *Commentaria in Aristotelem graeca*, éd. Diels, librairie Reimer, Berlin 1882. Rappelons que Simplicius a donné de minutieux commentaires d'Aristote, clairs et souvent profonds. Il appartient au courant néoplatonicien, auquel s'oppose un autre commentateur : Jean Philopon. Comme le note Hegel (p. 206 de la pagination allemande), il est une source importante pour la connaissance de la philosophie grecque. Nous renverrons toujours à l'édition Diels. Il existe de Simplicius plusieurs éditions du XVIe siècle en latin.

[44] Aristote, *Métaphysique*, A, 8. Dans ce chapitre, intitulé par J. Tricot « Critique des systèmes antérieurs à Platon », Hegel se réfère plus particulièrement à ce qui suit : *Métaphysique*, A, 8, 989a12-15, t. I, p. 38 : « ni ceux qui admettent un principe autre que le Feu, ni ceux qui font l'élément primitif plus dense que l'Air et plus subtil que l'Eau ne sauraient être dans la vérité ».

[45] § 12, Göttingen, Heeren (éd. gréco-latine), 1792, p. 294. Nous traduisons : « L'infini n'est rien d'autre que la matière ».

Stobée est un compilateur grec du Ve siècle après J.-C., qui a laissé un recueil de nombreux extraits d'œuvres (surtout philosophiques) aujourd'hui perdues ». La première partie de ce recueil est nommée *Eclogae physicae et ethicae*. L'édition Heeren, citée par Hegel, est une des meilleures.

[46] Simplicius, IX, p. 27 (sur Simplicius, voir n. 43). Nous traduisons : « C'est ce que, selon Théophraste, Anaxagore affirme en conformité avec Anaximandre. Celui-là dit en effet que dans la séparation de l'infini, les éléments apparentés se portent les uns vers les autres, et que ce qui était de l'or au sein du tout devient or, ce qui était terre devient terre; il en va de même pour chacune des autres choses, qui ne naissent pas mais ont une existence préalable ».

[47] Plutarque, *Propos de table*, livresVII-IX, 2e Question, trad. Amyot, dans *œuvres morales*, Paris, Guillemot, 1616; également dans *Œuvres morales* IX, 3e partie, trad. par F. Frazier et J. Sirinela, Paris, Les Belles Lettres, 1996.

[48] Il s'agit de la nature du ciel, qu'Anaximandre, selon Stobée, dit être fait « du mélange du chaud et du froid » (ἐκ θερμοῦ καὶ φυχροῦ μιγμάτος) (Stobée, *Ecl. Phys.*, 24, § 1, p. 500).

[49] Aristote, *Métaphysique*, A, 5, 986b29-987a2, t. I, p. 27 : « Il [Parménide] pense que nécessairement une seule chose est, à savoir l'Être

lui-même [...]; mais contraint de composer avec le réel [...] il en vient à poser deux causes et deux principes : le Chaud et le Froid, autrement dit le Feu et la Terre, et, de ces deux principes, il rapporte l'un, le Chaud, avec l'Être, et l'autre au Non-Être ».

[50] La traduction d'Eusèbe I, 8, 2, est assez libre; cf. *Eusebius Werke*, Akademieverlag, Berlin, 1954, Band 8, 1 Teil, s. 28-29.

[51] πίλημα signifie « laine foulée », et toute matière foulée, compressée, condensée. *Zusammenfilzung* = condensation par feutrage (*Filz*, feutre).

3. *Anaximène*

[52] Diogène Laërce, II, § 3, p. 212 : « Il utilise un dialecte simple et dépouillé. Il a vécu, selon ce que dit Apollodore, à l'époque de la prise de Sardes, et il est mort dans le courant de la soixante-troisième Olympiade ». On remarque que ce texte de Diogène Laërce critiquement authentifié ne s'accorde pas avec celui qui est donné dans notre texte hégélien, et qui correspond sans doute à une édition antérieure connue de Hegel. Voir la note 2, p. 212-213, de l'édition de la Pochothèque; éd. Meiner, V, 7.

[53] Voir notre complément à la note 9 de cette section.

[54] Voici la traduction de toute la phrase : « Anaximène posa en principe que l'air est Dieu, qu'il est engendré, qu'il est incommensurable, infini et toujours en mouvement » (Cicéron, *De la nature des Dieux*, I, 10, p. 13).

[55] On aurait alors : « Celui-ci dit que le principe et l'infini est l'air ». Mais l'interprétation généralement admise de cette citation est celle de la traduction allemande donnée dans le texte hégélien : elle se retrouve donc, dans le texte, dans sa traduction française.

[56] Litt. : « la nature qui est à la base (τὴν ὑποκειμένην φύσιν) est une et infinie etc. » (Simplicius, *Commentaria in Aristotelem graeca*, t. IX, p. 24).

[57] Aristote, *Métaphysique*, A, 8, 989a5-6, t. I, p. 70 : « du moins, aucun de ceux qui, dans la suite, ont admis un élément unique, n'a pris la Terre pour élément, et cela évidemment en raison de la grossièreté de ses parties ».

[58] Traduction : « Phérécyde disant que les principes sont Zeus, Chthoniè et Chronos, Zeus est l'éther, Chthoniè la terre et Chronos le temps. L'éther (*ignis*) est l'agent, la terre le patient, et le temps ce en quoi sont les choses qui se produisent »*.

Sur Phérécyde, voir notre complément à la note 36 de cette section.

Jean Albert Fabricius est un érudit allemand auteur d'une réédition (revue et augmentée) des œuvres de Sextus Empiricus, avec traduction latine et notes (Leipzig, 1718). C'est à cette édition de Sextus Empiricus, avec ces annotations, que se réfère Hegel. Dans le cas présent, le texte qu'il cite est donné en note (note D) p. 135.

Hermias est un des premiers auteurs chrétiens (IIe siècle environ), qui a écrit un ouvrage satirique contre la philosophie (*Satire des philosophes païens*, chap. 12 « Pour la dérision des païens », introd., texte critique, notes, appendices et index par R.P.C. Hanson et ses collègues, trad. par D. Joussot, Paris, Cerf, 1993).

[59] Aristote, *Métaphysique*, A, 8, 988b22-26 et 28-29, t. I, p. 36 : « Les philosophes pour qui l'Univers est un, et qui admettent une seule nature comme sa matière, matière corporelle et possédant l'étendue, tombent évidemment dans une foule d'erreurs. En effet, ils posent seulement les éléments des corps mais non des êtres incorporels, bien qu'il existe aussi des êtres incorporels. [...] En outre, en aucun cas ils ne reconnaissent pour cause l'essence ou la forme ».

[60] *Ibid.*, A, 3, 984a17-27, t. I, p. 16 : « De cet exposé, il résulte que la cause unique, au sentiment de ces philosophes, c'est celle qui est désignée comme étant de la nature de la matière. À cet endroit, la réalité elle-même leur traça la voie, et les obligea à une recherche plus approfondie. Qu'on suppose tant qu'on voudra, en effet, que toute génération et toute corruption procèdent d'un unique principe ou de plusieurs, pourquoi cela arrive-t-il, et quelle en est la cause ? Ce n'est assurément pas le substrat qui est lui-même l'auteur de ses propres changements. Par exemple, ce n'est ni le bois, ni l'airain qui est cause du changement de l'un et de l'autre ; ce n'est pas le bois qui fait le lit, ni l'airain, la statue, mais il y a quelque autre chose qui est cause du changement. Or, rechercher cette autre chose, c'est rechercher l'autre principe, comme nous dirions, ce dont vient le commencement du mouvement ».

[62] Alexandre d'Aphrodise, célèbre commentateur grec d'Aristote, IIe-IIIe siècles après J.-C. Il s'agit ici de ses *Commentaria in Aristotelis Metaphysica*, dont la meilleure édition est le tome I des *Commentaria in Aristotelem graeca*, éd. Diels, Berlin, 1882, Reimer (pour la référence de Hegel, voir notre complément à la note 43 de cette section).

[63] *Métaphysique*, A, 6 : il s'agit plutôt de A, 5, 987a3 et 7 (« Les plus anciens philosophes regardent le principe comme corporel [...] de nature matérielle »), le chapitre 6 étant consacré à Platon. Voir aussi A, 3, 983b7-11, p. 27 et p. 13.

B, 3 : voir en particulier le début du chap. 3 du livre B, 998a20 *sq.*, p. 84.

B. *Pythagore et les pythagoriciens*

[1] Diogène Laërce, VIII, § 6-7, p. 945-946 : « Et les ouvrages écrits par Pythagore sont au nombre de trois : *Sur l'éducation*, *Sur la politique*, *Sur la nature*. Mais en fait ce qui circule sous le nom de Pythagore est de Lysis de Tarente, le Pythagoricien, qui s'est exilé à Thèbes et qui a été le précepteur d'Épaminondas. Héraclite le fils de Sarapion dit dans l'*Abrégé de Sotion* qu'il a aussi écrit en vers *Sur le Tout*, en second lieu le *Discours sacré*, dont voici le début : "Jeunes gens, vénérez dans un silencieux recueillement tout ce que voici", troisièmement *Sur l'âme*, quatrièmement *Sur la piété*, cinquièmement *Hélothalès* (le père d'Épicharme de Cos), sixièmement *Crotone*, et d'autres ouvrages. Et il dit que le *Discours mystique* est d'Hippiase, qu'il a été écrit pour calomnier Pythagore, et que plusieurs ouvrages écrits par Aston de Crotone ont été attribués à Pythagore ». Sur la contestation de l'attribution d'écrits à Pythagore et sur le sens d'une attribution possible, *cf.* les notes complémentaires 2 et 3 de la traduction citée.

[2] Diogène Laërce, VIII, § 1-3, p. 939-942. Diogène Laërce donne ici à grands traits une biographie de Pythagore, jusqu'à son installation à Crotone : Après la philosophie ionienne, « il faut traiter de la philosophie italique qu'inaugura Pythagore, fils de Mnésarque, qui était ciseleur de bagues; il était, au dire d'Hermippe, samien, ou bien, selon Aristoxène, tyrrhénien, originaire de l'une de ces îles que tenaient les Athéniens après leur victoire sur les Tyrrhéniens.

Certains disent qu'il était le fils de Marmakos, lui-même fils d'Hippiase, fils d'Euthyphron, fils de Cléonyme, exilé de Phlionte, et que Marmakos vivait à Samos, d'où vient qu'on nommait Pythagore "samien". Venu à Lesbos, il fut recommandé à Phérécyde par son oncle Zoilos. Et il emporta en Égypte trois coupes d'argent qu'il avait façonnées, pour en faire don à chacun des grands prêtres. Il eut un frère aîné, Eunomos, et un frère cadet, Tyrrhénos; et il eut pour esclave Zamolxis, auquel les Gètes sacrifient (car ils le considèrent comme Cronos), ainsi que le dit Hérodote.

Pythagore fut d'abord, comme on l'a dit, l'auditeur de Phérécyde de Syros; après la mort de ce dernier, il alla à Samos et fut l'auditeur d'Hermodamas (le descendant de Créophyle), déjà bien âgé. Comme il était jeune et avide de savoir, il voyagea hors de sa patrie, et fut initié à tous les mystères, aussi bien grecs que barbares. Ainsi donc, il se rendit en Égypte, et c'est alors que Polycrate le recommanda par lettre à Amasis; il apprit même leur langue, comme le dit Antiphon dans son ouvrage *Sur ceux qui se sont distingués dans la vertu*, et il alla aussi chez les Chaldéens et les Mages. Ensuite, en Crète, il pénétra en compagnie d'Épiménide dans la grotte de l'Ida, tout comme en Égypte il avait pénétré au cœur des sanctuaires ; il y apprit les doctrines secrètes relatives aux dieux.

Puis il revint à Samos, et trouvant sa patrie gouvernée par le tyran Polycrate, il fit voile vers Crotone, en Italie ; et là, il donna des lois aux Italiotes, ce qui lui valut une grande estime, tout comme à ses disciples qui, au nombre de trois cents environ, administraient au mieux les affaires de la cité : de la sorte, le régime était à peu près un gouvernement des meilleurs ».

[3] *Ibid.*, VIII, § 45, p. 976 : « Il était dans la force de l'âge au cours de la soixantième Olympiade [...] ».

[5] Hérodote, *Histoires*, IV, chap. 94-96, p. 105-106 : « Voici en quel sens ils se croient immortels : ils pensent qu'ils ne meurent point et que celui qui périt va rejoindre Zalmoxis, un être divin [δαίμων ; Hérodote dit aussi θεός] ».

[6] Malchus est l'autre nom de Porphyre. On trouvera une édition gréco-latine de la *Vie de Pythagore* par Porphyre ou Malchus à la suite de l'édition gréco-latine de Diogène Laërce de C. Gabr. Cobet, chez Firmin Didot, 1862. Ce volume comporte également une édition gréco-latine de la *Vie de Pythagore* par Jamblique.

[7] Hérodote, *Histoires*, III, § 39, p. 67 : Devenu « maître de Samos, Polycrate avait conclu un traité d'hospitalité avec Amasis roi d'Egypte (...). En peu de temps, la puissance de Polycrate se développa soudain et fut célébrée à travers l'Ionie et le reste de la Grèce ».

[8] Diogène Laërce, I, § 116, p. 151 : « Phérécyde, fils de Badys, de Syros, comme le dit Alexandre dans ses *Successions*, fut l'auditeur de Pittacos. Il fut le premier, dit Théopompe, à écrire *Sur la nature et les dieux* pour les Grecs » (passage déjà cité partiellement dans le complément à la note 36 de la section précédente).

Théopompe : orateur et historien grec de Chios, disciplie d'Isocrate (IVe siècle av. J-C.).

[9] Hegel cite ici un texte grec de l'édition Ménage de Diogène Laërce (sur cette édition, *cf.* le commentaire relatif à la note 1 de l'introduction). En voici la traduction : « Zeus, Chronos et Chthôn étaient toujours uns. Chthôn a pris le nom de Terre quand Zeus l'eut honorée d'un présent ». *Cf.* I, § 119, trad. cit., p. 154-155 : « Zeus, Chronos et C(h)thonie étaient depuis toujours. C(h)thonie reçut le nom de Terre (Γῆ), parce que Zeus lui donna la terre en guise de privilège (γέρας) ».

[10] Diogène Laërce, I, § 117-118, p. 153-154. Diogène Laërce donne d'abord un récit de la mort de Phérécyde dans une guerre entre les Éphésiens et les Magnésiens. Il signale ensuite que : « Certains cependant disent qu'il se rendit à Delphes et se précépita du haut du mont Côrycos », et

que d'après une autre source : « au terme d'une maladie il fut enseveli par Pythagore à Délos », et selon d'autres à Samos. « D'autres (rapportent) qu'il mourut atteint de phtiriase, ou maladie pédiculaire, maladie de la peau produite par les poux ».

[11] Voir notre complément à la note 6 de cette section.

[12] *Cf.* aussi : Diogène Laërce, VIII, § 2-8, p. 941 : « Comme il était jeune et avide de savoir, il voyagea hors de se patrie, et fut initié à tous les mystères, aussi bien grecs que barbares. Ainsi donc, il se rendit en Égypte, et c'est alors que Polycrate le recommanda par lettre à Amasis ».

[15] C'est la question et la détermination du rapport originel de Pythagore à la culture égyptienne qui est considéré ici. *Cf.* Aristote, *Métaphysique*, A, 1, 981b13-25. Les « arts nouveaux » concernant « les nécessités de la vie » et surtout « son agrément » et non pas « l'utilité », s'« étaient déjà constitués » et multipliés « quand on découvrit enfin ces sciences qui ne s'appliquent ni aux plaisirs, ni aux nécessités, et elles prirent naissance dans les pays où régnait le loisir. C'est ainsi que l'Égypte fut le berceau des mathématiques, car on y laissait de grands loisirs à la caste sacerdotale », p. 5. Ce texte souligne la continuité entre l'activité technique (« les arts ») et les sciences théoriques mais non pas en tant que la nécessité de celles-ci se manifestaient d'abord dans les nécessités utilitaires de celle-là, mais parce qu'en celles-ci s'affirme déjà une « sagesse » qui transcende le niveau simplement sensible de l'expérience : c'est après s'être déjà suffisamment exercée elle-même au niveau pratique (dont elle est ainsi tributaire en ce sens) que cette sagesse peut enfin se déployer pour elle-même en tant que science, que philosophie; mais ce nécessaire loisir en pratique devait s'affirmer d'abord par lui-même comme milieu propre où la science deviendra possible : c'est la religion en tant que structure sociale établie, consacrée, c'est-à-dire notamment en tant que caste sacerdotale, qui le réalise, et qui apparaît ainsi selon Aristote comme étant directement à l'origine de la science, et non pas de la technique.

[16] Diogène Laërce, VIII, § 3, p. 942 : « Puis il revint à Samos, et trouvant sa patrie gouvernée par le tyran [ou “sous la tyrannie de”, si l'on donne à τυραννουμένον le sens négatif seul retenu par les langues modernes] Polycrate, fit voile vers Crotone, en Italie ».

[17] Notre texte condense ici très brièvement les pages indiquées, où Hérodote retrace les péripéties, plus ou moins incertaines – parfois plaisantes – d'un conflit essentiellement intérieur aux Samiens (« guerre civile ») : certains Samiens qui avaient été chassés par le tyran Polycrate et avaient tenté en vain de revenir en force, sollicitèrent et obtinrent l'aide des

Lacédémoniens qui « partirent en guerre contre Samos ». Sur Polycrate, *cf.* Diogène Laërce, p. 941, n. 3.

[18-19] Hegel part de la tradition transmise par Diogène Laërce, mais il s'oppose en même temps à sa manière de comprendre le terme de φιλοσοφία; voir VIII, 8, trad. cit., p. 947 : « Sosicrate, dans les *Successions*, raconte que lorsque Léon le tyran de Phlionte lui demanda qui il était, il répondit "philosophe". [...] Dans la vie, les uns naissent esclaves et chassent gloire et richesse, les autres naissent philosophes et chassent la vérité [*litt.* "sont chasseurs de vérité", τῆς ἀληθείας θηραταί] ». – Voir en particulier *ibid.*, I, § 12, trad. cit., p. 72 : « Le premier à avoir utilisé le nom de philosophie et, pour lui-même, celui de philosophe, fut Pythagore, alors qu'il discutait à Sicyone avec Léon, le tyran de Sicyone – ou bien de Phlionte, comme le dit Héraclite le Pontique dans son traité *Sur l'inanimé*; car (il considérait que) nul [homme] n'est sage, si ce n'est Dieu. La philosophie était trop facilement appelée "sagesse", et "sage" celui qui en fait profession – celui qui a atteint la perfection dans la pointe extrême de son âme –, alors qu'il n'est que "philosophe", celui qui chérit la sagesse.

Mais les Sages étaient également appelés sophistes, et non seulement eux, mais aussi les poètes étaient (dits) sophistes, ainsi que Cratinos dans ses *Archiloques* appelle, pour les louer, les (poètes comme) Homère et Hésiode ». – Cette manière de comprendre la philosophie – que Hegel refuse – comme un effort pour atteindre la sagesse au lieu d'en être la possession marque aussi de son empreinte la tradition transmise par Jamblique, *De vita Pythagorica*, VIII, 44, trad. de L. Brisson et A. Ph. Segonds, Paris, Les Belles Lettres, 1996, p. 26 : « Mais dans la suite, à l'époque où Pythagore vivait, un seul homme l'emportait sur tous les autres en matière de philosophie; et de fait, il s'est donné ce nom au lieu de celui de sage ». – Voir pareillement *ibid.*, XXIX, 159, p. 88-89 : « C'est lui [Pythagore] donc qui le premier a employé le nom de "philosophie", et il disait que c'était "un désir de sagesse" et, pour ainsi dire, "un amour de la sagesse", tandis que par sagesse il entendait la "science de la vérité des êtres" ». Le fait que Hegel recoure au φίλοινος pour donner un exemple d'une compréhension correcte du terme φιλόσοφος pourrait trouver son occasion dans la *République* de Platon, V, 475a-b, trad. É. Chambry, Paris, Les Belles Lettres, p. 90 :

— « Et ceux qui aiment le vin, repris-je, ne vois-tu pas qu'ils en usent de même et que tout prétexte leur est bon pour aimer n'importe quel vin ?

— C'est vrai.

— Pour parler aussi des ambitieux, tu remarques bien, je pense, que, s'ils ne peuvent commander en chef, ils commandent le tiers de leur tribu, et que, s'ils ne peuvent être honorés par les personnages puissants et révérés, ils se contentent de l'être par leurs inférieurs et par des gens sans conséquence, parce qu'ils sont avides de distinctions, quelles qu'elles soient.

— Sans aucun doute.

— Réponds-moi maintenant oui ou non. Quand on dit de quelqu'un qu'il désire une chose, entend-on qu'il la désire dans sa totalité, ou qu'il en désire une partie, non l'autre ?

— Qu'il la désire dans sa totalité, répondit-il.

— Ne dirons-nous pas aussi du philosophe qu'il désire de la sagesse non pas telle partie, à l'exclusion du reste, mais qu'il la désire toute ?

— C'est vrai ».

[20] Jamblique, *Vie de Pythagore*, VIII, § 36, *op. cit.* (désormais cité « Jamblique »), p. 22 : « Cette fois-ci, cheminant de Sybaris à Crotone le long de la mer, il rencontra des pêcheurs, alors qu'ils tiraient encore dans la mer leur filet plein de poissons. Et il leur dit quelle quantité de poissons ils étaient en train de tirer, spécifiant même le nombre des poissons. Et comme ces hommes déclarèrent qu'ils étaient prêts à faire tout ce qu'il commanderait, si cela se vérifiait, il leur ordonna de relâcher vivants les poissons, après les avoir au préalable comptés avec exactitude. Et voici plus étonnant : dans tout le temps que prit ce dénombrement de poissons, aucun d'entre eux, alors que pourtant ils étaient hors de l'eau, n'étouffa, aussi longtemps du moins que Pythagore fut là » ; *cf.* Porphyre, *Vie de Pythagore*, § 25 ; texte grec et trad. É. des Places, Paris, Les Belles Lettres, 1983, p. 47 (désormais cité « Porphyre »).

[21] Porphyre, § <20>-21, p. 45-46. De ces textes affirmant le rôle puissamment libérateur et civilisateur de Pythagore en Italie du Sud, indiquons ici les éléments auxquels se rattachent plus directement notre texte : « § 20. Il attira tellement à lui l'attention universelle qu'une seule leçon qu'il fit à son débarquement en Italie conquit par son éloquence, au dire de Nicomaque, plus de deux mille auditeurs, au point que nul ne le quittait pour rentrer chez soi : avec femmes et enfants, les hommes établirent un vaste lieu de réunion et fondèrent ce qui partout s'appelle en Italie la Grande Grèce, reçurent de Pythagore lois et préceptes comme des monitions divines [...]. § 21. Quant aux villes d'Italie et de Sicile qu'au cours de ses voyages il trouva mutuellement asservies, les unes de longue date, les autres récemment, il les libéra, en leur faisant insuffler des pensées de liberté par les disciples qu'il avait en chacune d'elles : Crotone, Sybaris, Catane, Rhégium, Himère, Agrigente, Tauroménium et d'autres auxquelles il fit donner aussi des lois par Charondas de Catane et Zaleucos

de Locres; et ces lois leur suscitèrent longtemps l'envie de leurs voisins. Pour avoir entendu Pythagore, Simichos, tyran de Centuripe, déposa le pouvoir et partagea ses biens entre sa sœur et ses concitoyens. § 22. [...] Il supprima radicalement les discordes non seulement entre proches mais entre descendants pendant plusieurs générations [...] dans toutes les villes d'Italie et de Sicile, à l'intérieur de chacune et entre elles »; *cf.* Jamblique, VII, § 33-34, p. 20-21 : texte essentiellement (souvent littéralement) semblable à celui de Porphyre.

[22] Jamblique, XXXII, § 220-222, p. 118-119.

[23] Diogène Laërce, VIII, § 11, p. 949-950 : « On dit en outre qu'il avait l'apparence la plus auguste, et que ses disciples pensaient de lui qu'il était l'Apollon venu de chez les Hyperboréens. On raconte qu'une fois il s'était dénudé, et qu'on avait vu sa cuisse en or; et nombreux étaient ceux qui racontaient que le fleuve Nessos, lorsqu'il le traversa, le salua »; Porphyre, § 18-20, p. 44-45; Jamblique, II, § 9-10, p. 10-11.

[24] Ménagius réunit les textes (tirés de Diodore de Sicile, Jamblique, Porphyre, etc.) qui affirment cette préférence pour le blanc et en dégage la signification.

Aegidius Menagius est le célèbre érudit Gilles Ménage (1613-1692) que Molière a caricaturé dans le personnage de Vadius (*Les Femmes savantes*).

Casaubon : grand humaniste protestant du XVIe siècle (né à Genève en 1559, mort à Londres en 1614), appelé par Henri IV à l'Université de Paris. Remarquable critique, philologue, et commentateur des textes antiques. A donné des éditions de Diogène Laërce, Strabon, Théophraste, Suétone, Athenaus.

[25] Jamblique, XXIV, § 108-109, p. 62-63.

[27] Jamblique, XVII, § 71-72, p. 40-41. D'après notre citation, Hegel se réfère ainsi à des sources néoplatoniciennes que l'on retrouve dans les notes et citations suivantes avec une autre : Porphyre.

[28] Porphyre, § 37, p. 53; Jamblique, XVIII, § 80-82, p. 45-47.

[29] Jamblique, XXVIII, § 150, p. 83-84.

[30] Diogène Laërce, VIII, § 10, p. 949 : « Et ses disciples mettaient leurs biens en commun. Ils gardaient le silence durant une période de cinq ans, ne faisant qu'écouter les discours tenus, sans voir encore Pythagore, jusqu'à ce qu'on les en juge dignes; de ce moment, ils faisaient partie "de sa maison" et étaient admis à le voir ».

[31] Jamblique, XXI, § 100, p. 57-58.

[32] Jamblique, XXIX, § 165, p. 92 : « Un Pythagoricien ne se levait pas de sa couche avant de s'être remémoré les événements du jour

précédent ». Le texte hégélien ne correspond pas à ce paragraphe de Diogène Laërce indiqué par Michelet : *cf.* Diogène Laërce, VIII, § 22, trad. cit., p. 959 : « On raconte qu'il prescrivait à ses disciples, chaque fois qu'ils entraient chez eux, de dire la chose suivante : "Où ai-je commis une faute ? Qu'ai-je fait ? Que n'ai-je accompli qui aurait dû l'être ?" ».

[33] Porphyre, § 32-33, p. 51. Jamblique, XXIX, § 163-164, p. 91-92; XX, § 96, p. 56; XXI, § 97, p. 56-57.

[34] Diogène Laërce, VIII, § 19, p. 957-958 : « Plus que tout, il [Pythagore] interdisait de manger du rouget et du poisson à queue noire, et prescrivait de s'abstenir du cœur des fèves [...]. Certains disent que lui-même se satisfait de miel seul, ou d'un d'un rayon de miel, ou de pain, et que dans la journée il ne buvait pas de vin; pour le plat, il prenait la plupart du temps des légumes cuits et crus, et rarement des poissons »; § 24, p. 960-961 : « Il prescrivait de s'abstenir des fèves, parce que en raison de leur nature venteuse elles participent au plus haut point du souffle de l'âme; et qu'en outre, si on n'en a pas pris, on laisse son estomac plus au calme. Et grâce à cela, on rend aussi plus douces et dénuées de trouble les images oniriques »; Porphyre, § 34, p. 51-52; Jamblique, XXIV, § 107, p. 61-62.

[35] Diogène Laërce, VIII, § 39, p. 971. On a dans ce texte une version de la mort de Pythagore, dans le contexte d'une agression contre une réunion tenue par Pythagore avec ses disciples; il n'y est pas dit qu'il s'agit là de la destruction de la confrérie pythagoricienne. On remarquera que notre texte hégélien n'en retient pas la mention de la mort de Pythagore : « Toujours est-il que Pythagore fut pris en s'enfuyant. Arrivé devant un champ planté de fèves, il s'arrêta pour éviter de le traverser, et déclara qu'il préférait être pris plutôt que de fouler des fèves au pied, et être tué plutôt que de parler ». Mais cette version se retrouve assez peu modifiée chez Porphyre, § 40, p. 54.

[36] Porphyre, § 40, p. 54.

[38] Diogène Laërce, VIII, § 39-40, p. 971-972.

§ 40 [différentes versions de la mort de Pythagore] : « Dicéarque raconte que Pythagore mourut, alors qu'il s'était réfugié dans le temple des Muses à Métaponte, à la suite d'un jeûne de quarante jours. Héraclide dans son *Abrégé des* Vies *de Satyros* raconte que Pythagore, après avoir enseveli Phérécyde à Délos, revint en Italie et que, trouvant Crotone en train de donner un banquet fastueux, il repartit pour Métaponte où il mit fin à ses jours en s'abstenant de nourriture, parce qu'il ne désirait pas vivre plus longtemps. Par ailleurs, selon Hermippe, alors que les gens d'Agrigente et ceux de Syracuse étaient en guerre, Pythagore et ses disciples sortirent de la ville et formèrent l'avant-garde des Agrigentins. Après que ces derniers eurent été mis en fuite, Pythagore fut tué par les Syracusiens alors qu'il tentait de contourner le champ de fèves. Le reste des disciples, au nombre de trente-cinq environ, furent brûlés à Tarente, parce qu'ils avaient le projet de s'opposer au gouvernement constitué »; Jamblique, XXXV, § 248-264, p. 132-141; Porphyre, § 54-59, p. 62-65.

[39] Allusion à 20a : « Ce Timée que voici, citoyen de la ville si bien policée de Locres en Italie... », trad. de Rivaud, Paris, Les Belles Lettres, 1986, p. 129.

[41] Aristote, *Métaphysique*, A, 5, 985b23-986a3, t. I, p. 22-23 : « Au temps de ces philosophes [à savoir les atomistes], et même avant eux, ceux qu'on appelle les Pythagoriciens se consacrèrent les premiers aux mathématiques et les firent progresser. Pénétrés de cette discipline, ils pensèrent que les principes des mathématiques étaient les principes de tous les êtres. Comme de ces principes les nombres sont, par nature, les premiers, et que, dans les nombres, les Pythagoriciens pensaient apercevoir une multitude d'analogies avec les choses qui existent et deviennent, plutôt que dans le Feu, la Terre et l'Eau (telle détermination des nombres étant la justice, telle autre l'âme et l'intelligence, telle autre le temps critique, et de même, pour chacune des autres déterminations); comme ils voyaient, en outre, que des nombres exprimaient les propriétés et les proportions musicales; comme, enfin, toutes les autres choses leur paraissaient, dans leur nature entière, être formées à la ressemblance des nombres, et que les nombres semblaient être les réalités primordiales de l'Univers : ils considérèrent que les principes des nombres étaient les éléments de tous les êtres, et que le Ciel tout entier est harmonie et nombre ».

[42] Aristote, *Métaphysique*, A, 6, 987b14-18, t. I, p. 31.

[43] Porphyre, § 46-47, p. 57-58.

[44] Porphyre, § 48, p. 58-59; § 53, p. 41.

[45] « Ils prétendent que les phénomènes en sont composés et que les éléments doivent être simples... Les éléments ne sont donc pas obscurs, mais seulement incorporels » (*Esquisses pyrhoniennes*, trad. par P. Pellegrin, III, XX, 152, Paris, Seuil, « Points », 1997, p. 453).

Adv. Math. X, § 250-251 : « En effet, dire que le principe des universels est phénoménal est en quelque façon non-physique : tout ce qui est phénoménal doit se composer de ce qui n'est pas phénoménal... Les principes de toutes choses qu'ils ont posés sont donc obscurs et non évidents » (Sextus Empiricus, *Againts Physicists*, § 250-251, trad. par R. G. Bury, Harvard, Lœb Classical Library, 1936, p. 332-333).

N. B. : Le texte désigné sous le titre *Adversus Mathematicos* correspond, pour Hegel, aux six traités *Contre les professeurs* et aux cinq livres composant le *Contre les dogmatiques : Contre les logiciens* (en deux livres), *Contre les physiciens* (en deux livres) et *Contre les moralistes* (en un livre). L'*Adversus Mathematicos* X correspond donc au *Contre les physiciens*, II (ou au *Contre les dogmatiques*, IV) ; l'*Adversus Mathematicos* IV au *Contre les géomètres ; l'Adversus Mathematicos* VII au *Contre les logiciens* I (ou *Contre les dogmatiques*, II) ; l'*Adversus Mathematicos* IX *au Contre les physiciens*, I (ou au *Contre les dogmatiques*, III).

Désormais, nous citerons le *Contre les physiciens*, II et le *Contre les logiciens*, I dans l'édition Lœb (*Against physicists*, trad. par R.G. Bury, Harvard, Lœb classical library, 1936 et *Against Logicians*, trad. par R. G. Bury, Harvard, Lœb classical library, 1935) ; le *Contre les physiciens* II sera cité dans l'édition Aubier (*Œuvres choisies de Sextus Empiricus*, trad. G. Goron, Paris, Aubier, 1992, désormais *Œuvres choisies*) ; quant au *Contre les géomètres*, nous le citerons dans l'édition du Seuil (*Contre les professeurs*, trad. sous la direction de P. Pellegrin, Paris, Seuil, 2002) <note de l'éditeur>.

[46] Pour la phrase entière d'Aristote, *Métaphysique*, A, 5, 985b27-986a3, p. 22-23, voir ci-dessus notre complément à la note 41 de cette section.

[47] Aristote, *Métaphysique*, M, 4, 1078b12-23, t. II, p. 211-212 : « La doctrine des Idées fut, chez ses fondateurs, la conséquence des arguments d'Héraclite sur la vérité des choses, arguments qui le persuadèrent, et suivant lesquels toutes les choses sensibles sont dans un flux perpétuel, de sorte que s'il y a science et connaissance de quelque chose, il doit exister certaines autres réalités en dehors des natures sensibles, des réalités permanentes, car il n'y a pas de science de ce qui est en perpétuel écoulement. – Socrate se referma dans l'étude des vertus morales, et c'est à leur sujet qu'il fut le premier à poser le problème de la définition générale. [...] les Pythagoriciens n'avaient défini qu'un petit nombre d'êtres dont ils réduisaient les notions aux nombres : telles étaient les définitions de l'occasion, du juste ou du mariage ».

[48] Aristote, *Métaphysique*, A, 5, 985b25-26, t. I, p. 23.

Le mot ἀριθμῶν entre parenthèses n'est pas dans le texte grec de la *Métaphysique*, où τούτων se rapporte à μαθημάτων (ligne 24). Tricot traduit ainsi : « ils estimèrent que les principes des mathématiques ».

[49] « et tous les nombres se rangent sous l'un, car la dyade est *une* dyade, et la triade est un un, à savoir triade ; et la décade est *une* somme numérique. Cela a incité Pythagore à dire que le principe des êtres était la monade : c'est par participation à elle que chacun d'eux est dit un » (*Against physicists*, § 260-261, p. 336-338).

Pour l'ensemble de l'œuvre de Sextus Empiricus, voir l'édition gréco-latine annotée de Joh. Albertius Fabricius, Leipzig 1718, utilisée par Hegel. Elle a été rééditée sans les notes (Leipzig, 1841).

Sur ce que Hegel entend par *Adv. Math.*, voir notre complément à la note 45 de cette section.

[50] Aristote, *Métaphysique*, A, 6, 987b11-13, t. I, p. 30-31 : « Les Pythagoriciens, en effet, déclarent que les êtres existent par *imitation* des nombres ; pour Platon, c'est une *participation*, le nom seul est changé. Mais cette participation ou imitation des Idées, quelle en peut être la nature, les uns et les autres ont laissée la question en suspens ».

[51] Aristote, *Métaphysique*, M, 5, 1079b24-26, t. II, p. 217 : « Quant à dire que les Idées sont des paradigmes, et que les autres choses en participent, c'est prononcer des mots vides et faire des métaphores poétiques. Où donc travaille-t-on en fixant les yeux sur les Idées ? »

[52] *Ibid.*, A, 5, 986a17-21, t. I, p. 24 : « Les éléments du nombre sont le Pair et l'Impair; le Pair est infini, l'Impair, fini; l'Un procède des ces deux éléments, car il est à la fois pair et impair, et le nombre procède de l'Un ; et l'ensemble du Ciel, comme il a été dit, est nombres ».

[53] « Aristote dans le *Pythagoricien* : le un, disent-ils, participe de la nature des deux : en effet, ajouté au pair, il produit l'impair, et ajouté à l'impair, il produit le pair ; ce qu'il ne pourrait faire, s'il ne participait de ces deux natures. C'est pourquoi le un est appelé pair-impair ».

Le Pythagoricien est un ouvrage perdu d'Aristote.

Theon de Smyrne : Philosophe platonicien et mathématicien du début du IIe siècle après J.-C. (environ). L'édition Bouillaud de son traité *Des connaissances mathématiques utiles pour la lecture de Platon* est de 1644 (Paris). Une édition bilingue portant ce titre en a été donnée par J. Dupuis (Hachette, 1892).

Aristoxène, dans Stobée, *Ecl. Phys.*, chap. 2, p. 16 : « Mieux : parce que un 1) comme un arithmétique, comme impair 2) comme unité, comme l'égal à soi-même, est absolument parlant principe du nombre ».

[54] Les lignes précédentes dégagent, semble-t-il, le sens général attribué au texte cité ici avec quelque liberté. Nous donnons exceptionnellement l'original grec de ce texte difficile et important, avec une traduction aussi littérale que possible : « Le principe des étants, déclarait Pythagore, est l'unité, par participation à laquelle chacun des étants est dit un ; et celle-ci comprise par identité de soi-même est comprise <comme> unité; mais quand de par son altérité elle est ajoutée à soi-même, elle accomplit la dualité indéfinie, ainsi nommée du fait qu'aucune des dualités nombrables et définies n'est cette même dualité, étant toutes des dualités

comprises par participation à celle-ci, comme on prouve qu'il en va aussi dans le cas de l'unité. Il y a donc deux principes des étants, l'unité première, par participation à laquelle sont comprises toutes les unités nombrables, et la dualité indéterminée, par participation à laquelle les dualités définies sont des dualités »*.

N.B. : On peut remplacer dans cette traduction les mots *unité* et *dualité* par *monade* et *dyade*.

[55] Sextus Empiricus, *Hyp. Pyrrh.*, éd. Fabricius, p. 165, note A, qui cite un ensemble de textes établissant que « selon les Pythagoriciens, la dualité est indéterminée, autrement dit finie (ἀόριστος *sive infinitus*), parce que par elle, ils désignaient la matière, qui est susceptible de recevoir une infinité de formes ». C'est ainsi que Boèce « dans l'esprit des Pythagoriciens », fait de la dualité « le principe de toute altérité ».

[56] Aristote, *Métaphysique*, A, 6, 987b25-27, t. I, p. 30-31 : Entre ποιῆσαι et τοῦτ' il y a dans Aristote (au lieu du tiret) : καί τὸ ἄπειρον ἐκ μεγἀλον καὶ μικροῦ... Ainsi complétée, la phrase est traduite comme suit par Tricot : « Mais remplacer l'Infini, qu'ils concevaient comme simple <*litt* : comme Un> par une Dyade, et constituer l'Infini avec le Grand et le Petit, voilà l'apport personnel de Platon. »

[57] Au sujet d'Alcméon, voir Aristote, *Métaphysique*, A, 5, 986a28-30, t. I, p. 25 : « Sensiblement la même paraît avoir été la doctrine d'Alcméon de Crotone, soit que celui-ci ait reçu ses idées des Pythagoriciens, ou ces derniers, d'Alcméon, car il florissait au temps de la vieillesse de Pythagore, et les doctrines professées sont presque identiques. Il dit, en effet, que la plupart des choses humaines vont par deux, désignant par là non des contrariétés définies comme celles des Pythagoriciens, mais des contrariétés prises au hasard ».

[58] Sextus Empiricus, *Adv. Math. X*, § 262 : « Et que ces principes soient véritablement les principes de toutes choses, c'est ce que les Pythagoriciens enseignaient de diverses manières » (*Against Physicists*, § 262, p. 338).

Sur ce que Hegel entend par *Adv. Math.*, voir ci-dessus notre complément à la note 44 de cette section.

[59] *Against physicists*, § 263-265, p. 338.

Sur ce que Hegel entend par *Adv. Math.*, voir ci-dessus notre complément à la note 45 de cette section.

[60] § 266 à 268 : « § 266 – Et ils disent que les choses pensées selon la contrariété diffèrent des choses relatives. Car dans le cas des choses contraires, la destruction de l'une est la génération de l'autre, comme dans le cas de la santé et de la maladie, ou dans celui du mouvement et du repos; car la

génération de la maladie est la suppression de la santé, et la génération de la santé est la suppression de la maladie, et l'existence du mouvement est la suppression du repos et la génération du repos est la suppression du mouvement. Et la même forme de raisonnement se retrouve dans le cas de la peine et de l'absence de peine, de bien et de mal, et en général dans le cas de toutes les choses qui sont de nature opposée.

§ 267 – Mais les choses relatives ont la propriété de la coexistence et la co-destruction de l'une avec l'autre ; car il n'y a pas de droite s'il n'existe pas aussi de gauche, ni de double si ne préexiste pas aussi la moitié dont il est le double. – De plus, dans le cas des opposés, c'est une règle universelle qu'aucun état intermédiaire n'est pensé, par exemple dans les cas de la santé et de la maladie, de la vie et de la mort, du mouvement et du repos. Mais dans le cas des relatifs il y a en quelque manière un état intermédiaire ; car entre le plus grand (par exemple) et le plus petit, parmi les choses se trouvant en quelque manière relatives, il y aurait l'égal ; et de même le suffisant [*ou* l'adéquat, τὸ ἱκανόν] entre le plus et le moins, et l'harmonieux entre le haut et le bas » *(Against physicists*, § 266-268, p. 340).

Sur ce que Hegel entend par *Adv. Math.*, voir notre complément à la note 45 de cette section.

[61] *Ibid.*, § 269-273 : « Mais alors, comme il y a ces trois genres – les choses existant par elles-mêmes et celles pensées selon l'opposition et aussi celles pensées relativement, il faut nécessairement aussi qu'au-dessus d'elles se trouve placé un certain genre, et il doit exister premièrement pour la raison que tout genre préexiste aux espèces placées sous lui. Lui étant donc aboli, toutes les espèces le sont avec lui, mais l'espèce ayant été abolie, le genre n'est plus <du tout> détruit ; car celle-là dépend de celui-là, et non l'inverse. § 270 – Et ainsi les disciples de Pythagore supposèrent <comme> genre des choses pensées par elles-mêmes, comme supérieur, l'un. Car de même que celui-ci est par soi, chacune des choses unes selon la différence est une et est considérée par elle-même. § 271 – Mais pour les choses qui existent selon l'opposition, disaient-ils, les principes en étaient, occupant le rang de genre, l'égal et l'inégal ; en ceux-ci en effet se trouve considérée la nature de tous les opposés, par exemple celle du repos dans l'égalité, car il n'admet pas le plus et le moins, et celle de mouvement dans l'inégalité, car il admet le plus et le moins. § 272 – De même le naturel <est> dans l'égalité, car il est un extrême inextensible, et le non naturel dans l'inégalité, car il admet le plus et le moins. Le même raisonnement vaut aussi dans le cas de la santé et de la maladie, de la droiture et de la rouerie. § 273 – Les relatifs, cependant, sont classés sous le genre de l'excès et du défaut ; ainsi grand et plus grand, beaucoup et plus, haut et plus haut sont

pensés selon l'excès, petit et plus petit, peu et moins, bas et plus bas le sont selon le défaut » (*Against Physicists*, § 269-273, p. 340-342).

Sur ce que Hegel entend par *Adv. Math.*, voir ci-dessus notre complément à la note 45 de cette section.

[62] *Ibid.*, § 274-277 : « Mais puisque les existants par eux-mêmes, ceux qui sont selon l'opposition et les relatifs, étant des genres, sont trouvés subordonnés à d'autres genres, comme à l'un et à l'égalité et l'inégalité, l'excès et le défaut, examinons si ces genres aussi peuvent être référés à d'autres. § 275 – L'égalité est alors soumise à l'un, car l'un est originairement égal à lui-même, mais l'inégalité est considérée en excès et en défaut; car inégales sont les choses dont l'une est en excès et l'autre est excédée. Mais excès et défaut rentrent dans le domaine de la dualité indéfinie, puisqu'en fait l'excès premier et le défaut premier sont entre deux choses, celle qui excède et celle qui est excédée. § 276 – Ainsi émergèrent comme principes de toutes choses au niveau le plus général l'unité première et la dualité indéterminée; et de celles-ci, disaient-ils, émergent l'un numérique et à sont tour la dualité numérique, l'un de l'unité première, le deux de l'unité et de la dualité indéterminée. Car le deux est deux fois le un, et comme le deux n'existe pas encore parmi les nombres et que le deux fois n'est pas non plus parmi eux, mais qu'il était pris de la dualité indéterminée, et ainsi de celle-ci et de l'unité naissait la dualité numérique. § 277 – Et de la même manière le reste des nombres était accompli à partir de celles-ci, l'un étant toujours limité, la dualité indéfinie engendrant deux et donnant aux nombres une extension infinie (εἰς ἄπειρον). C'est pourquoi ils disent que dans ces principes, l'un a la position de la cause efficiente, et la dualité celle de la matière passive; et que de la manière dont ils ont accompli les nombres composés de ceux-ci, ils ont constitué l'univers et toutes les choses dans l'univers » (*Against physicists*, § 274-277, p. 342-344).

Sur ce que Hegel entend par *Adv. Math.*, voir ci-dessus notre complément à la note 45 de cette section.

[63] Aristote, *Métaphysique*, A, 9, 991a20-23, t. I, p. 87-88 : « Quant à dire que les Idées sont des paradigmes et que les autres choses participent d'elles, c'est ce payer de mots vides de sens et faire des métaphores poétiques. Où donc travaille-t-on en fixant les yeux sur les Idées ».

[64] *Ibid.*, A, 5, 987a13-19, t. I, p. 50-51 : « Les Pythagoriciens ont parlé [...] de deux principes, mais ils ont ajouté les deux particularités suivantes. D'abord le Limité ou l'Un et l'Illimité ne sont pas, pensaient-ils, certaines autres réalités telles que le Feu, la Terre ou un autre élément de cette sorte, mais c'est l'Illimité même et l'Un qui sont la substance des

choses dont ils sont affirmés, et c'est pourquoi ils disaient que le nombre est la substance de toutes choses ».

[65] Aristote, *Métaphysique*, A, 6, 987b27-28. À distinguer ici le *paradigmatisme* de Platon au *mathématisme* des Pythagoriciens : « il [Platon] place les nombres en dehors des objets sensibles, tandis que les Pythagoriciens prétendent que les choses mêmes sont nombres », t. I, p. 32; voir aussi les notes p. 32.

[66] *Ibid.*, A, 5, 986a15-17, t. I, p. 24 : « Il apparaît que ces philosophes estiment, eux aussi, que le nombre est principe, tant comme matière des êtres et comme *constituant leurs modifications et leurs états* (ἕξεις, *qu'on peut aussi rendre par* faculté résultant de l'expérience) ».

[67] Voici la traduction de l'ensemble du texte dont Hegel cite ici plusieurs passages : Aristote, *Traité du ciel*, I, 1, 268a, p. 1-3 : « Or est continu ce qui est divisible en parties indéfiniment divisibles, et un corps est ce qui est divisible en toutes ses dimensions. Parmi les grandeurs, celle qui est divisible selon une seule dimension est une ligne, celle qui est divisible selon deux dimensions, une surface, et celle qui est divisible selon trois dimensions, un corps : en dehors de celles-là, il n'y a aucune autre grandeur, parce qu'il n'y a que trois dimensions en tout, et que ce qui est divisible selon trois dimensions est divisible en toutes les dimensions. En effet, comme le disent aussi les Pythagoriciens, le Monde, et tout ce qu'il contient, est déterminé par le nombre trois, puisque la fin, le milieu et le commencement forment le nombre de ce qui est un tout, et que le nombre donné est la triade. C'est pourquoi, ayant reçu ces déterminations de la nature elle-même, comme si elles étaient en quelque sorte ses lois, nous nous servons aussi du nombre trois dans le culte des dieux. En outre, dans l'application que nous faisons de ces termes, nous procédons de cette manière-là : en présence de deux choses, nous disons *les deux choses*, et de deux personnes, *les deux personnes*, et nous ne disons pas *tous*, mais nous ne commençons à adopter cette dernière dénomination que s'il s'agit d'au moins trois choses. Et en cela, ainsi que nous l'avons dit, nous ne faisons que suivre le chemin que nous trace la nature elle-même. Par conséquent, puisque *toutes les choses*, *le Tout* et *le Parfait* ne diffèrent pas l'un de l'autre par leur notion, mais si par hasard ils diffèrent, ce ne peut être que dans leur matière et par les êtres auxquels on les attribue, le corps sera de toutes les grandeurs la seule qui soit parfaite. Lui seul, en effet, est déterminé par les trois dimensions, il est divisible en toutes ses dimensions, tandis que pour les autres grandeurs, la division a lieu tantôt selon deux dimensions, tantôt selon une seule : car c'est du nombre des dimension qu'elles reçoivent que dépendent pour les grandeurs leur divisibilité et aussi leur continuité, puisque l'une est continue en un seul sens, une autre en deux, une autre enfin est telle en tous les sens ».

[68] Ces vers sont tirés avec quelques changements de *l'Aureum Carmen* (le *Poème d'or*) des Pythagoriciens, que Jamblique a attribué à Empédocle comme le signale une note que Fabricius, dans son édition déjà citée de Sextus Empiricus, (note e, p. 332) ajoute au texte de Sextus (*Adv. Math.*, IV, 2, voir *Contre les géomètres*, p. 298-299) qui cite les deux derniers de ces vers. Par l'expression « Si tu fais cela », Hegel résume les vers précédents où est exposée, sous forme d'exhortation, la conduite qui doit être celle du Pythagoricien.

Sur ce que Hegel entend par *Adv. Math.*, voir notre complément à la note 45 de cette section.

Le *Poème d'or* se trouve dans les *Gnomicorum. Poëtarum Opera* (œuvres des Poètes Gnomiques, c'est-à-dire énonçant des sentences, des maximes). On le trouvera aussi dans l'édition gréco-latine des *Fragmenta Philosophorum Graecorum*, Paris, Firmin-Didot, 1860, p. 196, v. 45-48. *Cf.* également M. Timpanaro-Cardini, *Pitagorici*, Firenze, La Nuova Italia, 1984.

[70] C'est l'essentiel de ce dernier texte qui est exprimé dans la citation : « Tétractys signifie etc. ».

Pour l'*Adv. Math.*, IV, § 3, voir *Contre les géomètres*, p. 298-299; pour l'*Adv. Math.* VII, § 94-95, voir *Against Logicians*, p. 48.

Sur ce que Hegel entend par *Adv. Math.*, voir notre complément à la note 45 de cette section.

[72] Sextus Empiricus, *Adv. Math.* X, § 277-283 : « § 277 – Et de la même manière le reste des nombres était accompli à partir de celles-ci, l'un étant toujours limité, la dualité indéfinie engendrant deux et donnant aux nombres une extension infinie (εἰς ἄπειρον). C'est pourquoi ils disent que dans ces principes, l'un a la position de la cause efficiente, et la dualité celle de la matière passive; et que de la manière dont ils ont accompli les nombres composés de ceux-ci, ils ont constitué l'univers et toutes les choses dans l'univers. § 278 – Ainsi le point, par exemple, est pensé sous la raison de l'unité; car de même que l'unité est une chose indivisible, de même l'est aussi le point; et de la même manière que l'unité est un principe dans les nombres, de même aussi le point est un principe dans les lignes. De sorte que le point rentre sous la rubrique de l'unité, mais que la ligne est considérée comme appartenant à la classe de la dualité, car la dualité et la ligne sont toutes deux pensées au moyen de la transition. § 279 – Et en outre, la longueur sans largeur représentée entre deux points est une ligne. La ligne appartiendra donc à la classe de la dualité, mais le plan à la triade, puisqu'il n'est pas simplement considéré comme longueur, comme l'était la dualité, mais a pris aussi pour lui-même une troisième dimension, la largeur, etc. » (*Against Physicists*, p. 344-348).

Sur ce que Hegel entend par *Adv. Math.*, voir ci-dessus notre complément à la note 45 de cette section.

[73] Aristote, *Métaphysique*, A, 8, 990a14-16, t. 1, p. 75 : « D'après ce qu'ils supposent eux-mêmes et déclarent, ils doivent rendre compte aussi bien des corps sensibles que des corps mathématiques. »

[74] Porphyre, § 30, p. 50.

[75] Jamblique, XXVI, § 115, p. 65-66.

[76] Sextus Empiricus, *Esquisses Pyrrhoniennes* dans *Œuvres choisies*, p. 313.

Adv. Math. IV, § 6-7 : voir *Contre les géomètres*, p. 298-301.

Adv. Math. VII, § 95-97 : voir *Against Logicians*, p. 48-50.

Adv. Math. X, § 283 : voir *Against Physicists*, p. 348.

Sur ce que Hegel entend par *Adv. Math.*, voir ci-dessus notre complément à la note 45 de cette section.

[77] Aristote, *Métaphysique*, A, 5, 985b26-986a12, t. I, p. 23-24 : « Et comme de ces principes les nombres sont, par leur nature, les premiers, et que, dans les nombres, les Pythagoriciens pensaient apercevoir une multitude d'analogies les choses qui existent et deviennent, plus qu'ils n'en apercevaient dans le Feu, la Terre et l'Eau (telle détermination des nombres étant la justice, telle autre l'âme et l'intelligence, telle autre le temps critique, et de même, en quelque sorte, pour chacune des autres déterminations); comme ils voyaient, en outre, que des nombres exprimaient les propriétés et les proportions musicales; comme, enfin, toutes les autres choses leur paraissaient, dans leur nature entière, être formées à la ressemblance des nombres, et que les nombres semblaient être les réalités primordiales de l'Univers : ils considérèrent que les principes des nombres étaient les éléments de tous les êtres, et que le Ciel tout entier est harmonie et nombre. Et toutes les concordances qu'ils pouvaient relever, dans les nombres et la Musique, avec les phénomènes du Ciel et ses parties et avec l'ordre de l'Univers, ils les réunissaient et les faisaient entrer dans leur système; et, si une lacune se révélait quelque part, ils procédaient aussitôt aux additions nécessaires pour assurer la complète cohérence de leur théorie. Par exemple, comme la Décade semble être un nombre parfait et embrasser toute la nature des nombres, ils disent que les Corps célestes en mouvement sont au nombre de dix; mais comme les Corps visibles ne sont que neuf, pour ce motif ils en supposent un dixième, l'Antiterre ».

[78] Aristote, *Traité du ciel*, II, 13, 293a20-293b4, p. 101-102 : « Pour ces dernier [les Pythagoriciens], c'est le feu qui occupe le centre; la Terre est seulement l'un des astres, et c'est elle qui, par son mouvement circulaire autour du centre, produit le jour et la nuit. En outre, ils construisent une autre Terre, contraire à la nôtre, qu'ils désignent sous le noms d'*Antiterre*. Ce faisant, ils ne cherchent pas à édifier les théories et les causes pour rendre compte des faits observés, mais ils sollicitent les faits pour les faire entrer dans certaines théories et opinions qui leur sont propres, et ils s'efforcent seulement de les y accommoder. Mais il y a beaucoup d'autres philosophes qui seraient d'accord avec eux pour reconnaître qu'on ne doit pas localiser la Terre dans la région centrale, et ils puisent leur conviction non pas dans les faits, mais plutôt dans les raisonnements. Ils pensent, en effet, qu'à la chose la plus noble il convient d'affecter la région la plus noble; mais le feu est selon eux, plus noble que la terre, et ce qui est à la limite, plus noble que les choses intermédiaires; or l'extrémité et le centre sont une limite, et par suite, prenant ces considérations pour point de départ de leur raisonnement, ils croient que ce n'est pas la Terre qui occupe le centre de la sphère, mais plutôt le feu. Les Pythagoriciens apportent, du moins, une autre raison. Ils soutiennent que la partie la plus fondamentale de l'Univers doit être la mieux gardée, et cette partie-là est le centre; ils la nomment la *citadelle de Zeus*, et c'est le feu qui occupe cette région ».

[79] *Ibid.*, II, 9, 290b12-23, p. 91 : « Ces considérations [du chap. 8 sur le mouvement des astres] montrent que la théorie suivant laquelle le mouvement des astres produit une harmonie, c'est-à-dire que les sons qu'ils émettent font un accord musical, en dépit de l'élégance et de l'originalité déployées par ses défenseurs, ne possède néanmoins aucune vérité. De l'avis de certains philosophes, en effet, il faut nécessairement que le mouvement de corps d'une grandeur aussi considérable produise un son, puisque c'est ce qui arrive même sur notre Terre, pour les corps qui sont loin de posséder de telles masses et une pareille vitesse de mouvement. Or quand le Soleil et la Lune, ainsi que les astres, si considérables qu'ils soient en nombre et en grandeur, se meuvent avec une telle rapidité, il est impossible <pensent-ils> qu'ils ne produisent pas un son prodigieusement fort. S'appuyant sur ces raisonnements et sur ce que les vitesses, dépendant des distances, possèdent les proportions des accords musicaux, ils assurent que le son émis par le mouvement circulaire des astres est une harmonie ».

[80] *An anderen Orten*, ailleurs.

[81] Aristote, *De l'Âme*, I, 2, 404a17-25, p. 16 : « Il semble aussi que la doctrine des Pythagoriciens ait la même signification [d'une certaine caractérisation de l'âme par le mouvement respiratoire]. Certains d'entre eux, en effet, ont déclaré que l'âme, ce sont les poussières de l'air d'autres, que c'est ce qui les meut ; et au sujet de ces poussières, on fait remarquer qu'elles nous paraissent continuellement en mouvement, même quand le calme est complet. – La même tendance est celle de ceux qui définissent l'âme ce qui se meut soi-même ; ils semblent tous penser, en effet, que le mouvement est le caractère le plus propre de l'âme, mais que celle-ci se meut par elle-même ; la raison en est qu'on ne voit aucun moteur qui ne soit lui-même mû ».

[82] Aristote, *De l'Âme*, I, 3, 406b27-407a9, p. 32-34 : « C'est de la même manière également que le *Timée* donne une explication physique de l'action motrice de l'âme sur le corps. L'âme, en effet, se mouvant elle-même, meut aussi le corps, en raison de ce qu'elle est entrelacée avec lui. Car, après l'avoir constituée à partir des éléments et l'avoir partagée selon le nombres harmoniques, afin qu'elle eût en elle un sentiment inné de l'harmonie et que l'Univers accomplît des mouvements harmonieux, <le démiurge> a courbé en cercle la dimension rectiligne, et, ayant divisé l'unité en deux cercles rattachés en deux points, il a divisé l'un de ces cercles, à son tour, en sept cercles, étant donné que <dans ce système> les révolutions du Ciel sont les mouvements mêmes de l'Âme. – Mais, d'abord, il n'est pas exact de soutenir que l'âme soit une grandeur. Il est évident, en effet, que, dans l'intention du *Timée*, l'âme du Monde est de la nature de ce qui est nommé l'intellect, car elle ne peut assurément être comparée à l'âme sensitive ou à l'âme appétitive, dont le mouvement n'est pas une translation circulaire. Or l'intellect est un et continu à la façon de l'intellection, et l'intellection est identique à ses concepts. D'autre part, ceux-ci ont une unité de consécution comme le nombre, mais non comme la grandeur ».

[83] Sénèque, *Tusculanes*, I, 16, trad. J. Humbert, Paris, Les Belles Lettres, 1970, t. I, p. 25-26 : « Le premier qui a dit que l'âme humaine était éternelle fut Phérécyde, dont l'époque est ancienne, car il vécut sous le règne de mon parent. Pythagore, son disciple, accrédita grandement cette opinion ».

[84] Hérodote, *Histoires*, t. II, chap. 123, p. 152.

[85] Diogène Laërce, VIII, § 14, p. 952 : « Le premier, dit-on, il a déclaré que l'âme parcourant le cercle de la nécessité tantôt se lie à un animal, tantôt à un autre ».

[86] Hérodote, *Histoires*, t. IV, p. 104.

[87] Porphyre, § 26-27, p. 48-49 ; Jamblique, XIV, § 63, p. 35-36.

[88] Homère, *Illiade*, chant XVI, v. 806-808, Paris, Les Belles Lettres, 1974, p. 129 : « Par derrière alors, dans le dos, entre les épaules, un

Dardanien vient le frapper, à bout portant, d'un bronze aigu. C'est Euphorbe, fils de Panthoos (...) ».

Ibid., chant XVII, v. 45 *sq.*, p. 136-137 : « et, tandis qu'Euphorbe recule, [Ménélas] le pique au bas de la gorge et appuie le coup. S'assurant en sa lourde main. (...) L'homme tombe avec fracas (...). Tel apparaît le fils de Panthoos, Euphorbe à bonne lance, que Ménélas d'Atride vient de tuer et qu'il dépouille de ses armes ».

[90] Aristote, *Les grands livres d'éthiques*, trad. C. Dalimier, Paris, Arléa, 1992, I, 1, 1182a11-14, p. 30-31.

[91] Voir la note 68 de cette section.

[93] Diogène Laërce, VIII, § 16, p. 954 : « Xénophile le Pythagoricien [raconte Aristoxène], à qui l'on demandait comment éduquer son fils le mieux possible, répondit : "en le faisant vivre dans une cité qu'ordonnent de bonnes lois" ».

[94] Aristote, *Métaphysique*, A, 8, 990a8-12. Il s'agit là seulement du premier point distingué par Hegel dans la critique aristotélicienne, qui s'exprime dans la citation : « De quelle manière, cependant, se produira le mouvement, alors qu'on ne pose rien d'autre que la Limite et l'Illimité, avec l'Impair et le Pair ? Ils ne l'expliquent pas, pas plus qu'ils n'expliquent comment peuvent s'opérer, sans mouvement et sans changement, la génération et la corruption, ou les révolutions des Corps qui se meuvent dans le Ciel ». Le passage : « Il dit en second lieu [...] de cette manière », correspond plus brièvement et librement à : « Bien plus : accordons-leur, ou admettons qu'il soit démontré, que l'étendue résulte de leurs principes; comment alors expliquer la légèreté ou la pesanteur des corps ? D'après ce qu'ils supposent eux-mêmes et déclarent, ils doivent rendre compte aussi bien des corps sensibles que des choses mathématiques. Aussi, s'ils n'ont jamais parlé du Feu, de la Terre, et des autres corps de cette sorte, c'est, je pense, parce qu'ils n'ont rien de spécial à dire des êtres sensibles » (*ibid.*, 990a12-18, p. 41-42). Même remarque pour le passage : « En outre, comment concevoir que les déterminations du nombre et le nombre lui-même, soient causes des êtres et du devenir de l'Univers matériel, et cela dès l'origine et maintenant encore, s'il n'y a aucun autre nombre en dehors du nombre dont le Cosmos est composé ? Les Pythagoriciens ont placé, dans telle partie déterminée de l'Univers, l'opinion et le temps critique, et, un peu plus près ou plus loin du centre, l'injustice et la décision ou le mélange; et ils en donnent comme démonstration, que chacune de ces choses est un nombre, et que déjà se trouve réunie, dans ce même lieu, une multiplicité de grandeurs composées de nombres parce que ces déterminations du nombre sont localisées dans les différentes régions de

l'étendue. Mais alors : est-ce que ce nombre, qui est dans l'Univers, est le même que celui que nous devons regarder comme chacune de ces abstractions, ou bien est-ce un autre nombre distinct de lui ? » (*ibid.*, 990a18-29, p. 42-43). La mention du texte hégélien « En chaque chose [...] à même elle » ne correspond pas à un élément des critiques aristotéliciennes indiquées ici.

Et Aristote termine alors son chapitre 8 en se référant à Platon, qui à la fois reprend l'identification pythagoricienne de l'univers au numérique, mais pour en distinguer le niveau supérieur des nombres intelligibles, en tant que *causes* : « Platon affirme que c'est un autre nombre. Il admet bien que tous ces êtres, et aussi leurs causes sont des nombres ; mais, pour lui, les nombres intelligibles sont seuls causes, et les autres sont les nombres sensibles » (*ibid.*, 990a30, p. 43).

[95] Diogène Laërce, VIII, § 14, p. 952 : « le premier [dit-on] il a dit que l'étoile du soir et l'étoile du matin étaient la même, ainsi que le dit Parménide ».

[96] Diogène Laërce, VIII, § 27, p. 963 : « La lune est éclairée par le soleil ».

[97] Diogène Laërce, VIII, § 11, p. 950-951 : « Apollodore, le spécialiste du calcul, dit qu'il avait offert en sacrifice une hécatombe, parce qu'il avait découvert que le carré de l'hypoténuse du triangle rectangle est égal à la somme des carrés des côtés. Et il existe une épigramme qui se présente ainsi : "Pythagore parvint à l'illustre résultat; le grand homme découvrit la figure pour laquelle il fit un célèbre sacrifice de bœufs" ».

[98] Aristote, *Physique*, IV, 6, 213b22-26, p. 166 : « Les Pythagoriciens aussi affirmaient que le vide existe et qu'il pénètre à partir du souffle infini dans le ciel, au sens où celui-ci respire le vide qui délimite les natures ».

[99] Diogène Laërce, VIII, § 26-28, p. 962-963 : « L'air qui entoure la terre est stagnant et malsain, et tous les êtres qui s'y trouvent sont mortels. En revanche, l'air de la région supérieure est toujours en mouvement, pur et salubre, et tous les êtres qui s'y trouvent sont immortels et pour cette raison divins. Le soleil, la lune et les autres astres sont des dieux, car en eux prédomine le chaud, qui est cause de vie. La lune est éclairée par le soleil. Et il y a une parenté des hommes avec les dieux, parce que l'homme participe du chaud; de là vient aussi que la divinité exerce sur nous sa providence. C'est le destin qui est la cause du gouvernement de l'univers, aussi bien dans son ensemble que dans ses parties. Il part du soleil un rayon qui pénètre dans l'éther, aussi bien l'éther froid que l'éther épais; c'est l'air qu'ils

appellent l'éther froid, et la mer et l'humide qu'ils appellent l'éther épais. Ce rayon descend même vers les profondeurs et de ce fait produit toutes les créatures vivantes. Sont vivants tous les êtres qui participent au chaud. Voilà pourquoi les plantes aussi sont des êtres vivants. Pourtant tous les êtres vivants n'ont pas une âme. L'âme est une parcelle détachée de l'éther, tant de l'éther chaud que de l'éther froid et, du fait qu'elle participe aussi à l'éther froid, l'âme diffère de la vie ».

C. *L'école éléatique*

[1] Aristote, *Métaphysique*, A, 5, 986b18-28. On comparera la traduction hégélienne à celle de Tricot (*op. cit.*, t. I, p. 26-27) donnée ci-après (légèrement modifiée) : « Parménide paraît s'être attaché à l'unité formelle [*plus litt.* selon le discours, la raison], et Mélissus à l'unité matérielle ; aussi cette unité est-elle pour le premier, finie, et, pour le second, infinie. Quant à Xénophane le plus ancien des partisans de l'unité (car Parménide fut, dit-on, son disciple) il n'a rien précisé, et il ne semble avoir touché à la nature d'aucune de ces deux unités. Mais, promenant son regard sur l'ensemble de l'Univers matériel, il assure que l'Un est Dieu. Ces philosophes doivent donc, comme nous l'avons dit, demeurer à l'écart de notre présente investigation, et, d'une façon absolue, deux d'entre eux, dont les conceptions sont, en vérité, un peu plus grossières, à savoir Xénophane et Mélissus. Au contraire, Parménide semble raisonner ici avec plus de pénétration ».

1. *Xénophane*

[2] Diogène Laërce, IX, § 18-20, p. 1060-1063.

a) De l'indication de Diogène Laërce (p. 1062) : « Il était dans sa pleine maturité pendant la soixantième Olympiade » (reprise dans notre texte), notre traducteur de Diogène Laërce infère (p. 1062, n. 6) que Xénophane serait né vers 580-577, ce qui s'accorde avec les indications généralement admises de 610-546 et au-delà pour la vie d'Anaximandre, ce qui confirme l'indication de Diogène Laërce (p. 1061) : « il vivait à l'époque d'Anaximandre », et, par suite, celle de notre texte : « Il était à peu près contemporain d'Anaximandre et de Pythagore » que l'on fait naître vers -500, soit plutôt en -570.

b) « De sa destinée [...] en Sicile ». *Cf.* p. 1060, § 18 : « Xénophane, fils de Dexios, ou, selon Apollodore, d'Orthomène, originaire de Colophon [...]. Chassé de sa patrie, il <s'établit> à Zancle de Sicile <...>; il vécut aussi à Catane ». La mention hégélienne : « sans qu'on en connaisse la raison » n'apparaît pas chez Diogène Laërce.

c) « Mais Diogène Laërce rapporte seulement [...] ce qui ne s'accorderait pas avec la chronologie ». *Cf.* Diogène Laërce, p. 1062 : « Il composa aussi *La Fondation* et *L'Établissement de la colonie à Élée en Italie*, deux mille vers. Il était dans sa pleine maturité pendant la soixantième Olympiade. Selon Démétrios de Phalère dans son traité *Sur la vieillesse* et selon Panétius le Stoïcien dans son traité *Sur l'égalité d'humeur*, il ensevelit son fils de ses propres mains comme Anaxagore ». L'affirmation que Xénophane parvint à près de cent ans renvoie à Diogène Laërce, IX, § 18-19, p. 1061 : « Il vécut très vieux, comme il l'atteste par lui-même : « Déjà sept et soixante sont les années qui ballottent mon inquiète pensée au long et au large de la terre de Grèce; depuis ma naissance, il y avait alors vingt-cinq ans à compter en plus, si du moins je puis parler de cela en toute exactitude ». Qu'il vécut assez longtemps pour voir les Guerres Médiques résulte de la date de sa mort qui est assez commodément admise : -485.

d) « Selon certains, il n'eut pas de maître, d'autres parlent d'Archélaüs, ce qui ne s'accorderait pas avec la chronologie ». *Cf.* Diogène Laërce, IX, § 18, p. 1060-1061 : « Selon certains, il ne fut le disciple de personne; selon d'autres, il fut celui de Botôn d'Athènes, ou, selon quelques-uns, d'Archélaos ». La possibilité, retenue par notre texte (qu'il ait été disciple d'Archélaos) s'avère bien en fait une impossibilité chronologique : si Xénophane est mort en -485, on ne voit guère comment il aurait été le disciple d'Archélaos (le maître de Socrate), lui-même disciple d'Anaxagore, mort en -428. On suppose que cette indication fautive provient d'une confusion entre Xénophane et Xénophon (p. 1060, n. 5 et p. 1061, n. 1).

[4] Strabon, *Géographie*, t. 3, trad. F. Lasserre, Paris, Les Belles Lettres, 1967, VI, p. 125 : « Passé ce cap commence un autre golfe, contigu au précédent, sur lequel est bâtie une ville que les Phocéens, ses fondateurs, avaient appelée Hyéle, alors que d'autres lui ont donné le nom d'Élée, qui est celui d'une source, et qu'on la nomme aujourd'hui Élée. Elle a vu naître les Pythagoriciens Parménide et Zénon, et me paraît avoir joui, grâce à eux, et déjà auparavant, d'une excellente législation ».

[5] Voici la traduction de la phrase entière de Cicéron et de la suivante : « L'école de Mégare fut célèbre : j'ai lu que Xénophane, nommé tout à l'heure, en fut le chef; vinrent ensuite Parménide et Zénon : d'où, à partir de ceux-ci, l'appellation de philosophes éléatiques. Il y eut ensuite Euclide de Mégare, un disciple de Socrate; à partir de lui ces mêmes philosophes furent dits Mégariques » (Cicéron, *Académiques*, II, 42, p. 634-635).

[6] En français, on trouvera les fragments des Éléates dans J. Burnet, *L'Aurore de la Philosophie grecque*, trad. par A. Reymond, Paris, Payot, 1952 et plus récemment dans *Les Présocratiques*, éd. J.-P. Dumont, Paris, Gallimard, « Bibliothèque de la Pléiade », 1988; repris dans *Les écoles présocratiques*, éd. J.-P. Dumont, Paris, Gallimard, « Folio », 1991, où ils ne sont plus groupés comme dans *L'Histoire de la Philosophie* de Hegel (ou encore dans celle de Bréhier) mais présentés séparément : Xénophane (maintenant nettement distingué des Éléates, p. 91-126); Parménide, p. 233-272; Zénon d'Élée, p. 275-292; Mélissos, p. 295-315. Rappelons que l'ensemble *Les Présocratiques* inclut les Sophistes.

[7] *Premiers Académiques*, II, XXIII, 74 : « Parménide et Xénophane, dont les vers sont moins bons [...] ». Cf. *Les Présocratiques*, p. 97; pour le texte grec, voir l'édition Lœb, p. 560-561.

[8] Sextus Empiricus, *Hyp. Pyrrh.*, I, 33, § 225 : « ἕν εἶναι τὸ πᾶν, καὶ τὸν θέον συμφυῆ τοῖς πᾶσι », et suivants : « εἶναι δὲ σφαιροειδῆ καὶ ἀπαθῆ καὶ ἀμετάβλητον καὶ λογικόν ». « Xénophane, contrairement aux hypothèses <προλήψεις> des autres hommes déclaraient dogmatiquement <ἐνδογμάτιζε> <que> l'univers est une seule chose et <que> Dieu est connaturel à toutes choses et <qu'>il est de forme sphérique, impassible, immuable et rationnel »(*œuvres choisies de Sextus Empiricus*, p. 207).

[9] Simplicius, p. 23 : « [l'être ne sera] ni infini ni fini [limité], parce que c'est le non-être qui est infini en tant qu'il n'a ni commencement ni milieu ni fin et que ce sont les multiples qui se limitent mutuellement ».

Plutarque, *Opinions des philosophes* dans *Œuvres morales*, II, 4, p. 105 : « Selon Xénophane, le monde n'a pas eu de naissance, il est éternel et impérissable. »

[10] Clemens Alexandrinus, *Stromata V*, 14, éd. Potter, Leipzig, J. C. Hinrichs, 1906, t. 2, p. 714 : Xénophane, enseignant que Dieu est un incorporel (εἶ καὶ ἀχώματος) déclare : « εἷς θέος, ἕν τε θεοῖσι καὶ ἀνθρώποισι μέγιστος, οὔτι δῆμας θυητοῖσιν ὁμαίος οὐδὲ νοήμα »; « Un seul Dieu, le plus grand chez les dieux et les hommes, et qui en aucun cas n'est semblable aux mortels, autant par sa démarche, autant par ce qu'il pense ».

[11] Sextus Empiricus, *Adv. Math.*, IX, § 144 : « Οὖλος ὁρᾷ, οὖδε δὲ νοεῖ, οὖλος δὲ ἀκούει <C'est en son être entier qu'il voit, qu'il pense, qu'il entend> » (*œuvres choisies de Sextus Empiricus*, p. 86; sur ce que Hegel entend par *Adv. Math.*, voir notre complément à la note 45 de la section précédente).

Diogène Laërce, IX, § 19, p. 1061-1062 : « σύμπαντα δὲ νοῦν καὶ φρόνησιν, καὶ ἄιδιον », « dans sa totalité il est esprit, intelligence, et il est éternel ».

[12] *Fragmenta*, p. 277. Ce texte corrompu est présenté d'une autre manière dans les *Aristotelis*, t. III, p. 672-681. À noter les variations du titre.

Voir aussi l'édition de Berlin des œuvres d'Aristote par Bekker (*Aristotelis Opera*, Berlin, Bekker, 1831, t. II). On trouvera dans le même volume (*Fragmenta*) les fragments de Xénophane (en grec et en latin), p. 101-107.

Voir leur traduction française dans J. Burnet, *L'Aurore de la philosophie grecque*, p. 132-134 et dans *Les Présocratiques*, p. 113-124.

[13] *Fragmenta*, p. 289 : « De même que Xénophane lui aussi dit que la profondeur de la terre et de l'air est infinie ».

[14] *Simplicius*, t. IX, p. 103; texte tiré d'une citation de Mélissos par Simplicius, que nous donnons d'abord d'après le Pseudo-Aristote (texte apparemment identique), que nous citons d'après la traduction des *Présocratiques*, p. 297 *sq*. Chaque élément cité est suivi de l'indication de l'élément correspondant cité entre guillemets dans notre texte :

Si quelque chose est, il est éternel : « 1. Si quelque chose existe, déclare [Mélissos], ce quelque chose est éternel » (*ibid.*, p. 297).

Il est impossible [...] son plus grand : « car il ne peut se faire que rien provienne du néant. Car que toutes choses proviennent ou, au contraire, que pas toutes choses ne proviennent de quelque chose, dans les deux cas elles sont éternelles; car celles d'entre elles qui proviennent de quelque chose devraient provenir de rien. En effet si toutes choses proviennent de quelque chose, rien ne saurait préexister. Et si, certaines ayant une existence permanente, d'autres étaient produites en plus, la réalité existante deviendrait plus nombreuse et plus grande; or ce par quoi le plus nombreux et le plus grand proviendraient, c'est le "de rien" car le moins ne contient pas le plus et le plus petit n'enferme pas le plus grand » (*ibid.*, p. 297).

Quelque chose ne peut pas davantage [...] pas de l'étant : « Mais une génération ne peut se produire ni à partir du non-étant (aussi bien une génération de quelque chose d'autre qui n'est pas, qu'à plus forte raison de l'étant absolu), ni à partir de l'étant. Car dans ce dernier cas il serait un étant et ne serait pas produit à l'être par la génération. Donc l'étant n'est pas engendré. Donc l'étant est éternellement » (*ibid.*, p. 309).

Le tout infini [...] est impossible : « 3. Mais ce tout est, bien qu'illimité, un; car s'il était deux ou plusieurs, ceux-ci constitueraient une limite les uns pour les autres » (*ibid.*, p. 297).

C'est un est égal [...] est impossible : « 4. Étant un, ce quelque chose est semblable en tous points; car s'il était dissemblable, il serait plus qu'un et ne serait plus un, mais multiple. 5. L'Un, étant éternel, immense et semblable en tous points, est immobile; car il ne saurait se mouvoir sans aller vers quelque lieu. Or tout déplacement s'effectue nécessairement soit vers un lieu plein, soit vers un lieu vide; mais, de ces deux sortes de lieux, l'un [le plein] ne saurait recevoir quelque chose, l'autre [le vide] n'est rien. 6. Étant tel, l'Un est exempt de souffrance et de douleur, sain et sans maladie; sa position n'est sujette à aucune remise en ordre, sa forme à aucune altération, et à rien d'autre il ne se mêle. Car dans tous ces cas l'Un deviendrait nécessairement multiple, ce qui nécessairement engendrerait le non-être et détruirait l'être, choses qui sont impossibles » (*ibid.*, p. 297-298).

[15] Diogène Laërce, IX, § 19, p. 1062 : « Il fut le premier à professer que tout ce qui vient à être est périssable, et que l'âme est un souffle ». Note inadéquate : exprimant l'universelle caducité du fini, le texte de Diogène Laërce cité n'exprime qu'indirectement l'illimitation de l'éternel affirmée dans la citation donnée dans notre texte hégélien, laquelle correspond visiblement à ce texte du Pseudo-Aristote donné dans *Les Présocratiques*, p. 297 : « 2. Étant éternel, ce quelque chose est illimité, parce qu'il ne comporte pas de principe d'où il proviendrait, ni de fin qui constituerait le terme de son devenir ».

[17] Hegel a librement constitué cette citation à partir d'éléments de ce chapitre (que l'on trouvera tel quel dans l'édition de Berlin de 1831 des œuvres d'Aristote, t. 2, p. 974) et les a transposés dans son propre langage. La phrase : « Xénophane ne semble pas... » se réfère aussi à ce chapitre. Voir aussi notre complément à la note 12 de cette section.

[18] Les vers cités ici sont en VII, § 49 (*Against Logicians*, p. 24) en VII, § 110 (*ibid.*, p. 56) et en VIII, § 326 (*ibid.*, p. 410-411). La suite du texte grec cité dans cette note est en VII, § 100-111 (*ibid.*, p. 56-60) et est traduite par Hegel, p. 305 dans la citation : « De sorte que le *criterium* est selon lui l'opinion, etc. ».

Esquisses Pyrrhoniennes, p. 217 : « Parmi les philosophes qui traitent du critère, les uns ont décidé qu'il existe, comme les Stoïciens et quelques autres, les autres qu'il n'existe pas, en particulier Xéniade de Corinthe et Xénophane de Colophon, qui déclare : "En tout il n'y a qu'opinion" ».

[20] « Hésiode aussi bien qu'Homère ont attribué aux dieux / Toutes celles des actions que les hommes regardent comme laides et honteuses : / Le vol, l'adultère et la fraude mutuelle » (*Œuvres choisies de Sextus Empiricus*, p. 94).

[21] « Tout vient de la terre et tout s'achève dans la terre, tous en effet, nous sommes issus de la terre et de l'eau ». « Tout ce qui naît et croît est terre et eau ». Le dernier vers est dans Simplicius (t. IX, p. 189).

2. *Parménide*

[22] γνώριμος peut en effet avoir le sens d'*ami*, quoique moins intime que φίλος; c'est ce sens que ce mot a ici chez Sextus Empiricus, d'après J.-P. Dumont, traducteur de Parménide dans *Les Présocratiques*, p. 255 et p. 1272.

[23] Diogène Laërce, IX, § 21, p. 1064 : « Xénophane eut pour auditeur assidu Parménide, fils de Pyrès, d'Élée (de ce dernier, Théophraste dans son *Épitomé* dit qu'il fut le disciple d'Anaximandre). Quoi qu'il en soit, bien qu'ayant été effectivement l'auditeur de Xénophane, Parménide n'adopta pas ses idées. À ce que dit Sotion, il eut en fait des contacts étroits avec Ameinias, fils de Diochaitès, Pythagoricien, pauvre mais parfait honnête homme. C'est ce dernier plutôt dont il adopta les idées; après sa mort, il lui fit construire un monument héroïque – lui-même appartenait à une famille illustre et riche; et c'est par Ameinias, non par Xénophane, qu'il fut converti au loisir de la vie contemplative ». Cf. *Les Présocratiques*, p. 233. La différence entre ce texte et la citation abrégée du texte hégélien procède essentiellement d'une différence entre le texte grec où Hegel a prélevé sa citation et celui de l'édition moderne de Diogène Laërce, *op. cit.* : « ὁ [Παρμενίδης] ἐκοινώνησε δὲ καὶ Ἀμεινίᾳ Διοχαίτα τῷ Πυθαγορικῷ (cité en note par Michelet p. 307) »; « ἐκοινώνησε δὲ καὶ Ἀμεινίᾳ Διοχαίτα τῷ Πυθαγορικῷ ». Sur la difficulté de l'ensemble du texte de Diogène Laërce cité ici, voir l'édition de La Pochothèque, p. 1065, note 2.

[24] Il s'agit en réalité de Diogène Laërce, IX, § 23, p. 1066 : « Il était dans sa pleine maturité pendant la soixante-neuvième Olympiade », avec la note 4, qui indique que la chronologie donnée ici est considérée « généralement comme correcte » (Parménide serait né vers 544-541), mais elle est incompatible avec celle qui ressort de la mise en scène du *Parménide* de Platon (127 b-c : Parménide, âgé de soixante-cinq ans, aurait rencontré Socrate très jeune à Athènes; or Socrate est né en 470-469).

[25] Platon, *Théétète*, 183e-184a dans *Œuvres complètes*, t. 8, 2e partie, trad. par A. Diès, Paris, Les Belles Lettres, 1976, p. 219 et *Le Sophiste*, 217c, dans *Œuvres complètes*, t. 8, 3e partie, trad. par A. Diès, Paris, Les Belles Lettres, 1976, p. 303.

[26] Platon, *Parménide*, 127b dans *Œuvres complètes*, t. 8, 1re partie, trad. par A Diès, Paris, Les Belles Lettres, 1923, p. 55.

[27] Sur Tennemann, voir notre complément à la note 8 de la section « La philosophie des Ioniens ».

[28] Diogène Laërce, IX, § 23, p. 1067 : « On dit aussi que Parménide donna des lois à ses concitoyens, comme le dit Speusippe dans son livre *Sur les philosophes* ».

[29] Le texte cité par Sextus et repris par Hegel comporte quelques variantes par rapport au poème reconstitué; elles n'en altèrent pas le sens général. Signalons toutefois que le mot εὐκυκλέος (vers 29, traduit par J. Beaufret par « sphère accomplie ») remplace ἐυπειτέος, donné dans Sextus et traduit par Hegel par « überredenden » (au pouvoir persuasif). Voici l'ensemble de la traduction de J. Beaufret, p. 77 : « Les cavales qui m'emportent m'ont conduit aussi loin que mon cœur pouvait le désirer, puisqu'elles m'ont entraîné sur la route abondante en révélations de la divinité, qui, franchissant toutes cités, porte l'homme qui sait. C'est par cette route que j'ai été porté; car c'est sur elle que m'ont conduit les très prudentes cavales qui tiraient mon char, et des jeunes filles montraient la route.

Et l'axe brûlant dans les moyeux jetait le cri strident de la flûte – il était pressé de chaque côté par les deux roues rondes – quand les filles du soleil, ayant laissé derrière elles les demeures de la nuit, se hâtaient de courir à la lumière, rejetant de leurs mains les voiles qui couvrent leurs têtes.

Là sont les portes qui ouvrent sur les chemins de la Nuit et du Jour, encastrées entre un linteau, en haut, et en bas un seuil de pierre; elles s'élèvent dans les airs, portes aux forts châssis, et c'est la Justice aux nombreuse rigueurs qui en détient les clefs à double usage. Les jeunes filles la séduisirent par des douces paroles et la persuadèrent habilement de vite leur écarter des portes le verrou chevillé; celles-ci s'envolèrent, créant un espace béant entre les battants et faisant tourner en sens opposé les gonds garnis de cuivre dans les écrous ajustés par des chevilles et des agrafes; et voici qu'à travers les portes, tout droit sur la grande route, les jeunes filles guident le char et les chevaux.

Et la déesse m'accueillit avec bienveillance, prit ma main droite dans sa main, et m'adressa la parole en ces termes : ô jeune homme, toi qu'accompagnent d'immortels cochers, toi qui, avec ces cavales qui t'emportent, atteins notre demeure, salut. Ce n'est certes en rien un sort funeste qui t'a mis sur cette route (car elle est à l'écart du sentier des hommes) mais la justice et le droit. Or il faut que tu sois instruit de tout, du cœur sans tremblement de la vérité, sphère accomplie, mais aussi de ce qu'ont en vue les mortels, où l'on ne peut se fier à rien de vrai. <Ici le fragment de Sextus se continue dans l'édition Beaufret par le § VII p. 82, à partir du 2e vers>

[…] écarte donc ta pensée de cette voie de recherche, et que l'habitude à la riche expérience ne t'entraîne pas de force sur cette voie : celle où s'évertuent un œil pour ne pas voir, une oreille remplie de bruit, une langue, mais d'entendement, décide de la thèse sans cesse controversée que te révèle ma parole.

Il ne reste donc plus qu'une seule voie dont on puisse parler ». Cette dernière phrase correspond au début du §VIII de l'édition Beaufret (p. 82), la divergence de sens s'expliquant par une variante : θυμός dans Sextus, μῦθος dans Beaufret, comme dans Simplicius, mais dans des citations coupées de ce qui précède.

Quelques remarques :

1) la divergence de traduction de la 1re ligne, malgré un texte identique ;

2) les éliminations et simplifications de Hegel ;

3) l'absence dans ce prologue reproduit de Sextus Empiricus des vers 31-32 de l'édition Beaufret, importants pour l'interprétation heideggerienne : « Mais oui, apprends aussi comment la diversité qui fait montre d'elle-même devait déployer une présence digne d'être reçue, étendant son règne à travers toutes choses ».

[30] Interprétation de Sextus, cf. *Les Présocratiques*, p. 256.

[31] Là encore interprétation de Sextus, cf. *ibidem*.

[32] Sur Proclus, voir Hegel, *Histoire de la Philosophie*, Paris, Vrin, 1990, t. IV. La citation de Parménide figurant dans son commentaire du *Timée* [voir *Procli commentarius* in *Platonis Timaeum* (livre II, 105 B), Schneider (éd.), Bratislava, 1847, p. 248] se trouve dans *Les Présocratiques*, p. 257-258. Voici la traduction correspondant à la citation de Hegel : « Viens, je vais t'indiquer – retiens bien les paroles que je vais prononcer – quelles sont donc les seules et concevables voies s'offrant à la recherche. La première, à savoir qu'il est et qu'il ne peut non être, c'est la voie de la persuasion, chemin digne de foi qui suit la vérité ; la seconde, à savoir qu'il n'est pas, et qu'il est nécessaire au surplus qu'il existe le non-être, c'est là, je te l'assure, un sentier incertain et même inexplorable : en effet le non être (lui qui ne mène à rien) demeure inconnaissable et reste inexprimable ». La principale variante par rapport au texte de Proclus auquel Hegel se réfère est, semble-t-il : οὐ γὰρ ἀνυστόν (il n'y a pas d'issue possible) au lieu de : οὐ γὰρ ἐφικτόν, que Hegel a rendu librement par : « ni l'atteindre » ; ἀνυστόν est dans le texte de Simplicius (*op. cit.*, p. 116).

[33] Simplicius, t. IX, p. 86 (repris en partie p. 117) : χρὴ τὸ λέγειν τε νοεῖν τ' ἐὸν ἔμμεναι · ἐστὶ γὰρ εἶναι, μηδὲν οὐκ ἔστιν.

Texte identique dans *Les Présocratiques*, p. 260 : « Ce qui peut être dit et pensé se doit d'être : car l'être est en effet, mais le néant n'est pas ».

Simplicius, t. IX, p. 117. Hegel omet ce qui, dans Simplicius et dans *Les Présocratiques*, suit immédiatement le texte précédent (« À cela, je t'en prie, réfléchis fortement, cette voie de recherche est la première dont je te tiens éloigné »), et ses deux citations suivantes correspondent à cette traduction de J.-P. Dumont, p. 260 : « Ensuite écarte-toi de l'autre voie : c'est elle où errent des mortels dépourvus de savoir et à la double tête; en effet, dans leur cœur, l'hésitation pilote un esprit oscillant : ils se laissent porter sourds, aveugles et sots, foule inepte, pour qui être et non-être sont pris tantôt pour le même et tantôt le non-même, et pour qui tout chemin retourne sur lui-même (παλιντροπός) ».

[34] *Les Présocratiques*, p. 261 (texte de Simplicius) : « Mais il ne reste plus à présent qu'une voie dont on puisse parler : c'est celle du "il est". Sur cette voie il est de fort nombreux repères, indiquant qu'échappant à la génération, il est en même temps exempt de destruction : car il est justement formé tout d'une pièce, exempt de tremblement et dépourvu de fin. Et jamais il ne fut, et jamais ne sera, puisque au présent il est, tout entier à la fois, un et un continu. Car comment pourrait-on origine quelconque assigner au "il est" ? Comment s'accroîtrait-il et d'où s'accroîtrait-il ? Je t'interdis de dire ou même de penser que le "il est" pourrait provenir du non-être, car on ne peut pas dire ou penser qu'il n'est pas. Quelle nécessité l'aurait poussé à être ou plus tard ou plus tôt, si c'était le néant qu'il avait pour principe ? Aussi faut-il admettre qu'il est absolument, ou qu'il n'est pas du tout. Jamais non plus la force attachée au discours ne pourra concéder que du néant procède un être susceptible à lui de s'ajouter ».

[35] Simplicius, p. 145; *Les Présocratiques*, p. 262 : « Et comment aussi l'être pourrait-il donc périr ? Comment pourrait-il naître ? S'il est né en effet, c'est qu'alors il n'est pas, et il n'est pas non plus, s'il lui faut être un jour : son naître s'évanouit, et sa disparition apparaît impossible. Et il n'est pas non plus divisible en effet, puisqu'il est en entier, sans avoir ça ou là quelconque chose en plus qui pourrait s'opposer à sa cohésion, ou quelque chose en moins. Il est tout rempli d'être. Aussi est-il tout continu. En effet, l'être embrasse au plus près l'être. Or il est immobile, pris dans les limites de formidables liens; il est sans commencement et il est sans fin, car la génération comme la destruction ont été écartées loin de lui, et la foi véridique les a, elle aussi, rejetées. Identique à lui-même en lui-même il repose, il est là en lui-même immobile en son lieu; car la Nécessité puissante le retient dans les liens l'enchaînant à sa propre limite; c'est pourquoi la sentence a été décrétée que l'être ne saurait se dispenser de fin.

Il ne manque de rien, en effet. À rebours, en n'étant pas, de tout il serait dépourvu ».

[36] Simplicius, p. 86; *Les Présocratiques*, p. 262 (suit la citation de la note précédente) : « Or le penser est identique à ce en vue de quoi une pensée singulière se forme. On chercherait en vain le penser sans son être, en qui il est un être à l'état proféré ».

[37] Plotin, *Ennéades*, t. V, trad. de É. Bréhier, Paris, Les Belles Lettres, 1968, p. 26 : « Parménide était partisan d'une doctrine semblable, quand il réduisait à l'unité l'être et l'intelligence, et quand il déclarait que l'être n'était pas dans les choses sensibles. "Penser et être, disait-il, c'est la même chose"; l'être, d'après lui, est immobile ».

[38] *Les Présocratiques*, p. 262-263 : « Mais puisque existe aussi une limite extrême, il est de toutes parts borné et achevé, et gonflé à l'instar d'une balle bien ronde, du centre vers les bords en parfait équilibre. Car aussi bien en plus et aussi bien en moins, aucune variation ici ou là n'existe. Car il n'est nul non-être à même d'empêcher qu'il atteigne partout son parfait équilibre, ni être qui en lui soit en plus ou en moins, étant donné qu'il est tout entier inviolable. En toutes directions il s'égale à lui-même, et de même façon il touche à ses limites ».

[39] Plotin, *Ennéades*, V, I, 8, p. 26 : « Il compare l'être (τὸ ὄν) à une masse sphérique, parce qu'il a toutes choses incluses en lui et parce que la pensée ne lui est pas extérieure, mais intérieure ».

[40] *Les Présocratiques*, p. 263 : « Ils [les mortels] ont, par convention, en effet assigné à deux formes des noms; mais des deux cependant une n'en est pas digne – et c'est bien en cela qu'ils se sont fourvoyés. Car ils ont estimé contraires leurs aspects, et leur ont assigné des signes qui fondaient leur distinction mutuelle. Des deux, l'une est le feu éthéré de la flamme, c'est le feu caressant et c'est le feu subtil, identique à lui-même en toutes directions, mais qui à l'autre forme identique n'est pas; l'autre par son essence à l'exact opposé , c'est la nuit sans clarté, dense et lourde d'aspect ». Simplicius ne cite pas les deux vers qui suivent, qui manquent aussi chez Hegel; voir *Les Présocratiques*, p. 263 : « Voici, tel qu'il nous semble en sa totalité, le système du monde et son arrangement que je vais te décrire, afin que nul mortel n'en sache plus que toi ». Et le texte poursuit (*cf.* Hegel), *ibid.*, p. 266 : « Puisque toutes choses ont nom lumière et nuit, et puisque telle ou telle a, selon sa puissance, reçu tel ou tel nom, toute chose est remplie à la fois de lumière et de nuit obscure, l'une et l'autre ayant part égale en sa nature, puisque rien ne saurait exister qui n'ait part à l'une ni à l'autre » (Simplicius, 180, 8).

[41] Aristote, *Métaphysique*, A, 3, 984b3-4, t. I, p. 17 : « Parmi ceux [les philosophes] qui énoncent l'unité du Tout, nul n'est donc parvenu à la conception de la cause en question [la cause efficiente], exception faite peut-être pour Parménide, et encore est-ce dans la mesure où il suppose qu'il y a non seulement une cause, mais aussi en un certain sens deux causes ». Ce sont ces deux causes « selon l'opinion » et « selon la vérité » (*cf.* note 3, p. 17) dont Aristote indique le statut et la nature dans le deuxième texte signalé (A, 5, 986b27- 987a2, p. 27) : « Persuadé que, hors de l'Être, le Non-Être n'est pas, il [Parménide] pense que nécessairement une seule chose est, à savoir l'Être lui-même, et qu'il n'existe rien d'autre [...] ; mais contraint de s'incliner devant les faits, d'admettre à la fois l'unité formelle et la pluralité sensible, il en vient à poser deux causes, deux principes : le Chaud et le Froid, autrement dit le Feu et la Terre, et, de ces deux principes, il range l'un, le Chaud, avec l'Être, et l'autre avec le Non-Être ».

[42] Plutarque. Il s'agit du Pseudo-Plutarque (ou Aétius). Les textes donnés ici en citation correspondent fidèlement et principalement à ce texte donné comme faisant partie des *Opinions des philosophes* : voir *Les Présocratiques*, p. 247. La parenthèse « Les plus étroites [...] de la flamme », correspond à Simplicius, dans *Les Présocratiques*, p. 267-268 : « Les plus étroits anneaux sont remplis d'un feu pur [et non impur (*unrein*), comme l'écrit par erreur notre édition K. L. Michelet, p. 315]; ceux qui viennent après, de nuit; dans l'intervalle une portion de feu se trouve répandue ». La phrase « Car de tout génération [...] la déesse [ou nature] est le principe [...] et inversement » correspond à la suite du texte de Simplicius qui vient d'être cité (*ibid.*, p. 268) : « Au milieu des anneaux est la Divinité qui régit toutes choses. Partout elle est principe, à la fois de naissance aux cruelles douleurs comme d'accouplement, projetant la femelle à l'encontre du mâle, afin de s'accoupler, et, de même, le mâle auprès de la femelle ».

[43] Parménide, *De la nature*, dans C. A. Brandis, *Commentationum eleaticarum*, Altona, J. F. Hammerich, 1813, p. 127 et non pas p. 162 comme l'indique Michelet, ce qui correspond à un texte à peu près identique à celui du Pseudo-Plutarque cité dans la note précédente : « Πρώστιστον μὲν Ερωτα θεῶν μητίσατο πάντων, Le tout premier de tous les dieux, ce fut Éros qu'elle [la déesse de la naissance et de l'amour] imagina [*ou* inventa] ».

[44] Théophraste, *Du sens*, 3; *Les Présocratiques*, p. 251 : « Parménide en effet n'a pas été parfaitement clair sur ce point et s'est borné à indiquer qu'étant donné deux éléments, la connaissance se conforme à l'élément qui

l'emporte. Car, pour peu que le chaud ou le froid l'emporte, la conscience change de caractère, meilleure et plus pure étant celle qui résulte du chaud. Cependant, une certaine proportion doit être respectée : car tout comme chacun a son propre mélange [...] l'en-plus est la pensée. Car il estime que sentir et penser sont une même chose. C'est pourquoi le souvenir et l'oubli dérivent d'eux en fonction du mélange. Mais dans le cas où les deux éléments sont en quantité égale, il n'est pas parvenu à définir s'il y aura alors, ou non, pensée, et en quoi consiste la disposition <qui permet de penser>. Qu'il fait dépendre la sensation du contraire considéré en lui-même, cela est évident quand il dit que le cadavre est privé de sensation au regard de la lumière, du chaud et du son, du fait de la privation du feu. Mais en revanche, il a, selon lui, la sensation du froid, du silence et des autres contraires. En outre, tout être possède en général une certaine faculté de connaître ».

3. *Melissus*

[46] Diogène Laërce, IX, § 24, p. 1068.

[47] Plutarque, *Vies parallèles*, « Périclès », XVIII, 1, p. 346-347.

[48] Notamment p. 29, où Simplicius attribue à Mélissus la citation suivante (que nous traduisons) : « Puis donc qu'il n'est pas né, il est, était et sera toujours, il n'a ni commencement ni fin, mais il est infini; car s'il était né, il aurait un commencement (il aurait en effet commencé puisque naissant à un certain moment), et une fin (car il finirait). Comme il n'a ni commencé ni fini et qu'il était toujours, il n'a ni commencement ni fin [mais est infini] ». *Cf.* aussi p. 31, 40, 103.

[49] Aristote, *Physique*, I, 2, 185a10, p. 69 : « Mais le syllogisme de Mélissus est principalement grossier » (φορτικός).

4. *Zénon*

[50] Diogène Laërce, IX, § 25, p. 1069.

[51] Platon, *Parménide*, en particulier 126b et 127c, dans Platon, *Œuvres complètes*, VIII, I, trad. A. Diès, Paris, Les Belles Lettres, 1923, p. 54-55.

[52] Diogène Laërce, IX, § 28, p. 1070-1071.

[53] Diogène Laërce, IX, § 26-27, p. 1070; G. Ménage, *op. cit.*, n. 24 de la section « Les Pythagoriciens »; Valerius Maximus, *Actions et paroles mémorables*, trad. P. Constant, Paris, Garnier, 1935, p. 235-236.

[54] *Fragmenta philosophorum graecorum*, Paris, Firmin-Didot, 1860, p. 293 (désormais *Fragmenta*); *Aristotelis opera omnia*, t. III, Paris, Firmin-Didot, 1848, p. 676 (désormais *Aristotelis*).

[55] *Fragmenta*, p. 293, et *Aristotelis*, t. III, p. 677.

[56] Platon, *Parménide*, 127d-128e, p. 56-57.

[57] Simplicius, *Commentaire sur la Physique d'Aristote*, p. 30, a : « Il montre que si les multiples sont, ils sont grands et petits, etc. » (Simplicius, IX, p. 139).

[58] *Ibid*, p. 141, Hegel donne à πρόεξει αὐτοῦ τι le sens de « quelque chose de lui sera proéminent », donc le distinguera. Autre traduction (plus vraisemblable) : « quelque chose l'emportera sur lui ».

[59] Aristote, *Physique*, VI, 9, p. 241-244.

[60] Diogène Laërce, VI, 39, p. 687; Sextus Empiricus, *Esquisses pyrrhoniennes*, III, 8, § 66, p. 403-405.

[62] Aristote, *Physique*, 9, 239b21-29, p. 242 : « ... mais c'est pour la même raison que dans la dichotomie : dans les deux cas, en effet, on conclut qu'on ne peut arriver à la limite, la grandeur étant divisée d'une façon ou d'une autre... Que celui qui est en avant ne sera pas rattrapé, c'est faux; en effet, tant qu'il est en avant, il n'est pas rattrapé; mais cependant il est rattrapé, *pour peu qu'on accorde que c'est une ligne finie qui est parcourue* »* (souligné dans la citation grecque de Hegel).

[63] *Ibid.*, 239b30-33, p. 242 : « Le troisième... c'est la conséquence de la supposition que le temps est composé d'instants [mots soulignés dans la citation de Hegel] si l'on refuse cette hypothèse, plus de syllogisme »*.

[64] *Ibid.*, 240a1-4 , p. 242-243 : « Le paralogisme consiste en ce que l'on pense que la grandeur égale, avec une vitesse égale, se meut dans un temps égal, aussi bien le long de ce qui est mû que le long de ce qui est en repos »*.

D. *Héraclite*

[1] Diogène Laërce, IX, § 1, p. 1047.

[2] *Ibid.*, IX, § 15, p. 1057.

[3] *Ibid*, IX, § 3, p. 1048.

[4] Cicéron, *Tusculanes*, V, 36, t. II, p. 156-157, § 105.

[5] Fabricius, *Ad Sextus Emp. Ad. Math.*, VII, § 127 : Fabricius cite le texte de Proclus (note R, p. 397). *Verstand* et *Besonnenheit* traduisent νόος et φρήν.

[6] Diogène Laërce, IX, § 6, p. 1050-1051.

[7] *Ibid.*, IX, § 13, p. 1056.

[8] *Ibid.*, IX, § 14, p. 1056-1057.

[9] *Ibid.*, IX, § 12, p. 1055-1056 et IX, 6, p. 1050-1051.

[11] 1) *De Natura Deorum*, III, 14 : « Qui quoniam, quid, diceret, intelligi noluit omittamus » ; « Nous laisserons en effet celui-ci <Héraclite> de côté, puisqu'il n'a pas voulu se faire comprendre ».

2) *De Finibus*, II, 5, 15, Paris, Les Belles Lettres, 1955, I, p. 63. L'obscurité d'Héraclite serait faite « de industria », « délibérément ».

3) Diogène Laërce, IX, § 6, p. 1050-1051.

[12] Aristote, *Rhétorique*, 6; *cf.* le livre de C. Ramnoux, *Vocabulaire et structures de pensée archaïque chez Héraclite*, Paris, Les Belles Lettres, 1959.

[13] Démétrius de Phalère écrivain et orateur athénien du IIIe siècle av. J.-C. est parmi les plus savants des Péripatéticiens.

[14] Diogène Laërce, II, § 22, p. 230-231 et IX, § 11-12, p. 1054-1055.

[15] Aristote, *Metaphysique*, IV, 7, 1012a25, trad. Tricot, t. I, p. 240 : « toutes les choses sont et ne sont pas ».

Ibid., I, 4, p. 39, 985b8-9 : « le Non-Être n'a pas moins d'existence que l'Être ». Le passage d'Aristote d'où cette expression est tirée expose la pensée de Leucippe et de Démocrite, et non d'Héraclite.

[16] Évocation de 1005b29-30 dont voici le texte, dans la traduction Tricot, t. I, p. 196 : « Il est évidemment impossible, pour le même esprit, de concevoir, en même temps, que la même chose est et n'est pas… ».

[17] Platon, *Cratyle*, 402a.

Aristote, *Métaphysique*, I, 6, 987a32-987b1 et 1078a12-17.

[18] Aristote, *Métaphysique*, IV, 5, 1010a9-14.

[19] Aristote, *Du ciel*, III, 1, 298b29-32, p. 120 : « Toutes les autres choses… s'écoulent, rien n'est fixe, mais une seule subsiste, celle dont procèdent naturellement toutes les autres par voie de transformation ».

[20] Sextus Empiricus, *Esquisses pyrrhoniennes*, I, 29, § 210-211, p. 173-175.

[21] *De Mundo*, V, dans *Aristotelis*, t. III, Paris, Firmin-Didot, p. 635 : « Tu as lié ensemble l'entier et le non-entier, ce qui s'accorde et ce qui est en désaccord, le consonant et le dissonant et à partir de toutes choses est un, et à partir d'un toutes choses ».

[22] Sextus Empiricus, *Adv. Math.*, IX, § 337 : « Enésidème dit selon Héraclite : “La partie est différente du tout et lui est identique. En effet, la substance (l'essence) est totale et aussi partie; elle est totale dans le monde, elle est partie dans la nature de ce vivant-ci” ».

Sur ce que Hegel entend par *Adv. Math.*, voir notre complément à la note 45 de la section « Pythagore et les pythagoriciens ».

[23] Platon, *Le Banquet*, 187a-b, éd. Bekk (utilisée par Hegel), p. 397.

[24] Aristote, *Métaphysique*, I, 3, 984a7 et I, 8, 989a1-3.

[26] Sextus Empiricus, *Adv. Math.*, X, § 216 : « Le temps est assurément un corps, a dit Enésidème d'après Héraclite en effet, il ne diffère pas de ce qui est et du corps premier ».

[27] L'expression « l'essence corporelle du temps » est au début du § 230.

Voici la traduction de l'ensemble du passage indiqué par Hegel à l'aide des quelques mots ci-dessus, et où Sextus Empiricus critique Héraclite (§ 230-232) : « Le temps n'est donc pas un corps. De plus ce qui est, selon les Héraclitéens, – et le corps appartient certes à ce qui est – est dans le temps ; or le temps n'est pas dans le temps ; l'étant et le corps ne sont donc pas temps. Et encore : le vivant vit dans le temps, de même que le mort est mort dans le temps ; c'est pourquoi le temps n'est pas un vivant ou un corps. Qui plus est, ceux qui disent contrairement à Héraclite qu'il n'existe pas de corps premier, n'ont aucune difficulté à concevoir le temps. Mais si le temps était le corps premier, comme le veut Héraclite, ils ne pourraient eux non plus concevoir le temps. L'étant n'est donc pas temps, comme le voudrait Héraclite ».

[28] Aristote, *De l'âme*, I, 2, 405a25-27, p. 23 : « Pour Héraclite, le principe, c'est l'âme, puisqu'elle est l'exhalaison chaude dont il constitue les autres êtres. C'est une réalité incorporelle et en perpétuel écoulement ».

[29] Jean Philopon, dit aussi Jean le Grammairien, savant, philosophe et théologien d'Alexandrie (VIe et VIIe siècle après J.-C.). A notamment fait d'importants commentaires d'Aristote. Adversaire du néo-platonisme. Les textes des commentaires sur les quatre premiers livres de la *Physique* ont été publiés en 1535. L'édition moderne autorisée est constituée par les tomes XVI et XVII des *Commentaria in Aristotelem Graeca* (éd. Vitelli, Berlin, 1887). Le texte cité par Hegel est au tome XVI, p. 23. Après avoir rangé Héraclite parmi ceux qui admettent un principe unique, limité et en mouvement, J. Philopon ajoute : « Selon Héraclite et Hippase, le feu est le principe des êtres, parce qu'il est plus subtil (λεπτομερέστερον) que les autres, et pour sa "plasticité" » (εὔπλαστον).

[30] Aristote, *Métaphysique*, 984b23-985a10, où il est surtout question d'Hésiode et, à sa suite, de Parménide et d'Empédocle.

[31] Diogène Laërce, IX, 8, p. 1053.

[32] Hegel cite ici le texte d'Héraclite tel qu'il est cité dans Clément d'Alexandrie, plus une parenthèse de celui-ci : « le ciel et ce qu'il renferme ». Pour la citation d'Héraclite, voir aussi la traduction du fragment 31, p. 105, dans la traduction des fragments d'Héraclite qui se trouve à la fin du livre d'Abel Jeannière, *La pensée d'Héraclite d'Éphèse et la vision présocratique du monde*, Paris, Aubier, 1959.

[33] Diogène Laërce, IX, 9, p. 1053-1054.

[34] Fragment n° 30, *cf.* A. Jeannière, *op. cit.*, p. 104 (cf. *Die griechischen christichen Schriftsteller der ersten drei Jahrhunderte. Clemens Alexandrinus*, Leipzig, 1906, t. II, p. 396).

[35] Clemens Alexandrinus, *Stromata*, p. 435.

[36] *Eusebius Werke*, Akademie Verlag Berlin 1956, Band 8, 2. Part., p. 262 (14, 3, 8). Diogène Laërce, IX, 8, p. 1053.

[37] Stobée, *Ecl. Phys.*, chap. 22, § 6 : « Héraclite n'a pas affirmé que le monde est engendré selon le temps, mais selon la pensée ».

[38] Sextus Empiricus, *Esquisses pyrrhoniennes*, III, 24, § 230, p. 495 : « Pour Héraclite la vie et la mort sont pour nous la vie et la mort : car lorsque nous vivons nos âmes sont mortes et ensevelies en nous, quand nous mourrons, nos âmes ressuscitent et vivent »* .

[39] Plutarque, *cf.* trad. Amyot des *Œuvres morales* de Plutarque : « S'il est loisible de manger chair », traité premier, *sub fine*.

[40] Diogène Laërce, IX, 7, p. 1052.

Simplicius, IX, p. 24 : « Hippase de Métapont et Héraclite d'Éphèse adoptent eux aussi un principe unique, en mouvement limité, mais c'est le feu qu'ils ont pris pour principe, faisant naître les êtres du feu par condensation et raréfaction et les dissolvant en lui, en tant que cette nature une est celle qui subsiste ; car toutes choses s'échangent contre le feu, dit Héraclite. Il admet aussi un certain ordre et un temps défini pour le changement du monde selon une certaine nécessité fixée par le destin. »

Stobée, *Ecl. Phys.*, chap. 3, § 28 : « Héraclite a affirmé que le feu périodique est éternel, et que le destin est le logos qui, de la course en sens inverse, produit les êtres ».

[41] Voici la traduction Amyot de ce texte du Pseudo-Plutarque, I, chap. 28, « De la substance de Destinée » : « Héraclite, que la substance de la Destinée est la raison qui pénètre par toute la substance de l'univers, et que c'est un corps céleste, la semence de tout l'univers… ».

[44] Diogène Laërce, IX, 1, p. 1047-1048.

Dans l'édition Cobet de Diogène Laërce on a à cet endroit ἥτε οἴη κυβερνήσει au lieu de οἱ ἐγκυβερνήσει (éd. G. Ménage citée par Hegel) – Voici la traduction de l'ensemble de ce passage par Abel Jeannière, p. 105, n° 40-41 : « savoir beaucoup de choses n'apprend pas à posséder l'intelligence. Sinon, il l'aurait appris à Hésiode et Pythagore, aussi bien qu'à Xénophane et Hécatée. La sagesse consiste en une seule chose : être familier de la pensée qui gouverne le tout par le moyen de tout ».

[46] « Mémoire » traduit ici l'allemand *Gedächtnis*.

[48] Sextus Empiricus, *Adv. Math.*, VII, § 349 : « selon certains, la pensée (διάνοια) est à l'extérieur du corps, tel Enésidème qui suit l'opinion d'Héraclite ».

Sur ce que Hegel entend par *Adv. Math.*, voir notre complément à la note 45 de la section « Pythagore et les pythagoriciens ».

[52] On peut comparer cette citation aux fragments 62 et 77 (*cf.* A. Jeannière, *op. cit.*, p. 108 et 110). Elle se trouve dans les *Allégories d'Homère* d'un auteur mal connu du Ier siècle après J.-C. environ, Héraclite, parfois appelé Héraclite du Pont ou Héraclite junior (*Allégories d'Homère*, trad. par F. Buffière, Paris, Les Belles Lettres, 1989).

La citation d'Héraclite d'Éphèse se trouve p. 30, mais rétablie conformément au fragment 62 de Diels : θεὶ θνητοί· [τ'] ἄνθρωποι ἀθάνατοι, ζῶντες τὸν ἐκείνων θάνατον, θνῄσκοντες τὴν ἐκείνων ζωήν : « Dieux mortels; hommes immortels, vivant la mort des premiers, mourant leur vie ».

Fabricius cite ce texte avec la variante suivante (reprise par Hegel : θεοὶ, ἄνθρωποι|ἀθάνατοι, ἄνθρωποι θεοὶ θνητοὶ), p. 185, n. c.

Le texte de Clément d'Alexandrie *(die Grieschischen Schrifsteller der ersten drei Jahrhunderte*, Clemens Alexandrinus, tome I, Leipzig, 1905, librairie J. C. Hinrich) dit : « ἄνθρωποι θεοὶ, θεοὶ ἄνθρωποι. λόγος γὰρ αὐτός » : « les hommes, des dieux; les dieux, des hommes. Le logos en effet est le même »).

E. *Empédocle, Leucippe et Démocrite*

1. *Empédocle*

[1] Sur Empédocle, voir Diogène Laërce, VIII, 74, p. 1000.

[4] Aristote, *Métaphysique*, t. I, p. 31 : « Anaxagore de Clazomème, l'aîné d'Empédocle, mais dont la pensée semble appartenir à un âge postérieur ».

[5] Diogène Laërce, VIII, 59, p. 987.

[6] *Ibid.*, VIII, 73, p. 999-1000 et 66, p. 992-993.

[7] *Ibid.*, VIII, 72, p. 998-999.

[8] *Ibid.*, VIII, 63-66, p. 989-992.

[9] *Ibid.*, VIII, 67-71, p. 933-998.

[10] « Ce qui reste des chants de purification ». On pourra trouver ces textes, avec l'ensemble des fragments d'Empédocle, dans l'édition gréco-latine des *Fragmenta Philosophorum Graecorum*. Le texte cité par Hegel est à la p. 12 de ce volume. On peut le trouver aussi dans *Diogène Laërce*, livre VIII, t. II, p. 138. Mais pour tout ce qui concerne Empédocle (à

commencer par ses textes, leurs traductions et leurs diverses interprétations), voir surtout J. Bollack, *Empédocle*, 3 vol., Paris, Minuit, 1965-1969. Les fragments (grec et traduction) sont au tome II, ainsi que les nombreux textes anciens concernant Empédocle (avec également leur traduction). On trouvera au tome I les textes aristotéliciens concernant Empédocle.

[11] *Diogène Laërce*, VIII, 54-56, p. 983-985.

[12] Aristote, *Métaphysique*, 984a7-11. Allusion à l'ensemble de la discussion de la philosophie d'Empédocle dans *De la Génération et de la Corruption*, 314a11-315a25, Paris, Les Belles Lettres, 1961, p. 1-4.

[13] Aristote, *Métaphysique*, 985a2-3 : « Un autre philosophe introduisit l'amitié et la haine » (trad. Tricot, t. I, p. 37) et 985a29-30 : « Quoi qu'il en soit, Empédocle, s'écartant de ses devanciers, introduisit le premier la cause en question en la divisant… » (*ibid.*, p. 39).

[14] *Ibid.*, I, 8, 989a, 19-24, t. I, p. 71; III, 1, 996a7-8, t. I, p. 124; XII, 10, 1075b1-7, t. II, p. 709.

[15] Pour IX, § 10, voir Sextus Empiricus, *Œuvres choisies*, p. 55. Pour les autres références à Sextus Empiricus voir une édition gréco-latine (comme celle de J. Albertus Fabricius (1718) déjà citée, et rééditée (moins les notes) en 1841).

[16] Aristote, *Métaphysique*, III, 4, 1000b6-9; trad. Tricot, I, p. 152. C'est le même texte qui se retrouve dans les différents passages indiqués de Sextus Empiricus.

[17] Aristote, *De l'âme*, I, 2, 404b8-15, p. 17-18.

Fabricius, *Ad Sextus Emp. Ad. Math.*, VII, § 92, p. 389, note T : dans la note T, au paragraphe 92, livre VII, de Sextus Empiricus, Fabricius cite entre autres un texte de Chalcidius disant que l'âme est constituée des mêmes éléments que l'univers, et « c'est pourquoi il y a chez elle la science de toutes choses dans sa plénitude ». Les trois vers d'Empédocle cités ici par Sextus Empiricus se retrouvent avec deux autres références indiquées par Hegel dans la note ci-après.

[18] Ces deux références visent les mêmes vers d'Empédocle, cités à deux reprises par Sextus avec quelques variantes. Voir le texte de VII, § 121 (et qui fait suite aux vers traduits ci-dessus dans le corps du texte hégélien) : « Montrant que nous appréhendons la terre par participation à la terre, l'eau par participation à l'eau, l'air par participation à l'air, et qu'il en va de même pour le feu ».

[19] Aristote, *Physique*, I, 4, 187a20-23, p. 78.

[20] Aristote, *De la génération et de la corruption*, I, 1, p. 30 : « C'est pour cela qu'Empédocle a formulé cette proposition qu'il n'y a naissance

pour aucune chose, mais seulement mélange et échange des éléments mélangés ».

II, 6, 333 b, 16-17, p. 144 : évoquant cette même proposition d'Empédocle, Aristote ajoute : « ce qui est désigné par ces noms, c'est le hasard, et non la raison, puisqu'un mélange ne peut se produire fortuitement ».

[21] Aristote, *Métaphysique*, 998a30-998b4, t. I, p. 138-139.

[22] Aristote, *De la génération et de la corruption*, I, 1, 315a3-13, p. 30.

2. *Leucippe et Démocrite*

[23] Aristote, *Métaphysique*, 985b4.

[24] Diogène Laërce, IX, 30, p. 1072.

[25] Simplicius, IX, p. 28.

[26] Aristote, *Métaphysique*, 985b4-13, t, I, p. 39-40.

[29] Aristote, *De la génération et de la corruption*, I, 8, 325a29-3, p. 94-95 : « car ce qui existe au sens propre du terme, l'être, est ce qui est entièrement compact. Mais l'être ainsi entendu n'est pas, selon Leucippe, un, mais il en existe une infinité et chacune de ces unités est invisible à cause de l'exiguïté de son volume ».

[31] Aristote, *De la génération et de la corruption*, I, 8, 325a29 – 325b5, p. 94-95. La première phrase de Hegel (« le plein n'est rien… ») condense les deux premières phrases du texte d'Aristote que Hegel cite, interprète et commente ici.

[32] Aristote, *Métaphysique*, 98 b13-19, t. I, p. 40-41.

[33] Aristote, *De la génération et de la corruption*, 325a23-25, p. 94.

[34] *Aristotelis*, t. III, p. 4 : « Mais Démocrite et la plupart des interprètes de la nature [physiologues] qui ont parlé de la sensibilité, commettent une très grande absurdité : car de toutes les données sensibles, ils font des données tactiles […] Ils réduisent les propres à ces données (tactiles) […] Le blanc selon lui (Démocrite) est le rugueux, et le noir est le lisse ».

[35] Diogène Laërce, IX, 31-33, p. 1072-1073.

[36] Plutarque, trad. Amyot : « l'essence de la nécessité <est pour> Démocritus la résistance, la corruption et la percussion de la matière ».

Stobée, chap. XX, § 1 : « Démocrite a posé un seul genre de mouvement, le mouvement par secousse ».

[37] Diogène Laërce, IX, 41, p. 1079.

[38] *Ibid.*, IX, 34, p. 1075.

[39] Valère Maxime, *Actions et paroles mémorables*, t. II, trad. Pierre Constant, Garnier, 1935, p. 219.

[40] *Diogène Laërce*, IX, 75-76, p. 1075-1076.

[41] *Ibid.*, IX, 39, p. 1077-1078.

[42] νόμῳ : selon l'usage, l'opinion générale, la loi.

[43] Aristote, *De l'Âme*, I, 2, 404a2-3, p. 14 : « il appelle âme les atomes de forme sphérique »*. Le texte complet de ce membre de phrase est : « les atomes de forme sphérique, il les appelle fin et âme ».

[44] Plutarque, *Opinions des philosophes*, trad. Amyot : « Leucippus, Democritus, tiennent que le sentiment et l'intelligence se font par le moyen des images qui nous viennent du dehors, par ce que ni l'un, ni l'autre, ne se fait sans l'occurence d'une image ».

F. *Anaxagore*

[1] Anaxagore : pour une traduction française, voir J. Burnet, *L'Aurore de la philosophie grecque*, *op. cit.*, p. 296-300. Voir aussi *Les Présocratiques*, éd. J.-P. Dumont, Paris, Gallimard, « Bibliothèque de la Pléiade », 1988, p. 670-681.

[2] Aristote, *Métaphysique*, 984b15-18, t. I, p. 35.

[3] *Ibid.*, I, 4, 985a12-17, t. I, p. 37-38 : « … Comme dans les combats se conduisent les soldats mal exercés, qui s'élancent de tous côtés et portent souvent d'heureux coups, sans que la science y soit pour rien : de même, ces philosophes ne semblent pas savoir ce qu'ils disent, car on ne les voit presque jamais, ou peu s'en faut, recourir à leurs principes. C'est ainsi qu'Anaxagore ne se sert de l'Intelligence que comme un *deus ex machina* pour la formation de son univers … ».

[4] Diogène Laërce, II, 6-7, p. 215.

[5] Aristote, *Métaphysique*, 984b18-20.

[6] Diogène Laërce, II, 7, p. 215-216 : « Il commença à philosopher à Athènes sous Callias à l'âge de vingt ans (*cf.* Démétrios de Phalère, *Registre des Archontes*) et vécut trente ans dans cette ville ».[1]

[7] Plutarque, *Vies parallèles*, chap. 4, p. 326.

[8] *Ibid.*, chap. 5, p. 326-325.

[9] *Ibid.*, chap. 16, p. 338.

[10] Diogène Laërce, II, 12, p. 220-221.

[11] Plutarque, *Vies parallèles*, chap. 6, p. 327-328.

[12] Diogène Laërce, II, 10, p. 218-219; Plutarque, *Vies parallèles*, chap. 12, V, p. 816.

[13] Plutarque, *Vies parallèles*, chap. 32, p. 350.

[14] Diogène Laërce, II, 12-14, p. 220-222.

Plutarque, *Vies parallèles*, chap. 32, p. 350.

In Diogenem Laërtium Aegidi Menagii Observationes et Emendationes, Amsterdam, 1692, p. 74. Le commentaire de Ménage auquel Hegel fait allusion concerne l'incertitude de la date de la mort d'Anaxagore.

[15] Aristote, *Métaphysique*, 984b16-19, t. I, p. 35 : « Nous savons, à n'en pouvoir douter, qu'Anaxagore adopta ces vues, mais on dit qu'il eut pour devancier Hermotime de Clamozène ».

[16] Sextus Empiricus, *Adv. Math.*, IX, 7.

Sur ce que Hegel entend par *Adv. Math.*, voir notre complément à la note 45 de la section « Pythagore et les pythagoriciens ».

[17] *Cf.* trad. Littré, Paris, Dubochet et Le Chevalier, 1848, t. I, p. 308.

[18] Diogène Laërce, I, 109, p. 146-147.

[19] Dans le chapitre 2 du livre I du traité *De l'Âme*, Aristote expose les opinions de ses devanciers (I, 2, 403b20-405b30, p. 25-26). Le texte cité par Hegel est en 404b3 (p. 7).

[20] Aristote, *De l'Âme*, I, 2. Citation libre et un peu condensée de 404b1-8, p. 17.

[21] *Ibid.*, I, 2, 405a16-17, p. 18-19 et 405b20-2, p. 19 : « Anaxagore déclare qu'il est simple, sans mélange et pur… il déclare que l'intellect est impassible et n'a quoi que ce soit de commun avec aucun des autres êtres »*.

Aristote, *Physique*, VIII, 5, 256b24-26, p. 288 : « C'est pourquoi, également, Anaxagore a raison de proclamer que l'Intellect est impassible et sans mélange, puisque justement il en fait un principe de mouvement ».

Aristote, *Métaphysique*, XII, 10, 1075b, 8-11, t. II, p. 709-710 : « Anaxagore reconnaît le Bien comme principe moteur, car, <dans le système> l'Intelligence meut. Mais elle meut en vue d'une fin, qui doit, par suite être quelque chose de différent d'elle-même, à moins qu'Anaxagore n'admette notre identification de la cause finale et de la cause efficiente, puisque, pour nous, la Médecine est, en quelque façon, la santé. Il est absurde, d'ailleurs, de ne pas donner de contraire au Bien, autrement dit à l'Intelligence ».

[22] Aristote, *Métaphysique*, IV, 4, 1007b25-29. Aristote critique la thèse selon laquelle « toutes les contradictions relatives au même sujet sont vraies en même temps » (1007b18-19, t. I, p. 209) : « On en arrive alors à la doctrine d'Anaxagore que toutes choses sont confondues, et que, par suite, rien n'existe réellement. Ces philosophes paraissent aussi traiter de l'indéterminé, et quand ils s'imaginent traiter de l'Être, ils traitent du Non-Être ; puisque c'est l'Être en puissance et non l'Être en entéléchie, qui est l'indéterminé ».

Aristote, *Métaphysique*, XII, 6, 1072a4-5, t. II, p. 670 : « que l'acte soit antérieur, c'est ce qu'attestent, au surplus Anaxagore (car, dans son système, l'Intelligence est un acte) … ».

Le mot ἐναργές qui ne se trouve pas dans les deux passages cités, signifie « qui se rend visible, qui frappe les yeux, évident » (de ἀργός, brillant).

[23] *Ibid.*, I, 8, 989a30-989b19. Nous citons dans la traduction Tricot, I, p. 72-74, le passage entier d'Aristote contenant le texte dont Hegel donne la référence à la note 23 de la page 414, et celle qu'il donne en grec en note 24 p. 415 et mise par nous entre crochets : « On pourrait supposer qu'Anaxagore reconnaît deux éléments, et cette supposition s'accorderait au mieux avec une raison que lui-même n'ai pas articulée, mais à laquelle il se fût véritablement rallié, si on l'y avait amené. En vérité, il est absurde de soutenir qu'à l'origine toutes choses étaient mélangées, puisque, entre autres raisons, il faut bien qu'il y ait eu séparation antérieure, qu'en outre il n'est pas naturel que des essences quelconques se mêlent ainsi au hasard, et qu'enfin les qualités et les accidents existeraient alors séparés des substances (les mêmes choses qui sont sujettes au mélange, l'étant également à la séparation). Cependant, si on suivait le raisonnement d'Anaxagore, en formulant distinctement ce qu'il a l'intention de dire, sans doute sa pensée paraîtrait-elle plus “moderne”. Quand rien, en effet, n'était séparé, on ne pouvait évidemment rien affirmer de vrai au sujet de cette substance primitive. Je veux dire qu'elle n'était ni blanche, ni noire, ni grise, ni d'aucune autre couleur; elle était nécessairement incolore, sinon elle aurait eu quelqu'une de ces couleurs. Pareillement, et pour cette même raison, elle n'avait aucune saveur, ni aucune autre propriété de ce genre. Elle ne pouvait avoir ni qualité, ni quantité, ni détermination quelconque, car quelqu'une des formes particulières lui eût été appliquée, ce qui est impossible, tout étant mélangé; une forme particulière eût exigé, en effet, une séparation préalable, alors que, suivant Anaxagore, tout était mélangé à l'exception de l'Intelligence, qui était seule pure et sans mélange. [Il en résulte que les principes qu'il admet sont l'Un (car c'est ce qui est simple et sans mélange), et l'Autre, lequel joue le rôle que nous assignons à l'Indéterminé, avant toute détermination et avant toute participation à une forme quelconque] ».

[24] Voir la note précédente.

[25] *Esquisses pyrhonniennes*, III, 4, 33, p. 379.

[26] Aristote, *Du ciel*, III, 3, p. 133-134 : « Anaxagore professe, à propos des éléments, une théorie contraire à celle d'Empédocle : ce dernier dit que le feu, la terre et les êtres de la même série sont les éléments des corps et que toutes choses en sont constituées. Anaxagore dit le contraire ; ce sont les homéomères qu'il nomme éléments (par homéomères, j'entends, par exemple, la chair, l'os et toutes les matières de ce genre) ; quant à l'air et au feu, il les considère comme un mélange des corps précédents et de toutes les autres semences ; tous deux proviendraient du rassemblement de tous les homéomères invisibles ; ainsi s'expliquerait que toutes les autres choses proviennent de ces deux corps ».

[27] Aristote, *Métaphysique*, I, 3, 984a9-16, t. I, p. 31-33 : « Anaxagore de Clazomène, l'aîné d'Empédocle, mais dont la pensée semble appartenir à un âge postérieur, admet des principes en nombre infini : presque toutes ces choses, dit-il, qui sont formées de parties semblables, à la façon dont le sont l'Eau ou le Feu, ne sont sujettes à la génération et à la destruction que d'une seule manière, à savoir par l'union ou la séparation des parties ; elles ne naissent, ni ne périssent d'une autre façon, mais elles subsistent éternellement ».

Aristote, *Métaphysique*, I, 7, 988a28, t. I, p. 67.

[28] Aristote, *Physique*, I, 4, 187a27-b1, p. 78-79 : « Anaxagore, semble-t-il, tient aussi pour l'infinité parce qu'il acceptait l'opinion commune des physiciens [que rien ne peut-être engendré de rien]* ; c'est bien, en effet, ce qui leur fait poser le "Mélange Primitif" et établir que la génération d'une qualité déterminée est altération, ou parler de composition et de séparation. Autre principe d'Anaxagore : les contraires s'engendrent les uns des autres ; en effet, il faut que tout engendré provienne d'êtres ou de non-êtres ; or il est impossible qu'il provienne de non-êtres (sur cette opinion, tous les physiciens proprement dits sont d'accord) ; dès lors reste, pour eux, que la génération ait lieu nécessairement à partir d'êtres et d'êtres préexistants, mais qui, par la petitesse de leurs masses, échappent à nos sens ».

Pour la suite, voir la note 32 de cette section.

[29] Voici la citation d'Anaxagore dans Diogène Laërce (II, 6) « πάντα χρήματα ἦν ὁμοῦ εἶτα ὁ νοῦς ἐλθών αὐτὰ διεκόσμησε » ; « Toutes les choses étaient à la fois ; ensuite survint l'Intelligence qui les mit en ordre ».

Sextus Empiricus, *Adv. Math.* dans *Œuvres choisies*, p. 54 : « Anaxagore dit : "Toutes choses étaient ensemble, l'Esprit vint et les mit en ordre" ».

Sur ce que Hegel entend par *Adv. Math.*, voir notre complément à la note 45 de la section « Pythagore et les pythagoriciens ».

[30] Aristote, *Physique*, VIII, 1, 250b24-26. Nous citons tout le passage 250b23-29, p. 268 : « Maintenant, si l'on admet, qu'il est un temps où rien

ne soit mû, cela n'est possible que de deux manières : ou bien celle d'Anaxagore, qui prétend en effet que [toutes choses étaient ensemble et en repos en un temps infini et que c'est l'intelligence qui a imprimé le mouvement et opéré le discernement*], ou bien celle d'Empédocle : le mouvement, et le repos se réalisent alternativement; le mouvement, quand l'amitié fait l'un à partir du multiple, ou la haine le multiple à partir de l'un, et le repos, dans les temps intermédiaires ».

Aristote, *Métaphysique*, I, 3, 984b15-22, t. I, p. 35-36.

[31] Aristote, *De la génération et de la corruption des animaux*, I : « Anaxagore dit en effet – et c'est raisonnable – que des chairs en provenance de la nourriture viennent s'ajouter aux chairs »*.

[32] Aristote, *Physique*, I, 4, 187b1-7, p. 79 : « Par suite ils disent (mais il n'est pas précisé que c'est seulement Anaxagore <remarque de Hegel>) que tout est mêlé dans tout, parce que l'expérience leur montrait que tout était engendré, de tout. Les apparences varient et les appellations changent selon celui des infinis qui l'emporte en quantité dans le mélange; à l'état pur, on ne trouve pas, en effet, que tout soit du blanc pur, ni du noir, ni du doux, ni de la chair, ni de l'os; mais c'est ce qui domine en chaque chose qui paraît être sa nature »*.

Aristote, *Métaphysique*, IV, 5, 1009b25-28, t. I, p. 221-222 : « On rapporte encore cette sentence d'Anaxagore à certains de ses amis, à savoir que les êtres sont tels qu'on les conçoit ».

[33] Aristote, *De l'âme*, I, 2, 404b3-5, p. 17.

[34] Aristote, *Métaphysique*, I, 4, 985a, 18-21, t. I, p. 38.

[35] Platon, *Phédon*, 97 b-99 b, dans Platon, *Œuvres complètes*, IV, 1re partie, trad. par P. Vicaire, Paris, Les Belles Lettres, 2005, p. 74-78.

[36] « le λόγος [*ratio*], dit communément Anaxagore, est le critère » (§91).

Au § 89, Sextus fait remonter l'examen (σκέψις) du critère « aux physiciens issus de Thalès : ils ont en effet condamné les sens comme étant trompeurs dans de nombreux cas, et ont établi le λόγος [*ratio*] pour juge de la vérité des êtres ». D'où au § 90 : « C'est pourquoi Anaxagore, physicien par excellence, vitupère les sens pour leur faiblesse, disant que nous ne pouvons juger le vrai en raison de leur débilité ».

[37] Sextus Empiricus, *Esquisses pyrhonniennes*, I, 3, § 33, p. 75.

[38] Aristote, *Métaphysique*, 1012a26-28, t. I, p. 240.

[39] *Ibid.*, 1009b26-28, t. I, p. 221-222.

BIBLIOGRAPHIE

TEXTES CLASSIQUES CITÉS PAR HEGEL[1]

ALEXANDRE D'APHRODISE, *Commentaria in Aristotelis Metaphysica* dans *Commentaria in Aristotelem graeca*, t. I, Diels (éd.), Reimer, Berlin, 1882.

ARISTOTE (pour l'ensemble des œuvres d'Aristote, l'édition utilisée par Hegel est la suivante : *Aristotelis Opera*, Berlin, Bekker, 1831).

- *Constitution d'Athènes*, trad. G. Mathieu et B. Haussoulier, Paris, Les Belles Lettres, 1996.
- *De la Génération et de la Corruption*, trad. J. Tricot, Paris, Vrin, 2005.
- *Du Ciel*, trad. J. Tricot, Paris, Vrin, 1998.
- *De l'Âme*, trad. J. Tricot, Paris, Vrin, 2003.
- *Les grands livres d'éthiques*, trad. C. Dalimier, Paris, Arléa, 1992.
- *Métaphysique*, trad. J. Tricot, Paris, Vrin, 1923, 2 vol.
- *Physique*, trad. A. Stevens, Paris, Vrin, 1999.
- *Politique*, trad. J. Tricot, Paris, Vrin, 1962.

Aureum Carmen (*Le Poème d'or*), dans M. Timpanaro-Cardini, *Pitagorici*, Firenze, La Nuova Italia, 1984 (édition utilisée par Hegel : *Fragmenta Philosophorum Graecorum*, Paris, Firmin-Didot, 1860).

CICÉRON, *Academica* dans *Philosophical Treatises*, vol. XIX, trad. H. Rackham, Harvard, Lœb Classical Library, 1933.

- *De finibus*, trad. L.-A. Constans, Paris, Les Belles Lettres, 1955.
- *De la Nature des Dieux*, trad. C. Auvray-Assayas, Paris, Les Belles Lettres, 2004.

CLÉMENT D'ALEXANDRIE, *Stromata*, Potter (éd.), Leipzig, J. C. Hinrichs, 1906.

DIOGÈNE LAËRCE, *Vies et doctrines des philosophes illustres*, trad. R. Goulet, Paris, La Pochothèque, 1999.

- *Vies, doctrines et sentences des philosophies illustres*, trad. R. Genaille, Paris, Garnier, 2 t., 1965.

1. Nous faisons ici référence aux éditions utilisées dans les « Compléments et commentaires du traducteur » et, lorsque nous les connaissons, aux éditions utilisées par Hegel.

ÉLÉATES, textes dans J. Burnet, *L'Aurore de la Philosophie grecque*, trad. A. Reymond, Paris, Payot, 1952 et dans *Les Présocratiques*, J.-P. Dumont (éd.), Paris, Gallimard, « Bibliothèque de la Pléiade », 1988.

EMPÉDOCLE, dans J. Bollack, *Empédocle*, 3 vol., Paris, Minuit, 1965-1969.

EUSÈBE, *Eusebius Werke*, Akademie Verlag, Berlin, 1954.

HÉRACLITE, dans A. Jeannière, *La pensée d'Héraclite d'Éphèse et la vision présocratique du monde*, Paris, Aubier, 1959.

HERMIAS, *Satire des philosophes païens*, introd., texte critique, notes, appendices et index par R.P.C. Hanson et ses collègues, trad. D. Joussot, Paris, Cerf, 1993.

HÉRODOTE, *Histoires*, I, éd. et trad. Ph.-É. Legrand, Paris, Les Belles Lettres, 1970.

HOMÈRE, *Illiade*, trad. P. Mazon, Paris, Les Belles Lettres, 1974.

JAMBLIQUE, *Vie de Pythagore*, trad. L. Brisson et A. Ph. Segonds, Paris, Les Belles Lettres, 1996.

PARMÉNIDE, *Le Poème*, trad. J. Beaufret, Paris, P.U.F., 1955 (édition utilisée par Hegel : C. A. Brandis, *Commentationum eleaticarum*, Altona, J. F. Hammerich, 1813).

PLATON, *La République* dans *Œuvres complètes*, t. 7, 2e partie, trad. É. Chambry, Paris, Les Belles Lettres, 1934.

– *Parménide* dans *Œuvres complètes*, t. 8, 1re partie, trad. par A. Diès, Paris, Les Belles Lettres, 1923.

– *Phédon* dans *Œuvres complètes*, t. 4, 1re partie, trad. par. L. Robin, Paris, Les Belles Lettres, 1926.

– *Timée* dans *Œuvres complètes*, t. 10, trad. de Rivaud, Paris, Les Belles Lettres, 1985.

– *Théétète* dans *Œuvres complètes*, t. 8, 2e partie, trad. A. Diès, Paris, Les Belles Lettres, 1976.

– *Le Sophiste* dans *Œuvres complètes*, t. 8, 3e partie, trad. A. Diès, Paris, Les Belles Lettres, 1976.

PLOTIN, *Ennéades*, trad. É. Bréhier, Paris, Les Belles Lettres, 1968.

PLUTARQUE, *Opinions des philosophes* et *Propos de table* dans *Œuvres morales*, trad. G. Lachenaud, Paris, Les Belles Lettres, 1993.

– *Vie de Solon* dans *Vies parallèles*, trad. A.-M. Ozanam, Paris, Gallimard, 2001 (texte cité par Hegel dans l'édition G. Ménage, Amsterdam, H. Westenium, 1692).

PORPHYRE, *Vie de Pythagore*, trad. É. des Places, Paris, Les Belles Lettres, 1983.

PROCLUS, *Procli commentarius* dans *Platonis Timaeum*, II, Schneider (éd.), Bratislava, 1847.

SÉNÈQUE, *Questions naturelles*, t. II, IV, 2, 22, trad. P. Oltramare, Paris, Les Belles Lettres, 1929.

– *Tusculanes*, trad. J. Humbert, Paris, Les Belles Lettres, 1970.

SEXTUS EMPIRICUS, *Esquisses pyrhoniennes*, trad. P. Pellegrin, Paris, Seuil, « Points », 1997 (édition utilisée par Hegel : Joh. Albertius Fabricius (éd.), Leipzig, 1718).

– *Againts Physicists*, trad. R. G. Bury, Harvard, Lœb Classical Library, 1936.
– *Against Logicians*, trad. R. G. Bury, Harbard, Lœb Classical Library, 1935).
– *Œuvres choisies*, trad. G. Goron, Paris, Aubier, 1992.
SIMPLICIUS, *Commentaria in Aristotelem graeca*, Diels (éd.), Reimer, Berlin, 1882.
STRABON, *Géographie*, trad. F. Lasserre, Paris, Les Belles Lettres, 1967.
STOBÉE, *Eclogae physicae et ethicae*, Heeren (éd.), Gottingen, 1792.
THÉOPHRASTE, *Du sens*, dans *Les Présocratiques*, J.-P. Dumont (éd.), Paris, Gallimard, « Bibliothèque de la Pléiade », 1988.
THUCYDIDE, *Histoire de la guerre du Péloponnèse*, trad. J. de Romilly, Paris, Les Belles Lettres, 1955.

TEXTES D'HISTOIRE DE LA PHILOSOPHIE CITÉS PAR HEGEL

TIEDEMANN (D.), *Geist der spekulativen Philosophie*, Marburg, 1791-1797.
TENNEMANN (W. G.), *Geschichte der Philosophie*, Leipzig, 1798-1819.
BRUCKER (J.), *Historia critica philosophiae a mundi incunabulis ad nostram usque aetatem deducta*, Leipzig, 1742-1767.
RITTER (H.), *Geschichte der Ionischen Philosophie*, Berlin, T. Trautwein, 1821.

TABLE DES MATIÈRES

Achevé d'imprimer le 21 janvier 2019
sur les presses de
La Manufacture - Imprimeur – 52200 Langres
Tél. : (33) 325 845 892

—

N° imprimeur : 190059 - Dépôt légal : janvier 2019
Imprimé en France